美国注册管理会计师（CMA）认证考试

战略财务管理

（第2版）

优财管理会计研究院　组编

中国财经出版传媒集团
经济科学出版社
Economic Science Press

图书在版编目（CIP）数据

战略财务管理/优财管理会计研究院组编．--2版．--北京：经济科学出版社，2022.8
美国注册管理会计师（CMA）认证考试应试指南
ISBN 978-7-5218-3723-0

Ⅰ.①战… Ⅱ.①优… Ⅲ.①企业管理-财务管理-资格考试-自学参考资料 Ⅳ.①F275

中国版本图书馆CIP数据核字（2022）第103093号

责任编辑：周国强
责任校对：蒋子明
责任印制：张佳裕

战略财务管理（第2版）
优财管理会计研究院　组编
经济科学出版社出版、发行　新华书店经销
社址：北京市海淀区阜成路甲28号　邮编：100142
总编部电话：010-88191217　发行部电话：010-88191522
网址：www.esp.com.cn
电子邮箱：esp@esp.com.cn
天猫网店：经济科学出版社旗舰店
网址：http://jjkxcbs.tmall.com
固安华明印业有限公司印装
787×1092　16开　30.5印张　660000字
2022年8月第2版　2022年8月第1次印刷
ISBN 978-7-5218-3723-0　定价：120.00元
（图书出现印装问题，本社负责调换。电话：010-88191510）

序

随着我国改革开放和经济强国建设继续向前推进，我国管理会计正向着数据化、行业化、宏观化、国际化、业财融合、技财融合、中西融合等方向发展，一个管理会计应用和创新的新浪潮正扑面而来，这将对管理会计人才的需求产生积极影响。我们认为，中国管理会计人才培养比较有效的途径就是职业化，也就是让那些希望转型的财会人员、让那些乐意将管理会计作为自己职业生涯的人士、让那些在非财会部门工作而又想将自己的业务与企业价值创造联系起来的人士，通过认证过程系统地掌握管理会计的知识和技能体系及其应用原理，通过认证组织嗣后提供的增值服务不断地更新理论和实务，保持终身学习的人生态势。

“优财”推出“美国注册管理会计师（CMA）认证考试应试指南”，将为那些正在备战 CMA 认证考试的考生提供一部宝典，其中包含着通过考试的经验和方法以及必须理解的关键知识点。

这里有三点想法，与大家分享。

1. 怎么理解管理会计?

在企业管理实务上，管理会计是创造企业价值的信息系统。作为信息系统，它为企业高层、各级经理以及普通员工的决策提供信息，在现代技术条件下，提供信息与飞速进步的信息技术（IT）紧密相连，没有信息技术，管理会计信息系统的运行是不可想象的。至于企业价值，有多种理解，但最重要的是财务价值，也就是赚钱或利润。有人以为“企业不应该只追求利润”，这是对的，但这并不意味着企业可以不追求利润。企业利润是股东利益所在，在兼顾其他利益相关者（如顾客、员工、供应商、社区、政府等）利益的条件下，必须全力以赴地追求。原因很简单，在社会整体上，利润表示社会财富增长，是民富国强的保障，更何况我国最大的股东是国家，过去几十年我们正是利用国家作为股东的优势，创造了令世人瞩目的经济辉煌。由此我们可以推论：除非企业不想赚钱了，否则，只要想赚钱，就需要管理会计。

2. 怎样规划管理会计职业生涯?

在正常情况下，通过 CMA 认证并正式从事管理会计工作，然后依次晋级到主管会计、财务经理、总会计师（CFO）。实际上，从总会计师“华丽转身”到总经理（CEO），甚至到董事长并非少见。需要提醒的是，管理会计师不是行政职务，而是专业岗位，他（她）必须把认证过程中所掌握的知识和技能运用起来，为企业创造更多的价值。美国管理会计协会（IMA）曾认为，管理会计师作为一种职业，是高层管理决策的伙伴、是计划和绩效管理系统的设计师、是报告与控制的专家。在企业中，管理会计师的职业责任重大。说到这里，有人可能质疑：财务共享服务中心、大数据、人工智能、云计算、区块链、物联网等技术的应用正在“残酷”地淘汰财会人员，包括管理会计人员，管理会计还有机会吗？这确实是一个不争的事实！但我们并不认为信息技术的发展会将财会人员、管理会计师逼到“穷途末路”的地步，我们反而觉得有两点特别令人感到兴奋：一是信息技术淘汰的都是中低端人才，高端人才仍然是供不应求。我们曾经观察到，傻瓜相机把普通摄影师淘汰了，但婚纱摄影师却大行其道，而且研发傻瓜相机的工程师一下子紧俏起来，管理会计亦然。二是管理会计信息技术的发展提供强大的数据获得、计算、存储和分析的手段，如果我们掌握了管理会计知识和技能，我们更容易将业务与财务、将技术研发与财务、将物联网与财务结合起来，更容易为企业创造价值。我们注意到，搞供产销、人财物管理的在学习管理会计；“商业数据分析”（business analytics）的学习内容是信息技术、市场营销和会计三个模块；制造业分为智能制造、人文制造和经济制造，而经济制造的知识和技能之一是管理会计。这一方面让人看到管理会计在开疆扩地，另一方面也让人看到非财经人士在“挤占”管理会计地盘，职业竞争在所难免，但结果一定是具有管理会计知识和技能的专业队伍在壮大，当然他们不一定都在财务部门工作。由此推测，管理会计知识和技能将依然是管理者知识结构中重要组成部分，依然是算法（algorithm）编制所依据的内容之一。

3. 怎么看待CMA认证?

我国管理会计师认证工作正在如火如荼地展开，已经取得了巨大成就，可圈可点。由于认证与培训、考试、加入会员、教材等经济利益连在一起，所以，我国认证机构之间的竞争相当激烈。当前我国管理会计师认证所采取的是公益事业民营化的形式，之所以采取这种形式，就是因为认证组织都是专业机构，从长远看，专业机构只有依靠提供高质量、行之有效的专业知识和技能，保证通过认证的管理会计师能够为企业价值创造更多的价值，才能保证自己可持续发展。撇开利益羁绊，我们可以清楚地看到，我国当前管理会计师认证是一个中外认证组织“共存共容”的良好局面，符合我国政府最近几年所大力倡导的多边主义和贸易全球化的诉求。有两种说法值得肯定：一是引进管理会计师国际认证组织是必要的，因为它树立了标杆；二是把学到的管理会计知识本土化，结合自身企业实践去践行，学以致用。据相关报道，我国需要300万注册管理会计师，即使最激进的估计，现在具备注册管理会计师知识和技能的人才不会超过20万！可见，潜力之巨大，竞争性合作应该是最佳选择，既利于认证组织，又利于管理会计人才培养。

经常有人来问我，IMA旗下的CMA认证怎么样？我的答案是：第一，美国CMA认证是国家外专局正式引进的，时任国家外专局培训中心主任白继迅先生认为，CMA认证体系是适应市场经济需要、具备国际视野，并相对成熟的现代企业管理的知识和技能体系；后来得到国务院国资委的认可，并在中央企业推广；更为重要的是，借助2013年以来财政部大力推动企业和行政事业单位管理会计体系建设的东风，加之IMA入乡随俗，汉化考试，使CMA认证在我国迅速扩张。第二，管理会计源于美国，美国迄今引导着管理会计发展潮流，而IMA于1919年在美国纽约州布法罗市成立，CMA认证到2022年也有了50年的历史，在考试内容、教材编写、培训、会员管理、知识库积累以及如何保持管理会计知识和技能体系与时俱进等方面，都有比较成熟的经验，影响到管理会计研究、教育和实务。第三，IMA在我国认证已有10多年的历史，为我国管理会计人才培养做出显著的贡献。据悉，中国的CMA持证者中大部分已经成为企业和行政事业单位的骨干力量，拿到高薪、居于高位、获得突出成就的也大有人在。

优财专注管理会计培训十余年，其业务分两类：一是CMA考前培训；二是大、中、小型企业财务与非财务管理会计实战课程的培训。十三年前，优财在正式开业时，本人应邀出席，并见证了优财的成长和对我国管理会计人才培养所做出的贡献。据悉，经优财培训的学员超过5万人，经优财CMA考前培训并通过CMA认证的有30 000多人。相信优财将会一如既往，通过推出“美国注册管理会计师（CMA）认证考试应试指南”，来帮助有志从事管理会计职业的人士顺利通过CMA认证，让他们有机会、有能力利用管理会计的知识和技能，为自己的职业生涯开辟道路，也为所在单位和社会做出应有的贡献。

于增彪
清华大学教授
IMA荣誉教授
财政部管理会计咨询专家

助力新一代财务管理者华丽转身
——编者序

新时代，越来越多的企业开始重视管理会计，越来越多的财务人员开始“充电”管理会计知识与技能，这是因为，管理会计确实能够为企业创造价值，管理会计也确实能为个人职业发展助力！中国管理会计的发展机遇期已经到来！

企业推动财务转型就是要推动从传统的会计核算型转向创造价值型，这是适应经济全球化、市场环境复杂化、企业创新管理和提质增效的要求。而管理会计正是这一方向。在实现提质增效过程中，管理会计不是简单记账和统计，而是有能力参与计划、绩效、决策、修正等管理工作，并能够以专业化的财务表述和控制工具提供专业见解，在战略层面上提供专业化辅助管理的高管职业。据了解，在美国略微具有一定规模的企业都设有管理会计师的岗位，90%的会计人员从事管理会计工作，75%的工作时间用于决策支持。

近年来，我国财政部高度重视管理会计建设工作。2014 年 10 月财政部《关于推进管理会计体系建设的指导意见》正式出台，开启会计改革与发展的新篇章。2016 年 6 月财政部正式发布了《管理会计基本指引》，标志着管理会计建设从顶层设计正式走向落地实施。2016 年 10 月财政部又发布了《会计改革与发展“十三五”规划纲要》，将管理会计列为“行业急需紧缺人才”，明确提出“到 2020 年要培养 3 万名精于理财、善于管理和决策的管理会计人才”的任务目标。至此，管理会计体系建设正式上升到国家战略层面。2017 年 9 月，财政部发布了《管理会计应用指引第 100 号——战略管理》等 22 项管理会计应用指引，使我国在“管理会计大国”的顶层设计和实践落地建设上又迈出了坚实的一大步。2018 年 8 月和 12 月，财政部持续密集发布《管理会计应用指引第 202 号——零基预算》等 12 项管理会计应用指引。2018 年 12 月选聘组建第 3 届管理会计专家智库。管理会计体系建设持续快速推进。

新时代下，企业也对财务管理人员提出了新的要求，要求各级加快管理会计人才体系建设，培养一批熟悉国际市场、成本管理、资本运作、预算管理、风险管控、战略规划、信息技术，能够深入参与和支持重大决策的管理会计人才，释放管理会计在提高企业内部管理水平、增强价值创造能力方面的巨大潜力。这也是中国财务人员职业发展的方向和良好的职业发展机会。

2009 年 11 月，中国国家外专局与美国管理会计师协会（IMA）签约，正式将美国注册管理会计师（CMA）认证引入中国。IMA 成立于 1919 年，是当今全球管理会计学界权威的机构之一，其推出的美国注册管理会计师（CMA）认证是全球财会领域的权威标准，具有很强的实用性。该认证的成功引进，对我国紧缺的高级管理会计人才的培养，对各类型企业战略决策能力及国际竞争力的提升、对中国高效透明的资本市场的建设，都有着极大的推动作用和重要意义！短短 10 年时间，中国会员人数已从 1 200 人增加到了 90 000 人。全球新一代财务管理者的行业认证 CMA 已经成为国内外大型企业抢夺的“香饽饽”，并成为中国新一代财务管理者充电选择的最佳途径。CMA 在全球 100 多个国家认可，各行各业前 100 强企业都把 CMA 作为评估高端财务人员的衡量标准，根据 IMA 近期调研数据，持 CMA 证书的财务从业者平均薪酬明显高于其他同行。

在 2017 年 CMA 报考人数再次刷新历史纪录之后，2018～2022 年的报考人数呈持续井喷状态。为了帮助更多的 CMA 考生更顺利地通过考试，并能系统深入地掌握 CMA 知识、工具与技能，IMA 大中华区战略合作伙伴——优财－CMA 管理会计培训专家再次率领行业创新，重磅推出 CMA 教辅书“美国注册管理会计师（CMA）认证考试应试指南”。

优财－CMA 管理会计培训专家专注于 CMA 培训十余年，据统计，国内 CMA 持证者一半以上毕业于优财。十年磨一剑，此书联合了国内几十位行业“大咖”、管理会计专家和 CMA 知名讲师，结合优财多年积累的教研经验和成功案例，也充分参考了 IMA 的《管理会计能力素质框架》，集多方资源精心研发而成，对 CMA 考生有很高的价值。

“美国注册管理会计师（CMA）认证考试应试指南”分为“P1”和“P2”两册，包罗了新版 CMA 考试大纲全部考点，所列题目均出自历年 CMA 考试真题的精华，并在此基础上结合最新考点考纲进行了精准预测和模拟；配合优财新上线的“CMA 案例式教学”课程，备考效果极佳。

本书得到了清华大学经管学院于增彪教授，IMA 副总裁、中国区首席代表李刚先生等专家的大力支持与帮助，在此一并表示感谢。

预祝全体 CMA 考生考试顺利、学业有成、事业有成！

赞　誉*

CMA 考试能让考生领略数字管理的风采，体验战略管理的乐趣。本书汇集了业内知名专家的精心总结，书中大量使用表格对比，帮助考生记忆。同时，还囊括丰富的实务案例。本书可以说是 CMA 考生的必备书籍。

——**巴帅**　CMA，“CMA 全球高分金奖”

自从 2014 年中国的管理会计“元年”开始，我就渴望能够拥有这个当今世界非常权威的管理会计证书——CMA，对于已经中年且承担繁忙工作的我确实力不从心。

然而遇到优财 CMA，一切都改变了。不论是老师的视频授课、案例分享，还是翻转课堂，都将管理会计的理论与实践有机结合，真正做到了开阔视野、学以致用，极大提升了我的集团财务管理能力。特别是百题精讲、考前串讲、每日一练和掌中宝助我轻松通过 CMA 考试。选择优财 CMA——“值”。

——**黄辉**　CMA，东风实业有限公司财务会计部部长

成功没有捷径可走，但这本不可多得的好书一定可以让您少走弯路，也一定会在您通往 CMA 的征程上助您一臂之力！

——**李峰**　CMA，“CMA 全球高分金奖”，中铁四局集团上海工程有限公司副总会计师

随着社会经济的不断发展，财务工作的重心已由会计核算转向为管理会计。“会计人员越老越吃香”已成为历史，要想在职场立于不败之地，会计人员只能顺应社会潮流，不断学习，为自己加油充电。在 2016 年财政部印发的《会计改革与发展“十三五”规划纲要》中，多次提到管理会计体系与人才的建设。管理会计在我国普及程度还不高，管理会计人员属于稀缺性人才。如何成为一名优秀的管理会计人员？成为 CMA 就是一个不错的选择。

“优财”作为国内只专注于 CMA 的培训平台，拥有国内先进的网络教学模式和优秀的老师队伍，我相信，“优财”将会为广大学员提供更加优质的培训和服务。考 CMA，我选择“优财”！

——**彭凯**　CMA，青海电力集体产业管理公司副总会计师兼财务资产部主任

为适应企业和自身发展的需要，每位财务人员都应该重视管理会计的学习。学习 CMA，不但会为您打开一扇窗，而且会带您进入一个更高、更广阔的境界。优财集国内顶尖的培训专家，编写的这套 CMA 认证考试辅导书，填补了国内备考 CMA 辅导书的空白。这套书详尽且重点、难点突出，对于备考 CMA 具有很强的方向性指导，必将成为广大考生的优质工具宝典。

——**全宇红**　CMA，国投中鲁果汁股份有限公司财务总监

管理会计在公司运营中具有特别重要的意义，从战略制定到逐层实施，每个环节都需要管理会计的专业支持！希望这本书提供的经典例题及案例，不仅可以助您通过 CMA 考

---

* 排名不分先后。

试一臂之力，并且可以为您的日常财务实践提供更多借鉴和指导意义！

——**山君** CMA，Johnson & Johnson 东南亚区域高级财务经理

在经济景气时，企业追求的是通过各方面的经营改善，获取超过行业平均水平的超额利润。而在经济不景气的情况下，企业要在生存的前提下，找到运营管理方面存在的问题，并加以改进。因此，管理会计越发受到企业主的重视。

在此大背景下，CMA 的受众从广度和深度上都有了进一步的拓展。但学习 CMA，除了理论，更需理解和实践。

因此，"美国注册管理会计师（CMA）认证考试应试指南"的出版，将为众多考生更加深入地理解 CMA 理论的管理精髓起到助力的作用！

——**吴宁** CMA，锤子科技原财务总监

随着中国企业的国际化，财务人员也要顺应时代发展的要求，由传统的记账、管账提升到企业理财和管理的高度。而 CMA 非常好地契合了这一发展要求，给传统的财务提供了系统的理财培训和理论训练，为财务同仁必修课。我有幸于几年前结识优财，得益于其专业的服务、专业的师资团队和持续不断的创新，为我现在的工作提供了很多的知识保障和便利，希望优财越来越好、越走越远。

——**魏丽萍** CMA，中美天津史克制药有限公司财务总监

在全球化格局和财务共享服务建立的情况下，财务会计的基础财务职能面临着国际会计准则趋同、会计人员的职业道德水准显著提高、会计记账的电算化和外包化三个问题，财务要想实现价值、创造价值，就需要建立起管理会计的思维，用管理会计的手段，应对企业外部和内部的环境变化。在这些方面，CMA 给了全体财务人一个快速高效提升自己管理会计思维和能力的机遇，优财作为国内只专注于 CMA 培训的佼佼者，相信"美国注册管理会计师（CMA）认证考试应试指南"的出版对于财务人深入把握管理会计精要必将大有助益！

——**杨强** CMA，"2016 CMA 年度杰出个人奖"，好未来教育集团原新闻发言人兼董事会秘书、战略投资高级总监

"美国注册管理会计师（CMA）认证考试应试指南"是由 IMA 官方授权的美国注册管理会计师认证考试培训专家优财核心讲师团队组编，该系列书紧扣 CMA 认证考试体系大纲知识考点、重难点精讲突出，形成了一套从知识点复习、练习、强化、模拟、总结及提高的完整体系，书中对重要的考点结合经典例题通过文字、图表、对比来阐述，并配以经典考试真题及同步辅导和强化训练及解题思路，从而夯实基础，快速进入临考状态，是一套非常不错的 CMA 认证考试辅导书，值得推荐。

——**周金炳** CMA，美国纽交所上市公司原集团财务总监

学习 CMA 不仅可以开阔财务人员的眼界，还可以为职业生涯通往更高层次发展奠定基础，是一个企业财务管理者必备的执业储备。

CMA 教材是一部财务领域的百科全书，在这里我们不仅可以查到我们未知的全新知识点，也可以找到被定义为常识的理论与实践的结合。它将生命周期理论与企业成长相结合，更加细致与真实地剖析了一个企业成败的原因。CMA 辅导教材更是结合了中国实际将理论发挥得淋漓尽致，这是一部有中国特色和中国实践的卓越读本。

——**朱书红** CMA，"2016 CMA 年度杰出个人奖"，中国黄金集团公司总会计师

目　录

美国注册管理会计师（CMA）认证体系

CMA 考试介绍

一、关于 CMA 认证

美国注册管理会计师（Certified Management Accountant，CMA），是美国注册管理会计师协会（Institute of Management Accountants，IMA）1972 年创立的专业认证制度，是目前全球针对管理会计及财务管理领域的权威认证。与美国注册会计师（AICPA）、特许金融分析师（CFA）并称全球财经领域三大黄金证书，在全球范围内被企业财务高管所认可。CMA 认证旨在客观地衡量个人在管理会计领域的知识和能力。能帮助持证者职业发展，保持高水准的职业道德要求。站在财务战略咨询师的角度进行企业分析决策，推动企业业绩发展，并在企业战略决策过程中担任重要的角色。

二、CMA 报考条件

符合下列条件之一：

（1）持有教育部认可的学院或大学的三年制大专（包括自考、函授、脱产和业余等群体）。

（2）持有教育部认可的学士学位证书。

（3）持有教育部认可的硕士研究生毕业证书、硕士学位证书、博士研究生毕业证书、博士学位证书。

（4）持有中国注册会计师协会认证的注册会计师证书（CPA）或财政部会计财务评价中心认证的中级或高级会计师证书（中、高级会计职称证书）；ACCA 的全部合格 CMA 考生及持证者符合 CMA 学士学位的教育要求。

三、CMA 考试类型及时间

CMA 考试共有两门，提供英文和中文两种考试语言，满分为 500 分，通过分数为 360 分。每门考试时长为 4 个小时，包括 100 道选择题和 2 道情景题。选择题分值比重75%，情景题分值比重25%。

CMA考试（中文考试为纸笔考试；英文考试为机考/远程考试，可任选方式）每年开设三个考试窗口，每年举行三次。

中文：每年3个考试日期分别为4月、7月、11月的某一个周六。

英文：每年3个考试窗口，1/2月、5/6月、9/10月的工作日。

四、CMA考试科目及费用

1. CMA课程体系及各章节考试占比：

单位：%

第一部分：财务规划、绩效与分析		第二部分：战略财务管理	
章节目录	占比	章节目录	占比
外部财务报告决策	15	财务报表分析	20
规划、预算和预测	20	公司财务	20
绩效管理	20	决策分析	25
成本管理	15	风险管理	10
内部控制	15	投资决策	10
科技与分析	15	职业道德	15

2. CMA考试费用：

单位：美元

分类	学生会员	教师会员	专业会员
IMA会员首次注册手续费	0	15	15
IMA会员费	45	135	260
CMA考试认证费（考试准入费）	210	210	280
CMA单科考试费	345	345	460

备注：从2018年8月10日起，购买IMA所有产品均需支付6%增值税。

五、CMA考试流程

（1）注册成为IMA会员；

（2）支付考试准入费（entrance fee）；

（3）注册CMA考试，获得考试授权信；

（4）预约考试时间和地点；

（5）参加考试。

想要了解更多，可登录网站：www. youcaiwx. cn。

CMA 认证的核心价值

一、CMA 具备企业发展的核心价值

如何为企业提供决策支持，整合和有效利用企业资源，组建以财务为核心的企业管理架构，已成为现代企业的重要需求，而 CMA 的价值就在于此。CMA 课程内容所包含的知识范围能反映管理会计人员和财务管理人员在现今商业环境所需要的能力。CMA 认证能够用来帮助企业提高竞争力，它的核心价值在于：

1. 完善的管理会计知识体系有助于企业优化运营模式。

企业的运营模式作为企业运行思路与方向，直接关系到企业的发展。CMA 课程及考试内容几乎涵盖所有 MBA 课程，因此被比喻为“Mini-MBA”。这些课程包含管理会计、财务规划、预算及财务预测、财务业绩考评、财务决策、战略管理等涉及企业运营重要方面的内容。

2. 完善的管理会计知识体系有助于提升企业的领导力、决策力。

CMA 面向的人群并不仅局限于一般会计人士，也涉及 CFO、CEO 等从事战略规划的高层管理人士。

在 CMA 课程中，财务决策作为重要的内容体系可供学员学习及应用，其中涵盖财务报告分析、决策分析与风险管理、投资决策等系统知识，为广大财经人士决策提供帮助。

3. 关注企业内功的打造，提高企业内控和抵御风险的能力。

CMA 知识内容紧紧围绕如何更快、更优地实现企业价值而设置。CMA 对帮助企业提高控制、风险评估和管理能力有相当大的作用。

4. 有助于企业搭建最优的组织构架。

CMA 课程对组织管理环节也有详细的阐述，其中涉及领导力、工作与团队、组织沟通、组织管理等多方面。综合其他内容，CMA 可以让企业在快速发展的进程中及时调整企业的管理模式，及时找到适应该时期发展的组织架构，为企业可持续发展奠定坚实基础。

5. 为企业培养更多复合型人才，统一企业内、外部的“管理语言”，提高管理效率。

CMA 专注为企业培养适合企业发展的高技能人才。在广泛的市场调研及专家委员会建议的基础上，CMA 考试内容定期优化，其课程设置紧贴当今 CFO 主要关注的内容，以便能够满足企业发展的需求。

二、CMA 是从业者职业发展的有力平台

1. 全球认可。

CMA 持证者遍布全球 100 多个国家和地区，CMA 认证也得到众多跨国企业财务高管的广泛认可，是财务及管理专业人士的“国际通行证”。

2. 预见未来。

区块链技术、人工智能等科技进步转变了商业运营模式，财务从业人员应自我提升以适应智能商业战略新模式。作为支持决策、计划、数据分析和批判性思考的专家，CMA 提供人工智能时代发展所需知识技能。

3. 职位晋升。

CFO 需要成为战略思考者、决策制定者、风险管理者和商业道德的监督者。这些技能也正是为团队选择专业人员时极为重视的。获得 CMA 认证证明你有晋级到财务领域战略角色所需的专业知识和技能。

4. 高薪回报。

IMA2021 年全球薪酬情况调查显示，持有 CMA 认证的会计和财务专业人士的年总收入中位数比未持有 CMA 认证的同行高出 58%；CMA 持证者表示 CMA 认证不仅使他们更有信心高水准地完成本职工作，还提升了跨领域业务能力。

5. 拓展人脉。

成为 CMA 持证者意味着成为 IMA 近 14 万全球成员之一。CMA 精英俱乐部遍布国内各地，是专业人士交流观点与经验、拓展职业发展版图的活跃社区与平台，可让 CMA 持证者紧跟行业发展新趋势，打造高质量的职业网络。

第一章

财务报表分析

财务报表分析是财务决策的重要内容，通过与行业平均水平的比较、与行业标杆的比较，可以了解公司在资产结构、融资结构、费用比例、获利能力等方面存在的差异和距离；通过与以前年度财务报表的比较，可以获取公司销售增速情况、毛利率变动趋势、成本控制等情况，判断趋势性、年度变化和长期趋势发展；通过财务比率分析，对公司的流动性、偿付能力和营运发展进行相关的推断，对公司财务健康状况提供额外的信息。因此财务报表分析既是财务决策的基础，也是公司各项财务决策结果的体现。

本章考情分析

本章主要内容：掌握横向比较分析、纵向比较分析；计算并解释财务比率；利用多项比率评估绩效；市场价值和账面价值对比；获利能力分析；分析性问题包括国外业务影响、物价变动和通货膨胀的影响，以及盈余质量。

本章考试占比 20%，是“战略财务管理”考试中最基础的部分。

本章近年来的主要考点：

（1）财务报表分析方法：横向比较分析、纵向比较分析、财务比率计算。涉及比率计算以及交易事项对财务比率的影响等题目。

（2）财务报表分析性问题包括：功能货币确认；物价变动或通货膨胀对财务报表分析的影响；会计差错、会计政策变更在报表中的披露以及对具体财务比率的影响；盈余质量高或低的判断分析。

本章重点框架图

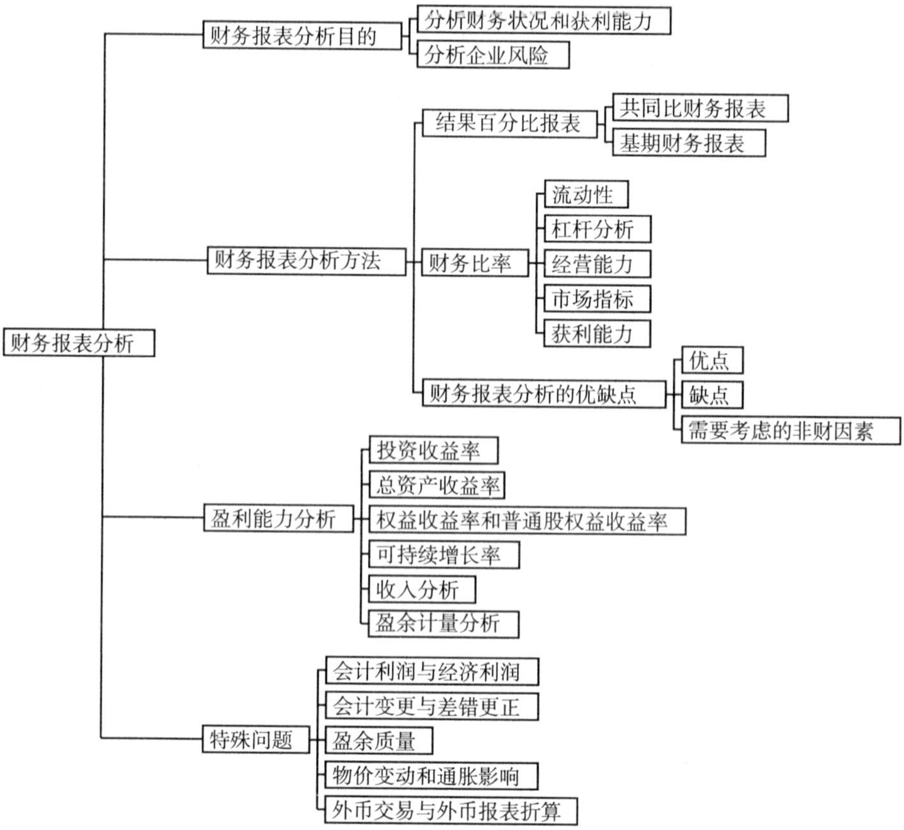
财务报表分析
财务报表分析目的
分析财务状况和获利能力
分析企业风险
财务报表分析方法
结果百分比报表
共同比财务报表
基期财务报表
财务比率
流动性
杠杆分析
经营能力
市场指标
获利能力
财务报表分析的优缺点
优点
缺点
需要考虑的非财因素
盈利能力分析
投资收益率
总资产收益率
权益收益率和普通股权益收益率
可持续增长率
收入分析
盈余计量分析
特殊问题
会计利润与经济利润
会计变更与差错更正
盈余质量
物价变动和通胀影响
外币交易与外币报表折算

本章重难点精讲

第一节　基本财务报表分析

根据财务会计准则委员会（FASB）颁布的《财务会计概念公告第8号——财务报告概念框架》的表述，“通用目的财务报告的目标是向报表使用者提供关于某一特定报告主体的财务信息，以有助于其做出经济决策。其中，‘报表使用者’包括现有或潜在的投资人、借款人或其他债权人；报表使用者的‘经济决策’是指给该报告主体提供资源的决策，包括买入、卖出或持有该主体发行的权益及债务工具，以及向该主体提供或收回贷款或其他形式的信贷资金”。

“通用目的的财务报告并不直接显示报告主体的价值，但能为价值评估提供有用信息，帮助报表使用者来评估报告主体的价值。”

为了评价企业价值，财务分析师以不同方式考察公司的财务报告。他们可能要把财务报表转化成其他形式（如结构百分比的形式），并考虑影响公司绩效的其他事项。另外，财务分析师还要在基期财务报表基础上，进行趋势分析，并考察某些重要报表项目的增长率。

一、财务报表分析目的

以公司财务报表为分析对象，通过各种分析方法，对公司的偿债能力、盈利能力、资产运作情况、财务要素的内部结构、市场价值等作出全面分析，供公司内部管理人员和外部投资者及相关机构参考。

二、结构百分比报表

结构百分比报表，是指将财务报表中的所有项目，以其占某一基准项目的百分比的形式重新列示而编制的报表，所选定的基准项目，通常是报表上金额最大或重要性程度最高的项目。

（一）百分比报表的用途

（1）比较同一年度报表中的不同元素。

（2）分析某企业在若干年内的发展趋势。

（3）比较同一行业内不同规模的企业。因为不同公司的财务报表统一按照所占基准项目百分比的形式重新编制，就可以剔除各个项目绝对金额的影响。但有时分析师要比较的是处在不同行业的两家公司，或者是两个同时经营多个不同性质业务板块的企业集团。这就要求分析师真正理解这些差异，根据这些差异对结构百分比报表再做进一步调整。

（4）将公司绩效与行业平均水平相比。

此外结构百分比报表能够清楚显示报表项目结构分布上的差异，指引分析师去进一步考察并解释这些差异背后的原因。

（二）结构百分比报表的分类

结构百分比报表分为垂直式（纵向）结构百分比报表和水平式（横向）结构百分比报表。

1. 垂直式（纵向）结构百分比报表。

编制垂直式（纵向）结构百分比报表，首先需要选取一个基准项目（通常资产负债表上选取的是资产总额，利润表上选取的是销售收入净额）。该基准项目本身的取值为100%，基准项目之外的其他项目的取值是其占基准项目的百分比。

表1－1和表1－2分别显示了A公司编制的垂直式结构百分比的资产负债表和利润表。

表1－1　　垂直式结构百分比资产负债表

资产		
流动资产合计	350 000 美元	70%
固定资产净值	150 000	30%
资产总计	500 000 美元	100%
负债和权益		
负债		
流动负债合计	200 000 美元	40%
长期负债	50 000	10%
负债合计	250 000	50%
股东权益		
普通股面值	25 000	5%
资本公积	100 000	20%
留存收益	125 000	25%
股东权益合计	250 000	50%
负债和股东权益总计	500 000 美元	100%

表 1 –2 垂直式结构百分比利润表

销售收入	250 美元	100%
销售成本	120	48%
管理费用	85	34%
其他费用	10	4%
息税前利润	35 美元	14%

如上所示，资产负债表和利润表都能够转化成结构百分比的形式。对于利润表来说，按销售收入为基准转换为结构百分比报表的理由是，利润表项目一般与销售收入这个核心指标息息相关，大多数成本费用都或多或少受到销量的影响。

处于不同行业的公司的结构百分比报表有明显差异。通常，同一行业公司的结构百分比报表呈现出更多的相似性，而不同行业公司的结构百分比报表呈现出更多的差异性，这些差异可能体现在报表格式、分类汇总的层级等多个方面。

表 1 –3 显示了计算机制造、零售、金融和医药四个不同行业的结构百分比报表。如表 1 –3 所示，四个行业的资产构成存在巨大差异。

表 1 –3 不同行业的结构百分比报表

	计算机制造行业	零售行业	金融行业	医药行业
货币资金	3%	7%	3%	10%
交易性金融资产	0%	0%	9%	0%
应收账款及应收票据	21%	9%	7%	11%
存货	6%	25%	0%	1%
预付账款	4%	5%	7%	6%
投资	33%	8%	65%	15%
固定资产	12%	26%	1%	26%
商誉和无形资产	12%	11%	1%	25%
其他资产	9%	9%	7%	7%
资产总计	100%	100%	100%	100%
负债和所有者权益				
短期应付账款	11%	16%	4%	4%
短期借款	7%	10%	2%	5%
其他流动负债	9%	10%	14%	12%
长期借款	23%	22%	15%	47%
其他负债	13%	10%	19%	15%

续表

	计算机制造行业	零售行业	金融行业	医药行业
负债合计	63%	68%	54%	83%
所有者权益合计	37%	32%	46%	17%
负债和所有者权益总计	100%	100%	100%	100%

值得注意的是，报表中一些项目明显存在差异。例如：

（1）应收账款。零售企业的应收账款只占到总资产 9%，这是因为商场和超市这样的零售企业，主要接受现金或信用卡付款。

（2）存货。零售企业的存货占到了总资产的 25%，远高于其他行业中的存货占比，这与我们的预期是一致的。然而，金融企业（如银行或保险公司）基本不持有存货或仅持有极少的存货。

（3）投资。对于金融企业来说，投资是最重要的一个报表项目，金融企业特别是投资银行的商业模式就是通过持有投资来谋求高额收益。因此，投资占到总资产的 65% 也就不足为奇了。对于医药企业和计算机制造业企业来说，行业中的领军企业也会投资于同行业规模较小的企业，只不过投资金额占总资产的比重比金融行业要低一些。

（4）固定资产。有趣的是，零售企业和医药企业，持有相当高比例的固定资产（即不动产、厂房和设备）。这意味着，零售企业通常是使用自有商铺而不是租赁商铺开展经营的。类似地，医药企业也有相当一部分资产被“生产资料”（厂房和设备）所占用。然而，金融企业在固定资产上的投入是微乎其微的，因为这些企业开展业务并不需要生产车间和机器设备，如前所述，它们的资产主要由投资构成。另外需要指出的是，传统的制造业企业通常有相当大比例的资产是固定资产。但在过去的几年里，生产外包的业务模式有大幅的增加，导致了制造业企业固定资产占比有所下降。

（5）负债和权益。通过分析结构百分比资产负债表上的负债和权益，我们可以洞悉企业是如何融资的。计算机制造企业和医药企业债务融资的比例分别占到了 63% 和 83%。零售企业和金融企业也有一半以上的资金源于债务融资。

对于结构百分比的利润表，我们也可以做类似的分析。不同行业有不同的成本结构和利润空间。通过比较各类成本费用（如销售成本、研发费用、广告费用、管理费用）的比重，能印证不同行业的不同商业模式。例如，相对于销售成本占比较高的零售企业来说，医药企业的产品销售成本占收入的比例非常低，意味着其毛利率很高。医药企业的研发费用占收入的比率很高，而零售企业基本不发生研发费用。

在研究结构百分比报表的时候，这种结合行业特征的分析和推断是至关重要的。分析师需要根据已有的经验和知识形成预判，然后将这些预判与从报表出发推断出的结论相比照，进而识别出值得关注的问题。

2. 水平式（横向）结构百分比报表。

水平式结构百分比报表用于比较同一家公司不同年份的财务数据及其相互关系。水平式结构百分比报表也笼统地称为变动分析、趋势分析。在水平式结构百分比报表上，某一报表项目基准年份的金额按100%列示，该项目后续年份的金额按其占基准年份金额的百分比或较基准值的倍数来列示，以便体现其相对于基准年份的增减变化。这种形式的财务指标也被称为同比财务指标。如表1－4所示。

表1－4　　水平式结构百分比报表（变动分析或趋势分析）

	第0年	第1年	第2年	第3年	第4年
销售收入	200 000美元	210 000美元	250 000美元	260 000美元	300 000美元
基准值的倍数	100%	105%	125%	130%	150%
销售成本	100 000美元	110 000美元	130 000美元	150 000美元	160 000美元
基准值的倍数	100%	110%	130%	150%	160%

在表1－4中，通过计算出销售成本和销售收入各自的增长率并相互比较就能很容易发现，公司的销售成本比销售收入增长速度更快。通过水平或趋势分析，检验数据之间的关系并发现企业的优势和劣势。在本例中，这意味着管理层需要加强成本控制。水平分析可以揭示变动的方向、速度和幅度。进一步地分析还可以审查收入相关的其他事项的金额变动趋势，例如销售收入在增长，但是应收款项却在以更快的速度增长，两者的增长速度不一致。变动可以分为逐年变动和长期趋势。

水平分析的目的在于发现问题、引导思路，它能够有效地把分析师的注意力快速引导到需要进一步调查的异常项目上来。

水平分析还可以用于成本控制。

水平式结构百分比报表分析得到的结论必须审慎解读。各年之间的变化其实可以用绝对金额来表示，但在水平式结构百分比报表上，却通常是用百分比来表示的。使用百分比的时候，分析师必须记住作为比较基准的金额有多大。例如，净利润一年增长400%，这一增长率看起来相当可观，但如果作为比较基准的上年净利润其实只有1 000美元，那么这个增长率就没什么实际意义了。

当基准值是零或者是负数时，或者变动后新的数值是零时，变动百分比也没有实际意义。例如，某公司的净利润在第一年为负，在第二年转为正，这就没法用变动百分比来体现利润增长。这种情况下，只能比较净利润的原始金额。

如果各年之间的变动是以实际货币金额的形式表达，分析师则必须记得与公司发展的起点相比较。

连续数年的数据可以通过移动平均数来考察。也就是说，水平分析可以建立在两到三年的移动平均值的基础上。这样做的目的是，在数据波动较大的情况下，“平滑掉”个别年份里数据异常波动带来的干扰，同时也能将真正对多期平均值和趋势有影响的异常年份识别出来。

三、财务报表基本常识

基本财务报表有四张，四张报表之间存在特定的数据勾稽关系。因此，财务报表通常按照下列顺序编制：

（1）利润表。利润表上净利润金额要带入所有者权益变动表。

（2）所有者权益变动表。所有者权益变动表上留存收益的期末余额要带入资产负债表的所有者权益部分。

（3）资产负债表。资产负债表报表项目期初和期末的变动金额、利润表上的净利润以及所有者权益变动表体现的所有者权益（含留存收益）的其他变动，都是编制现金流量表需要的基础数据。

（4）现金流量表。现金流量表最后编制。

由于企业和行业的性质不同，利润表需要列示的报表项目也有所不同。例如，常见的多步式利润表需要列示下列项目：

销售收入净额

减：产品销售成本

等于：毛利润

减：营业费用

加/减：其他收入/费用

等于：持续经营的损益

加/减：中止经营的损益

等于：税前利润总额

减：所得税费用

等于：净利润

利润表所列示的产品销售成本通常按照下列方法计算（当然也存在其他计算格式）：

期初存货余额

+净采购金额（扣除购货退回、采购折扣、采购折让之后的）

+进货运费

=可供销售的存货金额

-期末存货余额

=当期产品销售成本

记住，上式中“可供销售的存货金额”按道理只能分配到两个报表项目，一是资产负债表上的存货项目期末余额，二是利润表上销售成本项目的本期金额。

【例题1-1】一家公司资产负债表上期末存货1年、2年和3年的美元价值分别为50万美元、60万美元和40万美元。在编制以第一年为基准年的横向分析时，第三年的百分比变化将是：

A. －25%　　B. －20%　　C. 20%　　D. 80%

【答案】B

【解析】选项 B 正确。横向分析的概念是，若干时期的数额以基准年数额的百分比表示。如果第一年是基准年，则第三年的百分比变化为－20%［(40 万美元－50 万美元)÷50 万美元］。

【例题 1－2】在财务报表分析中，将所有财务报表项目表示为基准年金额的百分比称为：

A. 水平式结构百分比报表　　B. 垂直式结构百分比报表

C. 纵向分析　　D. 比率分析

【答案】A

【解析】选项 A 正确。将财务报表项目表示为相应基准年数字的百分比是一种水平式结构百分比报表分析形式，对评估趋势很有用。基准金额被赋值为 100%，其他年份的金额与基准年相比以百分比表示。

选项 B 不正确。垂直式结构百分比报表分析是在资产负债表和利润表上选取一个基准项目，资产负债表上选取的是资产总额，利润表上选取的是销售收入净额。该基准项目本身的取值为 100%，基准项目之外的其他项目的取值按其占基准项目的百分比列示。

选项 C 不正确。纵向分析是垂直式结构百分比报表分析。

选项 D 不正确。这是一个通称。

【例题 1－3】公司财务报表有下列余额：收入是 32 000 000 美元。销售费用 16 000 000 美元。净利润 4 000 000 美元。总股本 40 000 000 美元。总资产 80 000 000 美元。在编制的结构百分比损益表中净利润率将显示为：

A. 5.00%　　B. 10.00%　　C. 12.50%　　D. 25.00%

【答案】C

【解析】结构百分比损益表以各项目占销售收入的比列示。因此，将 4 000 000 美元净利润除以 32 000 000 美元收入，列示应为 12.5%。

【例题 1－4】某公司资产负债表上第 1、第 2 和第 3 年期末存货的价值分别为 500 000 美元、600 000 美元和 400 000 美元。在使用第 1 年为基础年编制水平分析时，第 3 年显示的百分比变化将为：

A. (25%)　　B. (20%)　　C. 20%　　D. 80%

【答案】B

【解析】基期比较财务报表（横向比较），是指在选择一基准年份的基础上，计算目标年份的各项与基准年份的同一指标的比值，并填入表中相应位置的一种财务报表。

第三年的百分比变化＝(400 000 美元－500 000 美元)÷500 000 美元＝－20%

【例题1-5】某公司使用纵向分析法，净利润和利息费用金额相等，占比9%，那么息前税后利润占比多少？

A. 24%　　B. 18%　　C. 20%　　D. 14%

【答案】B

【解析】选项B正确。息前税后利润占比是18%，具体计算过程如下：

净利润＝息前税后利润－利息费用

由于净利润和利息费用金额相等，且占比均为9%，因此息前税后利润的占比＝9%＋9%＝18%。

【例题1-6】某公司第1年的实际结果和第2年的预期结果的简要同比利润表如下所示：

单位：%

	第1年	第2年
销售额	100	100
产品销售成本	50	50
销售和管理费用	40	?
营业收益	10	?

该公司预计在第2年售出产品件数将增加5%，同时不会对客户提价，而从供应商处拿货的成本预计也不会增加。假定销售和管理费用中有5%为变动部分、95%为固定部分。如果所有预测结果都成为现实，则该公司第2年的销售和管理费用应该：

A. 低于销售额的40%

B. 等于销售额的40%

C. 大于销售额的40%但不会超过销售额的42%

D. 大于销售额的42%

【答案】A

【解析】选项A正确。假设第1年的金额为如下绝对值（见下表）：

	第1年		第2年	
销售额	100美元	100%	105美元	100%
产品销售成本	50美元	50%	52.5美元	50%
销售和管理费用	40美元	40%	40.1美元	38%
营业收益	10美元	10%	12.4美元	12%

假设第1年销售额为100美元。产品销售成本率保持不变（50%）。销售和管理费用中，销售件数增加5%，变动销售和管理费用＝(100×0.4)×0.05×

(1 +5%) =2.1，固定销售和管理费用 =(100 ×0.4) ×0.95 =38，所以总的销售和管理费用 =2.1 +38 =40.1，则销售和管理费用占比 =40.1 ÷105 ×100% =38%。

【例题1 -7】 某公司以占流动资产的百分比形式表示的存货量从去年7月的25%增加至今年7月的35%。最不可能造成这种增加的因素是该公司:

A. 是一家季节性公司，一般来说其夏季月份的业务量都会更高一些

B. 正在经历高速增长

C. 拥有逐渐过期的存货

D. 花费大量通过出售其短期投资获得的现金来购置土地

【答案】 A

【解析】 选项A正确。夏季业务量增加会使得存货量相应减少，所以其占流动资产的占比会减少。

选项B不正确。经历高速增长并不仅仅带来7月存货量占比的增加。

选项C不正确。过期存货量增加会增加其在流动资产中的占比。

选项D不正确。出售短期投资来购置土地会减少流动资产，同时增加非流动资产，而存货量不变，因此，增加存货相对于流动资产的占比，但不仅仅是7月存货量占比的增加。

第二节 财务比率

财务比率是指财务报表数据之间、财务报表数据与非财务报表数据之间相比较的结果，这种比较可以是各期数据之间的比较，也可以是与基准值的比较。财务比率提供了一些报表上的金额本身所提供不了的、关于公司财务状况的额外信息。财务比率通常用于作出三类推断：关于公司流动性、偿债能力和营运能力的推断，关于公司资本结构的推断，以及关于公司盈利能力的推断。

一、短期偿债能力

(一) 流动性比率和偿债能力

流动性比率度量流动资产满足流动负债需要的程度，体现公司偿还短期债务的能力。营运资本、流动比率和速动比率是公认的最常用的流动性指标。公司绝大部分债务是要用现金偿还的，所以把非现金资产转变为现金以用于偿债的速度，可以用来合理衡量该公司的偿债能力。

长期偿债能力是指公司在到期时偿还长期债务的能力，或支付长期固定费用并满足长期扩张和增长需要的能力。偿债能力的实质，就是公司的资产能够在多大程度上覆盖公司的负债。

（二）营运资本分析

营运资本是衡量公司偿还短期债务能力的指标，其关注的是公司短期内的财务健康状况。营运资本也被称作净营运资本。

$$净营运资本=流动资产-流动负债$$

$$净营运资本比率=\frac{净营运资本}{总资产}$$

其中，流动资产包括现金、存货、应收账款等能够在一年内变现的资产。流动负债包括应付账款、应付票据、应交税费、应付利息等需要在一年内偿还的债务。

营运资本为正，说明公司的流动资产足够覆盖流动负债。本期的营运资本可以和其他期间的营运资本相比较，以识别是否有需要关注的变动趋势。

为了理解相同的营运资本对不同公司流动性意味着什么，分析师还需要测算流动比率、速动比率、现金比率等财务比率，以检验流动资产和流动负债之间的相对关系。

（三）流动比率

流动比率度量流动资产满足流动负债需要的程度。流动比率越高，说明公司利用流动资产偿还流动负债的能力越强，其流动性越好。

$$流动比率=\frac{流动资产}{流动负债}$$

使用流动比率来衡量流动性有一定局限性：

（1）通常现金才是唯一可以接受的偿债方式，所以分析流动资产的具体构成、判断报表上列示的所谓“流动资产”是否真的能够随时变现用于偿债是至关重要的。

（2）流动比率无法显示和预测未来现金流的分布，也不能衡量未来的流动性是否充足。

（3）流动比率只能反映当前时点上流动资产和流动负债之间的关系。

（四）速动比率（酸性测试比率）

速动比率，也叫作酸性测试比率，在计算时从流动资产中剔除了存货和预付账款，从而比流动比率更直接地反映流动性。因为预付账款并不直接带来可以偿债的资金，因为存货的周转速度比应收账款和现金慢，存货能否变现取决于公司能否成功销售产品并收回价款。

$$速动比率（酸性测试比率）=\frac{流动资产-存货}{流动负债}$$

$$=\frac{现金+有价证券+应收账款}{流动负债}$$

速动比率的分子中包含应收账款。需要特别关注应收账款之中，可能存在异常交易条款下形成的大额应收账款，或应收公司股东、管理人员、职工或其他关联方的大额款项。这些非正常应收账款在回款情况及相关风险上，都会与正常应收账款有差别。

速动比率的分子中还包含现金等价物及交易性金融资产。现金等价物包括库存现金和银行结算账户、储蓄账户和其他账户中的存款。交易性金融资产是指流动性极强的短期投资，通常能够在极短时间甚至几分钟内迅速转换为现金。

速动比率达到或超过 1 才是合理的，但是不同行业有不同的标准。

（五）现金比率

现金比率相对于速动比率，其考察更为稳健。该比率计算所使用的偿债资产中，剔除了存货和应收账款，只考虑能够立即变现的资产，即货币资金和交易性金融资产，并将其与流动负债相比较。

$$现金比率=\frac{现金+有价证券}{流动负债}$$

现金比率特别适合用于存货周转缓慢或应收账款回款缓慢的公司。

现金比率过高，说明公司未能在营业活动中充分有效地利用资源；但是现金比率过低，则说明公司偿还流动负债有问题。

现金比率的局限：分子中所包含的交易性金融资产必须先要变现才能用来偿债。而交易性金融资产的市场价格每天都在波动中。现金比率通常依据年末一个时点上的市场价格来计算，难以有效衡量企业在一个稍长的时间段里的流动性。

（六）现金流量比率

现金流量比率是衡量企业日常经营活动所创造的现金流量满足偿债需求的能力。

$$现金流量比率=\frac{经营活动现金流量}{流动负债}$$

上式中，分子上的经营活动现金流量，取自本期的现金流量表。

如果随着时间推移，现金流量比率变得越来越低，则意味着流动性危机很可能接踵而至。如果一家公司的经营活动现金流量净额为负数，则计算现金流量比率将毫无意义。

（七）流动性比率的敏感性分析

分析流动性比率，有时需要考察这些比率计算公式中的分子或分母的增减变化，对比率取值的敏感程度。显然，分子越大，一个比率取值就越高，而分母越大，一个比率取值就越低；而从偿债能力的角度看，通常流动性比率的取值越高，说明流动性越好，取值越低，说明流动性越差。

下面考虑，如果比率计算公式中的分子和分母同时增加相同的金额，那么比率如何变化呢？这要取决于该比率变化前的取值。如果一个比率取值原本大于1，那么其分子分母同时增加相同的金额，将会使该比率的取值降低；相反，这种情况下，分子分母同时减少相同的金额，将会使比率的取值提高。

有时候公司会利用这个简单的数学原理来美化流动性比率。比如，公司在资产负债表日之前用现金偿还流动负债，只要公司的流动比率原本是大于1的，这样的举措会让流动比率显得“更好看”；如果公司的速动比率原本也大于1，同样的举措还会让速动比率也显得“更好看”。

特别需要注意的是，如果企业这么做，单纯是出于让财务比率显得“更好看”的目的，则这种行为属于一种报表粉饰行为，也称作“装点门面”，这可能有违会计职业道德。

【例题1－8】公司年末的相关信息如下：

速动资产	208 000 美元
速动比率	2.6
流动比率	3.5
净销售收入	1 800 000 美元
销售成本	990 000 美元
平均总资产	1 200 000 美元

公司年末流动负债是多少？

A. 59 429 美元　B. 80 000 美元　C. 134 857 美元　D. 187 200 美元

【答案】B

【解析】选项B正确。流动负债是80 000美元，计算步骤如下：

速动比率＝速动资产÷流动负债＝2.6

流动负债＝208 000÷2.6＝80 000（美元）

【例题1－9】公司年末的相关信息如下：

速动资产	208 000 美元
速动比率	2.6
流动比率	3.5
净销售收入	1 800 000 美元
销售成本	990 000 美元
平均总资产	1 200 000 美元

公司年末存货余额是多少？

A. 72 000 美元　B. 187 200 美元　C. 231 111 美元　D. 282 857 美元

【答案】A

【解析】选项A正确。速动资产＝流动负债×速动比率；流动资产＝流动负债×流动比率；存货＝流动资产－速动资产；存货＝流动负债×（流动比率－速动比率）＝80 000×（3.5－2.6）＝72 000（美元）。

【例题1-10】某公司的流动比率和速动比率均已缓慢下降。过去两年，流动比率从2.3下降至2.0。同期，速动比率从1.2下降至1.0。下列哪项可以解释流动比率与速动比率间的差异？

A. 长期债务中的流动部分稳定增加

B. 现金余额异常低

C. 应收账款余额下降

D. 存货余额异常高

【答案】D

【解析】选项D正确。流动比率比较的是流动资产和流动负债，而速动比率比较的是速动资产和流动负债，流动资产和速动资产最主要的区别就是存货，由于存货不易转换成现金，速动比率将存货从流动资产中排除。因而两比率的差异是由高水平的存货余额引起的。

【例题1-11】戴维斯零售公司总资产为7 500 000美元，赊购750 000美元的商品前公司的流动比率为2.3，则采购后：

A. 依然是2.3　　B. 高于2.3　　C. 低于2.3　　D. 等于2.53

【答案】C

【解析】选项C正确。赊购750 000美元的商品前公司的流动比率为2.3，假设赊购前流动资产为2 300 000美元，流动负债是1 000 000美元，赊购750 000美元的商品后流动资产增加750 000美元，流动负债也增加750 000美元，则流动比率 = (2 300 000 + 750 000) ÷ (1 000 000 + 750 000) = 1.743，因此赊购750 000美元的商品后公司的流动比率小于2.3。

二、资本结构分析

资本结构指的就是企业融资过程中所形成的长期负债和所有者权益的搭配比率。资本结构影响企业的风险和报酬，并与杠杆效应直接相关。杠杆效应有时候也叫传动效应。表1-5就是资本结构财务比率公式。

表1-5　　资本结构财务比率公式

资本结构比率	公式
经营杠杆系数	$\frac{\text{边际贡献}}{\text{息税前利润}}$
财务杠杆系数	$\frac{\text{息税前利润}}{\text{税前利润}}$
总杠杆系数	$\frac{\text{边际贡献}}{\text{税前利润}}$ 或 经营杠杆系数×财务杠杆系数

续表

资本结构比率	公式
财务杠杆比率	$财务杠杆比率 = \frac{资产}{权益}$
资产负债比率	$资产负债比率 = \frac{负债总额}{资产总额} \times 100\%$
长期负债比率	$长期负债比率 = \frac{长期负债}{长期负债 + 权益} \times 100\%$
权益乘数	$权益乘数 = \frac{资产总额}{权益总额}$
利息保障倍数（利息覆盖率）	$利息保障倍数（利息覆盖率） = \frac{息税前利润}{利息支出}$

（一）杠杆

1. 经营风险和经营杠杆。

经营杠杆效应源于企业成本结构中存在的固定经营成本。企业的经营风险可以通过经营杠杆系数（DOL）来衡量。经营杠杆系数是指销售收入的一个单位的变动百分比所引发的经营收益的变动百分比。经营杠杆系数是由企业的成本结构（固定成本和变动成本的比率关系）所决定的。由于固定经营成本不随销售收入变化而变化，经营杠杆系数越高，销售收入波动对经营利润带来的影响就越大。

$$经营杠杆系数 = \frac{息税前利润的变动百分比}{销售额的变动百分比}$$

$$或 = \frac{边际贡献}{息税前利润}$$

2. 财务风险和财务杠杆。

财务风险可以通过财务杠杆系数（DFL）来衡量。财务杠杆是指企业举借固定融资成本的债务资金，以提升对股东的投资回报。财务杠杆效应，源于企业在权益之外，通过举借固定融资成本的债务筹集资金。财务杠杆系数是净利润的变动百分比除以息税前利润的变动百分比。财务杠杆系数也可以用息税前利润除以税前利润总额（EBT）来计算。债务融资成本通常是固定的，也是可以税前抵扣的；权益融资成本则通常是变动的，是不允许税前抵扣的，提高债务融资成本相对于权益融资成本的比率，可以提高财务杠杆系数；而提高财务杠杆系数既会提升净利润，也会增加公司债务违约的风险，即增加财务风险。

$$财务杠杆系数 = \frac{净利润的变动百分比}{息税前利润的变动百分比}$$

$$或 = \frac{息税前利润}{税前利润}$$

3. 财务杠杆比率。

财务杠杆比率是衡量公司资产筹资的构成比率。

$$财务杠杆比率=\frac{资产}{权益}$$

财务杠杆比率较高，说明公司的资产更多地依靠债务融资支撑。财务杠杆比率等于2，说明负债和权益二者相等；财务杠杆比率大于2，说明负债高于权益；财务杠杆比率小于2，则说明权益高于负债。

财务杠杆对正的利润（盈利）和负的利润（亏损）都具有放大作用。类似地，因为债务利息代表的是一项固定融资成本，财务杠杆对亏损也有放大的作用。假设财务杠杆比率高达3.0，公司处于亏损中，则一旦收入下滑一定的百分比，则损失的金额将扩大更大比率。因此，增加财务杠杆比率，不仅仅会带来提升收益的机会，还会带来扩大亏损的风险，可能危及公司长期偿债能力。

（二）负债或债务的比率分析

在考察资本结构时，既可以将债务与资产相比较（基于资产的分析），也可以将债务与权益做比较（基于权益的分析）。公司的不同利益相关者对资本结构比率（也统称为杠杆比率）持不同的观点，不同行业最优的负债率也不同。因此，对负债率做水平比较分析的时候，只能与同行业内的企业进行比较。

衡量杠杆的财务比率主要有三个：负债对权益比率、负债对总资产比率和利息保障倍数。

1. 负债对权益比率。

负债对权益比率可以衡量公司偿付长期债务的能力，即长期债权人利益所受保障的程度。这一比率衡量公司在为购置资产而融资时债务和权益的相对比率关系。

负债对权益比率 = 负债总额/权益总额

负债对权益比率可以与本公司往年的记录相比较，也可以与行业平均水平或竞争对手相比较。该比率越高，公司对负债融资的依赖程度就越高，说明公司使用的财务杠杆程度越高，破产的风险越高。

2. 长期债务对权益比率。

长期债务对权益比率只考察负债中的长期债务与所有者权益的相对关系。

长期债务对权益比率 =（负债总额 - 流动负债）/权益总额

该比率越低，说明公司在需要资金的时候再度举借债务资本的能力越强，也说明公司固定融资成本较低，因为所需支付的利息较少。然而，较低的长期债务对权益比率，也意味着公司资本收益率较低，因为公司没有充分发挥举债经营的杠杆作用。

3. 负债对总资产比率。

负债对总资产比率衡量公司通过债务融资所购置的资产比率。

负债对总资产比率=负债总额/资产总额

该比率体现了公司资产中依靠债权人提供资金支持的比率，也能体现公司面临破产清算时，债权人能受到的保障程度。

该比率越低，对债权人来说财务状况越好，因为公司有足够的资产保障长期债务的偿还。该比率越高，说明债权人得不到很好的保障，这可能会使公司在发行更多的债务性证券时变得更加困难且成本更高，该比率越高，说明公司营运的债务金额就越大。因此，较高的该比率说明公司的财务状况薄弱，违约风险加大。但是该比率异常地低，就意味着公司没有充分利用负债这一成本低廉的资金来源来为公司的增长融资。

4. 固定支出保障倍数。

固定支出保障倍数衡量公司保障固定融资性支出（如债务的还本付息和租金的支付）的能力。

$$固定费用保障倍数=\frac{扣除固定支出和税款前的利润}{固定支出}$$

“固定支出”包括利息支付、本金偿还、租金支付。“扣除固定支出和税款前的盈利”，等于息税前利润加上利息费用之外影响损益的其他固定支付。

5. 利息保障倍数。

利息保障倍数衡量企业通过经营活动的收益支付利息费用的能力。

$$利息保障倍数（利息覆盖率）=\frac{息税前利润}{利息支出}$$

利息保障倍数和负债率指标结合在一起，可以清晰展示企业能否“驾驭”债务，即能否保持还本付息的偿债能力。如果相对于行业平均水平而言，公司负债率偏高，而且利息保障倍数偏低，则其偿债能力堪忧。如果负债率偏高，但利息保障倍数比较高，则对其偿债能力的顾虑就会少一些。

6. 现金流量固定支出保障倍数。

现金流量固定支出保障倍数衡量企业通过日常经营活动产生的现金流支付固定融资性支出（如还本付息和租金支付）的能力。

$$现金流量固定支出保障倍数=\frac{（经营活动现金流量净额+固定支出+税款支付）}{固定支出}$$

> **【提示】** 经营活动现金流量净额是税后现金流，固定支出包括利息支付、本金偿还、租金支付。

7. 资本结构与风险。

从长期偿债能力的角度来看，债务对权益比率越高，说明公司处境越不佳。从债务的角度来看，公司增加债务，会增加其还本付息、承担固定支出的压力，提高债务对权益比率，因而增加偿债风险。从权益的角度来看，股份回购和经营亏损，会导致权益的减少，其他条件不变的情况下，会提高债务对权益比率，增加公司偿还长期债务的风险。而实现盈利，在债务保持不变的情况下，会降低债务对权益比率，增强公司的长期偿债能力。

公司的资本结构与风险密切相关，尤其是破产风险。过度增加负债可能导致资本结构恶化，增加破产的可能性。这是因为更高的债务水平，带来了更高的还本付息的义务，就要求有更多的现金流入来满足这些义务。对于债务水平较高的企业来说，现金流一旦紧张，就会带来危机，因为要偿还的债务仍然需要偿还，不会因为现金流紧张就自动减免。

【例题 1－12】 莎拉公司利润表的摘要信息如下所示：

单位：美元

销售额	15 000 000
产品销售成本	9 000 000
营业费用	3 000 000
利息费用	800 000
所得税	880 000
净利润	1 320 000

根据以上信息，莎拉公司的财务杠杆系数为：

A. 0.96　　B. 1.36　　C. 1.61　　D. 2.27

【答案】 B

【解析】 选项 B 正确。莎拉公司的财务杠杆为 1.36，计算如下：

财务杠杆＝息税前利润÷税前利润

＝(1 320 000＋880 000＋800 000)÷(1 320 000＋880 000)

＝3 000 000÷2 200 000

＝1.36

【例题 1－13】 5 000 个销售单位经营杠杆系数为 3，意味着：

A. 息税前利润 3% 的变动将会引起销售额 3% 的变动

B. 销售额 3% 的变动将会引起息税前利润 3% 的变动

C. 销售额 1% 的变动将会引起息税前利润 3% 的变动

D. 息税前利润 1% 的变动将会引起销售额 3% 的变动

【答案】 C

【解析】 选项 C 正确。经营杠杆度量的是销售额 1% 的变动所引起的息税前利润变动的百分比。因此，经营杠杆为 3，意味着销售额 1% 的变动将会引起息税前利润 3% 的变动。

【例题 1－14】 下面所示为阿巴特有限公司两个经营年度的财务信息。

	第 1 年	第 2 年
销售额	4 000 000 美元	4 400 000 美元
总营运成本	3 200 000 美元	3 440 000 美元

续表

	第1年	第2年
息税前收益	800 000 美元	960 000 美元
利息支出	320 000 美元	275 000 美元
所得税	245 000 美元	354 000 美元
净收益	235 000 美元	331 000 美元
每股收益	2.35	3.31

那么，阿巴特有限公司的经营杠杆系数为：

A. 4.09　　B. 2.67　　C. 2.00　　D. 0.75

【答案】 C

【解析】 选项C正确。经营杠杆系数是2，计算步骤如下：

经营杠杆系数 = 息税前利润变动百分比 ÷ 销售额变动百分比

= [(960 000 美元 - 800 000) ÷ 800 000 美元] ÷

[(4 400 000 美元 - 40 000 000 美元) ÷ 4 000 000 美元]

= 2

【例题1-15】 下列哪项是反映长期负债偿还能力的最好指标？

A. 营运资金周转率　　B. 资产周转率

C. 流动比率　　D. 资产负债率

【答案】 D

【解析】 选项D正确。营运资金周转率是年销货净额与营运资金之比，反映营运资金在一年内的周转次数，是反映企业经济效益状况的一个重要指标；资产周转率是年销售净额与资产之比，反映资产在一年内的周转次数；流动比率是流动资产与流动负债之比，反映企业的短期偿债能力；资产负债率显示了资产中由债权人提供资金的比例，反映了企业的长期偿债能力，有助于判断在破产情况下债权人受保护的程度，从债务偿还能力的角度而言，该比率越低越好。

【例题1-16】 阿斯顿银行收到了从事计算机服务业务的三家公司的贷款申请，将为未来最有可能履行贷款义务的一家公司提供贷款。为便于审查和与行业平均水平进行比较，选取了三家公司的如下财务数据：

	C公司	A公司	S公司	行业平均
销售额（百万美元）	4.27	3.91	4.86	4.30
净利率	9.55%	9.85%	10.05%	9.65%
流动比率	1.82	2.02	1.96	1.95
资产回报率	12.0%	12.6%	11.4%	12.4%

续表

	C 公司	A 公司	S 公司	行业平均
负债权益比率	52.5%	44.6%	49.6%	48.3%
财务杠杆系数	1.30	1.02	1.56	1.33

基于以上信息，选择能够实现阿斯顿银行目标的策略：

A. 阿斯顿银行不应该贷款给任何一家公司，因为这些公司都不具有良好的风险控制

B. 贷款给 C 公司，因为该公司的数据均接近行业平均值

C. 贷款给 A 公司，因为该公司的负债权益比率和财务杠杆系数均低于行业平均值

D. 贷款给 S 公司，因为该公司具有最高的净利率和财务杠杆系数

【答案】 C

【解析】 选项 C 正确。债权人在选择投资对象时，首先考虑的是偿债能力。偿债能力越强，违约风险就越小，就会成为债权人的投资对象。因此阿斯顿银行作为债权人会关注负债权益比率与财务杠杆系数，财务杠杆系数和债务权益比率均度量了公司的偿债能力，负债权益比率越小，财务杠杆系数越小，说明偿债能力越强，偿债风险越小。A 公司的财务杠杆系数和负债权益比率均低于行业均值，显示出公司较低的财务风险。因此阿斯顿银行在寻找未来最有可能履行贷款义务的公司时，就会选择 A 公司。

【例题 1－17】 若一家公司的利息费用等于息税前利润（EBIT），该公司的所得税税率为 40%，则公司的利息保障倍数为：

A. 2.0　　B. 1.0　　C. 0.6　　D. 1.2

【答案】 B

【解析】 选项 B 正确。该公司的利息保障倍数为 1.0。利息保障倍数 = 息税前利润 ÷ 利息费用，因为利息费用等于息税前利润，因而利息保障倍数为 1.0。

三、营运能力分析

分析流动性的另一个途径，是关注存货和应收账款的管理状况。管理层可以通过有效管理存货并及时收回应收账款来改善流动性。营运能力分析覆盖的时间跨度是一个营业周期，即从购进货物开始到销售回款为止的时间间隔。

营运能力财务比率公式可参见表 1－6。

表 1-6　营运能力财务比率公式

营运能力比率	公式
应收账款周转率	$应收账款周转率=\frac{年赊销额}{应收账款平均余额}\times 100\%$
应收账款周转天数	$应收账款周转天数=\frac{365}{应收账款周转率}=\frac{应收账款平均余额}{（年赊销额/365）}$
存货周转率	$存货周转率=\frac{产品销售成本}{平均存货}\times 100\%$
存货周转天数	$存货周转天数=\frac{365}{存货周转率}=\frac{平均存货}{（产品销售成本/365）}$
总资产周转率	$总资产周转率=\frac{销售额}{总资产平均余额}\times 100\%$
固定资产周转率	$固定资产周转率=\frac{销售额}{不动产、厂房及设备的平均净值}\times 100\%$

（一）应收账款周转率

应收账款周转率衡量的是在一年中应收账款周转的次数。

$$应收账款周转率=\frac{年赊销额}{应收账款平均余额}$$

公式中应当使用扣除坏账准备之前的应收账款原值的平均余额。计算应收账款周转率时，需要使用应收账款平均余额。如果假设销售收入在一年里面平稳发生，年初和年末两个时点上应收账款余额的简单算术平均就能代表全年的应收账款平均水平。但如果销售收入的分布是季节性的，或不平稳的，年初和年末应收账款的平均余额就不能代表全年的平均应收账款。

应收账款的周转速度，不但可以用周转次数（周转率）衡量，还可以用周转天数衡量。实践中，假设一年的天数为 360 天或 365 天。CMA 考试中，所有涉及一年中天数的计算公式，都统一假设一年的天数为 365 天。

应收账款的周转天数也称为应收账款的平均收现期，可以衡量应收账款的流动性。

$$应收账款周转天数=\frac{365\text{ 天}}{应收账款周转率}$$

$$或=\frac{应收账款平均余额}{（年赊销额/365\text{ 天}）}$$

判断应收账款的管理效率应需要将应收账款的周转天数和公司给予销售客户的信用政策相比较。如果公司给客户的信用期是 30 天，应收账款的周转天数就不应该大幅超过 30 天。如果信用期和周转天数出现了重大差异，就需要特别关注信用政策和/或收款政策。和很多其他财务比率一样，分析应收账款周转天数时需要关注异常值。例如，如果公司的应收账款周转天数异常低，可能意味着公司制定的信用政策过于严苛，会因此而丧失销售机会。

CMA 考试中，计算应收账款周转率时，分子位置上的金额应为“赊销收入”，代表的是赊销收入总额。但是实务中，金额往往使用销售收入净额（扣除销售折扣、销售折让和销售退回之后）。当然，题干的表述或题目所给数据往往提示解题需要使用销售收入净额还是使用销售收入总额。

赊销和现销的区别也需要关注，只有赊销收入才计入应收账款周转率的计算。对于一些以现销为主的行业，如快餐行业，应收账款周转率的意义不大。如果现销收入也计入应收账款周转率的计算，将会高估应收账款周转率，从而高估公司的流动性。应收账款周转天数的增加，意味着公司流动性状况的变差。

（二）存货周转率

存货周转率衡量一年里存货周转的次数。

$$存货周转率 = \frac{产品销售成本}{平均存货}$$

公式中使用的平均存货余额是年初年末存货的简单平均。

存货是评估流动性时所关注的最重要的资产之一，因为存货价值通常占到流动资产金额的半数以上。商业企业的存货是指可供销售的库存商品；制造业企业的存货则包括原材料、在产品和产成品，三类存货中任何一类如果金额重大，都需要在报表附注中单独披露。如果能够单独获取产成品存货金额，那么只有产成品存货才应当计入存货周转率的计算。和应收账款周转速度一样，存货的周转速度既可以用一年的周转次数来衡量，也可以用周转一次需要的天数来衡量。

$$存货周转天数 = \frac{365天}{存货周转率} 或 = \frac{平均存货}{(销售成本/365天)}$$

如果销售收入是基本固定的，存货周转次数越高，或存货周转天数越少，说明存货的管理控制效率越高，存货的流动性越强。一般来说，成功的企业可以维持较低的存货余额和较高的存货周转速度，仍然能够及时满足客户的订货需求。存货管理需要使用一些供应链管理的技术，其关键在于通过缩短下单和送货的时间，减少手头持有存货的需求，从而提高存货的周转速度。

（三）经营周期

经营周期衡量从商业企业购置存货或制造业企业生产存货开始（这取决于业务类型），到销售价款收回的时间间隔。经营周期越短意味着流动性越强。

$$经营周期 = 存货周转天数 + 应收账款周转天数$$

（四）应付账款周转率

应付账款周转率衡量的是公司在一年内支付应付账款的平均次数。

$$应付账款周转率 = \frac{年产品销售成本}{应付账款平均余额}$$

赊购金额的一个合理的近似估值就是用采购总价款来代替赊欠采购款。全部采购金额可以在产品销售成本的基础上，根据存货余额的变动（产品销售成本＋期末存货－期初存货）来调整估算得到。在假设公司没有拖欠供应商货款的情况下，计算得到的应付账款天数应该等于或小于公司与供应商之间的付款条件。

应付账款的平均余额，即本年年末数加上前一年应付账款的期末余额除以 2 计算得到平均余额（这里隐含一个假设，即采购活动在一年中平稳发生）。

应付账款周转率用于计算应付账款付款天数。

$$应付账款周转天数=\frac{365\ 天}{应付账款周转率}$$

$$或=\frac{应付账款平均余额}{（年产品销售成本/365\ 天）}$$

较长的应付账款周转天数，表明该公司要么与供应商保持良好关系，而享受宽松的付款期限，要么就是拖欠了货款而形成违约。对其主要供应商的信用条件进行进一步调查，才能合理判断到底属于哪一种情形。大大超过供应商信用条件的付款天数则表明存在付款逾期的情况。

（五）现金周期

现金周期，有时被称为现金转换周期，衡量的是公司现金在存货和应收账款中持有的天数。

$$现金周期=经营周期-应付账款期$$

（六）其他周转率指标

特定行业还会用到其他的周转率指标，例如总资产周转率和固定资产周转率。

总资产周转率是指企业在一定时期内销售（营业）收入同平均资产总额的比值。

$$总资产周转率=\frac{销售额}{总资产平均余额}$$

总资产周转率是综合评价企业全部资产的经营质量和利用效率的重要指标。周转率越大，说明总资产周转越快，反映出销售能力越强。固定资产周转率又称为固定资产利用率，是指企业年产品销售收入净额与固定资产平均净值的比率。

$$固定资产周转率=\frac{销售额}{不动产、厂房及设备的平均净值}$$

固定资产周转率是反映企业固定资产周转情况，从而衡量固定资产利用效率的一项指标。周转率越高，表明固定资产利用效率高，利用固定资产效果好。

【例题 1－18】 某公司的应收账款周转率为 8.1，以下哪种情况最需要引起注意？

A. 最佳实践分析表明应收账款周转率应为 13.0

B. 去年的应收账款周转天数为44.9天

C. 该公司所在行业的应收账款周转率为10.4

D. 公司与供应商的信用期限为30天

【答案】 D

【解析】 选项A不正确。最佳实践分析表明应收账款周转率应为13.0——比历史周转速度慢。

选项B不正确。去年的应收账款周转天数为44.9天——今年周转天数是45.06天。

选项C不正确。该公司所在行业的应收账款周转率为10.4——比行业周转速度慢。

选项D正确。公司与供应商的信用期限为30天——今年周转天数是45.06天，这意味着供应商到期，如果没有其他资金来源将无法支付供应商的款项。

【例题1-19】 摩尔公司预计下一年度的销售收入和销售成本分别为54 000 000美元 和36 000 000美元。摩尔公司调整了存货系统，目的是增加存货周转率，从当前每年9次增加到每年12次。如果短期借款利息率为8%，公司下一年度的成本将节约：

A. 80 000美元　B. 40 000美元　C. 20 000美元　D. 120 000美元

【答案】 A

【解析】 选项A正确。存货周转率 = 产品销售成本 ÷ 平均存货。平均存货 = 产品销售成本 ÷ 存货周转率 = 36 000 000 ÷ 9 = 4 000 000（美元）；当存货周转率增加到12次时，平均存货 = 36 000 000 ÷ 12 = 3 000 000（美元）。

摩尔公司调整了存货系统，目的是使存货周转率从当前每年9次增加到每年12次，平均存货占用资金也减少了1 000 000美元(4 000 000 - 3 000 000)，由此减少的机会成本 = 1 000 000 × 8% = 80 000（美元）。

【例题1-20】 祖宾公司销售额和产品销售成本下降，应收账款增加，存货未变。如果其他账户保持不变，那么上述所有变化将会怎样影响应收账款周转率和存货周转率？

	存货周转率	应收账款周转率
A.	增加	增加
B.	增加	下降
C.	下降	增加
D.	下降	下降

【答案】 D

【解析】 选项D正确。在这种情况下，祖宾公司的存货周转率和应收账款周转率均下降。存货周转率 = 产品销售成本 ÷ 存货，产品销售成本下降，存货不变，则存货周转率下降；应收账款周转率 = 赊销额 ÷ 应收账款，赊销额下降，应收账款增加，则应收账款周转率下降。

【例题 1-21】莫娜是兰帕索公司的财务主管，收集了公司的如下信息：

单位：美元

	年初	年末
存货	6 400	7 600
应收账款	2 140	3 060
应付账款	3 320	3 680

该年的销售额为 85 900 美元，其中 62 400 美元为赊销，产品销售成本为 24 500 美元。则兰帕索公司该年的存货周转率是多少？

A. 3.2　　B. 3.5　　C. 8.2　　D. 8.9

【答案】B

【解析】选项 B 正确。兰帕索公司该年的存货周转率为 3.5，计算如下：

存货周转率 = 产品销售成本 ÷ 平均存货

= 24 500 ÷ [(6 400 + 7 600) ÷ 2]

= 24 500 ÷ 7 000

= 3.5

【例题 1-22】某公司财务报表中的部分数据如下：

单位：美元

	年初	年末
存货	6 400	7 600
应收账款	2 140	3 060
应付账款	3 320	3 680

该年的总销售额为 85 900 美元，其中 62 400 美元为赊销。产品销售成本为 24 500 美元，则公司的应付账款周转率为：

A. 6.7　　B. 7.0　　C. 16.9　　D. 17.8

【答案】B

【解析】选项 B 正确。公司应付账款周转率为 7.0，计算步骤如下：

应付账款平均余额 = (3 320 + 3 680) ÷ 2 = 3 500（美元）

应付账款周转率 = 产品销售成本 ÷ 应付账款平均余额

= 24 500 ÷ 3 500

= 7.0

【例题 1-23】供职于 Z 公司的财务分析师收集了有关 Z 公司及其三个主要竞争对手的以下信息：

	公司 Z	公司 A	公司 B	公司 C
净收入	1 000 000 美元	5 000 000 美元	850 000 美元	2 545 000 美元
利息费用	200 000 美元	750 000 美元	100 000 美元	565 000 美元
平均总资产	2 500 000 美元	10 000 000 美元	1 250 000 美元	7 750 000 美元
所得税税率	40%	45%	30%	50%

根据收集的信息，该财务分析师计算了每家公司的资产周转率。下面哪一项陈述最正确？

A. 公司 C 的管理层的资产利用效率最高。

B. 公司 B 的管理层比公司 A 的管理层的经营效率高。

C. 公司 A 的管理层的资产利用效率最低。

D. 公司 Z 的管理层比公司 B 的管理层的经营效率高。

【答案】 B

【解析】 选项 B 正确。计算过程如下：

公司 Z 资产周转率 = 1 000 000 ÷ 2 500 000 = 0.4

公司 A 资产周转率 = 5 000 000 ÷ 10 000 000 = 0.5

公司 B 资产周转率 = 850 000 ÷ 1 250 000 = 0.68

公司 C 资产周转率 = 2 545 000 ÷ 7 750 000 = 0.32

公司 B 的管理层比公司 A 的管理层的经营效率高。根据计算结果，所以选项 B 正确。

【例题 1 - 24】 某零售公司在本年度出现了销售额快速增长的现象，一位分析师计算出该公司的各项比率如下：

	前一年度	本年度
存货周转率	5.4	9.3
应收账款周转率	4.2	3.5
固定资产周转率	2.4	3.6
酸性测试比率	1.5	1.2

根据以上数据，该分析师可以总结出销售额增加是因为：

A. 定价更有竞争力

B. 赊销政策更优惠

C. 在本年度有更多门店开业

D. 加强了对存货量的控制

【答案】 B

【解析】 选项 B 正确。赊销政策更优惠意味着放宽赊销政策，比如有更长的账期。延长账期就会使应收账款周转率下降。收紧赊销政策会提高周转率。存货控制可能会使存货周转率上升，因为存货周转率的分母（平均存货）在变小。但是能够使存货周转率上升的还有可能是增加销售引起的，因为存货周转率的分子（产品销售成本）在变大。

四、市场分析

公司的市场分析是用来确定投资者从投资中可能获得的收益，并预测未来的趋势。主要指标见表 1－7。

表 1－7　市场价值财务比率公式

市场价值财务比率	公式
市盈率	市盈率 = 市场价格 ÷ 每股收益
市净率	市净率 = 市场价格 ÷ 每股净资产 = 市场价格 ÷ 每股账面价值
基本每股收益	基本每股收益 =（税后利润 − 优先股股利）÷ 发行在外的加权平均普通股数
股利收益率	股利收益率 = 每股现金股利 ÷ 每股市场价格
股利支付率	股利支付率 = 每股现金股利 ÷ 每股净利润

1. 盈余收益率。

盈余收益率计算的是公司每投资一元钱在该公司股票上所赚的百分比。换句话说，就是投资的收益率。

$$盈余收益率 = \frac{每股收益}{普通股每股市价}$$

2. 每股账面价值。

$$每股账面价值 = \frac{股东权益总额 - 优先股股票的面值}{在外流通的普通股股数}$$

从每股账面价值的计算中可以看出，股东权益总额是根据优先股的面值进行调整计算得到的。如果优先股有累计股息，那么累计未付优先股的股息应从股东权益总额中扣除。请记住，库存股的存在会降低股东权益，因此减少了账面价值。这是一种评估公司价值的方法，与净资产类似。通常，会将每股账面价值与市场价值进行比较。

3. 市净率。

市净率计算得到的是每股净资产相对于每股股价的比例，其表明了投资者为了获得 1 美元的资产净额，愿意付出多少倍的市场价格。如果市净率大于 1，则认为该股票价值被高估；如果市净率小于 1，则认为该股票价值被低估。

$$市净率 = \frac{市场价格}{每股净资产} = \frac{市场价格}{每股账面价值}$$

4. 市盈率。

市盈率是投资者为未来投资而使用的一个评价指标，即投资者希望投资能够随着时间的推移而不断增长。表明了投资者为了获得 1 美元的每股税后利润，愿意付出多少倍的市场价格。它给出了市场对一家公司股票的一个相对看法。较低的市盈率意味着市场对该股的未来不那么乐观。但是，在考察这个指标的时候，应该与同行业的平均水平和/或相同公司进行比较。市盈率是盈余收益率的倒数。

$$市盈率 = \frac{市场价格}{每股收益（EPS）}$$

5. 每股收益。

每股收益（EPS）是投资者决定是否购买某一证券时所考虑的一个重要因素，也是计算市盈率和盈余收益率的基础。

$$普通股每股收益（EPS）= \frac{提供给普通股股东的税后利润}{发行在外的加权平均普通股数}$$

$$= \frac{税后利润 - 优先股股利}{发行在外的加权平均普通股数}$$

每股收益体现分摊到每一股上的净利润。注意公式中的净利润是扣减优先股股息之后的净利润，因为优先股股息必须优先支付，而且并不是归属于普通股股东。

【提示】每股收益可用于不同企业间的业绩比较，以评价某企业的相对盈利能力；每股收益可用于企业不同会计期间的业绩比较，以了解该企业盈利能力的变化趋势；每股收益用于企业经营实际业绩与盈利预测的比较，以掌握该企业的管理能力。

6. 稀释后每股收益。

$$稀释后每股收益（EPS）= \frac{稀释后提供给普通股股东的税后利润}{稀释后发行在外的加权平均普通股数}$$

$$= \frac{（税后利润 - 优先股股利）}{稀释后发行在外的加权平均普通股数}$$

计算稀释后每股收益时，普通股的股份数中需要考虑期权或可转换证券行权可能带来的新增股份，换言之，稀释每股收益是在“假设转股”的前提下模拟计算出来的（实务中也称预期计算）的每股收益。

稀释每股收益的方式是将收益在其他与股票相关的各种证券中进行平摊，其中最广为人知的证券就是股票期权、认股权证以及一些可转换债券和可转换优先股。

7. 股利支付率。

股利支付率可以视为股东权益百分比的近似补充。它衡量的是公司向股东分配现金股利的盈余百分比。然而，股利支付率考虑的是完全稀释口径的每股收益，比起只考虑现有发行在外普通股的基本每股收益来说，更加谨慎。

$$股利支付率 = \frac{每股现金股利}{每股净利润}$$

8. 股利收益率。

股利收益率衡量股东通过股利分配获取的现金回报，相对于股票当前市价的比率。这一比率对于需要通过证券投资获取现金收入的投资者更有意义。

$$股利收益率 = \frac{每股现金股利}{每股市场价格}$$

【例题 1 – 25】马森有限公司报告其去年的净收益为 3 500 000 美元。该公司在该年度有 100 000 股发行在外、面值为 1 美元的普通股，并有 5 000 库存的普通股。马森公司已宣布针对其普通股派发每股 1 美元的股利并已支付。去年年末每股普通股的市价为 30 美元，而每股普通股的账面价值为 10 美元。那么该公司该年度的股利收益率为：

A. 10.00%　　B. 5.00%　　C. 3.33%　　D. 2.71%

【答案】C

【解析】选项 C 正确。公司该年度的股利率是 3.33%，具体计算步骤如下：

股利收益率 = 每股收益 ÷ 每股市价 = 1 ÷ 30 × 100% = 3.33%。

【例题 1 – 26】在 2 × ×0 年 12 月 31 日财年结束时，某公司股东权益为 24 209 306 美元，其中 3 554 405 美元为优先股。在 2 × ×1 财年，该公司的税后净利润为 2 861 003 美元，并支付优先股股利 223 551 美元、普通股股利 412 917美元。在 2 × ×1 年 12 月 31 日，该公司发行在外的普通股为 12 195 799 股，当年公司没有出售任何普通股。则 2 × ×1 年 12 月 31 日，该公司的每股账面价值为：

A. 1.88 美元　　B. 2.17 美元　　C. 1.91 美元　　D. 2.20 美元

【答案】A

【解析】选项 A 正确。每股账面价值计算如下：每股账面价值 = 普通股权益 ÷ 平均发行在外的股票数。

在 2 × ×1 年 12 月 31 日的权益等于 2 × ×0 年 12 月 31 日的股东权益加上 2 × ×1 年的净利润，减去 2 × ×1 的股利，减去优先股权益。

2 × ×1 年 12 月 31 日的普通股权益 = 24 209 306 – 3 554 405 + 2 861 003 – 223 551 – 412 917 = 22 879 436（美元）。

每股账面价值 = 22 879 436 美元 ÷ 12 195 799 股 = 1.88 美元/股

【例题 1 – 27】某公司最近宣布并支付了 50% 的股票股利。则该交易将会减少公司的：

A. 流动比率　　B. 普通股的每股账面价值

C. 债务权益比率　　D. 营运资产回报率

【答案】B

【解析】选项 A 不正确。股票股利只会增加发行在外的普通股股数，因而公司的流动比率不变。

选项 B 正确。股票股利会增加发行在外的普通股股数，因而公司的普通股每股账面价值将随着发行在外普通股股数的增加而减少。

选项 C 不正确。公司宣布发放股票股利时，账务处理是：借记公司留存收益（减少），贷记应付股利（大股票股利政策）或者应付股利和资本公积（小股票股利政策）（增加），公司发放股票股利时，借记应付股利，贷记股本。

因此在宣布并发放股票股利的时候，仅改变股东权益的结构，但是不改变股东权益的总额。因而公司的债务权益比率不变。

选项 D 不正确。公司宣布发放股票股利时，账务处理是：借记公司留存收益（减少），贷记应付股利（大股票股利政策）或者应付股利和资本公积（小股票股利政策）（增加），公司发放股票股利时，借记应付股利，贷记股本。因此在宣布并发放股票股利的时候，仅改变股东权益的结构，但是不改变股东权益的总额。由于对净利润和营运资产均没有影响，因此营运资产回报率不变。

> **【提示】**公司发放股票股利不会改变股东权益的总额，但是改变了股东权益的结构；而公司发放现金股利，则会造成股东权益的减少以及资产的减少。

【例题 1-28】某饮料公司普通股票的当前市价为 34 美元。该饮料公司估计明年的每股收益为 2 美元。饮料行业各公司的平均市盈率为 15。如果使用市盈率作为估值方法，则该饮料公司的股票被：

A. 低估 2 美元　　B. 高估 2 美元

C. 低估 4 美元　　D. 高估 4 美元

【答案】D

【解析】选项 D 正确。市盈率 = 股票价格/每股收益；根据饮料公司每股收益和行业平均市盈率，公司的股价应该是 = 15 × 2 = 30（美元），而实际股价为 34 美元，所以，高估 4 美元（34 − 30 = 4）。

【例题 1-29】A 公司持有面值为 10 美元的 500 000 股发行在外的普通股。当年，A 公司每股支付现金股利 4 美元，每股收益为 3.20 美元。A 公司每股市价为 36 美元。A 公司所处行业的平均市盈率为 14.00。与行业平均相比较，A 公司的股价：

A. 被高估了约 25%　　B. 被高估了约 10%

C. 被低估了约 10%　　D. 被低估了约 25%

【答案】D

【解析】选项 D 正确。A 公司的股价被低估了约 25%，计算如下：

估计每股价值 = 行业平均市盈率 × A 公司的每股收益

= 14.00 × 3.20

= 44.80（美元）

估计每股价值与市价差异 = 44.80 − 36.00 = 8.80（美元）

百分比差异 = 8.80 ÷ 36.00 = 24.4%

【例题1－30】某上市公司的资产负债表第1年年底（截至12月31日）的部分信息如下：

普通股（每股面值1美元）	1 000 000美元
资本公积	2 000 000美元
留存收益	500 000美元

第2年即将过去，预计净利润为200 000美元，股利支付率为30%，并且年内将不会发行或赎回股份。如果公司以2倍的市场对账面比率（市账率）进行交易，该公司第2年年底每股的预期市场价格将是多少？

A. 6.28美元　B. 7.00美元　C. 7.28美元　D. 7.40美元

【答案】C

【解析】选项C正确。计算过程如下：

每股账面价值＝[1 000 000＋2 000 000＋500 000＋200 000×(1－30%)]÷1 000 000＝3.64（美元）

股票价格＝3.64×2＝7.28（美元）

【例题1－31】索达科有限公司普通股市场价格为25美元，市盈率为7.2，股息收益率为5%，股票收益率和股息支付率分别为

股票收益率　股息支付率

A. 股票收益率9%　股息支付率36%

B. 股票收益率9%　股息支付率64%

C. 股票收益率14%　股息支付率36%

D. 股票收益率14%　股息支付率64%

【答案】C

【解析】选项C正确。

$$股票收益率=\frac{EPS}{股价}=\frac{1}{PE}=\frac{1}{7.2}=0.13889=14\%，EPS=\frac{25}{7.2}=3.47$$

$$股息收益率=\frac{现金股息}{市价}=\frac{现金股息}{25}=5\%，现金股息=1.25$$

$$股息支付率=\frac{现金股息}{EPS}=\frac{1.25}{3.47}=0.36=36\%$$

【例题1－32】年初，里维斯公司发行在外的普通股为100 000股。年中，发生如下交易：

日期	交易
4月1日	发行股票10 000股，以换取土地
7月1日	宣布并发放10%的股票股利
10月1日	购买5 000股库存股

则里维斯公司在年末计算每股收益时，应当使用的股票股数为：

A. 117 000　B. 116 000　C. 111 750　D. 106 250

【答案】A

【解析】选项 A 正确。里维斯公司在年末计算每股收益时，应当使用的股票股数为 117 000 股，具体计算如下：

时间	发行在外的股票股数	时间权重	股权股利权重	股数
期初数	100 000	×3/12	×1.1	27 500
4 月 1 日	110 000	×3/12	×1.1	30 250
7 月 1 日	121 000	×3/12		30 250
10 月 1 日	116 000	×3/12		29 000
				117 000

【例题 1－33】ABC 公司的部分财务数据如下所示：

在刚结束的一年中，净利润为 5 300 000 美元。

上一年度发行面值为 1 000 美元、利率为 7% 的可转换债券共 5 500 000 美元。每一债券可转换为 50 股普通股，在当年未发生债券转换。

上一年度发行了 50 000 股面值为 100 美元、股利率为 10% 的累计优先股。公司本年度并未发放优先股股利，但优先股于去年年终开始流通。

本年度年初，发行在外的普通股为 1 060 000 股。

本年度 6 月 1 日，公司发行并出售 60 000 股的普通股。

ABC 公司的平均所得税税率为 40%。

则 ABC 公司当年的基本每股收益为：

A. 3.67 美元　　B. 4.29 美元　　C. 4.38 美元　　D. 4.73 美元

【答案】C

【解析】选项 C 正确。ABC 公司当年的基本每股收益为 4.38 美元，具体计算如下：

加权平均股数　1 060 000 × 5 ÷ 12 = 441 667

1 120 000 × 7 ÷ 12 = 653 333

合计：1 095 000

基本每股收益 = (净利润 － 优先股股利) ÷ 加权平均股数

= [5 300 000 － (10% × 100 × 50 000)] ÷ 1 095 000

= 4 800 000 ÷ 1 095 000

= 4.38（美元）

【例题 1－34】戴利公司关于发行在外的股东权益部分信息如下表所示：

单位：美元

普通股，每股面值 10 美元，发行在外 3 500 000 股	35 000 000
优先股，每股面值 100 美元，发行在外 10 000 股	1 000 000
优先股股利	60 000
普通股股利	7 000 000

续表

每股收益	3
每股市价	18

则戴利公司的普通股股利收益率为：

A. 11.11%　　B. 16.66%　　C. 16.88%　　D. 20.00%

【答案】A

【解析】选项 A 正确。戴利公司的普通股股利收益率为 11.11%，计算如下：

普通股股利收益率 = 普通股每股股利 ÷ 普通股每股市价
= (7 000 000 ÷ 3 500 000) ÷ 18
= 11.11%

【例题 1 – 35】在最近会计期间中，奥克兰德在公司支付了每股 0.20 美元的定期季度股利，每股收益为 3.20 美元。奥克兰德公司期末股票市价为 40.00 美元。则奥克兰德公司的股利收益率为：

A. 0.50%　　B. 1.00%　　C. 2.00%　　D. 6.25%

【答案】C

【解析】选项 C 正确。奥克兰德公司的股利收益率为 2.00%，计算如下：

股利收益率 = 普通股每股股利 ÷ 普通股每股市价
= (4 × 0.20) ÷ 40.00
= 2.00%

【例题 1 – 36】B 公司将其利润的一半作为股息支付。今年 B 公司收益增长 20%，其股息增长 15%。B 公司今年的股息支付率是：

A. 50%　　B. 57.5%　　C. 47.9%　　D. 78%

【答案】C

【解析】选项 C 正确。以前年度股息支付率是 50%。因此，如果以前年度净利润为 X，股息支付总额为 50% X。如果收益增长 20%，今年利润将为 120% X。如果股息增长 15%，则总股息支付为 57.5% X（115% × 50% X），新的股息支付率为 47.9%（57.5% X ÷ 120% X）。

选项 A 不正确。以前年度支付率为 50%。

选项 B 不正确。57.5% 是以前年度支付率的 115%。

选项 D 不正确。78% 等于 120% 的 65%。

五、获利能力分析

获利能力分析：反映企业盈利能力的财务比率，该类指标主要反映企业获利能力和股东的投资回报率状况。获利能力分析财务比率公式可以参见表 1 – 8。

表 1-8　获利能力分析财务比率公式

获利能力财务比率	公式
销售毛利率	$\frac{毛利}{销售额}\times 100\%$
营业利润率	$\frac{营业利润}{销售额}\times 100\%$
销售净利率	$\frac{净利润}{销售额}\times 100\%$
息税折旧摊销前利润率	息税折旧摊销前利润率 $=\frac{息税折旧摊销前利润}{销售额}\times 100\%$
总资产收益率	$\frac{净利润}{资产平均余额}\times 100\%$
权益报酬率	$\frac{净利润}{平均权益额}\times 100\%$
可持续增长率	(1－股利支付率)×权益报酬率（ROE）

(一) 利润率分析

利润率分析：不同口径利润/销售净收入。

1. 销售毛利率。

$$销售毛利率=\frac{销售毛利}{销售净收入}\times 100\%$$

其中：毛利＝销售净收入－销售成本

销售净收入＝销售收入－销售折扣、折让与退货

> 【提示】影响销售毛利率的因素包括：
> - 销售价格与存货成本波动比例不同；
> - 销售价格由于竞争而下降；
> - 产品销售组合变化，利润率低的产品比例增加；
> - 存货被盗，同样的销售会有更高的产品销售成本；
> - 产品销售成本＝期初存货＋净采购－期末存货；产品销售成本是最为重要的成本类型，产品销售成本变化对利润产生重大影响。

2. 营业利润率。

营业利润率是营业利润占销售收入的比率。

$$营业利润率=\frac{营业利润}{销售额}=\frac{销售毛利-各种管理费用、销售费用}{销售净收入}\times 100\%$$

> 【提示】费用中不含税收及利息费用。
>
> 在分析时，不但要关注各项营业费用的绝对金额，还要分析营业利润率随着时间推移的变动趋势，以及营业利润率与毛利率之间的关系。

> 如果发现营业利润率相对于毛利率下降了，说明计算时分子中扣减了更多的营业费用，因为销售成本是计算营业利润率和毛利率两个指标时都要扣除的，显然问题不是出在销售成本上，而是出在营业费用上。
>
> 如果只见营业费用增加，不见销售收入增加，则需要考察导致费用增加的具体事项，判断其是否是由于营业活动效率低下所导致的。

3. 销售净利率。

销售净利率是指净利润占销售收入的比率。

$$销售净利率（边际利润率）=\frac{净利润}{销售收入}\times 100\%$$

计算净利润时，不但要扣除计算毛利和计算营业利润时需扣除的所有成本费用，还要扣除利息费用和所得税费用。

这里的利息费用是指利息费用的净额，是利息收入和其他类似投资收益冲减利息支出之后的金额。

4. 费用分析。

除去销售成本之外，每一家公司都要发生一些费用，主要的费用项目包括：

（1）销售费用：主要包括广告费、市场营销费及销售佣金。

（2）管理费用：主要包括人员工资、保险费、通信费、坏账损失，其中人员工资通常是大多数企业最大的一项费用，尤其是服务业企业。

（3）折旧费用：建筑物、设备等有形的长期资产要在其预计使用寿命内计提折旧，而不是在购置时一次性将其成本计入当期费用。

（4）摊销：无形资产的成本，例如购买计算机软件、专利、商标的成本，要在相关资产的预期使用寿命内计提摊销。

（5）维修保养费用：固定资产的维修保养费用，可能体现为固定成本，也可能体现为变动成本。固定资产的维修可以推迟以暂时节省成本，但是必要的维修被一推再推，可能导致资产在使用寿命结束之前就提前毁损报废。

（6）所得税费用：有效税率与法定税率之间可能有较大的差异。分析师需要分析差异形成的原因。

（二）投资收益率

1. 投资收益率。

投资收益率（ROI）常用来衡量公司使用债务和权益资本的效果。投资收益率，简而言之，是指利润与企业经营所占用的资本之间的比率关系。也称为会计收益率或权责发生制下的会计收益率，它等于某一业务单位的净利润除以该业务单位为获取上述利润而占用的投资额，用以衡量业务单位的盈利能力。

$$ROI=\frac{业务单元利润}{业务单元资产}$$

【提示】在资产回报率与投资收益率中所使用的投资资本可以定义为所有资产、修正投资基础或者仅包含股东权益。财务报表中的以下部分可能会进行修正或者不包含在投资基础之中，这取决于分析师的偏好。

- 非生产性资产，包括闲置厂房、过剩的存货、无形资产；
- 应折旧资产，账面价值逐渐下降，在收益相同的情况下导致更高的投资收益率；
- 优先股账面价值，由于在清算时优先股股东仅仅拥有对优先股账面价值的求偿权，而不具有对企业全部回报的求偿权，因此有些分析师在计算投资收益率时排除了优先股股东的账面价值。

投资收益率是一个百分比，其取值越高，说明每单位投资获得的收益也就越高。投资收益率是一个常用的盈利能力指标，因为这个指标同时覆盖了收入、成本费用和投资全额。

2. 总资产收益率（return on assets，ROA）。

简而言之，等于净利润除以公司所有资产的总价值。计算的逻辑和投资收益率基本一致，只是在个别要素的处理上有差异。

$$ROA = \frac{净利润}{总资产} \times 100\%$$

公式中，总资产的平均数通过总资产的期初余额和期末余额相加再除以2计算得到。净利润是销售收入扣减所有成本费用之后的结果，包括销售成本、营业费用，其他费用（抵减其他收入之后的净额）、预提所得税费用和中止经营业务的税后损益。

【提示】总资产收益率涉及全部利益相关者，包括股东和债权人，这是最常用的收益率指标。

总资产收益率由两个因素决定：销售净利率和总资产周转率。前者是一个盈利能力指标，后者是一个营运能力指标。两者相乘得到总资产收益率。

3. 杜邦分析模型用于总资产收益率分析。

杜邦分析模型把总资产收益率的简单计算公式，分解成销售净利率和总资产周转率两项相乘的形式。杜邦分析模型不但可以用于总资产收益率的分析，还可以用于权益收益率的分析。

销售净利率衡量公司从销售收入中最终赚到多少利润，主要体现管理层当期控制成本的能力；总资产周转率衡量销售收入对资产规模的倍数，主要体现管理层利用资产的效率。

如果总资产收益率指标下滑，管理层需要考虑采取下列措施：

(1) 削减费用以提高净利润，例如采取自动化装置以提高生产效率，或减少可调整的开支。

（2）在保持销售收入的前提下压缩资产规模，例如改进存货控制、加快应收账款的收回。

（3）在保持利润率、控制资产规模的基础上增加销售收入。

总资产收益率取决于利润率和资产使用效率。总资产收益率较高意味着公司能够更有效地利用资产创造利润。资产收益率相对于以往年份有所提升的原因不外乎是净利润增加，或者是资产规模减小，或者二者兼有。

总资产回报率＝净利润÷总资产＝（净利润÷销售收入）×（销售收入÷总资产）
＝利润率×总资产周转率

4. 权益收益率。

权益收益率（ROE），衡量的是普通股股东权益投资上取得的收益率，而不是总资产上取得的收益率，是指利润与所有者权益之间的比率关系。所有者权益中不包含负债，所以其金额小于前两个指标计算中使用的投资或总资产的金额。

权益收益率（ROE）＝净利润/所有者权益平均值

公式中使用的净利润是扣除支付给债权人的利息和优先股股东的股息之后、归属于普通股股东的净利润。所有者权益中，通常包括发行在外的普通股的面值、资本公积以及留存收益。

权益收益率提供了在不同公司之间比较投资机会优劣的工具。较高的权益收益率通常意味着普通股股东更高的收益。

5. 杜邦分析模型用于权益收益率的分析。

权益收益率＝净利润/所有者权益＝（净利润÷总资产）×（总资产÷所有者权益）
权益收益率＝总资产收益率×财务杠杆

总资产/所有者权益称为权益乘数，也称作财务杠杆比率。它体现财务杠杆的作用，能够在不增加股东投入的情况下，放大股东的收益。

财务杠杆比率作为权益乘数，体现了从总资产收益率到权益收益率的放大倍数。公司盈利能力若有所改进，体现在总资产收益率上可能只有小幅增长，但经过财务杠杆或权益乘数的放大之后，体现在权益收益率上的则将是大幅的增长。从股东的角度来看，股东权益收益率在债务筹资的情况下，会比发行更多的股票权益筹资增加得更快。当然，这种情况只有在公司净利润大于债务利息成本的情况下才能实现。

在分析一家公司的财务状况是否良好时，请务必保持谨慎。只看单一的比率是不够的。我们必须用到各个方面的多重比率来确定一家公司的财务状况是否良好。很多时候，计算得到的结果本身并没有太多的意义。它们必须与行业平均水平以及同行业内另一家公司的业绩进行比较。此外，用于计算比率的数字通常是公司经营的实际结果。因此，这是一些滞后的指标。也就是说，这些结果可以用来预测公司未来的业绩。

【例题1－37】 如果权益回报率为12%，负债率为40%，那么资产回报率是多少？

A. 4.8%　　B. 7.2%　　C. 12.0%　　D. 20.0%

【答案】 B

【解析】 选项 A 不正确。4.8% 的原因是未能从 1 减去债务比率。

选项 B 正确。收入全归于股权持有人。如果总资产等于 100 美元，那么权益必须是其中的 60%，即 60 美元。60 美元的 12% 回报率为 7.20 美元。资产回报率采用以下公式计算：

资产回报率 = 权益回报率 ×（1 – 债务比率）

对于这个问题，计算是 12% ×60% =7.2%

选项 C 不正确。资产回报率与权益收益率不一样。

选项 D 不正确。20% 是债务比率和（1 – 债务比率）之间的差额。

【例题 1 – 38】 某公司提供了与其某一款产品有关的以下数据：

年度	产品销量	销售单价（美元）	毛利率（%）
1	1 000	50	45
2	1 200	55	48

以下哪一项陈述是正确的？

A. 每件售出产品的成本在第 2 年降低了 3%

B. 毛利额在第 2 年增加了 3%

C. 在第 2 年，售价在提升百分比方面超过了每件售出产品的成本

D. 在第 2 年，每件产品的成本增加与单位产品销量的增幅相一致

【答案】 C

【解析】 选项 C 正确，见下表：

年度	产品销量	单价	产品销售成本	毛利
1	1 000	50 美元	27.5 美元	22.50 美元
2	1 200	55 美元	28.6 美元	26.40 美元
变化幅度	20.0%	10.0%	4.0%	17.3%

【例题 1 – 39】 某公司希望在可预见的未来，净利润每年至少达到 1 000 万美元。则某公司可通过针对存货周转率和权益融资的利用程度采取下列哪些措施，以提高其权益回报率？

	存货周转率	权益融资利用程度
A.	增加	增加
B.	增加	下降
C.	下降	增加
D.	下降	下降

【答案】B

【解析】选项B正确。如果该公司增加其存货周转率，则存货占有金额将下降，使公司资产总额下降，资产周转率增加，增加的资产周转率导致权益回报率增加；权益融资利用程度下降会使发行在外的股票数量保持稳定或下降，负债相对增加，在净利润保持不变的情况下，权益回报率增加。因此，降低资产总额和降低股东权益均会导致该公司的权益回报率上升。

【例题1-40】公司财务风险是指公司管理和维持其债权的能力。以下哪一项表明公司具有最大的财务风险？

A. 高负债权益比率，高利息覆盖率，波动的权益收益率

B. 高负债权益比率，高利息覆盖率，稳定的权益收益率

C. 低负债权益比率，低利息覆盖率，波动的权益收益率

D. 高负债权益比率，低利息覆盖率，波动的权益收益率

【答案】D

【解析】选项D正确。负债权益比率 = 负债 ÷ 权益，负债越大，负债权益比率越大，公司的偿债风险就会增加，因此财务风险就会增加。

利息覆盖率 = 息前税前利润 ÷ 利息费用，负债增加，利息费用增加，利息保障倍数就会减少，公司的偿债风险就会增加，因此财务风险就会增加。

权益收益率 = 净利润 ÷ 股东权益总额，净利润或者公司的融资结构不断波动，都会造成权益收益率的波动，进而公司的偿债风险就会增加，因此财务风险就会增加。

因此，高负债权益比率、低利息覆盖率以及波动的权益收益率就会使公司财务风险达到最大。

【例题1-41】某公司已决定对其靠举债融资的经营资产进行追加投资。假设所有其他因素均保持不变，这种追加投资将产生以下哪种影响？

	营业利润率	总资产周转率	资产回报率
A.	增加	不变	增加
B.	不变	降低	降低
C.	不变	增加	降低
D.	降低	降低	降低

【答案】B

【解析】选项B正确。营业利润率 =（销售收入 - 销售成本 - 销售费用）÷ 销售收入；所有要素不受影响，营业利润率保持不变。

资产周转率 = 销售收入 ÷ 资产；经营性资产增大，资产周转率降低。

资产回报率 = 净收益 ÷ 资产；经营性资产增大，资产回报率降低。

【例题1-42】某公司的总裁正在为该公司的每个制造工厂制定绩效目标。下面的数据表示的是其中一座工厂的前一年业绩。

营业收入　　400 000 美元
变动成本　　100 000 美元
固定成本　　200 000 美元
平均资产　1 000 000 美元
平均负债　　200 000 美元

那么，该工厂的资产回报率为：

A. 37.5%　　B. 30.0%　　C. 12.5%　　D. 10.0%

【答案】D

【解析】选项 D 正确。该工厂的资产回报率是 10%，具体计算步骤如下：

资产回报率 = 净收益 ÷ 平均总资产 = (400 000 - 100 000 - 200 000) ÷ 1 000 000 = 10%。

六、财务比率分析的优缺点

（一）财务比率分析的优点

财务比率分析的优点主要有：

（1）有利于进行（同行业）不同公司之间的比较分析。

（2）能表明公司经营的效率和风险。

（3）平衡了不同规模的影响。

（二）财务比率分析的缺点

财务比率分析的缺点主要有：

（1）与财务报表一样，财务比率体现的是历史数据。

（2）当不同公司之间的比率进行比较分析时，需注意各公司采用的不同会计政策。

（3）要注意是否有特殊事件会影响公司的财务比率。

（三）财务比率分析的局限性

（1）单一比率并不能揭示与公司相关的所有信息，应计算比率——了解后果——形成预期——比较实际结果与预期产生差异的原因。

（2）比率标准不存在统一的标准，取决于行业特征以及企业的业务模式。

（3）财务报表分析中忽略了非营运信息，如非常损失或中止经营的影响。

（4）会计政策选择的影响。

（5）比率的合理性取决于计算中所用数值的合理性，但各账户之间具有关联性。

（6）比率之间的相互影响，如降低营销费用会改善费用收入比率但可能导致销售下降，影响企业未来潜在的获利能力。

（7）财务数据的季节性波动也会造成财务比率的季节性波动。

（8）不同公司之间缺乏可比性，导致整合分析困难。

（9）会计信息真实性影响以及会计政策变更对财务报表数据及财务指标的影响；如存货计价对流动比率或毛利率的影响；管理层讨论及分析时应关注会计政策的一致性及其变更影响。

第三节　盈利能力分析

盈利能力是公司在一定时期内利用给定的资源创造利润的能力。考察盈利能力，需要分析销售收入、销售成本、营业费用和其他费用的具体构成。

本节是前两节逻辑上的自然延伸。本节侧重于站在一个较高的层面，从投资收益率入手，采用自上而下的分析思路。通过分解投资收益率，并计算前面章节讲述的各种周转率，进而判定问题根本，是在存货管理上、应收账款管理上还是在固定资产管理上。

一、投资收益率

企业的主要目的是将资金投资到存货、固定资产等各类经济资源上，为投资者谋求充分的利润，以补偿投资者所承担的风险。

$$投资收益率=\frac{业务单位的利润}{业务单位的资产}$$

在计算各种形式的投资收益率指标时，可能需要将特定资产的账面价值调整到相适应的价值（例如市场价值或重置成本）。在CMA考试中，题目给出的可能是账面价值也可能是公允价值；如果二者同时给出，优先采用账面价值计算。

我们通过杜邦分析模型来研究总资产收益率（ROA）和权益收益率（ROE）的收益率的测量指标。

二、总资产收益率

总资产收益率（简称ROA）的计算可以简单地表示为净利润除以总资产。

$$总资产收益率(ROA)=\frac{净利润}{总资产}$$

杜邦分析模型将总资产收益率做了以下分解：

$$\begin{aligned}总资产回报率&=\frac{净利润}{总资产}\\&=\left(\frac{净利润}{销售收入}\right)\times\left(\frac{销售收入}{总资产}\right)\\&=利润率\times总资产周转率\end{aligned}$$

（净利润/销售收入）称为销售净利率。销售净利率体现公司每实现一美元的销售收入里面，扣减掉所有成本费用之后，还能剩下多少净利润。

（销售收入/总资产）称为总资产周转率。总资产周转率体现公司在经营活动中每投入一美元的资产，能创造出多少销售收入。

杜邦分析模型的巧妙之处在于，管理层意识到经营一家企业必须既要谋求充足的利润，又要高效地利用资产。换言之，要提升总资产收益率，可以从提升利润率和提升周转率两个方面入手，这取决于公司战略；如果在利润率和周转率两个方面都能做到卓越，公司总资产收益率一定会很高。

如果一个财务比率计算既涉及一个时段数，又涉及一个时点数，那么这个时点数应该取期初期末的平均值。CMA 考试要求考生对时点数要取期初和期末的平均值。

实务中，有些分析师会对上述公式做一些修正。例如，有人主张剔除未在经营中使用的资产，有人主张固定资产应当使用其账面原值而不是账面净值，还有人主张使用重置成本计量资产价值。

三、权益收益率和普通股权益收益率

权益收益率（ROE）衡量股东的投资收益。

$$\text{权益收益率} = \frac{\text{净利润}}{\text{所有者权益}}$$

如果公司曾经发行过优先股筹集资本，这时候可以使用的两个收益率指标，各有不同意义。一个是定义的权益收益率，即使存在优先股，这个指标仍然有意义，它体现了包括普通股股东和优先股股东在内的所有股东共同的账面收益率。另一个是普通股权益收益率（简称 ROCE），它仅仅体现普通股股东的账面收益率。

$$\text{普通股权益收益率} = \frac{\text{净利润} - \text{优先股股息}}{\text{所有者权益} - \text{优先股权益}}$$

公式中的“优先股权益”是指公司清算的情况下预计需要向优先股股东支付的金额，其中包括发行在外的优先股的票面价值以及清算时需要支付的溢价。“优先股的票面价值”的这一表述意味着，优先股权益中不包含优先股当初发行时收到的、计入资本公积的溢价。

普通股权益收益率可以与权益收益率和总资产收益率相比较。其实在资本结构中使用优先股是一种变相加杠杆的做法。如果所加的杠杆（债务杠杆和优先股杠杆）能发挥预期效果，那么普通股权益收益率应当既大于总资产收益率，又大于权益收益率。

杜邦分析模型将权益收益率分解为：

$$\begin{aligned}\text{权益收益率} &= \left(\frac{\text{净利润}}{\text{平均总资产}}\right) \times \left(\frac{\text{平均总资产}}{\text{平均所有者权益}}\right) \\ &= \text{总资产收益率} \times \text{财务杠杆比率}\end{aligned}$$

公式中的财务杠杆比率（即平均总资产/平均所有者权益）也经常被称为权益乘数。

CMA 考试财务比率定义中，上述公式的分子分母都没有特意要求采用期初期末的“平均值”来计算。建议考生根据考试题目所给的信息来判断是否使用期初期末的平均值，如果考题给出的数据中分别给出了期初期末余额，那么应当计算期初期末的平均值。

当公司纵向分析各年度财务绩效的时候，杜邦分析的方法是很有效的。但是当公司与同行业其他公司做横向比较的时候，杜邦分析能揭示的问题就很有限，甚至有一定的误导性。弥补杜邦分析法的这些缺陷可以进行如下处理：

首先，引入税后经营净利润这个实用的指标。简单地说，税后经营净利润等于经营利润×(1－所得税税率)，它体现了不考虑利息费用的税盾作用，即假设公司需要就全部经营利润缴纳所得税的情况下，公司经营活动带来的税后利润有多少。税后经营净利润除以销售收入，可以换算为利润率的形式，即税后经营净利率。

其次，引入另一个有用的指标投资资本周转率。投资资本有两种计算方法，第一，投资资本等于资产减去经营负债（无息负债）；第二，投资资本等于股东权益加有息负债。前一种计算方法从资金的去向来考察，计算资金投放出去所形成的“净经济资源”；后一种计算方法从资金的来源考察，计算企业承担融资成本所取得的所有资金。两种计算方法得到结果是相同的，因为资产负债表上左右两边所代表的资金占用和资金来源必须相等。用销售收入除以投资资本可以得到投资资本周转率。

最后，将税后经营净利率和投资资本周转率相乘，得到投资资本收益率(ROIC)。投资资本收益率这个指标有一个重要的用途，即可以拿来与加权平均资本成本相比较。如果一家公司的投资资本收益率超过其加权平均资本成本，那么这家公司能为股东创造价值。相反，如果一家公司的投资资本收益率不及其加权平均资本成本，那么这家公司在给股东摧毁价值。此外，需要注意的是总资产收益率不能拿来和加权平均资本成本做比较。

四、可持续增长率

可持续增长率是指企业在不依赖其他融资手段的情况下所能实现的最大收益的增长。实现可持续增长的关键在于保留足够的盈余用于满足再投资增长的需求，而不是将过多的利润作为股利进行分配。

权益收益率的重要性体现在，公司所能实现的最大可持续增长率是其权益收益率的函数。

$$\text{可持续增长率} = (1 - \text{股利支付率}) \times \text{权益收益率}$$

【提示】可持续增长率取决于以下四个因素：

- 销售利润率：其增加提高公司内部生成资金能力，提高可持续增长率；
- 股利政策：降低股利支付率即提高留存比，增加内部股权资金，提高可持续增长率；

- 融资政策：提高权益负债比即提高财务杠杆，获得额外债务融资，提高可持续增长率；
- 总资产周转率：提高每单位资产带来更多销售额，同时降低新资产的需求，提高可持续增长率。

公司可以通过以下方式来提高增长率：

（1）发行债券或回购股票增加债权比；

（2）更好地控制成本来提升销售利润率；

（3）降低资产销售比，或者更有效利用资产；

（4）降低股利支付率。

五、收入分析

（一）收入确认准则

收入是衡量一家企业通过经营活动从其客户那里赚取的经济资源。确认收入应采取的步骤：

（1）与客户签订合同；

（2）明确合同中应履行的义务；

（3）确定交易价格；

（4）按照合同中应履行的义务分摊交易价格；

（5）当经济实体履行相应义务时确认收入。

收入确认准则需在满足两个条件的情况下确认：已经实现或可以实现且已经赚得。

通常在交付货物或销售资产的时点，上述两个条件均得以实现。

如果是提供服务或提供资产使用权（如贷款或租赁）的收入，其创造收入的过程需要持续一段时间，通常可以根据事先确定的合同价格来确定一个合理的计量基础，随着时间的推移和赚取收入过程的推进而逐步确认收入。表1-9是新旧收入确认准则的对比。

表1-9　旧的收入确认准则和新的收入确认准则的内容对比

旧准则的规定和表述	新准则的规定和表述
有确切证据证明存在协议安排	各方已经签订合同
货物已经交付或服务已经提供	实体能够确定各方与货物或服务相关的权利
卖方应收取的价款是固定的或可确定的	实体能够确定各方与货物或服务相关的付款条款
	合同具有交易实质
价款的收回有合理的保障	根据客户的支付到期金额的能力和意愿实体将能收到款项

须结合商业实质，仔细评估，判断公司收入确认的时点是否恰当。

提前确认收入将会导致更高的账面利润，也会让盈利能力指标和流动性指标看上去更好一些。

为了判断收入确认政策是否合理，需要结合各个企业的商业模式，判断企业是如何“赚取”收入的，即创造收入的过程是如何实现的。

（二）收入的趋势和稳定性

分析销售收入质量和稳定性，需考虑的重要指标：

（1）产品的需求弹性（当产品的价格变动时消费者会如何反应）；

（2）企业通过新产品或服务应对市场需求变动的能力；

（3）市场竞争激烈程度；

（4）客户集中度及对单一行业或单一大客户的依赖程度（如对政府采购的依赖）；

（5）对少数主要经销商的依赖程度；

（6）市场的地域分散程度。

（三）收入、存货和应收账款之间的相互关系

尚未收取的销售价款确认为应收账款。这就意味着只有销售收入已经赚取的前提下，才能确认应收账款。提前确认收入，将导致净利润和资产负债表上的流动资产被高估。相反，推迟确认收入，将导致净利润和流动资产被低估。另外，如果只发现应收账款余额有所增加，但是未见销售收入有相应增加，则意味着从客户那里收款出现了问题。

商业企业和制造业企业主要通过销售货物来赚取收入，所以收入的增长通常伴随着存货的增加。然而如果只发现存货有所增加，但是未见销售收入有相应增加，则意味着存货管理出现了问题。计算财务比率，如存货周转率可以凸显相应的问题。

六、盈余计量的分析

盈余并不存在一个绝对真实的计量指标，它取决于一系列的主观判断和会计政策选择。盈余的计量需要考虑的因素：

（1）会计估计。盈余的计量取决于对未来事件及其结果的估计，这些估计和假设对盈余的计量有重大影响。

（2）会计方法。须理解不同会计方法的选择，并能够评估其对公司盈利计量和公司之间业绩可比性的影响。

CMA 考试会考查评估会计政策选择并推测其对常见财务比率影响的能力。

七、信息披露

会计准则汇编（ASC）有明确的信息披露要求；美国证券交易委员会（SEC）经常对公开发行证券的公司追加额外的信息披露要求。

不同公司对于经营分部的经营绩效和资产基础等信息披露的详细程度差异很大。

公司披露的相关信息越多，公司的财务状况就越容易被市场理解，相应的，公司股票的市场价格越能够正确反映其公允价值。然而，公司披露太多的信息，可能被竞争对手所利用，给公司带来不利影响。所以通常信息披露需要仔细斟酌，有时宁愿股价被低估，也不披露过多的信息。

八、报表使用者的不同需求

财务报表的不同使用者有不同的需求。

(1) 投资者关注财务状况和未来盈利能力；

(2) 债权人关注流动性和长期偿债能力；

(3) 供应商关注企业的信用风险；

(4) 管理层全面关注偿债能力和未来盈利能力；

(5) 工会关注未来增加薪酬的能力；

(6) 政府关注税收和监管目的。

第四节 特殊问题

根本上看，会计利润旨在体现企业的经济利润，但是会计利润和经济利润在计量上却有差别，这些差别也导致公司的会计价值和通过股价体现出来的经济价值相背离。因此，管理会计师和财务分析师需要理解会计利润和经济利润之间的区别。另外，现实经济中的一些复杂问题，例如通货膨胀和外币交易，都会影响到财务报告。

一、会计利润与经济利润

（一）会计利润

会计利润是依据权责发生制原则对资源生成以及消耗的度量，遵循美国一般公认会计原则。

会计利润 = 会计收入 − 会计成本（显性成本）

（二）经济利润

经济利润是指公司在生命周期内实现盈利的净现值。经济利润的计量不但考虑会计成本（显性成本），还要考虑机会成本（隐性成本）。机会成本可以定义为选择某一方案而放弃其他方案时，所放弃方案的相关收益。

经济利润 = 会计收入 - 会计成本（显性成本）- 隐性成本

（三）会计利润与经济利润的联系与区别

以会计利润为基础调整经济利润，财务会计的目的并不是使会计利润尽可能地接近经济利润，而是为推断经济利润提供一个合理的基础，从而能根据报告的会计利润得出经济利润的取值。二者的区别见表 1 - 10。

表 1 - 10　　会计利润与经济利润的区别

会计利润	经济利润
会计利润是建立在权责发生制基础上的一个量度指标，因此对资源生成和资源消耗的量度需遵循公认会计原则中设定的规则	经济利润的赚取是一个过程，该时间期间囊括了生产时间、装运时间和待售时间等时间段，而非发生在销售时点
会计利润侧重会计期间假设	经济利润侧重持续经营，是资源优化配置的指标器
会计利润关注短期目标	经济利润强调长期目标，是企业决策的基础，促进企业规划现金流量及长期收益潜力

二、会计变更与差错更正

（一）会计估计变更

会计估计变更，是指基于新的信息和经验对财务报表的估计金额发生的变化。比如一项资产的使用寿命由 5 年变为 7 年。

会计估计变更的核算问题及影响：会计估计变更采用未来适用法，即不对以前年度财务报表数据进行重述，而是只调整变更当期及以后期间的财务报表数据。

（二）会计政策变更

会计政策变更：当美国会计准则委员会（Financial Accounting Standards Board，FASB）发布新的会计规则，或因为管理层在可供选择的会计方法中，由一种公认会计原则（Generally Accepted Accounting Principles，GAAP）方法变为另外一种公认会计原则方法，会计政策就会发生变更。例如，存货计价方法由加权平均法变更为先进先出法。

【提示】折旧方法的变更不属于会计政策的变更，而属于“受会计政策影响的会计估计的变更”，因此这种变更按照会计估计变更处理。

会计政策变更的核算问题及影响：会计政策变更适用于追溯调整法，这种方法要求视同交易最初发生就采用该方法，累计调整所有期间数据至报告期期初留存收益。

（三）会计差错更正

（1）会计差错更正。当以前年度财务报表发生重大差错，并且需要对这种差错进行调整以编制新的财务报表，这就是差错更正。更正后的财务报表才能反映正确的累积留存收益的余额。

（2）会计差错更正的核算问题及影响。重大会计差错更正适用于追溯调整法，通过调整留存收益的期初余额可以更正会计差错。累计调整所有期间数据至报告期期初留存收益。

表1－11是会计变更与差错更正的汇总。

表1－11　会计变更与差错更正汇总

会计变更类型	举例	应用	需要进行的调整
会计政策	《2014-09年度新会计准则更新（ASU）：客户合同收入》（606号条款）	追溯调整法	• 追溯调整最早期间留存收益的期初余额，以反映该变动对所有未列示期间的影响 • 视同变更后的会计主体自始存续，调整以前期间的列报金额
会计估计	变更： • 坏账准备的计提比率由预计销售额的2%调整为预计销售额的3% • 资产的预计使用寿命由5年提高到7年	未来适用法*	不需要调整
报告主体	• 由个别财务报表到合并财务报表的变更 • 子公司的变更 • 权益法核算范围的变更	追溯调整法	• 追溯调整最早期间留存收益的期初余额，以反映该变动对所有未列示期间的影响 • 视同变更后的会计主体自始存续，调整以前期间的列报金额
差错更正	财务报表中以前期间出现的重大错报	需要对财务报表进行重述，以确保累计留存收益的余额准确	影响以前期间的利润或损失的错报，需要将其对发生以来各期税后净利润的影响，通过调整期初留存收益来体现出来，进行列报

注：*未来适用法是指该变更事项只需在当前期间和未来期间列报。

三、收益质量

收益质量衡量的是所报告信息的有效性和准确性，对收益质量的分析可以确定管理层对财务报表选择的结果，判断管理层的动机、倾向及态度。分析收益质量，可以透过财务报表，评判管理层的动机、倾向和态度，并识别管理决策所带来的结果。分析收益质量需要考虑的基本问题包括：①会计政策的选择；②资产维护费用的计提和未来的盈利能力；③宏观经济对盈余的影响。

（一）影响收益质量的基本因素

1. 会计原则的选择。

保守的会计处理通常尽量避免高估利润，导致收益质量一般比较高。例如，存货的后进先出法（LIFO）被视为保守的会计方法，因为如前所述，在价格上涨的假设下，它导致了利润的低估和资产的低估。但是，过于保守的会计处理会影响报表质量，从长期来看也并非可取。分析师需要考察会计政策的选择以判断他们对公司财务健康状况以及财务报告的影响。

2. 资产维护费用的计提和未来的盈利能力。

管理层可以推迟支付一些可支配的费用，如资产的维修费、保养费，以维持暂时的高收益。但是为了保护短期利润而推迟必要的维修保养，会加速资产的性能衰退，给公司长期利润带来不利影响。

与之类似，广告费用和研究开发费用等可支配的费用，也可能被推迟支付，这在短期内显现不出不利影响，但在长期内会有重大影响。需要注意的是，对于研发费用需要仔细考察，因为研发未必有理想的结果，未必能增加利润。

3. 宏观经济对收益的影响。

经济的周期性波动和其他宏观经济力量，并非管理层决策的结果，但确实会影响到公司收益。然而，有经验的管理层可以缩小经济周期性波动对公司收入来源和收益稳定性的影响。

（二）盈利的持续性

盈利的持续性衡量当前的利润能够在多大程度上用于预测未来的利润。在这个问题上，利润的变动趋势至关重要。在各经济周期均持续稳定的盈余，要比随着经济周期而起伏波动的盈余更加可取；稳定且持续增长的盈余最有吸引力。

盈利波动的根源不一定出在经营利润上，还可能出在非经常性损益上。这种情况下，财务分析师需要调整并重新编制利润表，以剔除这些异常项目的干扰，揭示可持续性盈余历年的变动趋势。

（三）每股净资产

账面净资产指假设公司将全部资产按照账面价值出售变现并偿还全部债务之后，留给股东的资金。每股净资产等于资产总额减去负债总额，然后除以公司发行在外的股票（或类似权益工具）的数量。如果当前的每股市价比每股净资产还要低，即俗称的“破净”，则公司的股票价值很可能被市场低估了。如果当前的每股市价显著高于每股净资产，则公司的股票价值可能被市场高估了，股价将来有可能被向下修正。账面净资产主要缺陷在于其对资产计价未必合理。毕竟，账面价值仅仅是会计上的概念，会计准则允许不同的资产使用不同的计量属性；账面价值的概念本身就不追求反映资产的市场价值或公允价值。将资产的账面价值视同于其在市场上出售时能取得的资金是不现实的。

在计算每股净资产时，优先股权益的账面价值（如果优先股是可以赎回的，指优先股的赎回价值）以及累计未付的优先股股息，都应当从所有者权益总额中扣除掉。因为优先股在公司清算时优先受偿，优先股权益的账面价值不属于普通股股东。

在计算每股净资产时，除累计优先股外，股东权益总额需要扣除累计未付优先股股息和优先股权益。

$$每股净资产=\frac{所有者权益总额-(优先股账面价值+累计未支付优先股股息)}{发行在外普通股的数量}$$

（四）市净率

金融市场不仅关注公司的资产负债表和利润表的信息，还考虑财务报表之外的很多信息。所以，市场价值与其账面价值通常是不一致的。市净率（或称市价对账面价值比率）将普通股当前每股市价和普通股每股净资产相比较：

$$市净率=每股市价/每股净资产$$

（五）市盈率

市盈率就是每股市价与每股收益的倍数。各行业企业的市盈率往往不同，在高增长的行业中，企业市盈率通常较高。投资者进行投资决策时会考察市盈率；管理层更希望看到高市盈率，因为这意味着市场对企业发展前景有信心。

$$市盈率=每股市价/每股收益$$

（六）盈余收益率

盈余收益率是市盈率的倒数，体现了按当前市价在公司普通股上每投资 1 美元，所能享有的会计盈余。

$$盈余收益率=每股收益/每股市价$$

财务分析还需要考虑利润留存率（净利润中留在企业支持企业增长部分所占比率）和股利支付率（净利润中作为股利支付给股东部分所占比率）。

四、物价变动和通货膨胀的影响

通货膨胀，或随时间的推移不断提高价格，是财务报表分析时需要考虑的重要因素。财务报表以历史成本为基础；收入会逐年增加，但并不意味着公司业务获得了真正的增长。为了考虑通货膨胀对财务报表的影响，FASB 要求，如果通货膨胀水平较高时，在财务报表的附注中单独计算通货膨胀的影响。通过水平（趋势）分析，根据基准年份的美元价值计算通货膨胀率，可确立通货膨胀影响，分析中应用通胀率对财务指标进行修正。也就是说，如果通货膨胀率为 10%，则随后年份的销售额应分别除以 1.1、1.21 等因子，见表 1－12。

表 1－12　　通货膨胀对财务报表的影响

	基准销售额	第 1 年	第 2 年
销售额	300 000 美元	320 000 美元	350 000 美元
不考虑通胀增长率（定基）	—	6.67%	16.67%
通胀调整销售额（销售额 ÷ 通胀率）	300 000 美元	290 909 美元	289 256 美元
通胀率（10%）	1	1.1	1.21
实际增长率（定基）	1	－3.03%	－3.58%

【例题 1－43】 公司的财务总监关心通货膨胀会对公司报告的财务业绩造成影响，并希望知道销售额是否具有逐年可比性。该公司第 3 年的销售额为 500 000 美元，其所在行业的价格指数已从第 3 年的 200 增长到第 4 年的 220。要实现 15% 的实际增长率，该公司在第 4 年的销售水平必须达到：

A. 550 000 美元　B. 575 000 美元　C. 632 500 美元　D. 690 000 美元

【答案】 C

【解析】 通货膨胀率＝(220－200)÷200＝10%

第 4 年的销售水平＝500 000×(1＋15%)×(1＋10%)＝632 500（美元）。所以选项 C 正确。

五、公允价值计量准则

美国会计准则汇编（ASC）第 820 号《公允价值计量及披露》（原美国会计准则第 157 号《公允价值计量》），提出了公允价值的定义，并设立了一个适用于不同会计科目和不同会计处理方法的统一公允价值计量框架体系。公允价值假定市场参与者在计量日通过有序交易交换资产或负债。如果相关资产负债存在主要市场，主要市场价格视为公允价值；如果相关资产负债不存在主要市场，但存在多个市场，最有利于市场的价格作为确定公允价值的基础。另外，公允价值计量假定市场参与者按照“最大程度以及最佳用途”使用资产，笼统地说，所谓“最大程度以及最佳用途”是能够让资产价值最大化的使用方式。最佳用途应该从一般市场参加者的角度来确定，可能与资产拟使用的实际方式不一致。例如，一块土地坐落于主要住宅区，最佳用途为建设住宅；购买土地的人却打算在上面加盖工业库房。计算土地公允价值时，仍应当假定该土地是用于建设住宅的。

评估公允价值的方法主要有三种：市场法、收益法、成本法。市场法利用相同或类似资产的交易价格来推算公允价值；收益法通过估值技术将未来的收益折算为现值作为公允价值；成本法根据资产的重置成本来计算其公允价值。

六、外币交易和外币报表折算

开展境外业务在会计上带来诸多外币相关挑战，主要包括以下的几个问题：

(1) 境外进行的、用外币计价的销售活动核算；

(2) 境外进行的、用外币计价的采购活动核算；

(3) 境外持有的、用外币计价的资产的核算；

(4) 境外承担的、用外币计价的负债的核算；

(5) 需要纳入美国公司合并报表范围的境外子公司。

美国公司在境外所购销商品，通常用业务发生地的当地货币计价。例如，麦当劳在纽约市以美元标价，在墨西哥城以比索标价，在伦敦则以英镑标价。这样，同一家公司在一年里面，可能会发生以不同外币计价的多项交易。但是在编制财务报表的时候，所有的外币交易都必须转换美元计价。

类似地，公司的资产和负债可能以外币计价并最终以外币清偿或结算。但是，在编制财务报表的时候，必须将资产负债的价值转成美元计量的形式。

汇率指的是购买一单位某种货币需要支付多少单位的另一种货币。FC 泛指外币。汇率有两种表达方式，一种是直接法，表现为兑换一单位外币（FC）需要多少的本国货币（美元）；另一种是间接法，表现为一单位本国货币（美元）能兑换成多少单位的外币（FC）。例如，“每单位外币 1.40 美元”（$L4O = FC1），是一种直接法的汇率表达形式，代表 1.40 美元可以兑换成 1 单位的外币。相同的汇率水平，用间接法表达则为 $1 = FC0.714286，代表 1 美元可以兑换成 0.714286 单位的外币。可见间接法表达的汇率值，其实就是直接法下汇率值的倒数。

汇率可能是被政府锁定的，也可能是随着货币的市场供求关系变化而波动的。汇率的波动通常用走强或走弱这样的术语来表达。一种货币贬值，或走弱，意味着需要花费更多的这种货币才能买到一单位另一种货币；一种货币升值，或走强，则意味着花费更少的这种货币就能买到一单位另一种货币。

最常见的外币交易是商品和服务的进出口贸易。一家美国公司向其德国的客户出口货物，如果销售价格是用外币（欧元）计量的，那么这项交易就属于外币交易，从而需要按照特定日期的汇率换算为美元入账。类似地，一家美国公司从加拿大的供应商那里进口货物，如果采购价格是用外币（加拿大元）计量的，那么这项交易同样也属于外币交易。会计准则汇编（ASC）第 830 号

《外币事项》，就外币交易提出两点核算要求：①在外币交易发生时，交易产生的每一项资产、负债、收入、费用、损失、利得，应当按照交易发生日的即期汇率换算成功能货币（通常是报表货币）入账。②在每一个资产负债表日，应收应付款项的账面余额需要按照资产负债表日即期汇率进行调整。汇率变动产生的汇兑差额，计入当期的损益。另外，如果从资产负债表日到实际结算日之间发生汇率变动，应收应付款项的账面余额在实际结算日还需要进一步调整。

（一）对财务比率的影响

外币计价的销售业务带来了外币计价的应收账款。如果该外币相对于本国货币（美元）走强，则在资产负债表日，应当确认汇兑收益，同时调增应收账款的余额，从而对短期流动性比率带来积极的影响；如果该外币相对于本国走弱，则在资产负债表日，应当确认汇兑损失，同时调减应收账款的余额，从而对短期流动性比率带来不利的影响。

同样的原理，外币计价的采购业务带来了外币计价的应付账款。如果该外币相对于本国货币（美元）走强，则在资产负债表日，应当确认汇兑损失，同时调增应付账款的余额，从而对短期流动性比率带来不利的影响。如果该外币相对于本国货币（美元）走弱，则在资产负债表日，应当确认汇兑收益，同时调减应付账款的余额，从而对短期流动性比率带来有利的影响。

可以看出，在上述两种情况下，汇率的波动会带来盈余的波动。投资者理应关注公司外币业务带来的汇率风险。为了缓解外币价值波动带来的影响，管理层有时会通过购买外汇远期合同或外汇期权进行套期保值，对冲掉外汇风险敞口。在会计上，这类套期保值活动归属于现金流套期保值。

（二）功能货币的概念

如果外国子公司的报表货币不同于母公司的报表货币，则在进行财务报表合并前，务必将该子公司的财务报表货币转换为母公司的报表货币。子公司外币财务报表折算方法的选择是否合适，取决于该实体的功能货币。

ASC 第 830 号《外币事项》将功能货币定义为：功能货币是企业从事经营活动的环境中主要使用的货币，是企业计量现金流量和经营成果的统一尺度。功能货币一经确定，企业的现金流量和经营成果就以它来计量，而不是以非功能货币的外币计量。外币作为非功能货币，则承受着汇率变动的风险。如果该子公司在某一国家经营能够相对自给自足或比较完整，则当地货币就是该子公司的功能货币；如果国外分支机构的子公司本质上只是母公司的业务延伸时，那么母公司的货币为功能货币。

跨国公司选择功能货币的标准主要如表 1－13 所示。

表 1－13 跨国公司选择功能货币的标准

子公司	母公司报告货币	当地货币
现金流量	直接影响母公司的现金流量，经常汇回母公司	主要是当地货币，不影响或很少影响母公司的现金流量
销售价格	对汇率变动有反映，由世界范围内的竞争决定	对汇率变动基本上没有反映，主要由当地竞争支配
销售市场	主要在母公司所在国，以母公司通货标价	主要在子公司所在的东道国，以当地通货标价
理财	财源主要来自母公司，或依靠母公司偿还债务	主要表现为当地货币，通过当地经营活动来偿付与债务有关的支出
公司间交易	经常而且是大量的	既不经常也不是大量的

企业选定境外经营的记账本位币，除了考虑上述因素外，还应当考虑下列因素：①子公司的销售市场在哪里；②子公司的销售定价如何完成；③成本费用发生地点在哪里；④融资来源是什么；⑤子公司和集团内其他公司之间的交易往来多少。业务相对独立的子公司，往往销售、采购和融资活动都是以所在国的当地货币进行的，与集团内部其他公司之间的交易往来较少。相反，业务与集团整体结合紧密的子公司，往往销售、采购和融资活动都是以母公司的记账货币进行的，且与集团内部其他公司之间存在大量的关联交易。

（三）外币报表折算方法

根据境外子公司的功能货币不同（是子公司所在国的当地货币还是母公司的记账货币），ASC 第 830 号提供两种不同的境外子公司财务报表的折算方法。具体采用哪种法进行报表折算，取决于境外子公司的功能货币是当地货币，还是美元。

如果子公司使用的货币并非其功能货币，其财务报表应该采用历史汇率法/时态法重述为母公司货币记录的财务报表。当子公司货币就是其功能货币时，报表应使用现行汇率法进行折算。当子公司使用其当地货币且此货币既非其功能货币，也非其母公司报表货币时，其报表应先通过历史汇率法/时态法重述为功能货币，然后再折算为母公司报表货币。

1. 使用时态法进行重新计量。

时态法，也称为历史汇率法。非货币性项目（除现金、各类应收和用现金清偿的债务之外的项目）按照交易发生日的历史汇率来折算，与之相关的成本费用同样按照历史汇率来调整。

非货币性项目包括：

（1）按照成本法核算的有价证券；

（2）按照成本法核算的存货及产品销售成本；

（3）预付账款，如保险费、广告费、租金等；

（4）固定资产及其折旧费用；
（5）固定资产的累计折旧；
（6）专利、商标、配方、特许经营权等无形资产及其摊销费用；
（7）商誉；
（8）其他无形资产；
（9）待摊费用和预收款项（但是人寿保险企业的递延保单获取成本除外）；
（10）递延收入；
（11）普通股；
（12）按发行价计量的优先股；
（13）非货币性项目形成的收入和成本费用。

货币性资产和货币性负债（现金、应收款项、应付款项）和其他以现行价值（市场价值或现金流折现值）计量的资产负债按照资产负债表日的现行汇率折算。简便起见，除上述资产负债产生的损益之外的其他利润表项目可以用当期的加权平均汇率折算。在时态法下，汇兑损益计入当期损益。

2. 使用现行汇率法进行报表折算。

按照现行汇率法，所有的资产负债项目都应该按照资产负债表日的现行汇率折算；实收资本项目按照历史汇率折算；利润表项目按照当期加权平均汇率折算。在现行汇率法下，外币报表折算差额并不计入当期损益，而是作为其他综合收益核算。

（四）外币事项的列报与披露

利润表或财务报表附注应该列示外国实体在当期会计年度的汇兑利得或损失总额。企业应当在独立报表项目、附注或股东权益项目栏中披露累计汇兑差额在本期的变动情况。

> **【提示】**CMA 考试要求掌握功能性货币的确认和汇率变化对财务比率的影响。

【例题 1-44】某公司 2××3 年 1 月 1 日期初存货少报了 26 000 美元，而期末存货多报了 52 000 美元，上述结果将导致 2××3 年存货的销售成本：

A. 少报 26 000 美元　　B. 多报 26 000 美元

C. 少报 78 000 美元　　D. 多报 78 000 美元

【答案】C

【解析】选项 C 正确。

	错误金额（美元）	−	正确金额（美元）	=	差异（美元）
期初金额	0		26 000		(26 000)
采购金额	100 000		100 000		0

减：期末金额	52 000	0	52 000
销售成本	48 000	126 000	(78 000)

【例题1-45】 公司在其财务报告对外发布之后，发现一个重大期末存货被夸大的错误，那么这个错误对发出的年报产生什么样的影响？

	流动资产	毛利
A.	低估	高估
B.	高估	高估
C.	低估	低估
D.	高估	低估

【答案】 B

【解析】 选项B正确。因为存货是流动资产的一部分，所以期末存货被高估，那么流动资产也就被高估。

存货高估或者低估对损益的影响可以通过存货销售流程来分析：

期初存货

+采购金额

可销售的成本

-期末存货

销售成本

基于上述分析，期末存货的高估将导致低估销售成本，进一步导致毛利高估。

【例题1-46】 N公司在编制年终财务报表时出现了一个严重的计算错误，在计算坏账费用时多加了一位数字。该错误导致报告的净收益仅为正确金额的一半。根据美国公认会计原则，第二年发现此错误后的纠正应被视为：

A. 发现错误当年的坏账费用增加

B. 发现错误当年的收入组成部分，但应在损益表中单独列出并在财务报表备注中进行详细说明

C. 发生错误当年的非经常项目

D. 期初留存收益的前期调整

【答案】 D

【解析】 选项D正确。发现以前年度会计差错，采用追溯调整法，对以前年度损益进行调整，因此是期初留存收益的前期调整。

【例题1-47】 采用公允价值核算法时，在以下哪种情况下以公允价值报告负债将对公司有利？

A. 该公司有价值3 200万美元、交易价为101美元的发行在外债券

B. 该公司有5 000万美元发行在外的优先股

C. 该公司有价值 2 800 万美元、交易价为 98 美元的发行在外债券

D. 该公司有价值 2 500 万美元、交易价为 102 美元的可回售债券

【答案】C

【解析】选项 A 不正确。市价高于账面价值。

选项 B 不正确。未告知市价。

选项 C 正确。按照公允价值计量的话，在外流通的债券是以市价计量，并列示在资产负债表上的。所以市价低于账面价值，负债减少对企业有利。

选项 D 不正确。市价高于账面价值。

【例题 1－48】经济利润与会计利润之间的主要区别在于，采用经济利润时：

A. 在应计费用方面更加准确

B. 可以最小化会计估算的影响

C. 会计利润中扣减相关的机会成本

D. 按折旧成本调整会计利润

【答案】C

【解析】选项 A 不正确。经济利润与会计利润的主要区别就是经济利润扣除了机会成本，无论是经济利润还是会计利润，在应计费用方面都要准确；

选项 B 不正确。无论是经济利润还是会计利润，会计估算都要尽可能准确反映交易事项。

选项 C 正确。经济利润与会计利润的主要区别就是经济利润扣除了机会成本，经济利润＝总收入－显性成本－隐性成本＝总收入－经济成本（所有机会成本）＝会计利润－隐性成本。

显性成本＝损益表上所列示的成本

隐性成本＝股东投入资本的机会成本

选项 D 不正确。无论是经济利润还是会计利润计算时都要扣除折旧费用的。

【例题 1－49】科技公司管理层采取哪项措施会对其盈余质量产生不利影响：

A. 对公司设备使用寿命作保守估计

B. 在客户安装及验收软件前记录软件销售

C. 立即将研发成本转为费用

D. 对公司退休金计划所投资资产回报率作保守估计

【答案】B

【解析】选项 A 不正确。科技公司管理层采取对公司设备使用寿命作保守估计，表明科技公司管理层采用稳健的会计政策，因此对盈余质量不会产生不利影响。

选项 B 正确。科技公司管理层在客户安装及验收软件前记录软件销售，在

服务尚未提供前确认收入，该收益的确定不符合公认会计准则的要求，不应该确认收入，因此该项处理会对盈余质量产生不利影响。

选项 C 不正确。科技公司管理层立即将研发成本转为费用，不管研发是否成功都将研发费用确认为当期费用，这不仅符合公认会计准则的要求，而且反映了稳健性的特点，因此不会对盈余质量产生不利影响。

选项 D 不正确。科技公司管理层对公司退休金计划所投资资产回报率作保守估计，表明科技公司管理层采用稳健的会计政策，因此对盈余质量不会产生不利影响。

【例题 1－50】 一家美国公司和一家德国公司在德国股票市场上购买了同一只股票并且持有该股票一年。在这期间欧元对美元贬值，比较两家公司的收益，则美国公司的收益将：

A. 更低　　B. 更高

C. 一样　　D. 短期更高但长期更低

【答案】 A

【解析】 选项 A 正确。股票的投资收益应该是以欧元支付的，因而欧元相对于美元的价格变化不会对德国公司的回报有影响，但是较弱的欧元减少了可以兑换美元的数量，所以美国公司以美元计价的收益也相应减少了。

【例题 1－51】 正确定义功能性货币：

A. 公司所处的主要经营环境的货币

B. 财务报表所用的货币

C. 由所在国家或地区大量持有，经常用于国际收支结算的货币

D. 在可以预见的未来能保持稳定与可靠，预计可以用于国际收支的货币

【答案】 A

【解析】 选项 A 正确。功能货币是企业从事经营活动的环境中主要使用的货币，是企业计量现金流量和经营成果的统一尺度。功能货币一经确定，企业的现金流量和经营成果就以它来计量，而不是以非功能货币的外币计量。

【例题 1－52】 SFAS 52，外汇换算，要求采用功能性货币概念。在海外分支的财务报表可以换算为母公司的货币前，海外分支机构的功能性货币必须被确定。当以下哪项时，一个海外分支机构的功能性货币不是外国货币？

A. 它的现金流主要是外国货币，并不影响母公司的现金流

B. 它的销售价格对汇率的变化和国际竞争是敏感的

C. 它的人工、材料和其他成本是在海外分支机构的本地市场获得

D. 它的融资主要来自外国当地和来自分支机构的经营

【答案】 B

【解析】 选项 A 不正确。它的现金流主要是外国货币，并不影响母公司的现金流，则海外分支机构的功能性货币就是外国货币。

选项 B 正确。SFAS 52 规定功能性货币是一个实体经营的主要经济环境。因此，它通常是一个财务报表被换算的实体产生和花费的现金的货币。分支机构的货币是功能性货币的表现有：现金流主要是外国货币，不影响母公司的现金流；人工和材料在海外分支机构的当地市场获得；分支机构的融资是从外国当地和分支机构的经营中来的；以及海外分支机构与母国很少发生交易。它的销售价格对汇率的变化和国际竞争是敏感的，则海外分支机构的功能性货币是母国的货币而不是外国货币。

选项 C 不正确。它的人工、材料和其他成本是在海外分支机构的本地市场获得，则海外分支机构的功能性货币就是外国货币。

选项 D 不正确。它的融资主要来自当地外国来源和来自分支机构的经营，则海外分支机构的功能性货币就是外国货币。

简答题出题方向分析

【出题方向 1】根据财务报表的部分信息计算各种财务比率，并根据财务比率分析公司的财务与经营情况。

解题要点：熟练掌握各种财务比率的具体公式，并理解财务比率分析的内容，能够将各个财务比率归类到如长短期偿还能力方面的分析、获利能力方面的分析、资产周转能力方面的分析或是杠杆与风险方面的分析，通过财务比率的归类分析，对公司的偿债能力与风险、经营能力与风险、资金周转情况等财务状况和经营成果等进行分析，并判断公司所处的财务与经营情况。

【出题方向 2】根据已知的财务比率数据，分析各数据之间的关系，并分析对公司的融资决策影响。

解题要点：首先要熟练掌握各个财务比率之间的关系，比如，经营周期、现金周期、存货周转期和应收账款周转期之间的关系；市盈率、每股收益、股利收益率和股利支付率之间的关系；杜邦体系中销售利润率、资产周转率、权益乘数与权益收益率之间的关系。其次要掌握第二部分公司财务中的各种融资工具特点和财务情况对融资风险的影响，综合分析当前的财务状况对未来融资决策的影响。

【出题方向 3】根据已知多家公司的财务比率数据和行业平均水平，比较分析公司与行业平均水平的差距，结合风险态度做出投资决策。

解题要点：通过各个财务比率的比较，分析公司在营运能力、获利能力、市场和风险方面与竞争对手和行业相比存在的优势和劣势，根据公司的收益性并结合公司对风险的态度（风险厌恶者、风险偏好者、风险中性者）做出投资决策。

【出题方向 4】在数据计算分析的基础上，解释一些诸如经营杠杆、财务杠杆、可持续增长率等概念，以及分析财务比率的局限性、财务比率分析需要考虑的其他因素。

解题要点：掌握经营杠杆、财务杠杆、经营周期、现金周期、可持续增长率、权益报酬率等基本概念及影响因素。熟悉财务比率的局限性、财务比率分析需要考虑的其他因素等知识点。

历年经典试题回顾

一、单选题

【经典试题 1】当赊购商品时，下列哪个选项不受影响？

A. 流动资产总额　　B. 净营运资本

C. 总流动负债　　D. 流动比率

【答案】B

【解析】选项 A 不正确。当赊购商品时，应付账款增加，同时存货以相同的金额增加，流动资产总额和流动负债总额同时增加，净营运资本保持不变，但是流动比率会变化。

【经典试题 2】一家公司的净利润为 80 万美元，它的营业收入为 120 万美元，平均总资产 1 800 万美元，平均总权益 1 000 万美元。则该公司的权益回报率为：

A. 8%　　B. 4%　　C. 12%　　D. 18%

【答案】A

【解析】选项 A 正确。权益回报率是通过将净利润除以平均总权益来计算的。因此，将 80 万美元的净利润除以总权益 1 000 万美元，可获得 8% 的回报率。

【经典试题 3】某企业流动比率为 2.5，速动比率为 2.0。如果该公司经历了 2 000 000 美元的销售成本，并维持了 8.0 的库存周转率，那么该公司的流动资产是多少？

A. 1 000 000 美元　　B. 500 000 美元

C. 1 500 000 美元　　D. 1 250 000 美元

【答案】D

【解析】选项 A 不正确。速动资产的数额为 1 000 000 美元。

选项 B 不正确。流动负债数额为 500 000 美元。

选项 C 不正确。将库存加到流动资产结果为 1 500 000 美元。

选项 D 正确。流动比率和快速比率之间唯一的主要区别是在分子中包含库存。如果销售成本为 2 000 000 美元，库存每年超过 8 次，则平均库存为 250 000 美元（2 000 000 ÷ 8）。由于这两种比率之间唯一的区别是库存，库存必须相等。流动负债的 0.5（2.5 − 2.0）倍；因此，流动负债为 500 000 美元。因此，流动资产除以 500 000 美元等于 2.5。因此，流动资产必须等于

1 250 000 美元（2.5 ×500 000）。

【经典试题 4】 马科维茨公司增加了坏账准备，则该项调整将：

A. 提高酸性测试比率　　B. 使营运资本增加

C. 增加负债权益比　　D. 降低流动比率

【答案】 D

【解析】 选项 A 不正确。因为坏账准备的增加将会使速动资产总额减少，同时流动负债不变，速动比率 = 速动资产 ÷ 流动负债，因而马科维茨公司的速动比率将下降。

选项 B 不正确。因为坏账准备的增加将会使流动资产总额减少，同时流动负债不变，营运资本 = 流动资产 − 流动负债，因而马科维茨公司的营运资本将下降。

选项 C 不正确。因为坏账准备的增加将会使资产总额减少，同时负债不变，权益减少。负债权益比率 = 负债 ÷ 权益，因而马科维茨公司的资产负债权益比将下降。

选项 D 正确。因为坏账准备的增加将会使流动资产总额减少，同时流动负债不变，流动比率 = 流动资产 ÷ 流动负债，因而马科维茨公司的流动比率将下降。

【经典试题 5】 当收到信贷申请时，信贷经理最应该关心申请者的下列哪个选项？

A. 毛利率和资产回报率

B. 市盈率和流动比率

C. 营运资本和普通股权益回报率

D. 营运资本和流动比率

【答案】 D

【解析】 选项 A 不正确。该指标反映了获利能力。

选项 B 不正确。该指标既包括反映偿债能力的流动比率，也包括反映获利能力的市盈率。

选项 C 不正确。该指标既包括反映偿债能力的营运资本，也包括反映获利能力的普通股权益回报率。

选项 D 正确。当收到信贷申请时，信贷经理最应该关心的是申请贷款客户的信用和偿债能力。流动比率可以揭示一个公司的短期债务偿付能力，营运资本及流动比率均反映偿债能力，可以衡量申请者的信用品质。

【经典试题 6】 某公司的利息费用为 4 000 000 美元，销售收入为 50 000 000 美元，息税前利润为 20 000 000 美元，所得税税率为 35%。此公司的利息保障倍数是：

A. 12.5　　B. 7.5　　C. 5.0　　D. 0.2

【答案】C

【解析】选项 C 正确。

利息保障倍数 = 息税前利润 ÷ 利息费用 = 20 000 000 ÷ 4 00 000 = 5.0

【经典试题 7】博格勒姆公司正在考虑收购一家该公司的零件供应商，并一直在审查相关财务报表。为了审查各公司及与行业平均相比较，财报中的部分具体数据如下表所示：

	邦德	洛克兰	威斯滕	行业
销售额（百万美元）	4.27	3.91	4.86	4.30
净利率	9.55%	9.85%	10.05%	9.65%
流动比率	1.32	2.02	1.96	1.95
资产回报率	11.0%	12.6%	11.4%	12.4%
负债权益比率	62.5%	44.6%	49.6%	48.3%
财务杠杆系数	1.40	1.02	1.86	1.33

博格勒姆公司此次收购的目标在于确保从一个能持续发展的公司获得稳固的供应来源。根据以上信息，选择能够达到博格勒姆公司目的的策略。

A. 如果公司不具有良好的风险控制，那么博格勒姆公司不应该收购任何一家这样的公司

B. 收购邦德公司，因为该公司负债权益比率以及财务杠杆系数均高于行业平均值

C. 收购洛克兰公司，因为该公司负债权益比率以及财务杠杆系数均低于行业平均值

D. 收购威斯滕公司，因为该公司具有最高的净利率以及财务杠杆系数

【答案】C

【解析】选项 C 正确。博格勒姆公司的目的在于寻找稳定的供应商，因此应首选具有较低财务风险的公司。洛克兰公司的债务权益比率、财务杠杆系数较低，均低于行业平均值，且流动比例高于行业平均值，显示出洛克兰公司具有较低的财务风险，博格勒姆公司应收购洛克兰公司。

【经典试题 8】M 公司的财务分析师计算该公司的财务杠杆系数为 1.5。如果息税前利润增加 5%，那么净利润将增加：

A. 1.50%　　B. 3.33%　　C. 5.00%　　D. 7.50%

【答案】D

【解析】选项 D 正确。M 公司的净利润将会增加 7.5%，计算如下：

财务杠杆系数 = 净利润变动百分比 ÷ 息税前利润变动百分比，即净利润变动百分比 ÷ 5% = 1.5，则净利润变动百分比 = 7.5%。

【经典试题 9】 去年，某公司的总资产周转率为 1.5，利润率为 10%，权益乘数为 2。今年，如果利润率为 8%，股权收益保持不变，则以下哪一项是正确的？

A. 权益乘数保持 2.0，总资产周转率增加到 1.7

B. 权益乘数保持 2.0，总资产周转率增加到 3.5

C. 权益乘数增加到 2.2，总资产周转率保持为 1.5

D. 权益乘数增加到 3.0，总资产周转率减少到 1.25

【答案】 D

【解析】 选项 D 正确。杜邦模型下，权益回报率考察销售净利率、总资产周转率和权益乘数。

权益回报率 = 净收益 ÷ 销售额 × 销售额 ÷ 平均总资产 × 平均总资产 ÷ 平均权益

解题思路：原来的权益回报率 = 10% × 1.5 × 2 = 0.3，现在利润率变成了 8%。如果权益回报率保持不变是 0.3 的话，那么资产周转率 × 权益乘数 = 3.75，选项中唯一符合 3.75 的只有 D 选项（1.25 × 3 = 3.75）。

【经典试题 10】 哈利法斯是斯特里克兰公司的首席财务官，已跟踪公司最为接近的竞争对手多年。哈利法斯注意到竞争对手利用新技术在市场上推出新产品的速度快于斯特里克兰公司。为了找出原因，哈利法斯审查了两家公司的如下数据：

	斯特里克兰	竞争对手
应收账款周转率	6.85	7.35
资产回报率	15.34	14.74
利息保障倍数	15.65	12.45
流动比率	2.11	1.23
负债权益比率	42.16	55.83
财务杠杆系数	1.06	1.81
市盈率	26.56	26.15

基于以上信息，下列哪项是哈利法斯可以用来改进斯特里克兰公司弹性的最好的战略？

A. 寻找削减成本措施以提高斯特里克兰公司的盈利能力

B. 研究提高资产使用效率及周转次数的方法，以提高流动性

C. 寻找外部融资的额外来源，以引入新产品

D. 增加斯特里克兰公司的短期证券投资，以提高流动性

【答案】 C

【解析】 选项 C 正确。弹性表示“企业采取有效行动改变现金流数额和时间以应对未来预期需求和机会的能力”。弹性高的企业更易在困难时期生存、从未预料到的挫折中恢复、利用有利可图的投资机会。正如题目所讲，竞争对

手利用新技术在市场上推出新产品的速度快于斯特里克兰公司，根据数据也表明，斯特里克兰公司的竞争者具有更高的财务杠杆系数及更高的债务权益比率。两项指标表明竞争者比斯特里克兰公司更加充分地运用了外部融资。因而，对于斯特里克兰公司来讲，首先从战略发展的角度看，必须发展新技术，否则会逐渐落后于竞争对手，同时应当考虑增加外部融资来改善弹性，为研发提供资金。

【经典试题 11】 净赊销额 175 000 美元，成本 112 780 美元，赊账购买 96 600 美元，存货的周转率为 12. 8，平均应收账款 23 450 美元，平均应付账款 15 200 美元，现金周期是多少？

A. 20　　B. 29　　C. 78　　D. 13

【答案】 A

【解析】 选项 A 正确。

现金周期 = 经营周期 - 应付账款周期

= 存货周期 + 应收账款周期 - 应付账款周期

= (365 ÷ 12. 8) + 365 ÷ (175 000 ÷ 23 450) - 365 ÷ (96 600 ÷ 15 200)

= 28. 52 + 48. 91 - 57. 43

= 20（天）

【经典试题 12】 佳兰德公司刚刚过去的一年的利润表如下所示：

单位：美元

净销售额	900 000
产品销售成本	
存货（年初）	125 000
当期采购额	540 000
可供销售产品	665 000
存货（年末）	138 000
	527 000
毛利	373 000
营业费用	175 000
营业利润	198 000

则佳兰德公司的存货周转率为：

A. 6. 84　　B. 6. 52　　C. 4. 01　　D. 3. 82

【答案】 C

【解析】选项C正确。佳兰德公司的存货周转率为4.01，计算如下：

存货周转率＝产品销售成本÷存货平均余额

＝527 000÷[(125 000＋138 000)÷2]

＝527 000÷131 500

＝4.01

【经典试题13】高博公司是一家零售商，实质上其所有的商品都是从一个国家的制造商中采购的，该国正经历严重的通货膨胀。高博公司正在考虑将其存货计价方法由先进先出法变为后进先出法。存货计价方法从先进先出法改为后进先出法对高博公司的流动比率和存货周转率将有怎样的影响？

A. 流动比率和存货周转率均增加

B. 流动比率增加，存货周转率下降

C. 流动比例下降，存货周转率增加

D. 流动比率和存货周转率均下降

【答案】C

【解析】选项C正确。在严重的通货膨胀情况下，存货计价方法由先进先出法改为后进先出法，意味着发出存货的价值变大，根据期末存货＝期初存货＋本期采购－发出存货，期末存货的价值变小。因为期末存货价值变小，使公司流动资产下降，高博公司的流动比率将下降。由于发出存货的价值变大，产品销售成本增加，根据存货周转率＝产品销售成本÷存货，高博公司的存货周转率将增加。

【经典试题14】杜邦公式在计算过程中涉及哪种财务要素组合？

A. 净利润率，总资产周转率和权益乘数

B. 总资产周转率和营业额利润率

C. 利润率、营业额周转率和资产利用效率

D. 总资产周转率、营业额周转率和权益乘数

【答案】A

【解析】选项A正确。杜邦公式具体解析如下：

$$\text{ROE}=\frac{\text{净收益}}{\text{所有者权益}}=\text{销售净利率}\times\text{总资产周转率}\times\text{权益乘数}$$

$$=\frac{\text{净收益}}{\text{净销售额}}\times\frac{\text{净销售额}}{\text{平均总资产}}\times\frac{\text{平均总资产}}{\text{所有者权益}}$$

【经典试题15】一家美国公司的子公司，设立在英国，日常业务以欧元结算，德国公司为其融资，其功能货币为：

A. 美元　　B. 欧元　　C. 英镑　　D. 德元

【答案】B

【解析】选项B正确。功能货币是子公司所处的主要经济环境中所使用的货币。美国财务会计准则委员会于1981年颁布的第52号准则公告《外币换

算》中，为判断境外实体的功能性货币提供了除现金流量之外的指南：①境外实体产品的销售价格由其经营所在地的竞争或当地政府法规决定，而不是由短期汇率变动或世界市场来决定。这表明境外实体的经营所在地货币是功能性货币。②其销售市场主要在母公司的所在国，或其销售合同以母公司的货币计价结算，那么母公司的货币就是境外实体的功能性货币。③工资和材料等费用是以境外实体所在地的货币支付的，这说明当地的货币就是境外实体的功能性货币。④若境外实体的筹资主要是当地货币，而经营中所产生的现金又足以清偿现有的和预期的债务，这可表明当地货币是境外实体的功能性货币。⑤母公司与境外实体间存在着大量的内部交易，这表明母公司的货币是境外实体的功能性货币。

二、简答题

索尔巴是一家只销售一种产品的零售公司，其业务开展时间为第1年，公司财务报表如下：

利润表

单位：美元

	第1年	第2年	第3年
销售收入	1 000	3 000	5 000
产品销售成本	200	1 000	2 500
毛利	800	2 000	2 500
其他费用	400	500	700
营业利润	400	1 500	1 800
折旧	150	250	200
利息	50	100	100
税金	60	345	450
净收益	140	805	1 050

资产负债表

单位：美元

	第1年	第2年	第3年
现金	150	505	805
存货	100	700	1 200
应收账款	50	350	1 200
其他资产	500	1 000	1 000

续表

	第 1 年	第 2 年	第 3 年
总资产	800	2 555	4 205
应付账款	50	500	1 000
应计费用	100	100	200
其他负债	500	1 000	1 000
总负债	650	1 600	2 200
权益	150	955	2 005
总负债和权益	800	2 555	4 205

索尔巴公司所有存货均采用赊购方式购入，其 20% 的销售也采用赊销方式。公司在过去三年里均销售同一种商品，产品的单位销售成本保持不变。公司有效所得税税率为 30%，所得税在当年最后一天支付。

问题：

1. a. 请计算索尔巴公司第 2 年和第 3 年的边际毛利率，存货周转率和应收账款周转率。请写明计算过程。

b. 请解释边际毛利率、存货周转率和应收账款周转率的发展趋势。

c. 按照趋势分析，索尔巴公司的产品销售状况在变难还是变易？请解释原因。

2. 请使用间接法计算索尔巴公司第 3 年的营业现金流。请写明计算过程。

3. 索尔巴公司计划于第 4 年年初借款 1 000 000 美元以偿还交易负债。借款时间一年，利率为 15%，并于当年最后一天还清本息。除了借款以外，索尔巴公司预计其第 4 年财务表现与第 3 年一致。请计算索尔巴公司第 4 年的净收益和营业现金流。

4. a. 请确认和说明在公司财务分析中，仅着重分析公司净收益的局限性。

b. 请解释对现金流的关注和分析如何能够提高公司财务分析的多面性。

【解析】

1. a. 请计算索尔巴公司第 2 年和第 3 年的边际毛利率、存货周转率和应收账款周转率。请写明计算过程。

第 2 年：

边际毛利率 = 边际毛利 ÷ 销售收入 = 2 000 ÷ 3 000 = 66.7%

$$存货周转率 = \frac{产品销售成本}{平均存货}$$

产品销售成本 = 3 000 − 2 000 = 1 000（美元）

平均存货 = (700 + 100) ÷ 2 = 400（美元）

存货周转率 = 1 000 ÷ 400 = 2.5

$$应收账款周转率 = \frac{赊销销售额}{平均应收账款}$$

赊销销售额 = 20% × 3 000 = 600（美元）

平均应收账款 =（350 + 50）÷ 2 = 200（美元）

应收账款周转率 = 600 ÷ 200 = 3

第 3 年：

边际毛利率 = 边际毛利 ÷ 销售收入 = 2 500 ÷ 5 000 = 50%

$$存货周转率 = \frac{产品销售成本}{平均存货}$$

产品销售成本 = 5 000 − 2 500 = 2 500（美元）

平均存货 =（1 200 + 700）÷ 2 = 950（美元）

存货周转率 = 2 500 ÷ 950 = 2.63

$$应收账款周转率 = \frac{赊销销售收入}{平均应收账款}$$

赊销销售额 = 20% × 5 000 = 1 000（美元）

平均应收账款 =（1 200 + 350）÷ 2 = 775（美元）

应收账款周转率 = 1 000 ÷ 775 = 1.29

b. 请解释边际毛利率、存货周转率和应收账款周转率的发展趋势。

边际毛利率从 66.6% 下降到 50%，这表示该公司产品的销售价格可能降低，产品销售成本可能增加。存货周转率从 2.5 提高到 3，显示存货的流动速度提高，没有囤积库存。应收账款周转率从 3.0 下降到 1.29，意味着该公司收取赊账有困难。

c. 按照趋势分析，索尔巴公司的产品销售状况在变难还是变易？请解释原因。

收账日益恶化，加上较低的价格，显示该公司的产品近年来越来越难以实现销售。为应对产品滞销，通常的对策是以低价及更宽松的信贷政策来吸引顾客。

2. 请使用间接法计算索尔巴公司第 3 年的营业现金流。请写明计算过程。

净收益 = 1 050 美元

折旧 = 200 美元

存货的变动 =（500）美元

应收账款的变动 =（850）美元

应付账款的变动 = 500 美元

应计费用的变动 = 100 美元

营业活动的现金流 = 净收益 + 折旧 + 存货减少（− 存货增加）+ 应收账款减少（− 应收账款增加）+ 应付账款的增加（− 应付账款的减少）+ 应计费用的增加（− 应计费用的减少）= 1 050 + 200 − 500 − 850 + 500 + 100 = 500（美元）。

3. 索尔巴公司计划于第 4 年初借款 1 000 000 美元以偿还贸易负债。借款时间一年，利率为 15%，并于当年最后一天还清本息。除了借款以外，索尔巴公司预计其第 4 年财务表现与第 3 年一致。请计算索尔巴公司第 4 年年末的净收益和营业现金流。

利息开支从 100 美元增至 250 美元，因此税前收入减少至 1 350 美元。扣掉所得税 405 美元，净收益为 945 美元。

营业活动现金流：945 美元净收益 +200 美元折旧 −1 350 美元存货及应收账款的增加 +500 美元应付账款的增加 +100 美元应计费用的增加 =395 美元。

4. a. 请确认和说明在公司财务分析中，仅着重分析公司净收益的局限性。

净收益根据会计准则试图将支出与收入相匹配，因此在计算营业活动现金流时，报表上的净收益可能会产生误导，包括应计费用、库存调整等。也有许多产生或者使用现金的活动，如借款及资本性支出，并没有包括在损益表上。

b. 请解释对现金流的关注和分析如何能够提高公司财务分析的多面性。

（1）现金流可以提供企业的现金流量的信息，显示一定期间内的现金流入与流出，它也提供营业、投资和融资活动的信息，从而对企业整体财务状况做出客观评价；

（2）现金流可以反映企业的财务状况，预测企业未来的现金流量发展趋势；

（3）现金流除去“权责发生制”下应计项目对报表的影响，估算利润的可信赖程度；

（4）现金流能够评价流动性，能够直接揭示当前的偿债能力和支付能力，有助于管理层做投资/贷款决定，决定是否需要外部融资或是否正在产生现金流量、能否满足偿债要求并分配股利。

同步测试题

一、单选题

1. AEW 公司的净利润为 5 000 000 美元，每股现金分红 1.20 美元，流通的普通股为 500 000 股。公司平均普通股股东权益是 7 000 000 美元，AEW 公司可持续增长率是多少？

A. 0.078　　B. 0.714　　C. 0.629　　D. 0.8

2. 纽曼制造公司第 3 年的毛利润率与第 2 年一样保持不变。但是，第 3 年公司的净利率比第 2 年降低。这是因为在第 3 年：

A. 公司税率增加
B. 相对于销售收入，销售成本增加
C. 销售的增长比经营费用的增长快
D. 普通股股息增加

3. 下述哪项代表的是公司平均应收账款总额？

Ⅰ. 应收账款天数 × 应收账款周转率
Ⅱ. 平均日销售额 × 平均收款期
Ⅲ. 销售净额 ÷ 平均应收账款总额

A. 只有Ⅰ　　B. 只有Ⅰ和Ⅱ
C. 只有Ⅱ　　D. 只有Ⅱ和Ⅲ

4. 诺顿公司流动比率为 2∶1。该比率增长超过 2∶1，如果：

A. 派发以前宣布的股票股利
B. 公司核销未收回的应收款
C. 公司赊销设备赚取正常的毛利
D. 公司赊购存货

5. 与行业平均值相比，经营杠杆系数较高意味着公司：

A. 变动成本较高
B. 盈利对销售量变动较为敏感
C. 获得更多的利润
D. 风险低

6. 强生公司使用备抵法来计量应收账款中无法收回的金额。在记录了今年坏账准备之后，强生公司决定注销一笔 20 000 美元的坏账，因为该顾客申请了破产。这次注销对公司当期净收益和流动资产总额各有什么影响？

	当期净收益	流动资产总额
A.	下降	下降
B.	没影响	下降
C.	下降	没影响
D.	没影响	没影响

7. 与如下信息来自 B 公司的财务报表：流动资产 640 000 美元，总资产 990 000 美元，长期负债 130 000 美元，流动比率 3.2 倍。该公司的负债/权益的比率为：

A. 0.50 : 1　　B. 0.37 : 1

C. 0.33 : 1　　D. 0.13 : 1

8. K 有限公司最近报告其每股收益为 3.00 美元。某安全分析机构最近发布报告称 K 公司的收益预计在五年后将增长到每股 4.41 美元。那么预测的每股收益年复合增长率是多少（舍入到最接近的百分点）？

A. 6%　　B. 8%

C. 9%　　D. 47%

9. 经济利润与会计利润谁大谁小？

A. 会计利润

B. 经济利润

C. 两者一样大

D. 不一定

10. 某公司每年购销 2 000 件成品，并产生 60 000 美元的固定成本。单位边际贡献为 60 美元，单位变动成本为 40 美元。如果该公司预计明年的销售量将增加 10%，则营业利润将为：

A. 60 000 美元　　B. 72 000 美元

C. 120 000 美元　　D. 132 000 美元

11. 用来衡量流动资产运营情况的比率是：

A. 营运资金周转率　　B. 营运资金与资产总额比

C. 所有者权益回报率　　D. 流动比率

12. 6 月 3 日杰森公司召开董事会，宣告常规季度现金股息 0.4 美元/股，总计 200 000 美元。股息支付日 6 月 24 日，股权登记日 6 月 17 日。从杰森公司 5 月 31 日的财务状况表截取数据如下：

单位：美元

现金	400 000
应收账款净值	800 000
存货	1 200 000
流动资产小计	2 400 000
流动负债小计	1 000 000

假设影响杰森公司的唯一业务就是 6 月的股息分派。

如果杰森公司宣告的股息是 10% 的股票股利而不是现金股息，杰森公司的流动负债将会：

A. 股息宣告日没有变化，股息支付日增加

B. 股息宣告日没有变化，股息支付日降低

C. 股息宣告日增加，股息支付日保持不变

D. 股息宣告日或股息支付日均保持不变

13. 某公司的普通股股票的市场价格为每股 36 美元。该公司发行的普通股为 50 000 000 股，净利润为 200 000 000 美元。在本财年结束时，公司宣布的普通股股利为每股 1 美元。公司股票的市盈率是多少？

A. 4　　B. 9　　C. 12　　D. 36

14. 衡量长期负债支付能力的是公司的：

A. 经营周期的长度　　B. 资产收益率

C. 存货周转率　　D. 利息保障倍数

15. S 公司的简明收入表中的信息如下所示：销售额 15 000 000 美元，销货成本 9 000 000 美元，经营费用 3 000 000 美元，利息费用 800 000 美元，所得税 880 000 美元，净收益 1 320 000 美元。根据上述信息，S 公司的财务杠杆水平为：

A. 0. 96　　B. 1. 36　　C. 1. 61　　D. 2. 27

16. BDU 公司当年的净利润为 500 000 美元，总资产平均余额为 2 000 000 美元，资产周转率 1. 25 倍，则其销售净利率为：

A. 0. 25　　B. 0. 31　　C. 0. 36　　D. 0. 2

17. 下述哪项可以增加公司净营运资本？

A. 应付工资的现金支付

B. 通过 20 年抵押的方式融资购买一新工厂

C. 应收账款现金收款

D. 以 2 年的应付票据对短期应付票据再融资

18. 贝尔公司将其利润的一半作为股息支付。今年贝尔公司收益增长 20%，其股息增长 15%。贝尔公司今年的股息支付率是：

A. 50%　　B. 57.5%　　C. 47.9%　　D. 78%

19. 史密斯公司财务状况表中的权益部分如下：

单位：美元

面值 100 美元的优先股	12 000 000
面值 5 美元的普通股	10 000 000
资本公积	18 000 000
未分配利润	9 000 000
净值	49 000 000

史密斯公司普通股每股账面价值是：

A. 18.50 美元　　B. 5.00 美元　　C. 14.00 美元　　D. 100 美元

根据下列信息回答问题 20 题和 21 题。

假设下列信息摘自近年 R 公司、M 公司及其所在行业：

	R 公司	M 公司	行业平均
流动比率	3.50	2.80	3.00
应收账款周转率	5.00	8.10	6.00
存货周转率	6.20	8.00	6.10
利息保障倍数	9.00	12.30	10.40
负债权益比	0.70	0.40	0.55
投资收益率	0.15	0.12	0.15
股息支付率	0.80	0.60	0.55
每股收益	3.00 美元	2.00 美元	—

20. 如果两家公司的资产总额和销售收入相同，则下述哪项是正确的？

A. R 公司比 M 公司有更多的现金

B. R 公司的流动负债比 M 公司少

C. M 公司对财务杠杆的使用效率更高

D. M 公司比 R 公司的经营周期短

21. 拉梅尔公司和马森公司对风险态度的最好解释是：

A. 流动比率、应收账款周转率、存货周转率

B. 股息支付率和每股收益

C. 流动比率和每股收益

D. 负债权益比和利息保障倍数

22. 卡博公司第 2 年年末 5 月 31 日的每股收益是 4.80 美元。卡博公司第 1 年和第 2 年的流通股包括 2 000 000 美元的股息为 10%、面值 100 美元/股的优先股和 1 000 000 股普通股。第 2 年的 6 月 1 日，普通股每 1 股送 2 股，并以面值赎回一半的优先股。卡博公司第 3 年年末 5 月 31 日的净利润比第 2 年年末增长 10%。卡博公司第 3 年普通股的每股收益是：

A. 1.76 美元　　B. 1.80 美元　　C. 5.28 美元　　D. 5.40 美元

23. 根据下述信息回答问题：

迪夫公司今年的财务报表如下：

资产负债表	单位：美元	**损益及未分配利润表**	单位：美元
现金	100	销售收入	3 000
应收账款	200	销售成本	(1 600)
存货	50	毛利	1 400
固定资产净值	600	经营性费用	(970)
总计	950	经营性利润	430
		利息费用	(30)
应付账款	140	税前利润	400
长期负债	300	所得税	(200)
实收资本	260	净利润	200
未分配利润	250	加：1 月 1 日未分配利润	150
总计	950	减：股息	(100)
12 月 31 日未分配利润	250		

迪夫公司的净利润率是：

A. 6.67%　　B. 13.33%　　C. 14.33%　　D. 46.67%

24. 如果 A 公司的资产收益率高于 B 公司，其原因可能是因为 A 公司有"A 列"的销售边际利润率，"B 列"的资产周转率，或者两者都是。

	A 列	B 列
A.	较高	较高
B.	较高	较低
C.	较低	较高
D.	较低	较低

25. 某制造公司在极高的通胀压力环境中经营，该公司应选择以下哪种存

货计价法可生成最高盈余质量的财务财务报表？

A. 先进先出法　B. 后进先出法　C. 加权平均法　D. 个别确认法

二、简答题

A 公司是一家上市公司，公司是一家销售娱乐设备的特色零售商，公司坐落在美国，但是受全球环境和经营的影响，公司财务业绩不好。公司聘请了 Z 公司对其进行评估并可能对公司的战略和经营提出改进建议。Z 公司中的乔森对公司的以往情况收集资料并评估，认为公司需要对多家分公司的资本情况进行调整，而这需要公司提供资金支撑。乔森分析公司以往财务指标如下：

营业周期增加 20 天；

现金周期增加 15 天；

利息保障倍数由 10 下降到 5；

权益收益率由 12% 下降到 6%；

杠杆系数保持不变；

存货周期的天数保持不变。

乔森正考虑采用通过发行企业债券解决资金需求，乔森在发行 5 年期债券还是 20 年期债券中决策，债券利息的收益曲线是陡峭的正斜率曲线。同时乔森也考虑发行可转换债券。

问题：

1. 解释经营周期的两个构成要素，并分析经营周期增加的原因。
2. 经营周期与现金周期的差异是什么？
3. 债券利息的收益曲线是陡峭的正斜率曲线，说明 5 年期债券和 20 年期债券的影响？
4. 什么是可转换债券？可转换债券和不可转换债券在息票利率上有什么区别？
5. 财务比率分析的局限性。

同步测试题答案及解析

一、单选题

1.【答案】 C

【解析】 选项 C 正确。

可持续增长率 = 权益报酬率 × 留存收益率 = 权益报酬率 ×（1 − 股利支付率）

可持续增长率 =（5 000 ÷ 7 000）× [1 − 1.2 ÷（5 000 ÷ 500）] = 0.714 × 0.88 = 0.629

2. 【答案】A

【解析】选项 A 正确。毛利率等于销售净额减去产品销售成本。净利润等于毛利减去所有存在的费用和损失，其中之一就是所得税。如果公司所得税税率增加，净利润会减少，而毛利保持不变。

选项 B 不正确。产品销售成本变动会影响毛利率。

选项 C 不正确。销售收入的增加比经营费用的增加快会产生增加净利润，而不是减少。

选项 D 不正确。无法从给定的信息确定任何对股息的影响。

3. 【答案】C

【解析】选项 A 不正确。方法 Ⅰ 不正确。

选项 B 不正确。方法 Ⅰ 不正确。

选项 C 正确。公司的平均应收账款余额是由每日平均销售额乘以平均回款期得出。另一种方法，年赊销额除以应收账款周转率（赊销净额 ÷ 平均应收账款）得到平均应收账款余额。

选项 D 不正确。方法Ⅲ不正确。

4. 【答案】C

【解析】选项 A 不正确。派发股票股利仅影响所有者权益账户，不影响流动资产和流动负债账户。

选项 B 不正确。冲减无法收回的款项等额减少应收账款科目及相关的坏账准备科目；因此，应收账款净额不变。

选项 C 正确。赊销设备，应收账款增加。流动资产增加，流动比率增加。

选项 D 不正确。赊购存货同时等额增加流动资产和流动负债。影响是降低大于 1 的流动比率。

5. 【答案】B

【解析】选项 A 不正确。较高经营杠杆的公司有较高的固定成本、较低的变动成本。

选项 B 正确。经营杠杆等于经营净利润变化百分比除以销售变化百分比。从而，当经营杠杆增加时，利润变得对销售量变化更为敏感。

选项 C 不正确。当销售收入高时，经营杠杆较高的公司比经营杠杆较低的公司相对更具有获利性。当销售收入低时，反之亦然。

选项 D 不正确。经营杠杆较高的公司风险更高，它对固定成本的依赖更大。

6. 【答案】D

【解析】选项 D 正确。1. 注销一笔坏账，坏账准备减少 20 000 美元，应收账款总值减少 20 000 美元，应收账款净值不变。所以，流动资产总值不变。

2. 注销坏账对费用没有影响，对净收益也没有影响。

7.【答案】 A

【解析】 选项 A 正确。

流动比率 = 流动资产 ÷ 流动负债

流动负债 = 流动资产 ÷ 流动比率 = 640 000 ÷ 3.2 = 200 000（美元）

总负债 = 流动 + 长期 = 200 000 + 130 000 = 330 000（美元）

所有者权益 = 总资产 − 总负债 = 990 000 − 330 000 = 660 000（美元）

负债/权益 = 330 000/660 000 = 0.5/1

8.【答案】 B

【解析】 选项 B 正确。

4.41（P/F，i，5）= 3

（P/F，i，5）= 3/4.41

（P/F，i，5）= 0.68207

查复利现值系数表，i = 8%

9.【答案】 A

【解析】 选项 A 正确。经济利润 = 销售额 −（显性成本 + 隐性成本）。会计利润 = 总收入 − 显性成本。经济利润 = 会计利润 − 隐性成本。

10.【答案】 B

【解析】 营业利润 = 2 000 ×（1 + 10%）× 60 − 60 000 = 72 000（美元）。

11.【答案】 A

【解析】 选项 A 正确。衡量资产运营效率的比率众所周知的是周转率。营运资金周转率是销售收入除以营运资金平均额。高周转率是好的。

选项 C 不正确。净资产回报率是衡量净利润或盈利能力的比率，而不是资产的运营效率。

选项 D 不正确。流动比率衡量偿债能力，或者营运资金的充足性，而不是其运营效率。

12.【答案】 D

【解析】 选项 D 正确。公司宣布发放股票股利时，账务处理是：借记公司留存收益（减少），贷记应付股利（大股票股利政策）或者应付股利和资本公积（小股票股利政策）（增加），公司发放股票股利时，借记应付股利，贷记股本。因此，负债科目既不受股票股利宣告的影响也不受股票股利发放的影响。

13.【答案】 B

【解析】 选项 B 正确。

市盈率 = 每股市场价格 ÷ 每股利润 = 36 ÷ (200 000 000 ÷ 50 000 000) = 36 ÷ 4 = 9

每股利润 = 净利润 ÷ 发行的普通股股数

14.【答案】 D

【解析】 选项 A 不正确。经营周期长度不影响长期债务支付能力。根据定义，长期是指比正常经营周期长。

选项 B 不正确。资产收益率仅衡量管理层如何有效使用有效资产。

选项 C 不正确。存货周转率是衡量公司如何有效管理其流动资产的措施。

选项 D 正确。利息保障倍数是衡量公司用现有收益偿还债务能力的措施。这个比率等于息税前利润除以利息费用。

15.【答案】 B

【解析】 选项 B 正确。财务杠杆系数 = 息税前收益 ÷ 税前收益 = (1 320 000 + 880 000 + 800 000) ÷ (1 320 000 + 880 000) = 1.36；或(15 000 000 − 9 000 000 − 3 000 000) ÷ (15 000 000 − 9 000 000 − 3 000 000 − 800 000) = 1.36。

16.【答案】 D

【解析】 利润率 = 净利润 ÷ 销售额；资产周转率 = 销售额 ÷ 资产；销售额 = 资产周转率 × 资产。销售额 = 1.25 × 2 000 000 = 2 500 000（美元）；利润率 = 500 000 ÷ 2 500 000 = 0.2。

17.【答案】 D

【解析】 选项 A 不正确。现金支付工资所得税等额减少流动资产和流动负债。

选项 B 不正确。用 20 年抵押购买新工厂对流动资产或流动负债没有影响。

选项 C 不正确。应收账款现金收款增加一项流动资产，等额减少另一项流动资产。

选项 D 正确。营运资金净额等于流动资产减流动负债。用两年期的应付票据再融资短期票据减少了流动负债，因此增加营运资金。

18.【答案】 C

【解析】 选项 A 不正确。以前年度支付率为 50%。

选项 B 不正确。57.5% 是以前年度支付率的 115%。

选项 C 正确。以前年度股息支付率是 50%。因此，如果以前年度净利润为 x，股息支付总额为 50%x。如果收益增长 20%，今年利润将为 120%x。如果股息增长 15%，则总股息支付为 57.5%x(115% × 50%x)，今年的股息支付率为 47.9%（57.5%x/120%x）。

选项 D 不正确。78% 等于 120% 的 65%。

19.【答案】 A

【解析】 选项 A 正确。普通股每股账面价值等于普通股股东可以获得的净资产（权益）除以在外流通的普通股股数，即 18.50 美元[（10 000 000 美元普通股 + 18 000 000美元资本公积 + 9 000 000 美元留存收益）÷（10 000 000 美元 ÷ 5 美元面值）]。

选项 B 不正确。5 美元是每股面值。

选项 C 不正确。14 美元没有包括普通股股东可获得的权益部分中的留存收益。

选项 D 不正确。100 美元为优先股面值。

20.【答案】 D

【解析】 选项 A 不正确。从这些因素中不能确定现金金额。

选项 B 不正确。从这些因素中不能确定流动负债金额。

选项 C 不正确。M 公司负债率不高，没有关于股东权益收益率的信息给出。

选项 D 正确。R 公司应收账款周转率和存货周转率比 M 公司的低。因为 M 公司收回其应收账款更快，持有存货的时间更短，其经营周期比 R 公司更短。M 公司经营周期大约为 91.7 天［（365 ÷ 8.1）+（365 ÷ 8）］。R 公司经营周期大约为 131.2 天［（365 ÷ 5）+（365 ÷ 6.2）］。

21.【答案】 D

【解析】 选项 A 不正确。这些是没有考虑风险发生的流动性比率。

选项 B 不正确。每股收益不说明管理层关于风险的意图。

选项 C 不正确。流动比率和每股收益不说明接受的风险等级。

选项 D 正确。马森公司是较为保守的公司，因为其负债不高（较低的权益指数及较高的利息保障倍数）。这些比率反映了管理层意图。

22.【答案】 B

【解析】 选项 B 正确。第 2 年的每股收益 4.8 美元表明归属于普通股的净利润4 800 000 美元。优先股股息为 200 000 美元（10% ×2 000 000 美元）。因此，净利润必须是 5 000 000 美元。第 3 年增加 10%，净利润为 5 500 000 美元。第 3 年优先股股息仅需要 100 000 美元，剩下 5 400 000 美元给普通股股东。1 股送 2 股后，每股收益为 1.8 美元（5 400 000 美元 ÷ 3 000 000 股）。

23.【答案】 A

【解析】 选项 A 正确。净利润率是净利润与销售收入的比率。它等于

6.67%（200美元净利润 ÷ 3 000美元销售额）。

选项B不正确。税前利润与销售收入的比率是13.33%。

选项C不正确。息税前利润与销售收入的比率是14.33%。

选项D不正确。毛利与销售收入的比率是46.67%。

24.【答案】A

【解析】选项A正确。因为资产收益率等于利润率乘以资产周转率。

$$资产收益率 = 利润率 \times 资产周转率$$

$$\frac{净利润}{资产} = \frac{净利润}{销售额} \times \frac{销售额}{资产}$$

如果公司的资产收益率比另一家公司高，其利润率就较高，资产周转率较高，即两者都较高。

选项B不正确。当销售利润率高而资产周转率低时，A公司的资产收益率不一定高于B公司。

选项C不正确。当销售利润率低而资产周转率高时，A公司的资产收益率不一定高于B公司。

选项D不正确。当销售利润率和资产周转率都低时，A公司的资产收益率一定低于B公司。

25.【答案】B

【解析】选项B正确。高质量的收益是指报表收益对企业过去、现在的经济成果和未来经济前景的描述是可靠和可信任的。高质量的收益特点之一就是：持续的、稳健的会计政策，该政策对公司财务状况和净收益的计量是谨慎的。正是基于稳健性的考虑采用后进先出法，发出产品的成本为高成本以尽可能低估利润，以实现稳健性。

二、简答题

随着经济环境的日益复杂，作为管理会计师在企业经营管理中必须具有全面的综合分析能力，这也是近几年IMA在CMA考纲中日益强调的能力要求。自2015年考纲改革以来，CMA考试中基本上均是多个考点相结合的综合性很强的简答题。本题目就是一道非常具有CMA考试代表性的简答题。题目将财务比率分析与融资相结合，要求考生具备财务比率分析能力和依据财务比率对企业经营情况、财务情况做出判断，进而分析对公司融资包括融资成本和融资风险的影响。

【解析】

1. 解释经营周期的两个构成要素，并分析经营周期增加的原因。

经营周期是指从存货到达至现金从应收账款收回的这一段时间。

$$经营周期 = 存货周转期 + 应收账款周转期$$

经营周期的两个构成要素是存货周转期和应收账款周转期。造成经营周期增加的原因包括：存货周转期增加或者应收账款周转期增加或者存货周转期与应收账款周转期同时增加。案例中 A 公司经营周期增加但是存货周转天数保持不变，说明公司的应收账款周转期增加，也就表明公司在应收账款赊销政策方面和收账方面存在问题。

2. 经营周期与现金周期的差异是什么？

现金周期是指从现金支付原材料货款至现金从应收账款收回的这一段时间。

现金周期 = 经营周期 - 应付账款周转期

经营周期与现金周期的差异就在于应付账款周转期。对于 A 公司来说，营业周期增加 20 天，现金周期增加 15 天，可以推断出公司应付账款周转期增加 5 天，表明 A 公司在支付供应商的信用时间上有所拖延，也就是公司在资金方面存在短缺的问题。

3. 债券利息的收益曲线是陡峭的正斜率曲线，说明 5 年期债券和 20 年期债券的影响？

债券收益率曲线是描述在某一时点上一组可交易债券的收益率与其剩余到期期限之间数量关系的一条曲线。反映出某一时点上（或某一天）不同期限债券的到期收益率水平。当债券利息的收益曲线是陡峭的正斜率曲线时，意味着随着之前期限的延长，债券的收益率增幅越来越大，因此可以表明 20 年期债券的收益率要远远大于 5 年期债券收益率。从 A 公司目前财务情况来看，公司现金周期的增加、应收账款周转天数的增加以及应付账款周转天数的增加，表明公司现金流短缺，而公司的利息保障倍数下降，表明公司的偿债能力减弱，公司的偿债风险加大，权益收益率由 12% 下降到 6%，表明公司的获利能力减弱。所有这些指标分析来看公司的偿债风险加大。对于债权人来说，在偿债风险加大的情况下，同等期限的债券所要求的收益率就会增加，这也就是公司债券利息的收益曲线之所以呈现陡峭的正斜率曲线的原因，所以如果公司通过发行债券融资，发行债券的期限越长，债券融资成本增加的幅度也就越大。

4. 什么是可转换债券？可转换债券和不可转换债券在息票利率上有什么区别？

可转换债券是无担保债券，债券的持有人可自由选择将其转换为债券发行人的普通股。它是一种推迟的权益发行。

由于可转换债券给予持有者更多的权利，就是可以由债权人转为股东，当公司盈利不好的情况下，可转换债券的持有者作为债权人获取固定的利息报酬；当公司盈利好的情况下，可转换债券的持有者转为股东，与其他股东分享公司的剩余收益，因此，可转换债券的票面利息比不可转换债券的票面利息小。

5. 财务比率分析的局限性。

财务比率分析的局限性包括：

（1）财务比率分析与财务报表一样，财务比率体现的是历史数据；

（2）当不同公司之间的财务比率进行比较分析时，需注意各公司采用的不同会计政策；

（3）要注意是否有特殊事件会影响公司的财务比率分析。

第二章

公司财务

以经济全球化为背景的企业发展、扩张和跨国经营，迫切地需要管理会计师以科学的决策理念和决策方法，通过对融资工具发行价格、资金成本、融资风险的分析，在风险一定的情况下，尽可能实现以最佳的融资结构筹集到企业发展和成长所需的资本。管理会计师也需要在不断国际化的背景下，掌握与并购重组以及跨国经营有关的知识体系，以便在全球经济一体化进程中，灵活运用并购重组等手段实现企业的跨越式成长，包括在国际化运营中应对和处理各种跨国经营环境中特有的风险。

本章考情分析

本章主要内容：风险类型，包括信贷风险、外汇风险、利率风险、市场风险和政治风险；长期融资资本工具；首次公开发行与二次发行；股息政策；资本成本；筹集资本；营运资本管理；并购以及国际融资。

本章考试占比 20%。

本章近年来的主要考点：①离散系数；②回报率的计量；③单一证券及证券投资组合风险和报酬的量化关系；④系统性和非系统性风险的界定；⑤资本资产定价模型；⑥利率的期限结构含义；⑦债券、普通股、优先股的定义，主要特征及其估值；⑧金融衍生品的定义、功能、如何利用金融衍生品规避资产价格波动的风险；⑨营运资金持有策略；⑩现金管理策略；⑪作为现金替代品的有价证券的类型及其特征；⑫应收账款的信用决策，如机会成本的计算、信用期限决策等；⑬短期融资主要形式，包括商业信用和银行信用及其融资成本；⑭债券、优先股留存收益、普通股、个别资金成本的计算、加权平均资金成本及最佳资本结构、边际资本成本的定义；⑮并购的定义、并购的协同效应、反收购策略、剥离的常见形式及其特征；⑯应对汇率波动风险的有效手段等。

本章重点框架图

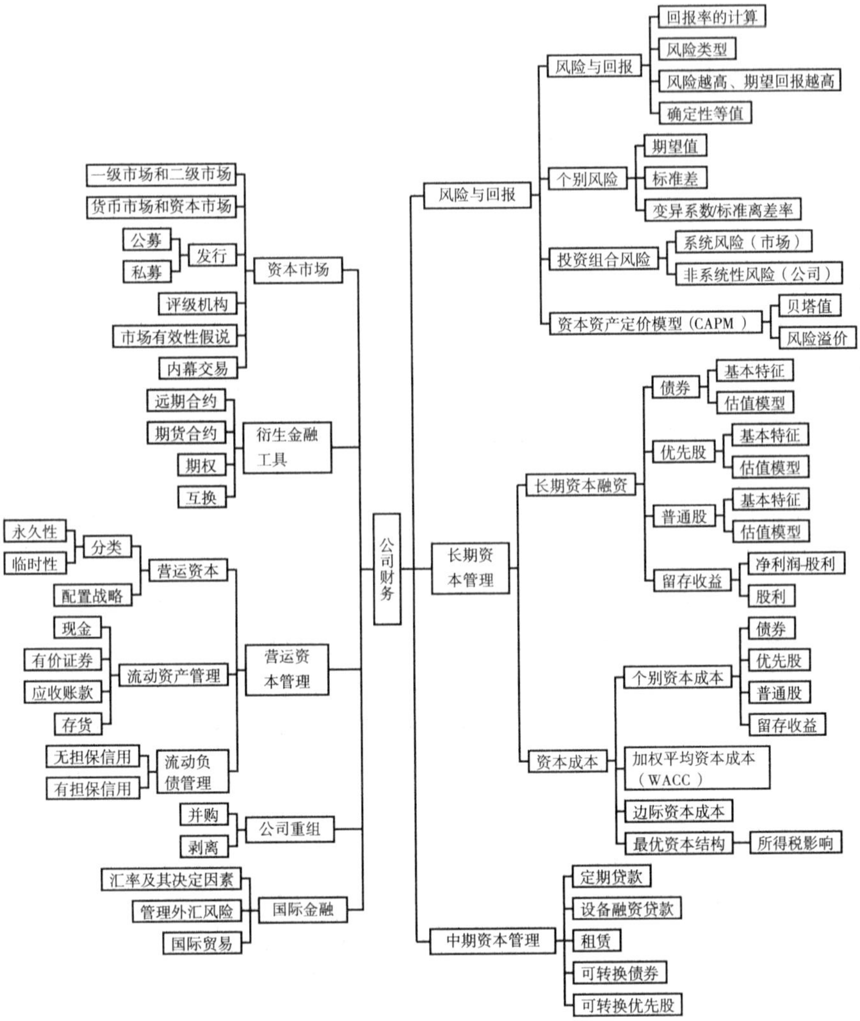

公司财务
资本市场
一级市场和二级市场
货币市场和资本市场
发行
公募
私募
评级机构
市场有效性假说
内幕交易
衍生金融工具
远期合约
期货合约
期权
互换
营运资本管理
营运资本
分类
永久性
临时性
配置战略
流动资产管理
现金
有价证券
应收账款
存货
流动负债管理
无担保信用
有担保信用
公司重组
并购
剥离
国际金融
汇率及其决定因素
管理外汇风险
国际贸易
风险与回报
风险与回报
回报率的计算
风险类型
风险越高、期望回报越高
确定性等值
个别风险
期望值
标准差
变异系数/标准离差率
投资组合风险
系统风险（市场）
非系统性风险（公司）
资本资产定价模型（CAPM）
贝塔值
风险溢价
长期资本管理
长期资本融资
债券
基本特征
估值模型
优先股
基本特征
估值模型
普通股
基本特征
估值模型
留存收益
净利润-股利
股利
资本成本
个别资本成本
债券
优先股
普通股
留存收益
加权平均资本成本（WACC）
边际资本成本
最优资本结构
所得税影响
中期资本管理
定期贷款
设备融资贷款
租赁
可转换债券
可转换优先股

本章重难点精讲

第一节　风险与回报

一、风险与回报的基本概念

（一）风险定义

风险表示不确定程度。在公司财务中，风险是指不能从投资中获得预期回报的可能性。风险通过回报率的变化性来度量，回报的潜在变化性越大，风险越高。风险类型包括：

（1）信用风险，也称违约风险，是指借款人在债务到期时不履行还本付息义务的风险。

（2）外汇风险，也称汇率风险，是指不同货币之间汇率变动带来的风险。

（3）利率风险，是指市场利率的变动影响计息资产价值的风险。

（4）市场风险，是指市场风险因素导致投资组合价值变动的风险。

（5）行业风险，是指与某一行业特有风险因素汇总而成的风险因素组合。

（6）政治风险，是指政治决策影响公司的经营活动和盈利水平的风险。

（二）收益率及其计算

投资收益通常用比率的形式来表达，即在一段时间内持有投资所获得的回报，与初始投资金额之间的比率。反映了投资的市场价格的变化以及从投资中获得的股利收入或利息收入，包括资本利得收益率和股利收益率两部分。

1. 收益率（回报率、报酬率）。

收益率的计算方法为，用证券市场价格的变动，加上利息或股利形式的现金收益，再除以该证券的初始市场价格。这样算出来的收益率称为持有期收益率。

$$R=\frac{D_t+(P_t-P_{t-1})}{P_{t-1}}$$

其中：R 为实际的（预期的）股票收益率；t 为过去（未来）特定的时间段；D_t 为第 t 期期末的现金股利；P_t 为第 t 期期末的股价；P_{t-1}为第 $t-1$ 期期末的股价。$\frac{P_t-P_{t-1}}{P_{t-1}}$为资本利得收益率；$\frac{D_t}{P_{t-1}}$为股利收益率。

【提示】已知收益率和欲出售价格，可计算确定股票目前价格，即 P_{t-1}。

2. 持有期回报率（到期收益率）。当有价证券持有期超过 1 年时，计算回报率需要考虑货币时间价值，其中包括再投资收益。

（三）风险和回报的关系

1. 风险和回报的基本关系。

资本市场大量研究表明提供给投资人的回报一般是对投资人所承担风险的反映。

（1）美国国库券的风险与收益。美国国库券（U. S. t-bills）是美国政府发行的、一年内到期的证券。其是非常安全的投资，一来其违约风险几乎为零，二来其到期期限较短，市场价格相对稳定，只是会受到通货膨胀的影响。美国国库券的收益率极低，但最为稳健。

（2）债券的风险与收益。美国政府债券和企业债券的到期期限都比国库券的期限要长，他们的价格随着市场利率变化而变动。市场利率相对于债券票面利率下滑时，债券价格攀升；市场利率相对走高时，债券价格则下跌。所以，债券的价格和市场利率之间是反向变动的。

美国政府债券和美国国库券一样，不存在违约风险；但是企业债券是存在违约风险。通常企业债券的收益率略高于美国政府债券的收益率，美国政府债券的收益率高于美国国库券的收益率。

（3）股票的风险与收益。股票投资是对公司所有权或权益的投资，股权投资者直接分担公司的风险。投资股票的收益率远高于投资国库券或债券这些安全资产的收益率。小公司股票的收益率高于大公司股票的收益率。普通股的收益率高于优先股的收益率。

2. 对风险与收益的态度。

股东财富可以表现为公司普通股的市场价值，即公司的市值。公司的总市值是指公司发行在外的普通股总数量乘以每股市价。股东财富最大化是建立在“每股市价上升，股东财富增加”的假设前提下的。它是财务管理的一项长期目标，它不同于利润最大化。利润最大化仅是一个短期目标，只关注当年的盈利状况。片面追求短期利润最大化，可能会导致牺牲公司的未来利润，背离公司的长期目标。

确定性等值是指一笔确定的收益，这笔收益能够与某项带有一定风险的不确定收益给投资者带来相同的满意程度。确定性等值，可看作是至少需要给投资者补偿多少金额确定的无风险现金流，才能让投资者同意放弃一笔金额不确定的有风险现金流。确定性等值系数是指一笔不确定现金流的确定性等值与这笔现金流的期望值之间的换算比率。

确定性等值与预期货币价值之间关系的一般原则见表 2－1。

表 2-1 确定性等值与对待风险的态度

确定性等值		投资者对待风险的态度
小于期望值	⇒	风险厌恶型（厌恶承担风险）
等于期望值	⇒	风险中立型（理性承担风险）
大于期望值	⇒	风险偏好型（乐意承担风险）

风险厌恶意味着，投资者原本是不喜欢风险的，如果要让其承担更高的投资风险，就必须要给出更高的投资收益作为补偿。一项投资的风险越高，要想让投资者愿意购买并持有这项资产，所需要给投资者的收益率就越高，以补偿投资者承担的风险；相反，一项投资的风险越低，投资者所能获得的收益率越低。大多数投资者是风险厌恶型的，因而通常投资风险越高，投资收益就越高。要衡量投资收益中所包含的确定性，并没有一个单一的或者最佳的指标。

（四）概率分布和风险与收益

概率分布是指一个随机变量（如投资收益）可能的取值以及每一个取值出现的可能性。概率分布的三个描述性统计指标：期望报酬率、标准差和变异系数。

1. 期望报酬率。

期望报酬率（收益率）是以投资报酬率每一种的取值所发生的概率为权重，对所有可能的取值进行加权平均的结果。它衡量的是投资报酬率概率分布的集中趋势。

$$\overline{R} = \sum_{i=1}^{n}(R_i \times P_i)$$

其中：R_i 为第 i 种可能的收益率；P_i 为收益率发生的概率；n 为各种可能性的数量。

2. 标准差。

标准差量度的是对投资期望（最可能发生）回报的变异或离散程度，展示了围绕均值（平均数）的分布，标准差的计算是取方差的平方根。

$$\sigma = \sqrt{\sum_{i=1}^{n}(R_i - \overline{R})^2(P_i)}$$

其中：σ 为标准差；n 为可能概率的总个数；R_i 为第 i 种可能的回报；P_i 为该回报发生的概率。

> **【提示】** 一般来说标准差越大，回报的潜在变动性和总风险越高。这里提到的风险是指回报的总体风险。

3. 变异系数。

变异系数（简称 CV）是一个衡量风险的相对指标。变异系数等于标准差除以期望报酬率。

$$CV = \frac{\sigma}{\bar{R}}$$

【提示】当期望报酬率水平不同时，直接用标准差来衡量不同投资的风险水平或不确定性程度，会带来误导性的结论。而计算变异系数，可以剔除期望报酬率差异的影响。

【例题 2-1】 上市公司 W 的首席财务官预期明年的股利为 1.25 美元，并且预计公司的股票价格在一年内都将为 45 美元。该首席财务官已确定 W 公司的预期收益率为 10%。根据所提供的数据，W 公司股票现在的每股价值是多少？

A. 42.05 美元　B. 45.00 美元　C. 46.25 美元　D. 51.39 美元

【答案】 A

【解析】 选项 A 正确。依据投资收益率的计算公式，投资收益率 =（每股股利 + 资本利得）÷ 股票目前市价，资本利得为股票预期价格与目前市价的差额。设股票目前价格为 x，则 $(1.25 + 45 - x) \div x = 10\%$。股票目前价格 $x = (1.25 + 45) \div (1 + 10\%) = 42.05$（美元）。

【例题 2-2】 一项高风险的资产：

A. 其期望收益较低　B. 比低风险资产的价格高

C. 会增加期望收益率　D. 其收益的标准差较高

【答案】 D

【解析】 选项 A 不正确。通常需要在相同风险水平下，衡量不同资产的收益，或者在相同收益水平下，衡量不同资产的风险。且高风险的资产一般会有相对较高的期望收益。

选项 B 不正确。资产的价格是由折现现金流模型决定的。高风险的资产通常具有较高的折现率水平，而低风险的资产具有较低的折现率水平。因此高风险的资产比低风险的资产价格更低。

选项 C 不正确。期望收益率的增加不仅取决于资产本身的风险，还与投资人对待风险的态度有关。具有较高风险偏好的投资人，可能不会提高高风险资产的预期收益。

选项 D 正确。标准差是衡量资产风险的重要指标，财务上依据预期回报标准差的大小来衡量资产的风险水平。通常标准差越高，资产风险越大。

【例题 2-3】 科基公司股票的期望收益率为 20%，标准差为 15%；马斯汀公司的股票期望收益率为 10%，标准差为 9%。风险较大的股票是：

A. 科基，因为其收益更高

B. 马斯汀，因为其标准离差率更高

C. 科基，因为其标准差更高

D. 马斯汀，因为其标准差更高

【答案】 B

【解析】 选项A不正确。两家公司股票的期望收益率水平不同，需要计算标准离差率衡量风险，而不能仅仅依据收益更高判定风险更高。

选项B正确。两家公司股票的期望收益率水平不同，需要计算标准离差率衡量风险，标准离差率高的公司风险大。标准离差率是标准差与期望值的比率。马斯汀公司标准离差率 =9% ÷10% =90%，明显高于科基公司标准离差率 =15% ÷20% =75%。因此，马斯汀公司风险更高。

选项C不正确。当两只股票期望收益率不同时，标准差不能衡量风险。

选项D不正确。当两只股票期望收益率不同时，标准差不能衡量风险，且马斯汀公司的标准差并不高。

二、投资组合的风险与回报

（一）投资组合的风险

投资组合就是两项或两项以上资产的组合。投资组合中可能包括现金、债券、股票、基金份额或其他投资资产。持有投资组合的目的在于降低风险。

标准差度量的是单一股票收益的变动性，“协方差”和“相关系数”度量一种股票的收益率与另外一种股票收益率之间的依存关系。

资产收益之间波动的差异性越大，投资组合风险越小。随着投资组合中资产数目的增多，各种证券的标准差越来越不重要，而各种证券之间协方差变得更加重要。

1. 协方差。

方差只研究一个随机变量自身的变动，协方差则拓展到两个随机变量，可以体现投资组合中两项资产报酬率的共同变动情况（即两者变动的相互关系），而不是独立考察每一项资产报酬率自身的变动情况。两种资产 x 和 y 之间的协方差用 $\text{Cov}_{x,y}$ 表示。

使用期望值计算两个资产回报的协方差：

$$\text{Cov}_{1,2} = \sum_{i=1}^{n} \{P_i[R_{i,1} - E(\bar{R}_1)][R_{i,2} - E(\bar{R}_2)]\}$$

其中：n 为投资组合中不同证券的个数；$R_{i,1}$ 为资产1在状态 i 的回报；$R_{i,2}$ 为资产2在状态 i 的回报；P_i 为状态 i 发生的概率；$E(\bar{R}_1)$ 为资产1的期望回报；$E(\bar{R}_2)$ 为资产2的期望回报。

2. 相关系数。

相关系数衡量两个随机变量的线性相关程度，是协方差除以随机变量标准差的乘积所得到的商，用 $Corr_{1,2}$ 表示。公式如下：

由 $\mathrm{Corr}_{1,2}=\dfrac{\mathrm{Cov}_{1,2}}{\sigma_1\sigma_2}$　可推出　$\mathrm{Cov}_{1,2}=\mathrm{Corr}_{1,2}\sigma_1\sigma_2$

（1）相关系数为正（+），协方差为正（+），预期收益同向运动。

$\mathrm{Corr}_{1,2}=+1$，完全正相关，一个证券的变动会导致另一个证券精确的可度量的正向变动，两种证券构成的投资组合没有风险分散效应。

（2）相关系数为负（-），协方差为负（-），预期收益反向运动。

$\mathrm{Corr}_{1,2}=-1$，完全负相关，一个证券的变动会导致另一个证券精确的可度量的反向变动，两种证券构成的投资组合风险分散效应最大。

（3）相关系数 $\mathrm{Corr}_{1,2}=0$，协方差为 0，预期收益之间不存在线性关系，不能使用线性方法给予 R_2 预测 R_1，风险分散效应介于正相关和负相关之间。

> **【提示】**相关系数没有单位，$-1\leqslant \mathrm{Corr}_{1,2}\leqslant +1$。大多数有价证券之间的相关系数介于 0 到 +1 之间，协方差为正，只是影响程度大小不同。风险厌恶型投资人一般愿意分散持有证券，以使投资组合包含不那么完全正相关的证券，继而分散投资风险，即多样化能降低风险，但不可能消除风险。

> **【提示】**股票期望回报与卖出期权期望回报反向运动，协方差为负；同行业两只股票期望回报同向变动，协方差为正；由股票和无风险国债构成的组合，期望回报的协方差为零。

（二）投资组合的报酬率和投资分散化

1. 投资组合的报酬率。

投资组合的报酬率（收益率）是构成投资组合的所有投资的期望报酬率以其在投资组合中的比重为权重计算的加权平均数。计算公式如下：

$$\overline{R}_p = \sum_{i=1}^{n} W_i\overline{R}_i$$

其中：$\overline{R}_p$ 为投资组合的期望收益；W_i 为投资于证券 i 占全部投资的比例或比重；$\overline{R}_i$ 为证券 i 的期望收益；n 为投资组合中不同证券的个数。构建有效组合或最优组合是一种常见的投资策略。所谓有效组合或最优组合，是指可以在控制既定风险水平的前提下，实现收益最大化的投资组合，或可以在保持既定收益水平的前提下，实现风险最小化的投资组合。

2. 投资分散化。

投资分散化是指构建一个由多种不同资产组成的投资组合。投资分散化的主要目的是降低投资组合的风险，即减少投资组合报酬率上的波动性。投资组合的风险是投资组合的标准差，其大小取决于投资组合中单一证券的标准差以及两两证券预期回报的协方差或相关系数。投资组合的标准差用 σ_p 表示，公式如下：

$$\sigma_p=\sqrt{w_1^2\sigma_1^2+w_2^2\sigma_2^2+2w_1w_2\mathrm{Corr}_{1,2}\sigma_1\sigma_2}$$

当 $Corr_{1,2} = +1$ 时，投资组合的标准差与证券投资组合中单一证券标准差的加权平均值一致，没有风险分散效应。

当 $Corr_{1,2} = -1$ 时，投资组合的标准差大幅度小于证券投资组合中单一证券标准差的加权平均值，具有最大风险分散效应。

当 $Corr_{1,2} = 0$ 时，投资组合的标准差介于完全正相关和完全负相关标准差之间，风险分散效应介于正相关和负相关之间。

【提示】

- 投资组合中只要两两资产之间预期回报率的相关系数 $Corr_{1,2} < +1$，两种证券组成的投资组合其标准差就小于两种证券各自标准差的加权平均值，表明证券投资组合具有分散风险效应，同时获取该投资组合的期望收益。即投资组合能降低风险。
- 投资组合的标准差随着资产相关系数从 +1 到 0 再到 -1 而逐渐下降，风险分散效应逐渐增大。
- 相关系数值为 0，具有分散风险效应，其效应介于正相关和负相关之间。
- 投资组合目标：预期收益水平下最小化风险；预期风险水平下最大化收益。
- 如果两种证券构成的投资组合中，组合的标准差与投资组合中个股标准差的加权平均值相等，则两种有价证券预期收益完全正相关，相关系数等于 1。

【例题 2-4】 股票 A 和股票 B 构成一个投资组合，权重相同。如果股票 A 收益的标准差是 30%，股票 B 收益的标准差是 30%，该组合收益的标准差是 30%，则两只股票收益之间的相关系数是多少？

A. -0.5　　B. 0　　C. 0.5　　D. 1.0

【答案】 D

【解析】 选项 A 不正确。如果两只股票的相关系数为 -0.5，即负相关，则证券投资组合的风险，应当小于个股风险的加权平均值。投资组合具有较好的分散风险效应。而目前 A、B 两只股票标准差的加权平均值为 30%，投资组合的标准差也为 30%，说明投资组合不具有风险分散效应。

选项 B 不正确。如果两只股票的相关系数为 0，即不相关，则证券投资组合的风险，也应当小于个股风险的加权平均值。投资组合的风险分散效应介于正相关和负相关之间。

选项 C 不正确。如果两只股票的相关系数为 0.5，即正相关，则证券投资组合的风险，也应当小于个股风险的加权平均值。投资组合具有风险分散效应，只不过分散效应较小。

选项 D 正确。如果两只股票构成的投资组合中，组合的标准差与投资组合中个股标准差的加权平均值相等，则两种有价证券预期收益完全正相关，相关系数等于1。证券投资组合不具有风险分散效应。

【例题2－5】某投资公司准备投资400 000美元购买由两只股票构成的投资组合。要获得零投资组合风险，这两只股票必须：

A. 完全正相关　　B. 完全负相关

C. 权重相同　　D. 来自不同的行业集团

【答案】B

【解析】零投资组合风险，投资项目应完全负相关。所以选项B正确。

选项A不正确。描述相反。正相关的股票组合，风险是同向的。

选项C不正确。权重不同只能代表投资组合风险程度的数值。

选项D不正确。来自不同的行业集团，可以适度分散风险，但不能完全抵消。

三、系统性风险和非系统性风险

（一）非系统性风险

非系统性风险又称公司个别风险、可分散风险或可避免风险，只同特定公司或行业相关，总风险（标准差）中有60%～75%来自非系统性风险。例如新产品的出现、劳资问题或罢工等；非系统性风险可以通过分散化或多元化得到避免。

分散化（多元化）是指组合中持有各种不同的投资，以降低投资组合收益的变动性或风险；投资组合中来自同一行业的股票越少，组合就越有可能有较低的相关系数和较低的组合回报变动性。如果我们能将无限数目的股票组合在一起，那么投资组合的非系统性风险将不存在。

> **【提示】**在较小的投资组合中，分散化能显著降低变动性，但随着持有大量投资的投资组合（一般15～20种不同的投资）规模的增大，这种改善就越来越不显著了（风险分散效应递减规律）。

（二）系统性风险

系统性风险又称市场风险、不可分散风险或不可避免风险，是指由市场整体收益率波动所引起的股票或投资组合收益率的波动，与市场整体的回报波动有关，影响市场上所有资产，由那些影响整个市场的风险因素引起，如经济体系风险或全球风险，包括国家经济波动、税制改革、世界能源状况变化。

如果用标准差衡量投资组合的总风险，则投资组合风险包含两种具体的风险类型：系统性风险和非系统性风险。具体如图2－1所示。

投资组合总风险（σ_p）= 系统性风险 + 非系统性风险

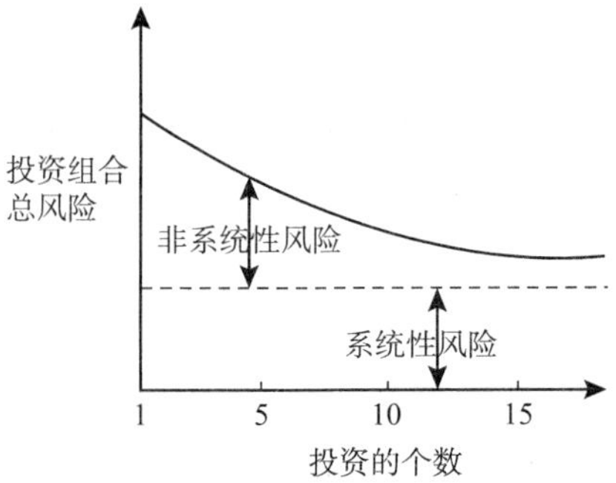

图 2-1 投资组合中的系统性风险和非系统性风险

【提示】

● 投资组合包含有限数量的投资时，非系统性风险极其重要。有效分散的投资组合，系统性风险更加重要。

● 随着投资组合中有价证券数量增大，就可以通过投资足够多的有价证券种类消除所有风险。但普通股往往同涨同跌，限制了分散化的效益。

● 系统性风险和非系统性风险的差异比较如表 2-2 所示。

表 2-2 系统性风险和非系统性风险的差异比较

项目	系统性风险	非系统性风险
定义	市场风险、不可分散风险、不可避免风险	可分散风险、可避免风险
诱发因素	市场因素	特定企业或行业的自身因素
变化方式	不能通过证券投资组合予以分散	随着投资组合中有价证券数量的增加，以递减的方式降低

（三）系统性风险与 β 值

1. β(beta) 值的理论概念及其计算。

（1）β 值。β 值是单一证券系统性风险的最优度量指标，反映一种证券对于市场组合变动的敏感程度，即单个证券预期收益对市场预期收益变动的波动性或敏感性。通常用标准普尔 500 指数代表市场组合。

（2）β 值的计算公式。度量单一股票风险对市场组合风险的边际影响，计算公式如下：

$$\beta_i = \frac{\text{Cov}(R_i, R_m)}{\sigma_m^2} = \frac{r_{im}\sigma_i\sigma_m}{\sigma_m^2} = r_{im}\left(\frac{\sigma_i}{\sigma_m}\right)$$

其中：$\text{Cov}(R_i, R_m)$ 为第 i 种证券的收益与市场组合收益之间的协方差；σ_m^2 为市场组合收益的方差。

【提示】 β 值的最重要的特征是当以各种股票的市场价值占市场组合总价值的比重为权数时，所有证券 β 值的加权平均值就是市场组合的 β 值。

2. β 值的特征。

美国短期国库券（T－Bill）的 β 值为 0，其回报率固定，不受市场变动影响。

$\beta>1$ 的股票对市场变动敏感性高，波动性高于总体市场，如：有色金属行业；

$\beta<1$ 的股票对市场变动敏感性低；波动性低于总体市场，如：公共事业行业。

> 【提示】
> - 理性优化的投资组合 β 值为个股 β 值的加权平均值。
> - 充分分散的投资组合其标准差同 β 值成比例。β 值为 1 的分散化投资组合其系统性风险是 β 值为 2 的分散化投资组合系统性风险的一半。

3. β 值的影响因素。

收入周期性强，高经营杠杆，高财务杠杆，收益波动性大，β 值高。

（1）收入或盈利的周期性。企业在商业周期的扩张阶段经营好，而在商业周期的收缩阶段经营差；高科技企业和零售行业随商业周期的波动而波动，公用事业和食品行业与商业周期的关联性不大。收入或盈利的周期性较强的企业，股票的 β 值也会相应较高。

（2）经营杠杆。经营杠杆衡量企业的经营利润对销售业绩变化的敏感性。当企业收入发生较大波动时，较高的经营杠杆使得经营利润产生更大的波动，β 值会更高。

（3）财务杠杆。财务杠杆显示了企业每股盈余对经营利润变化的敏感性。当企业利用债务融资时，经营利润的较大波动，通过财务杠杆效应会引起预期每股盈余产生更大波动，β 值也会更高。

【例题 2－6】无法分散并会影响到投资组合价值的风险是：

A. 非系统风险　　B. 市场风险

C. 非市场风险　　D. 个股风险

【答案】B

【解析】选项 A 不正确。非系统风险可以通过投资多样化分散。

选项 B 正确。市场风险不能通过投资组合加以分散，并影响投资组合价值。

选项 C 不正确。非市场风险也称非系统性风险，或可分散风险。这种风险可以通过投资组合加以分散。

选项 D 不正确。个股风险是非系统风险。

【例题 2－7】无法通过分散经营消除的风险因素包括以下哪几项？

Ⅰ. 利率波动
Ⅱ. 总体价格水平变化
Ⅲ. 新产品开发
Ⅳ. 管理人员流动

A. 仅Ⅰ和Ⅱ
B. 仅Ⅰ、Ⅱ和Ⅲ
C. 仅Ⅱ、Ⅲ和Ⅳ
D. Ⅰ、Ⅱ、Ⅲ和Ⅳ

【答案】 A

【解析】 选项A正确。利率波动、总体价格水平变化属于系统性风险因素。新产品开发与管理人员流动属于非系统性风险因素。

选项B不正确。利率波动和总体价格水平变化属于系统性风险，开发新产品属于非系统性风险因素。

选项C不正确。总体价格水平变化属于系统性风险，新产品开发与管理人员流动属于非系统性风险因素。

选项D不正确。既包括了系统性风险因素（利率波动、总体价格水平变化），也包括了非系统性风险因素（新产品开发、管理人员流动）。

【例题2-8】 系统性风险解释了为何

A. 股票价值往往向同一方向移动
B. 多样化投资可降低整体风险
C. 股票价值向不同的方向移动
D. 多样化投资可增加整体风险

【答案】 A

【解析】 选项A正确。系统性风险不可被改变，贝塔值一般不可能为负，也就是说，股票风险一般与市场风险同向变动，故股票价值往往向同一方向移动。

选项B不正确。多样化投资仅仅能够分散公司特有风险，系统性风险对整个资本市场所有资产产生影响，不能通过多样化投资予以分散。

选项C不正确。系统性风险因素会对整个市场所有资产价值产生影响，因为系统性风险因素产生的股票价值波动会同方向变化，不存在反向移动的情况。

选项D不正确。多样化投资能够分散非系统性风险，有助于降低投资组合的整体风险水平。

【例题2-9】 单一证券系统性风险的衡量是通过

A. 证券收益率的标准差
B. 证券收益和市场收益的协方差
C. 证券对投资组合风险的贡献
D. 该证券收益和其他同类证券收益的标准差

【答案】 B

【解析】 选项A不正确。单一证券的系统性风险是通过个股预期收益与证券市场预期收益的协方差加以衡量的，用以描述单一证券预期收益与证券市场预期收益的依存关系。证券收益率的标准差仅能度量单一证券的自身风险水平，不能反映其与证券市场的依存度。

选项 B 正确。系统性风险描述单一证券预期收益与证券市场预期收益的依存关系，用单一证券预期收益与证券市场预期收益的协方差衡量。

选项 C 不正确。证券投资组合中各有价证券之间的协方差度量单一证券对投资组合风险的贡献。

选项 D 不正确。单一证券与整个市场预期收益的协方差衡量单一证券的系统性风险，而不是与其他证券收益的协方差来衡量。

【例题 2－10】 Z 公司正在考虑对以下证券中的两种进行投资。

证券	预期的年度收益	β（相对风险计量）
A	14%	1
B	8%	－1
C	1%	0

哪两种证券组合最能限制风险？

A. 50% A，50% B　　B. 50% A，50% C

C. 50% B，50% C　　D. 25% A，75% C

【答案】 A

【解析】 选项 A 正确。A 证券 β 值为 1，表明该证券预期收益率与整个市场收益率水平一致。B 证券 β 值为 －1，表明该证券与整个证券市场预期收益率反向变动关系，两者构成的证券投资组合预期收益率波动最小，具有最大风险分散效应。

选项 B 不正确。C 证券 β 系数为 0，表明该证券属于无风险证券，与 β 系数值为 1 的 A 债券，构成的投资组合降低风险的水平比 B 证券略差。

选项 C 不正确。风险证券与无风险证券构成的投资组合，风险分散效应不明显。

选项 D 不正确。风险证券与无风险证券构成的投资组合，风险分散效应不明显。

四、资本资产定价模型

（一）基本模型

1. 资本资产定价模型。

资本资产定价模型（CAPM）是一个衡量风险和报酬关系的经济模型，可以用于评估投资组合的价值。解决资产期望收益与风险之间的量化关系以及证券定价。该模型描述期望收益与系统性风险的关系，即某种证券的期望收益率等于无风险收益率与系统性风险溢价之和。

$$R_j = R_f + (R_m - R_f)\beta_j$$

其中：R_j 为证券的预期回报率；R_f 为无风险回报率；R_m 为市场组合的期望回报率；β_j 为证券 j 的 β 系数；（$R_m - R_f$）为市场（风险）溢价。

2. 证券市场线。

证券市场线是描述单个证券（或组合）的期望收益率与由 β 值衡量的系统风险之间线性关系的直线，如图 2 -2 所示。

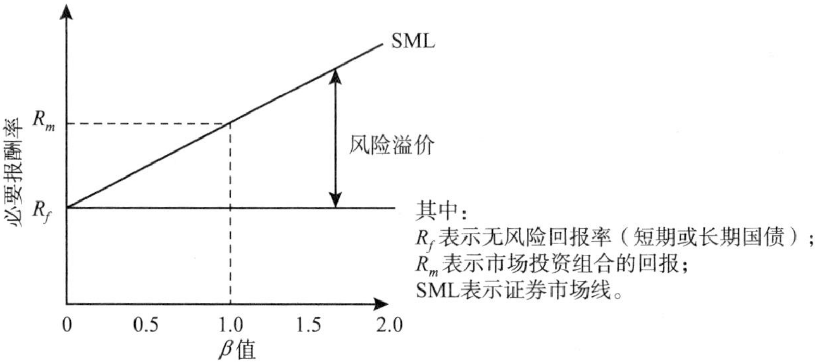

图 2 -2　证券市场线

证券市场线表明 β 值的高低会影响某一证券或投资组合的系统性风险及预期回报率。要保持较低的投资组合风险，应选择 β 值较小的投资。要获得较高的回报，则应将 β 值较高的投资加入投资组合中。

当无风险资产的回报率、股票或投资组合的 β 值以及市场投资组合的回报率已知时，资本资产定价模型可用来计算股票或投资组合的必要报酬率。

【提示】

● 资本资产定价模型建立了风险（β）和期望回报率之间的正向关系，并将市场作为共同的参照。

● 风险溢价体现市场整体对风险的偏好。风险厌恶程度高，市场风险溢价高。

● 无风险收益率 R_f 上涨而其他条件不变时，所有资产的期望收益率都会上涨同样的数值。

（二）资本资产定价模型的特征

1. 资本资产定价模型适用于投资组合。

已知投资组合的 β 值，利用资本资产定价模型确定投资组合的预期报酬率。选择 β 值较小的投资或调整不同 β 值股票的投资比重以降低投资组合的系统性风险水平。

2. 资本资产定价模型争议。

无风险回报率 R_f 采用短期国债还是长期国债的收益率？资本预算决策时倾向于使用长期国债收益率。风险因素仅用 β 值一个指标度量，过于简化。

【例题 2-11】 T 有限公司是一家在非常稳定的市场中开展业务经营的成熟公司。12 年来的盈余增长率平均约为 3.2%，刚好与通货膨胀率保持一致。该公司的加权平均资本成本为 8%，远低于多数公司。斯托姆刚刚受聘为 T 公司的新任首席执行官，并希望将他所谓的“摇钱树”变成一家“成长型公司”。

斯托姆希望减少股利派发，并使用由此得到的留存收益来为该公司进军新产品线提供资金。T 公司的历史 β 值一直为 0.6 左右。随着这位首席执行官的改革，T 公司的 β 值及其股票的预期最低投资回报率最有可能出现什么情况？

A. β 值将下降，预期最低回报率将提高

B. β 值将下降，预期最低回报率也将下降

C. β 值将提高，预期最低回报率将下降

D. β 值将提高，预期最低回报率也将提高

【答案】 D

【解析】 选项 A 不正确。依据资本资产定价模型，资产的预期收益率与 β 值正向相关，因此，β 值下降，预期收益率也将随之下降。

选项 B 不正确。虽然 β 值下降，预期收益率也将随之下降。但将公司从成熟型的“摇钱树”变为成长型公司，意味着公司风险上升，β 值将上升。

选项 C 不正确。依据资本资产定价模型，资产的预期收益率与 β 值正向相关，因此，β 值提高，预期收益率也将随之提高。

选项 D 正确。将“摇钱树”变成一家“成长型公司”意味着将成熟型公司变成成长型公司，风险增加，导致 β 系数提高；依据资本资产定价模型，β 系数提高，股票的预期回报率上升。

【例题 2-12】 请使用资本资产定价模型并根据以下信息确定预期的市场风险报酬：

A 投资项目	β 值 1.4
无风险回报率	3.0%
A 投资项目的预期回报	7.4%

A. 3.14%　　B. 6.14%　　C. 7.43%　　D. 8.28%

【答案】 A

【解析】 选项 A 正确。依据资本资产定价模型，$7.4\% = 3\% + 1.4(R_M - 3\%)$，则 $R_M = 6.14\%$。市场风险报酬 = 市场平均收益 - 无风险收益，即市场风险报酬 $= 6.14\% - 3\% = 3.14\%$。

【例题2-13】德维特是美国某大学会计部门的一名分析师。德维特收集了关于此大学捐助资金池股票投资组合部分的以下数据：

证券	投资额（美元）	预期回报率（%）	β值
股票 A	1 000 000	10	0.80
股票 B	250 000	15	1.40
股票 C	3 000 000	8	0.95
股票 D	450 000	12	1.50
股票 E	2 500 000	4	1.00

根据上述数据，德维特计算出的股票投资组合预期回报率应为：

A. 7.4%　　B. 9.8%　　C. 49.0%　　D. 58.6%

【答案】A

【解析】选项A正确。投资组合预期回报率为个股预期回报率的加权平均值，权重为个股投资额占总投资额的比例。

$(1\ 000\ 000\times10\%+250\ 000\times15\%+3\ 000\ 000\times8\%+450\ 000\times12\%+2\ 500\ 000\times4\%)\div7\ 200\ 000=7.38\%\approx7.4\%$

选项B不正确。计算的是预期回报率的简单平均数。

选项C不正确。计算的是每个项目预期回报率的代数和。

选项D不正确。计算的是每个项目预期回报率以β系数为权重的加权平均值。

第二节　长期投融资管理

一、投融资决策中的风险和收益

公司或个人作出的投资决策，可能是金融资产（如股票、债券），也可能是有形或无形的实物资产（如厂房、设备、专利、版权），其投资政策反映了其风险承受能力。

（一）公司投资金融资产的目的

（1）确保流动性，及时满足日常经营的现金需求。

（2）利用暂时闲置的资金创造投资收益（如利息收入）。

（二）债务融资和债券融资

公司为购置资产而寻求资金的决策称为融资决策，其包括债务融资（公司承担在特定日期向债权人偿还所借入资金本息的法律义务或责任）和权益融资（公司发售本公司的所有权份额）。融资决策的目的是能够致力于公司长期目标的实现。债务融资的成本体现为利率；债务利息是可以税前抵扣的；权益的价值，可以体现为公司的股价，也可以体现为公司的净资产价值，对股东的利润分配是不允许税前抵扣的。

融资决策形成了公司负债和权益的比率，决定了公司的财务杠杆，并与公司的资本结构密切相关。在融资决策中，其设计的目标，并不是使公司价值（发行在外的普通股股数乘以公司普通股股价）最大化，而是要使公司的加权平均资本成本最小化。减少风险的一种做法是，尽量使融资购置的资产所带来的现金流入，与提供融资的投资者所要求的现金流出之间实现匹配。

（三）所得税对融资决策的影响

通常债务融资在税收上对公司来说更有优势，因为债务利息的支付可以抵减公司应税所得额，从而减轻公司税负。而股利支付和股份回购则没有这种节税的作用。因此，公司最优的资本结构需要权衡债务融资的利与弊。其中，“利”指的是前面所说的债务利息的节税效应；“弊”指的是债务带来的财务成本和代理成本。

> **【提示】**代理成本是指因为委托人授权他人代其行事而产生的一系列直接或间接的成本。代理人是指经委托人授权为委托人利益而代为履行一定的职责或提供一定的服务的人。公司的管理层可以视为公司股东（即公司所有者）的代理人。财务困境是指发行过多债务所带来的公司财务状况恶化。破产就是财务困境的一种极端情况。

（四）估值

估值是一个综合考虑风险和收益，评估资产或公司价值的过程。这里的资产通常是指金融资产，如债券、普通股、优先股，其代表的是向证券发行人索取特定金额的权利。价值的类型包括：

持续经营价值，也被称为在用价值，是指公司作为一个经营实体而持续存在的价值，它关注的是公司创造未来现金流的能力，而不是资产负债表上的账面资产。

清算价值，是公司出售所有资产并清偿所有债务后剩余的净金额。当公司面临破产时，清算价值才是需要考虑的首要问题。

每股清算价值，是公司出售所有资产的所得，在清偿所有债务且归还优先股清算金额后，剩余给普通股股东的价值，然后除以普通股的股份数，得到每股清算价值。

账面价值，是资产在资产负债表上显示的价值。它是一个会计价值，等于公司总资产账面价值和总负债账面价值的差额，如果有优先股，还应该减去优先股的账面价值，可以表述为公司普通股权益的账面价值。

普通股每股账面价值，等于普通股权益的账面价值除以发行在外的普通股股数。普通股每股账面价值和每股的清算价值或每股的市场价值并没有太多实质性的联系。

市场价值，是指投资者在特定时点买卖资产的价格，它取决于供求关系。对于公开发行交易的证券，市场价格就可以视为市场价值。

内在价值，也被称作基本价值，是资产理论上的价值。虽然内在价值并不代表实际价值，但是可以作为一个基准，将它与公司的市场价值或市场价格相比较，作为指导买入或卖出金融资产的决策。

二、债券

(一) 债券的定义及相关术语

1. 债券。

债券是指发行期限长于1年的债务工具。一般来说，债券代表了按期支付约定利息，并在到期时偿还本金的一项承诺。公司以及政府通过发行或售卖债券借入资金。债券通常分期付息，到期还本。

2. 债券到期日。

债券到期日是指距离清偿面值的年份数被称为债券的到期日，是债券到期支付、履行义务了结的最后日期。

3. 债券面值。

债券面值也称为债券本金、票面价值或票面金额，代表了到期时债券持有人收回的本金金额，债券到期时偿付给债权人的金额，表明债券到期日的价值。债券的面值通常为1 000美元。

4. 债券票面利率。

债券所约定的利率称为票面利率。债券的票面利率通常参照发行时其他类似债券的利率水平确定。债券的票面利息，也称为“息票”。根据利率的不同形式，可分为固定息票率（一直支付相同的利息）、浮动息票率（利率随经济变化而变化）和零息票率（不支付利息、债券折价出售、到期全价赎回）。

【提示】 如果债券的票面利率及其偿付金额在发行时就可以确定，那么债券属于固定收益证券。传统的债券大多数是固定利率的，因而债券的风险要低于股票等收益率高度波动的投资品，这也是债券投资被视为保守型投资的一个主要原因。

零息债券，在存续期内不支付利息、只在到期日支付票面金额的债券，这属于一种例外情形。

5. 债券的赎回和转换。

债券的赎回也就是债券的回收或偿还。债券赎回有多种方式。最简单的情形是，债券在最终到期日，发行人一次性偿还本金并支付最后一期的利息。有的债券带有偿债基金条款，要求公司定期向债券的受托管理人拨付资金，确保到期一次性偿还或分期偿还的时候有足够的资金。还有的债券带有赎回条款，发行人可以在到期日之前按照约定的单一价格或在一系列价格中选取适用的一个价格，提前收回债券。

有的债券可以按照持有人的要求，转换成特定数量的本公司普通股，称为可转换债券。这类债券不但能给持有人带来利息收益，还授予了持有人转股期权。因为这项期权本身也是有价值的，所以即使可转换债券利息收益率低于不带转股期权的一般债券，也照样能发售出去。

（二）债券类型及其特征

美国资本市场中常见的债券种类及其特征如表 2 – 3 所示。

表 2 – 3　　债券类型及其基本特征

分类标准	主要类别
债券到期期限不同	短期债券 2 ~ 5 年
	中期债券 5 ~ 10 年
	长期债券 10 ~ 30 年
发行主体不同	政府债券：政府中长期债券、储蓄债券；无违约风险，免州所得税
	市政债券：地方政府发行，免联邦所得税或免州所得税，一定程度的违约风险
	公司债券：违约风险较高
	代理债券：政府派出机构发行，不以政府信用做完全担保
发行市场不同	外国债券：在另一个国家债券市场向当地投资者发行的债券
	国际债券：在伦敦债券市场向全世界发行的债券，主要以美元标价
收益的稳定性不同	普通债券：息票率和利息金额在债券出售时确定
	收益债券：不太普遍，利息的支付取决于企业的盈余状况
是否提供抵押品	信用债券：不提供任何担保品，多数公司发行债券的主要形式
	抵押债券：以建筑物或全部资产做担保
	抵押信托债券：以持有的有价证券做抵押
	设备信托凭证：以购买的长期资产，如铁路机动车、飞机和轮船等为抵押，托管人拥有设备的名义所有权
其他类别	优先债券与次级债券
	息票债券与零息债券
	可赎回债券（发行人有赎回选择权）与可回售债券（持有人有回售选择权）
	私募债券与项目融资债券
	垃圾债券：低于投资级别的债券

续表

分类标准	主要类别
其他类别	可转换债券：到期前可以选择转换为固定数量的普通股。近年来其发行数量已经在递减
	资产担保债券：资产证券化，以担保资产的现金流发售证券

（三）债券协议

债券协议也称为债券合约或信托契约，是指债券发行中各方当事人之间的书面法律协议。债券发行时，债券合约详细约定的条款：

（1）发行的期限和条件；

（2）约定的利率（也称为票面利率）；

（3）到期时间；

（4）保护性条款（对发行人的约束，如要求发行人维持特定的财务比率）；

（5）违约责任条款；

（6）优先级条款；

（7）偿债基金条款（要求发行人需向某一托管账户拨付资金，确保在付息日或在到期日有充足的资金还本付息）；

（8）赎回条款；

（9）转换条款；

（10）抵押条款；

（11）指定的托管人及其责任。

（四）债券契约的保护性条款（限制性条款）

保护性条款对合同期内发行公司可能实施的某些行为设定了约束或限制，是债券合同中特别重要的特征，包括负保证条款和正保证条款两种类型。

负保证条款（消极约定）是一种“不应该”式的约定，以限制或禁止借款人的某些行为。如支付过多股利，将资产抵押给其他贷款人，未经债权人同意出售或租赁任何主要资产，与其他企业合并，发行额外的长期债务等。

正保证条款（积极约定）是一种“应该”式的约定，详细规定了发行人同意采取的行动或者必须遵守的条件。如营运资本保持在某一特定的最低水平或之上，质押品或担保品保持良好的状态，定期向债权人提供经审计的财务报表，及时偿付利息和本金等。

【提示】

● 一份特定的债券契约条款可能包括了许多不同的内容，目的是维护债权人利益。

- 公司债券与国债的显著性区别在于公司有违约选择权，这种期权是具有价值的。债券契约条款中包含限制性条款的目的是阻止公司有意识提升违约期权的价值。

（五）债券的管理

债券通过合格受托管理人管理。受托管理人是债券发行人所选定的某第三方主体，担任债券持有人的正式代表。个人和机构都可以担任受托管理人，实践中一般由银行担任受托管理人。受托管理人的职责包括：

（1）确认债券发行的合法性；

（2）确保所有合同义务都如约履行；

（3）确保偿债基金的及时拨付和利息的及时支付；

（4）在发行人未能履行合同义务时采取必要措施；

（5）代表债券持有人参加诉讼程序；

（6）管理债券的赎回。

受托管理人的报酬由债券发行人支付，计入债券的发行成本。

（六）债券评级

债券评级是通过对公司目前的财务状况、未来的经营前景以及担保债权的抵押品等进行的评判，评估债券发行公司的信誉。穆迪和标准普尔使用的信誉定义是公司违约的可能程度，以及违约后债权人受到的保护程度。常见的债券评级等级及相关信息如表2-4所示。

表2-4　债券评级等级以及相关信息

项目	投资等级债券				低等级、投机性和垃圾债券					
	高等级		中等级		低等级			极低等级		
标准普尔	AAA	AA	A	BBB	BB	B	CCC	CC	C	D
穆迪	Aaa	Aa	A	Bbb	Bb	B	Ccc	Cc	C	D
AAA（Aaa）	质量最好，风险最低									
AA（Aa）	质量良好，更为常见的质量等级水平									
BBB（Bbb）	中间等级，有足够的能力支付，保护性条款充分，但环境变化有可能导致支付能力下降									

【提示】

- 债券评级只关心违约的可能性，并没有考虑利率风险。因此，评级很高的债券，其价格仍然可能非常不稳定。
- 债券发行方财务实力变化时，信用评级会进行调整。

（七）债券收益率

1. 当期收益率。

当期收益率是债券的年利息除以债券当前价格。当期收益率只考虑收益中利息的部分。其公式为：

$$当期收益率 = \frac{利息}{当前价格}$$

2. 到期收益率。

到期收益率类似于内含报酬率，是衡量债券收益的重要指标，也是固定收益类证券会计处理的依据。用 YTM 表示，可用以下公式得出：

$$P = \sum_{t} \frac{CF_t}{(1 + YTM)^t}, t = 1, 2, \cdots, T$$

其中：P 为债券价格；CF_t 为债券各期的现金流；T 为债券剩余期限。

3. 通货膨胀和债券的实际收益。

通货膨胀会侵蚀债券的收益。如果债券收益率高于通货膨胀率的时候，债券有正的实际收益；否则，债券的实际收益为负，如下所示：

（1）如果债券的收益率为6%，通货膨胀率为4%，则该债券带来的实际收益率为2%。

（2）如果债券的收益率为6%，通货膨胀率为8%，则该债券带来的实际收益率为-2%。

（八）债券久期及其影响因素

1. 久期。

久期以债券现金流现值占总现值的比重为权重，对债券存续的时间进行加权平均。有效久期给出了债券价值对到期收益变动的大致敏感度，即到期收益率每变化1%，债券价格变化的大致百分比。债券的久期越长，到期收益率每发生1%的波动时，其价格的波动越大。因此，债券分析师利用久期来度量债券的利率风险。度量利率风险的实际意义在于确保持有资产的久期与承担债务的久期一致，以规避利率波动产生的风险，称为期限匹配或套期保值。

2. 影响债券久期因素。

影响债券久期的因素包括债券的期限、票面利率和市场利率三个因素。

债券期限与久期同方向变化，期限越长，久期越长，债券利率风险越高。

票面利率和市场利率与久期反方向变化，票面利率和市场利率越高，久期越短，债券利率风险越低。

【提示】 久期和债券其他要素之间的关系如下所示。假设其他条件不变，则有：

> ●债券的票面利率越高，久期越短；反之，债券的票面利率越低，久期越长。
>
> ●债券的到期时间越长，久期越长；反之，债券的到期时间越短，久期越短。
>
> ●市场收益率越高，债券久期越短；反之，市场收益率越低，债券久期越长。

【例题2-14】一张6年期、票面利率为8%、面值1 000美元的债券，经纪公司公布的价格为955.14美元，计算债券的到期收益率。

债券的价格是其年金（利息）与面值现值的加总。

955.14美元=80美元×(P/A，r，6)+1 000美元(P/F，r，6)

式中，r为未知的贴现率，即到期收益率。(P/A，r，6) 表示期数为6，利率为r的年金现值系数。(P/F，r，6) 表示期数为6，利率为r的复利现值系数。

由于债券折价发行，折现利率应当高于8%，可以选取8%和10%进行逐步测试。

逐步测试1：债券价值=80×(P/A，10%，6)+1 000(P/F，10%，6)=912.89（美元）。

逐步测试2：债券价值=80×(P/A，8%，6)+1 000(P/F，8%，6)=1 000.032（美元）。

10%的利率计算的价值低于实际价格，因此10%利率过高了，真实收益率应该介于8%~10%之间，运用插值法找出正确答案。

到期收益率=8%+(1 000.032-955.14)÷(1 000.032-912.89)×(10%-8%)≈9%。

（九）债券的估值

1. 债券估值公式。

债券的价值是其现金流量折现之和。所采用的贴现率为市场利率，该市场利率也称为有效利率、收益率或必要报酬率。确定债券价值的步骤：

（1）以市场利率作贴现率，计算利息支付的现值。

（2）以市场利率作贴现率，计算面值的现值。

（3）将两个现值加总。

分期付息到期还本债券估值公式：

$$P_0 = \frac{I}{(1+k_d)^1} + \frac{I}{(1+k_d)^2} + \cdots + \frac{I}{(1+k_d)^n} + \frac{MV}{(1+k_d)^n}$$

$$= \sum_{t=1}^{n} \frac{I}{(1+k_d)^n} + \frac{MV}{(1+k_d)^n}$$

$$= I \times (PVIFA_{k_d,n}) + MV \times (PVIF_{k_d,n})$$

其中：P_0 为债券价值；I 为每期的利息；MV 为债券的本金；$PVIFA_{k_d,n}$ 为贴现率 k_d、期数 n 的年金现值系数；$PVIF_{k_d,n}$ 为贴现率 k_d、期数 n 的复利现值系数。

> **【提示】**
> • 零息债券估值：$P_0 = MV \times (PVIF_{k_d,n})$
> 不支付任何利息的债券为零息债券，其价格必定比面值低很多，也称为深折扣债券。
> • 出于纳税目的，零息债券即使实际没有支付任何利息，仍然会确认利息。

2. 债券价格与面值的关系。

债券的发行价格是否与面值一致，取决于票面利率和市场利率（到期收益率）的一致程度。市场利率与发行价格反向依存关系。

到期收益率（市场利率）> 票面利率，折价发行
到期收益率（市场利率）< 票面利率，溢价发行
到期收益率（市场利率）= 票面利率，平价发行

> **【提示】** 随着到期日的临近，债券价格将逐渐接近（直至等于）面值，债券价格逐渐回归本金（面值）的过程称作收敛。

（十）债券的担保、清偿及再融资

1. 债券担保。

债券包括有担保债券，（资产支持性债券即为一种有担保债券）和无担保债券。

有担保债券的担保，可以是财产（存货、不动产、固定资产）抵押质押的形式，也可以是以某一特定项目的收入做担保的形式。债券担保给投资者提供了在债券违约的情况下，就担保财产变现金额优先受偿的权利。

无担保债券，也叫信用债券，以发行人的诚信和一般资信实力作为保障，并没有特定的担保物。无担保债券的持有人，只能就发行人的资产享有一般债权。显然，无担保债券的风险比有担保债券的风险更高，所以给出的收益率也会更高。无担保债券又可以分为求偿权排在其他债券之后的劣后级债券和非劣后级债券。

2. 债券清偿。

债券按照受偿顺序可以分为优先级、劣后级和中间级，这种分级影响债券在公司清算时候与其他债务相比的受偿顺序。如果公司同时发行有担保债券和无担保债券，公司陷入违约时，则各种债券的清偿顺序为：

（1）担保债券持有人，优先获得清偿。

（2）无担保的债券持有人，作为一般债权人，在有担保债券持有人之后

获得清偿。

（3）无担保的债券持有人，在一般债权人之后获得清偿。

3. 债券再融资。

债券的票面利率是参照发行当时的市场利率和公司的信用评级来确定的。如果此后的市场利率降低或公司的信用评级改进，公司一般会考虑采用借新债还旧债的方式进行债券再融资，以减轻利息负担。

【例题 2－15】 在收益率曲线横轴上测量的是哪个变量？

A. 债券的到期年份　　B. 债券收益率

C. 债券持续期间　　D. 债券的面值

【答案】 A

【解析】 选项 A 正确。收益率曲线横坐标为到期期限，纵坐标为名义利率或收益率。

选项 B 不正确。收益率曲线纵坐标为名义利率或收益率。

选项 C 不正确。债券持续期间指的是债券久期，度量债券的利率风险。

选项 D 不正确。债券面值与收益率曲线无关。

【例题 2－16】 如果利率期限结构呈下坡形，从左上到右下倾斜，这意味着长期利率与短期利率有何关系？

A. 长期利率低于短期利率

B. 长期利率等于短期利率

C. 中期利率低于国库券利率

D. 银行借款利率将上升

【答案】 A

【解析】 横坐标表示期限，纵坐标表示利率，如果利率期限结构呈倒坡形，随着期限的增加，利率降低，也就是长期利率低于短期利率。所以选项 A 正确。

选项 B 不正确。如果长期利率等于短期利率，利率期限结构图为一条横直线。

选项 C 不正确。国库券利率相当于长期利率。如果中期利率低于长期利率，那么利率期限结构图形为上坡形状，从左下到右上倾斜。

选项 D 不正确。需要明确银行借款利率的期限，才能做出判断。

【例题 2－17】 多西制造公司计划根据某一契约发行抵押债券。以下各项规定或要求中，哪一项可能包含在该契约中？

Ⅰ. 出售财产之前必须得到托管人的允许

Ⅱ. 保证财产处于良好的可运行状态

Ⅲ. 确保厂房和设备处于某一最低水平

Ⅳ. 包含负面的质押条款

A. 只有Ⅰ和Ⅳ
B. 只有Ⅱ和Ⅲ
C. 只有Ⅰ、Ⅲ和Ⅳ
D. Ⅰ、Ⅳ、Ⅱ、Ⅲ

【答案】 D

【解析】 选项A不正确。没有涵盖所有保护债权人利益的条款。

选项B不正确。没有涵盖所有保护债权人利益的条款。

选项C不正确。没有涵盖所有保护债权人利益的条款。

选项D正确。涵盖了所有保护债权人利益的条款。Ⅰ条款有助于确保现有财产对债权人的物质保障。Ⅱ条款有助于保持债务人的运营水平，以维护债权人利益。Ⅲ条款也有助于确保现有财产对债权人的物质保障。Ⅳ条款禁止债权人将资产质押给其他债权人，以维护现有债权人利益。因此，上述四个条款都可以作为保护性条款写入债务契约。

【例题2-18】 某分析师正在比较两种债券，两种债券均在两年后到期且票面金额均为100 000美元。尽管这两种债券的到期收益率均为7.0%，但A债券的息票利率为6%，B债券的息票利率为8%。假设这两种债券均支付年息，那么A债券和B债券的价格最接近于：

A. A债券=97 817美元，B债券=101 310美元
B. A债券=98 184美元，B债券=101 800美元
C. A债券=104 673美元，B债券=108 411美元
D. A债券=110 848美元，B债券=114 464美元

【答案】 B

【解析】 选项B正确。

A债券价格：100 000美元×6%（P/A，7%，2）+100 000美元(P/F，7%，2）=98 184美元。

B债券价格：100 000美元×8%（P/A，7%，2）+100 000美元(P/F，7%，2）=101 800美元。

【例题2-19】 以下各选项中，哪一项是对公司债券利率风险的最佳计量？

A. 久期
B. 到期收益率
C. 债券等级
D. 到期日

【答案】 A

【解析】 选项A正确。久期用来描述每期支付发生的平均时间，度量债券的利率风险。市场利率波动所引起的债券价格的波动风险称为债券的利率风险。债券价格有较大的波动率，也具有较长的久期。

选项B不正确。到期收益率是市场利率或债券持有人持有债券至到期应获得的预期收益率。

选项C不正确。债券等级衡量债券的违约风险。

选项D不正确。到期日是债券发行时约定的到期期限。

三、股票

股票是一个权益投资工具，代表了公司的所有权，即股东权益。所有者权益中包含所有发行在外的股份；所谓“发行在外”的股份，是指在股东手里持有的股份。

（一）股票的市场价值

股票的市场价值，是指发行在外的股票最近报出的交易价格，它决定了公司的总市值。公司的总市值等于当前普通股的每股市价乘以当前发行在外的普通股股数。股票可以分为普通股和优先股。普通股和优先股有相似之处，也有一些显著区别，两者为投资者和公司带来了不同的风险和收益的搭配。

股票按照公司的市值大小可以划分为大盘股、中盘股、小盘股和微型市值股。

大盘股，是市值150亿美元以上的公司，通常定期分红，公司庞大的规模可以降低经营失败的风险。

中盘股，是市值在20亿～150亿美元的公司，市值介于大盘股和小盘股之间。比起大盘股，中盘股流通市值同样很大，但是公司规模小于大盘股，成熟程度也不如大盘股。这些公司较大盘股公司有更大的增长潜力，但是风险也更大。

小盘股，是市值在3亿～20亿美元的公司，有爆发式增长的潜力，但是股价往往波动性较大，风险较高。

微型市值股，是市值在3亿美元以下的公司，一般的风险最大。

【提示】其他的股票分类有：

- 蓝筹股：盈利稳定的大型上市公司发行的股票。
- 成长股：成长潜力巨大的公司发行的股票。公司在销售收入、净利润和市场份额上的增长速度超过整体经济的增长速度。
- 周期股：股价和公司盈余随着宏观经济形势的起伏波动而变化。
- 防御股：股价相对稳定，业绩趋于保守，极少受宏观经济形势的影响。
- 价值股：股价相对于公司盈余或其他业绩指标来说比较低廉。
- 收入股：股价业绩表现稳健，历史记录良好，并能带来稳定丰厚的股利收入。
- 投机股：公司的真实价值有待证明，其股票投资风险巨大。

（二）普通股

1. 普通股定义。

股票是一种权益投资工具，代表公司的权益所有权，包括对公司资产和利润的剩余索取权和剩余控制权。普通股股东的获益权在所有债务持有人和优先股持有人之后，称为剩余权益。普通股没有到期日，在二级市场上出售股票来清算投资。普通股股东分享公司的剩余财富，同时也需分担公司的损失。

普通股的每股市值是股票的现行交易价格。股东的收益包括资本利得和股利收入两部分。

2. 普通股的权利。

（1）投票权。普通股对下列重要事项具有投票权：选举公司董事会成员、制定公司政策以及变更公司规章制度、批准股票期权计划、并购、指定审计师等。

其中，选举董事投票方式可以采用传统投票制和累积投票制。传统投票制（也称多数投票、多数原则投票或法定投票）适用一股一票制度，有利于阻止少数股东选举自己的候选人，维护大股东利益。累积投票制度允许股东给不同候选人投不同数量的票，提高了少数股东选举代表少数股东利益董事的概率，从而使少数股东在公司治理中有更多的发言权。

委托代理权是股东授权他人代理其行使投票表决权的一项法定权利。大型股份公司的表决权通常采用委托代理的方式。

（2）收益分享权和剩余财产索取权。

> **【提示】**在公司违约或清算的情况下，普通股股东对公司资产的求偿权排在最后。具体来说，只有公司的债券持有人和其他债权人以及优先股股东全额受偿之后，普通股股东才得以行使其剩余索取权。但是普通股股东承担有限责任，并不对公司的债务负责，其承担的损失最大不超过所持股票的面值或者股票的设定价值。

3. 普通股估值。

普通股的投资收益率是变动的。普通股的估值需要对股利支付做出一定的假设。通常采用三种假设：固定股利（零增长率）、固定股利增长率或变动股利增长率。投资者可以将估值模型得出的结果与市场上的实际股价相比较，以判断股票被市场高估、低估还是正确估值。

（1）零成长股利模型。假定每期股利不变，则有 $D_1=D_2=D_3=\cdots=D_n$（D_n 表示第 n 期股利）。股票价格由下式给出：

$$P_0=\frac{D}{(1+R)}+\frac{D}{(1+R)^2}+\frac{D}{(1+R)^3}+\frac{D}{(1+R)^4}+\frac{D}{(1+R)^5}+\cdots$$

其中：P_0 为普通股的价值；D 为每股支付的股利；R 为投资者的期望回报率。

因为股利永远是等值的，股票可以被视为是每期现金流量等于 D 的永续年金。因此，每股价值为：

$$P_0=\frac{D}{R}$$

其中：P_0 为普通股的价值；D 为每股支付的股利；R 为投资者的期望回报率。

（2）固定股利增长率模型（戈登模型）。假定股利以一个固定的比率增长，将预测无限期未来股利的问题转化为单一增长率的问题，股价可以写为：

$$\begin{aligned}P_0&=\frac{D_1}{(1+R)}+\frac{D_2}{(1+R)^2}+\frac{D_3}{(1+R)^3}+\cdots\\&=\frac{D_0(1+g)}{(1+R)}+\frac{D_0(1+g)^2}{(1+R)^2}+\frac{D_0(1+g)^3}{(1+R)^3}+\cdots\end{aligned}$$

只要增长率 g 小于贴现率 R，这一系列现金流量的现值可以表达为：

$$P_0=\frac{D_0\times(1+g)}{R-g}=\frac{D_1}{R-g}$$

其中：P_0 为普通股的价值；D_0 为每股当前的股息；D_1 为预期下一期股息；R 为投资者的期望回报率。

【提示】

- R 确定方法可以选择资本资产定价模型。
- 戈登模型的关键要点：R 与 g 之间的差异增大，股票价值下降；R 与 g 之间的差异缩小，股票价值上升；R 与 g 之间的差异有小幅变化，股票价值会发生较大的变化。

（3）变动股利增长率模型。变动股利增长率模型将股利的增长速度划分为两个或者更多的阶段，每个阶段的股利增长率不同，并在此基础上估算股票的价值。

【提示】 当股利增长率不固定的情况下：

- 未来的股利必须分阶段地进行预测。
- 增长期的股利必须根据现值系数表折算到当前时点。
- 增长期末的股票终值也需要折现到当前时点。
- 将上述两部分的折现值加总在一起。

4. 相对价值评估模型。

相对价值评估模型，也叫可比价值评估模型，代表了另一种价值评估的思路。这种方法先设定可比性的标准，选择可比公司；然后拿一个统一的标准化价值尺度，用于可比公司之间的比较。

（1）相对价值评估的步骤。

①按照一定标准选择可比公司，尽量控制或缩小可比公司与目标公司之间

的差异（如规模上的差异）。

②计算出每一个可比公司的价格乘数，然后计算可比公司平均价格乘数。

③计算出目标公司价格乘数。

④将目标公司的价格乘数和可比公司平均价格乘数进行比较。

⑤根据每个公司的具体特征，如风险和增长率，分析价格乘数差异形成的原因。

（2）相对价值评估模型的分类。相对价值评估模型主要有三种：市盈率模型（P/E）、市净率模型（P/B）和市销率模型（P/S）。

①市盈率模型（P/E）。市盈率是普通股价值评估中最常用的市价比率。市盈率有两种计算方法：历史市盈率和预期市盈率；两者的主要差异在于盈利的计算口径上。历史市盈率使用公司最近12个月的历史实际盈利，大众媒体财经报道中通常使用的市盈率就是这种历史市盈率。预期市盈率使用下一年度的预计盈利（可以取下一完整财务年度的预计盈利，也可以取未来四个季度的预计盈利）。

②市净率模型（P/B）。市净率体现了市场对公司所有者权益的估价。市净率中的账面价值，特指资产负债表上净资产或所有者权益的账面价值。所有者权益通常是正数，这样即使公司发生亏损，每股收益为负，也能计算出有意义的市净率。

③市销率模型（P/S）。市销率体现了市场愿意为1美元的销售收入支付多少对价。市销率背后的理念是，销售收入是驱动利润的基本因素。

市盈率、市净率和市销率的优点和缺点见表2－5。

表2－5 市盈率、市净率和市销率的优缺点

	优点	缺点
市盈率	• 投资界广泛使用市盈率模型 • 研究发现，市盈率高低与股票的长期业绩表现有显著的相关性	• 如果盈利是负数，则计算出来的市盈率没有意义 • 盈利的波动可能使市盈率的解读变得困难 • 管理层可以在准则允许的范围内自主选择会计政策，从而扭曲盈利
市净率	• 即使每股收益为负数，每股净资产通常也为正数 • 每股收益可能会频繁波动或畸高畸低，而相比之下，每股净资产更加稳定；在每股收益存在异常时，市净率比市盈率更有参考价值 • 对于持有大量流动资产的企业（如财务公司、投资公司、保险公司和银行等金融企业）来说，账面价值能够很好地体现净资产的价值 • 市净率指标可以适用于即将停业的公司 • 研究表明，市净率有助于解释股票的长期平均收益	• 市净率忽视了非实物资产的价值，如客户口碑和人力资本的价值 • 当公司资产规模差异很大的时候，单纯比较市净率可能带来误导性的结论 • 不同的会计处理方法可能掩盖公司能带给股东的真实投资价值 • 技术变革和通货膨胀可能导致资产账面价值和市场价值之间出现较大的差异

续表

	优点	缺点
市销率	• 市销率指标对于陷入困境的公司也有意义 • 每股销售收入比每股收益和每股净资产更为可靠，因为它不像后二者那么容易被操纵或扭曲 • 市销率相对于市盈率来说更加稳定，波动幅度小 • 市销率模型适用范围广，既可以适用于成熟的企业或周期性的企业，也可以适用于尚未实现盈利的初创公司 • 研究表明，市销率差异与股票长期平均业绩上的差异存在显著的相关性	• 销售收入高，但营业利润未必高；销售收入高不一定意味着盈利能力强，也不意味着现金流状况好 • 市销率不能反映不同公司成本结构上的差异 • 虽然每股销售收入不像每股收益或每股净资产那么容易被扭曲，但是企业的收入确认政策也会影响到销售收入及其预测

【例题 2－20】福拉斯尔产品公司以每年 10% 的速率增长，并且预期这种增长将持续，在下一年产生每股盈余 4.00 美元。该公司的股利支付比率为 35%，β 值为 1.25。如果无风险利率为 7%，市场收益率为 15%，那么福拉斯尔公司普通股预期的当前市场价值是：

A. 14.00 美元　　B. 16.00 美元　　C. 20.00 美元　　D. 28.00 美元

【答案】C

【解析】选项 C 正确。首先利用资本资产定价模型计算普通股的必要报酬率。

$R = 7\% + 1.25(15\% - 7\%) = 17\%$

其次，利用固定成长股利模型计算普通股的价格。

$P = 4 \times 35\% / (17\% - 10\%) = 20$（美元）

【例题 2－21】车恩有限公司是一家上市的化学品制造商，其首席财务官正在评估该公司与股东价值有关的股利政策。过去 10 年，车恩公司的每股股利一直保持在 2.30 美元的水平。该首席财务官希望从下一年开始，在车恩实行年股利增长 5% 的政策。该首席财务官已经确定车恩股票在市场上的预期最低报酬率为 13%。如果该首席财务官的股利增长政策得以采用，那么预计车恩股票 5 年后的价值将是多少？

A. 38.53 美元　　B. 36.69 美元　　C. 30.19 美元　　D. 23.71 美元

【答案】A

【解析】选项 A 正确。方法一：计算确定股票目前的价值 $= [2.3 \times (1 + 5\%)] \div (13\% - 5\%) = 30.1875$（美元）；计算确定 5 年后的价值 $= 30.1875 (F/P, 5\%, 5) = 30.1875 \times 1.2763 = 38.53$（美元）。

方法二：计算确定第 6 年的每股股利 $= 2.3 \times (1 + 5\%)^6 = 2.3 \times (F/P, 5\%, 6) = 2.3 \times 1.3401 = 3.08223$（美元）；依据固定成长股利模型计算股票价值 $= 3.08223 \div (13\% - 5\%) = 38.53$（美元）。

【例题 2－22】某财务分析师正在使用股利增长的两阶段模型对一家公司进行估值，该公司上年支付的年度股利为每股 4 美元。假设未来三年的年度股利按每年 10% 的速度增长，三年后再按每年 5% 的速度增长。假定需要报酬率是 12%。以下哪一项变化会使股票价值更高？

A. 需要报酬率从 12% 更改为 14%

B. 股利增长率从 5% 更改为 4%

C. 三年期假设更改为五年

D. 10% 的增长率更改为 8%

【答案】C

【解析】选项 A 不正确。股利折现模型中，变动成长股利模型影响股票价格的因素包括未来股利产生的现金流量与股票价格正相关；折现利率水平与股票价格负相关；股利增长率与股票价格正相关；报酬率提高到 14% 会引起股票价格下降。

选项 B 不正确。股利增长率由 5% 下降到 4%，使得因股利获得的现金流减少，引起股票价格下降。

选项 C 正确。高速增长的假设期由 3 年延长至 5 年，会使得高速增长阶段获取的现金股利数额持续增加，未来现金流量增加，促使股票价格上升。

选项 D 不正确。股利增长率由 10% 降低至 8%，使得因股利获得的现金流减少，也会引起股票价格下降。

【例题 2－23】某投资银行正在与克拉克公司管理层一起工作，以帮助公司 IPO 上市。克拉克公司的一些财务信息如下：

单位：美元

长期负债（利率 8%）	10 000 000
普通股：面值（每股 1 美元）	3 000 000
附加实缴资本	24 000 000
留存收益	6 000 000
资产总额	55 000 000
净利润	3 750 000
普通股股利（年度）	1 500 000

如果克拉克同行业的上市公司股票按 12 倍市盈率进行交易，那么克拉克的预计每股价值是多少？

A. 9.00 美元　　B. 12.00 美元　　C. 15.00 美元　　D. 24.00 美元

【答案】C

【解析】选项 C 正确。

市盈率＝每股市价÷每股盈余＝12

每股盈余＝(净利润－优先股股利)÷流通在外的普通股股数＝3 750 000÷

3 000 000 = 1.25（美元）

股价 = 市盈率 × 每股盈余 = 12 × 1.25 = 15（美元）

【例题 2 - 24】 某企业股票 A 目前的市场交易价格为每股 50 美元。某财务分析师收集了该股票的以下历史数据和当前数据。

年度	本年度已派付股利
20 × 1	2.00 美元
20 × 2	2.20 美元
20 × 3	2.42 美元

该股票的权益资本成本为 15%，并计划保持 100% 的派息率，同时保持未来的股利趋势也是如此。使用持续增长股利折现估值模型，分析股票 A 在 20 × 3 年的价值将是：

A. 40.00 美元　　B. 44.00 美元　　C. 48.40 美元　　D. 53.24 美元

【答案】 D

【解析】 根据题目提供信息，该公司的股利增长率 =（2.2 - 2）÷ 2 =（2.42 - 2.2）÷ 2.2 = 10%。

下一年股利 = 2.42 ×（1 + 10%）= 2.662（美元）

所以，该普通股的股票价值 = 预期下一期股息 ÷（投资者的期望回报率 - 股利增长率）= 2.662 ÷（15% - 10%）= 53.24（美元）。所以选项 D 正确。

（三）优先股

优先股与普通股的相似之处在于，都代表了股东对公司的一部分所有权。但是优先股更像是债券而不是股票。优先股被视为兼有债务特征和权益特征的混合金融工具。

1. 优先股的特点。

（1）代表对公司的部分所有权。

（2）兼具债务和权益特征的证券混合体。

（3）在派发股利以及清算过程中具有优先权。

（4）通常不具有投票权。

（5）拥有一个设定的清算价值，通常是每股 100 美元。

（6）从法律和纳税的观点来看，是权益的一种形式。

（7）股息有累积股利和非累积股利两种形式。非累积需要明示。

（8）具有可赎回和可转换特征。

（9）股息收益具有可变性，如拍卖利率优先股。

2. 优先股估值。

由于优先股股息每期固定，与零成长股利具有相同的未来现金流模式。因此，估值方法与零成长股票一致。

【提示】

● 优先股的提前赎回条款是发行人选择权，赎回价格发行时确认，高于原始发行价格，逐期递减。可转换特征是持有人选择权，发行时附带，具有固定转换率。强制性偿债基金意味着优先股最终会获得清偿。

● 优先股的退出路径包括以下三种：一是提前赎回条款，赎回选择权在发行方；二是建立强制偿债基金；三是可转换条款，转为公司普通股，转换选择权在投资方。

● 从财务的观点来看，债务和权益的主要差别有以下几点：

● 债务并不代表公司所有权的一部分。债权人通常不具有投票权；而权益代表公司的所有权，普通股股东具有对公司事务的投票权。

● 公司对债务支付的利息属于经营成本，全部在所得税前列支；派发给股东的股利必须税后列支，不能抵减所得税。

● 未清偿的债务是公司的负债，债权人对公司的资产拥有合法的索取权。这种行为导致两种可能的破产：清算和重组。因此，发行债务的成本之一就是可能造成财务失败。如果发行权益，权益性证券的持有人在分享收益和剩余财产索取程序中均不具有优先权，同时也不会增加财务失败的可能性。

【例题 2－25】 以下各选项中除了哪一项以外，都是优先股的特征？

A. 当公司要求时可赎回

B. 可转换为普通股

C. 其股利对于发行者而言是可抵税的

D. 通常没有投票权

【答案】 C

【解析】 选项 A 不正确。公司可以发行可赎回优先股，需要在发行条款中事先写明。

选项 B 不正确。优先股可以转换为普通股，也需要在发行条款中事先列明。

选项 C 正确。优先股从法律和纳税的观点来看，是权益的一种形式。其股利税后支付，不具有抵税效应。

选项 D 不正确。优先股通常不具有投票权，除非涉及优先股利益。

四、资本成本

资本成本是指公司资本结构中各项资本来源的综合资本成本。它也代表了公司一项新的投资必须取得的最低收益率，如果达不到这个收益率门槛，这项投资就会损害股东的利益。

（一）资本成本的定义

资本成本是组成企业资本结构中的各种资金来源的成本组合。反映新投资所必须赚取的、使股东权益不会被稀释的最低回报率。公司的管理团队负责资产负债表中资产的效率性和盈利性，同时最小化资产负债表中负债及股东权益的平均成本。公司资本来源包括债务资本（附息工具，如票据、债券、贷款）和权益资本（股东的永久性投资，如实缴资本、留存盈余）。

公司筹集的任何资金都会有相关的成本，无论是显性成本还是隐性成本。公司整体的资本成本，是公司筹集资金使用的各项资本来源的资本成本的加权平均。

（二）资本成本的意义

（1）它是资本结构决策中必须考虑的一个因素；

（2）可以作为投资报酬率的门槛，用于投资决策；

（3）可以用于营运资本管理，使应收账款、存货等资产的管理更有效率；

（4）在业绩考核和评价中也能发挥重要作用。例如，业绩考核时，可以将公司各项资本或各项净投资的实际或预期的收益率，与其资本成本进行比较。

（三）资本成本的计算

1. 债务成本。

债务成本反映债务资本提供者所要求的回报率。税后债务成本的基本公式是：

$$税后债务成本 = K_d(1-t)$$

其中：K_d 为税前债务成本；t 为企业的所得税税率。

> **【提示】**
>
> • 税率越高，税后债务成本越低。
>
> • 计算债务成本时，采用债务的重置成本（市价）。当涉及一种或更多种债务时，应使用到期收益率的加权平均值来计算债务成本。

2. 优先股成本。

优先股成本是向股东支付的股利和发行成本的函数。发行成本包括直接成本（如承销费、申报费、法律费用和税款）和间接成本（如用在新发行上的管理层工作时间）。应将发行成本从优先股售价中扣除，以计算发行优先股所筹集的净资本。

优先股成本的一般计算公式是：

$$K_p = \frac{D_p}{P_p - F}$$

其中：K_p 为优先股的成本；D_p 为优先股股利；P_p 为每股现价（现时成本

或预期成本)；F 为以货币表示的发行成本。

【提示】

● 优先股股利税后支付，不能免税。优先股面值通常为 100 美元。

● 美国所得税税法规定，一家公司从另一家公司所获优先股股息的 70% 可免交联邦所得税。对需求方而言，这一吸引力会导致优先股的收益略低于同一家公司所发行的债券。

3. 普通股权益成本。

权益主要由发行普通股的实缴资本和留存收益组成。权益成本是指企业普通股的预期回报率、必要报酬率或实际回报率，如果企业所赚得的回报率等于权益成本，股票市值将保持不变。普通股权益成本（或权益成本）是最难计算的资本类型，原因是普通股没有固定的合同支付金额。

【提示】权益资本可以从内部通过留存收益筹集，也可以在外部通过发行普通股来筹资。两者的成本都可以被视为保持企业的普通股市价不变，公司必须为投资项目的权益融资部分赚取的最低报酬率。如果企业所投资项目的期望收益率低于这个要求的收益率，从长期来看，股票的市场价格将受到损失。

权益资本成本的测算最常用的是历史回报率法、股利增长模型和资本资产定价模型（CAPM）。

（1）历史回报率。历史回报率是股东已赚得的历史回报率。该方法考虑到投资人过去购买股票、持有至今并以现行市价卖出所获得的回报率。使用历史回报率法意味着：

①企业业绩在未来不会有重大变化；

②投资人对待风险的态度保持不变；

③利率不会发生重大变化。

历史回报率法相对容易计算，但其局限性在于未来很少与过去完全一样。

（2）利用股利增长模型计算新权益或留存收益成本。股利增长模型反映的是一种市值法，即股票市价等于预期未来现金流量的现值。当未来收益的现值等于市价时，贴现率等于权益资本成本。

①依据固定股利增长模型计算内部权益资本成本的公式是：

$$K_s = \frac{D_1}{P_0} + g$$

其中：K_s 为内部权益资本成本；D_1 为时刻 1 的每股股利；P_0 为时刻 0 的每股市价；g 为预期的股利增长率。

②依据固定成长股利模型确定新普通股成本，必须考虑发行成本和可能的发行抑价损失。新权益成本的计算公式是：

$$K_e = \frac{D_1}{P_0 - (F + U)} + g$$

其中：K_e 为外部权益资本的成本；D_1 为时刻 1 的每股股利；P_0 为时刻 0 的每股市价；g 为预期股利增长率；F 为发行成本；U 为发行抑价损失。

> **【提示】**新权益成本与内部权益成本相比，两者之差是发行成本和承销损失。

（3）资本资产定价模型。资本资产定价模型也可用于量度企业的权益资本成本。资本资产定价模型假设任何证券的回报率等于无风险利率加风险溢价。无风险利率通常根据美国长期国债或短期国库券的现行利率或预计利率决定。资本资产定价模型估计权益资本成本的计算公式是：

$$K_s = R_f + \beta(k_m - R_f)$$

其中：K_s 为内部权益资本成本；R_f 为无风险利率（长期国债或 30 天短期国库券的利率）；β 为股票系统风险的估计值（来自经纪商、投资咨询服务公司或企业自行计算）；K_m 为整个市场或平均股票的估计回报率。

$(k_m - R_f)$ 项称为市场风险溢价，市场风险溢价的取值在 5% ~7% 之间，具体大小取决于计算估计值的日期以及分析师使用的数据来源。一般将国债利率加上 6%，测算整个市场的回报率。

资本资产定价模型遇到的挑战：

①使用长期国债还是短期国债利率作为无风险利率；

②估计投资人期望的未来的 β 值；

③估计整个市场的期望回报率。

> **【提示】**利用资本资产定价模型计算权益融资成本，并作为新投资项目的必要报酬率，有两个重要假设：
>
> - 新项目的风险与企业风险相同。当新项目与企业风险不同时，必须采用与单个项目相关现金流量的风险相适应的折现率。
> - 企业无债务融资。

以上利用历史数据法、股利增长模型以及资本资产定价模型估算权益成本均有各自的优势和局限性。为确定出一个合理的权益成本估计值，企业可以使用不止一种方法。合适方法的选择往往取决于给定情景下可获得的信息。估计资本成本，尤其是涉及权益成本时，估计结果并不准确。采用不同的输入数据以及不同的估计模型，均会导致估计结果出现重大差异。

4. 加权平均资本成本。

加权平均资本成本（WACC）是公司整体的资本成本，能体现公司典型投资项目的风险，或者说是所有投资项目的平均风险。

通常使用三种加权方案来计算 WACC，账面价值加权、市场价值加权和目标价值加权。

（1）账面价值加权。根据企业资产负债表上显示的会计（账面）价值来计量每种资本的比例，相对稳定。但账面价值反映的是历史成本，与市场价值之间可能存在显著差异，会歪曲 WACC。

（2）市场价值加权。在现行市价下，企业资本结构中每种资本的现行比例。市场价值加权考虑到了不断变动的市场条件的影响以及每种证券的现行价格，被认为是计算 WACC 最准确的方法。但是基于实际市场资本结构进行加权还是基于目标市场资本结构进行加权存在争议。

（3）目标价值加权。基于企业最优（目标）资本结构的权重，代表企业未来如何筹资的最佳估计，如果企业正在不断接近目标资本结构，则采用目标权重。

【提示】权重是按市场价值计算的。按市场价值计算的权重比账面价值更合适，因为证券市场价值更接近于证券出售能得到的现金。实际上，运用目标市场价值权重是有用的，它反映了企业或项目寿命期内占主导地位的权重。

5. 边际资本成本。

（1）相关定义。边际资本（MC）是指公司新募集的最后一美元的资本。边际资本成本（MCC）是公司新募集的资本超过某一融资限额之后，多增加一美元融资资本所需要承担的资本成本。边际资本成本表（MCC schedule）列示出一系列区间，并注明每一区间对应的边际资本成本。

（2）边际资本成本表的编制。编制边际资本成本表涉及下面五个步骤：

①确定新增融资总额中各项资本来源所占的权重。

②计算每项资本来源下，募集不同数量的资金所承担的不同资本成本。

③计算新增融资总额的临界点，而划分新增融资总额的不同区间。

④计算新增融资总额的不同区间所对应的边际资本成本。

⑤将边际资本成本表绘制成图像。

（3）计算融资临界点。融资临界点是指企业在资本成本增加前所能筹集的总筹资。超过这一总筹资额，融资的资本成本会增加。临界点的计算方法为：按一定成本从特定资本类型中可获得的资金总量，除以该资本类型在资本结构中的权重。

【提示】

● 边际资本成本确认融资需求增大时投资人对此的反应。市场会设定不同的融资限额水平。随着融资限额的提高，资本成本也会不断增大。

● 税收通过两种方式影响企业的资本结构，一是具有大额应税所得的企业可以通过更多的债务融资来减免税款，以增加分配给债务和权益持有人的总现金流；二是具有不稳定营运收益的企业经营风险较高，并且在收益较低的年份，企业通过借款实现税收减免的可能性较低，与其他经营风险较低的企业相比，这类企业的借款规模不会较大。

> ● 由于债务抵税效应的存在，使得扩大债务比例能够降低加权平均资本成本，从而实现企业价值最大。因此，理论上存在最优资本结构，即加权平均资本成本最低的资本结构为最优资本结构。

【例题 2－26】托马斯公司的资本结构为30%的长期负债，25%的优先股和45%的普通股权益。每个项目的资本成本如下：

长期负债	8%（税前成本）
优先股	11%
普通股权益	15%

如果托马斯公司的税率为40%，那么公司的税后加权平均资本成本为多少？

A. 7.14%　　B. 9.84%　　C. 10.94%　　D. 11.90%

【答案】C

【解析】选项C正确。公司资本成本是公司各种筹资方式的个别资本以其各自的融资额在融资总额中的比重为权重，计算的加权平均值，即公司资本成本＝30%×8%×(1－40%)＋25%×11%＋45%×15%＝10.94%。

【例题 2－27】某公司按照每股92美元的发行价格卖出了面值为100美元的1 000股，利率为8%的优先股。发行成本是每股5美元。该公司按照40%的比率支付税金。该公司8%的优先股资本成本是多少？

A. 8.00%　　B. 8.25%　　C. 8.70%　　D. 9.20%

【答案】D

【解析】选项D正确。优先股资本成本是优先股的股息与优先股实际筹资到的可用资本的比率，优先股股息为面值乘以票面股息率，100美元×8%＝8美元，优先股实际筹得的可用资金为发行价格92美元扣除发行费用5美元，共87美元。优先股的实际成本为8÷87＝0.0919，即9.2%。

【例题 2－28】F公司的管理层正在回顾公司的财务安排。当前的筹资组合是：普通股750 000美元，优先股（面值50美元）200 000美元，债务300 0000美元，F现在为普通股每股支付现金股利2美元。而普通股出售价格为38美元，股利以每年10%的速率增长。投资者的债务到期收益率为12%，优先股支付的股利为9%，收益率为11%。发行任何新证券的发行成本为3%。F公司有留存收益用来满足权益要求。公司的有效所得税率为40%。基于这些信息，留存收益的资本成本为：

A. 9.5%　　B. 14.2%　　C. 15.8%　　D. 16.0%

【答案】C

【解析】选项C正确。留存收益的资本成本等于普通股的资本成本，但不需要考虑发行成本。依据固定股利成长模型，计算留存收益成本需要下列数据：

普通股价格：38 美元

普通股股息：2 美元

股息增长率：10%

留存收益的资本成本 =2×(1+10%)÷38+10% =15.8%。

【例题 2-29】 某公司股票的 β 值为 0.50。如果当前无风险回报率为 2%，市场风险溢价率为 6%，根据资本资产定价模型，该公司股票的必要回报率是多少？

A. 3%　　B. 5%　　C. 6%　　D. 8%

【答案】 B

【解析】 根据资本资产定价模型，该公司股票的必要回报率 = 无风险回报率 + β 值 × 市场风险溢价率 =2% +0.50×6% =5%。所以选项 B 正确。

【例题 2-30】 马克制衣公司在公开股票发行中计划发行额外的普通股股票。当前每股市场价格是 38 美元，去年的股利是每股 2.25 美元。一家著名的投资咨询公司预测股利增长率为 8%，而投资银行家估计浮动成本是发行价的 6%。马克公司在其资本成本计算中应使用什么权益成本？

A. 13.9%　　B. 14.0%　　C. 14.3%　　D. 14.8%

【答案】 D

【解析】 选项 D 正确。利用固定成长股利模型计算权益成本 K_s = 2.25(1+8%)÷[38(1-6%)]+8% =14.8%。

五、衍生工具

（一）相关概念

衍生工具作为一类金融工具，其特征和价值取决于背后的基础金融工具的价值或价格。标的资产这一概念，指的就是衍生工具背后的基础金融工具。衍生工具的标的资产可以是债券、股票、商品、货币等。

衍生工具是当事人之间的一项合约，在双方之间产生潜在的支付义务。这种支付义务可能是支付金额是事先确定，支付义务由特定事件（例如，当标的资产的价格超过某一标准时）所触发；这种支付义务也可能是支付金额是根据特定数量的标的资产价值变动幅度确定。这里的“特定数量”被称为合约的名义金额。公司使用衍生工具的目的并不在于募集资金，而是为了免受市场因素发生不利变化的冲击。

（二）衍生工具的分类

衍生工具只有两种基本类型，分别是期权和远期合约。其他的衍生工具，如期货和互换，都是期权和远期的组合或变种。

1. 期权。

（1）定义及特征。期权是双方当事人之间的一项合约，赋予期权持有人买入或卖出一定数量的标的资产的权利（而不是义务）。期权的重要定义和特征：

①期权持有人，是指有权利买入或卖出标的资产的一方当事人，也称为期权的买方或所有人；对方当事人称为期权的卖方或立权者。

②标的资产，可以是有形的（如股票、商品、外汇），可以是无形的（如指数或利率）。

③看涨期权，是指赋予期权持有人在特定时间期限内从对方当事人手里按固定的价格买入标的资产的权利。

④看跌期权，是指赋予期权持有人在特定时间期限内向对方当事人按固定的价格卖出标的资产的权利。

⑤行权价格，也称为执行价格，是指期权合约所设定的买入或卖出标的资产的固定价格。

⑥行权日，也称为到期日或截止日，是指期权持有人可以行权要求买入或卖出标的资产的最后日期。

⑦期权费，是指期权合约的初始购买价格，通常用每份期权价格的口径来表述。期权合约中的卖方在合约一开始就向期权的买方一次性收取期权费，作为对价，卖方承担履行期权合约的义务，即在买方选择行权的时候，满足其买入或卖出标的资产的要求。

⑧欧式期权，是指合约只允许期权持有人在到期日当日行权。

⑨美式期权，是指合约允许期权持有人在可行权期内任意一天行权。

（2）期权的偿付结构。期权的偿付和可能出现几种不同的情况：

①当标的资产的市场价格等于期权的行权价格时，期权处于平价状态；

②假设期权立即行权，期权持有人能够因行权而收到一笔资金时，期权处于实值状态；

③当期权持有人没有任何动机立即行权的时候，期权处于虚值状态。

④对于看涨期权来说，当标的资产的市场价格低于期权行权价格的时候，期权处于虚值状态；当标的资产的市场价格高于期权行权价格的时候，期权处于实值状态。

⑤对于看跌期权来说，当标的资产的市场价格低于期权行权价格的时候，期权处于实值状态；当标的资产的市场价格高于期权行权价格的时候，期权处于虚值状态。

⑥计算确定期权净损益，计算方式如表 2 - 6 所示。

表 2－6　　期权净损益的相关计算

项目	看涨期权		看跌期权	
	购买方	售出方	购买方	售出方
期权行权净损益	资产市价－行权价格－期权费（净收益）	行权价格－资产市价＋期权费（净损失）	行权价格－资产市价－期权费（净收益）	资产市价－行权价格＋期权费（净损失）
期权放弃行权净损益	期权费（净损失）	期权费（净收益）	期权费（净损失）	期权费（净收益）
保本点资产价格	行权价格＋期权费	—	行权价格－期权费	—

【提示】 在期权合约签订时，任何一方当事人都不一定持有标的资产。例如，假设看涨期权的标的资产是股票，期权卖方在卖出期权时，不一定拥有标的股票。

期权的偿付呈现出不对称性的特征。看涨期权的持有人有可能获取无限高的收益，但是只承担有限的损失，看跌期权的持有人面临的损失和收益都是有限的。

期权既可以发挥杠杆作用，也可以发挥一定的保护作用。期权的杠杆作用在于，看涨期权的持有人只需花费很少的期权费买入期权，其所享有收益空间，与花费市场价格实际买入标的资产所享有的收益空间是一样的。期权的保护作用在于，期权持有人有权在规定时间内按固定价格买入标的资产，这缓冲了在到期日之前标的资产价值波动对期权持有人的影响，也意味着期权持有人面临的最大损失不过就是完全浪费掉期权费。

（3）期权价值。期权的价值一定程度上取决于标的资产未来的预期价值。理论上，期权到期日之前的价值取决于执行价格与标的股票市场价格的差额。影响期权价值的因素包括：

①执行价格。其他条件相同时，看涨期权执行价格上升会降低股票价格与执行价格之间的差异，引起期权价值的下降；看跌期权执行价格上升会提高股票价格与执行价格之间的差异，引起看跌期权价值的上升。

②距到期日的时间。期限较长的期权，具有更长期间的选择权，其价值较高。

③标的资产的现行价格。其他条件相同时，标的股票的市场价格高于行权价格，看涨期权是实值的。随着股票市价的上涨，其与执行价格的差异扩大，期权价值升高。当股票市价低于执行价时，看跌期权是实值的。因此，看跌期权市场价值随着股票市价的增加而减少。

④标的资产的波动性。标的资产的价值波动性越大，期权价值越大，无论是看涨期权还是看跌期权。

【提示】持有标的资产的期权和持有标的资产有着根本的区别。

⑤无风险利率。看涨期权的价格也是利率水平的函数。看涨期权的购买者仅在执行期权时才支付执行价格。延迟支付在利率高时有较大价值，而在利率低时则价值较小，因而看涨期权的价值与利率正相关。高利率“反向”影响看跌期权的价值。若执行价格的现值被高利率削减，则在未来某时以固定执行价格售出股票的能力比较无价值。

【提示】影响美式期权价值的因素如表 2-7 所示。“+”表示同向变化，“-”表示反向变化。

表 2-7　影响美式期权价值的因素

因素	看涨期权	看跌期权
标的资产的价值（股票价格）	+	-
执行价格	-	+
股票的变异性	+	+
利率	+	-
距到期日的时间	+	+

2. 远期合约。

(1) 定义及特征。远期合约是双方当事人之间达成的定制化合约，预定在未来日期按设定价格买卖特定数量的标的资产。远期与期权有着本质区别，远期的双方当事人均有义务履行合约，也均有权利要求对方履行合约。远期合约的重要定义和特征：

①在远期合约中，一方主动提出订立合约，另一方通常被称为其交易对手。

②多头头寸，是指承诺在未来日期购买标的资产的一方当事人，也称为做多远期合同。

③空头头寸，是指承诺在未来日期卖出标的资产的一方当事，也称为做空远期合同。

④标的资产，可以是有形的（如股票、商品、货币），也可以是无形的（如指数或利率）。

⑤交割价格，是指合约设定的夹入卖出标的资产的价格，也称合约价格（contract price）。

⑥交割日期，是指合约设定的未来交割的日期，也称到期日期。远期合约在未来合约到期时才交割。

⑦远期合约在签订时，就设置了标的资产的数量、价格和交割日期，但是不发生初始支付，即远期合约的初始购买价格为零。

【提示】远期合约最常见于外汇市场。远期合约的交易对手通常为银行，或外汇市场上的经纪人或交易商。远期合约并不在有组织的交易所交易，而期货在标准化的交易所进行交易，这是二者之间的主要区别。

（2）远期合约的偿付结构。远期合约在订立时是没有价值的；此后，远期合约的价值取决于标的资产的价格变化。

①标的资产的价格上升，则多头（买方）获利，空头（卖方）受损；

②标的资产的价格下降，则空头（卖方）获利，多头（买方）受损。

【提示】远期的偿付呈现出对称的特征。随着标的资产的价格变动，一方获利而另一方受损，双方损益对等，损益的金额互为相反数，损益的正负取决于所持的头寸。

3. 期货合约。

期货合约，或直接称为期货，是基于远期合约构建的，与远期合约类似，但在执行上有区别。两者的主要区别在于：远期合约是与中间商私下协商订立的定制化合约，期货合约则是在有组织的交易场所交易的标准化合约。这些交易所设定期货的名义数量和到期日，并要求合约期内按照标的资产的价格变动逐日结算，损益都计入保证金账户。

【提示】期货通常在到期日之前就平仓，即使到期结算，也往往是采用现金差额结算的形式，很少进行实物交割。期货的多头和空头的偿付结构与远期的多头和空头的偿付结构完全一致。

期货合约与远期合约的差异如表 2－8 所示。

表 2－8　远期合约与期货合约的差异

项目	远期合约	期货合约
合约形式	非标准化合约（量身定制的期货合约）	标准化合约（标准化的远期合约）
定价方式	双方协商定价	公开竞价
结算方式	到期一次性结算	逐日盯市，按日结算，调整保证金
交割方式	实物交割或现金结算	对冲平仓
交易方式	场外交易（OTC）	交易所内完成
违约风险	违约风险高	极低的违约率

4. 互换。

互换是双方当事人（交易对方）之间达成的交换未来现金流的私下协议。与远期相似的是，互换协议通常也通过中间商促成。互换的特点是在约定的未来一系列日期交换多笔现金流，其本质是一系列远期合同的结合体。

最常见的互换是利率互换，即双方当事人针对某一名义本金交换利息支付。在利率互换协议中，本金仅仅是一个名义金额，用作计算利息的基数，从不真正易手（除非涉及不同币种）；实际交换的是计算出来的利息。“普通利率互换”是最简单的利率互换，指的是固定利率下的利息支付和浮动利率下的利息支付之间进行交换。

进行利率互换的主要动机是减少对利率不利变化的风险敞口。互换的潜在风险在于违约风险，这一风险可以通过引入第三方中间商得到缓解。

【提示】

- 除了普通利率互换之外，比较常见的互换还有汇率互换和商品互换：
- 在汇率互换中，一种货币下的支付义务交换为另一种货币下的支付义务；
- 在商品互换中，商品的浮动价格交换为某一固定价格。

5. 其他长期金融工具（见表2－9）。

表2－9　其他金融工具的描述和特征

金融工具	描述	特征
租赁	出租人赋予承租人在一定期限内使用租赁资产的权利，以换取约定的租金	租赁合同约束承租人承担合同项下的付款义务可能体现为两种形式： • 经营租赁，是可撤销的短期租赁；出租人保留租赁物所有权相关的风险 • 融资租赁，也称为金融租赁，是不可撤销的长期租赁；租赁期内的全部租金覆盖租赁资产的成本（即属于全额补偿租赁）；承租人承担租赁物所有权相关的风险，并承担维修费、保险费、税金等支付义务
可转换证券	含有期权的固定收益债券或优先股，可以转换为特定数量的另一种有价证券	• 转换后的证券一般是发行人特定数量的普通股 • 可转换债券使公司能够以比直接发行普通债券或直接发行普通股更低的成本募集资金。当可转换债券转股之后，其对应的债务可以从资产负债表中移除
认股权证	直接从公司手里购买普通股的长期看涨期权	• 认股权证赋予持有权证的债券持有人或优先股股东按固定价格购买普通股的权利

【例题2－31】某金矿开采公司预计从今日起的6个月内将售出10 000盎司黄金。以下哪种举措可以对冲销售黄金方面的收入风险？

A. 在从今日起的6个月内在现货市场销售黄金

B. 在今日买入将在6个月后到期的10 000盎司黄金期货合约

C. 在今日售出将在6个月后到期的10 000盎司黄金期货合约

D. 在今日买入将在6个月后到期的5 000盎司黄金期货合约，并在今日售

出将在6个月后到期的5 000盎司黄金期货合约

【答案】C

【解析】选项A不正确。在现货市场上销售黄金，只能接受市场售价，无法规避价格风险。

选项B不正确。买入期货合约的目的是锁定未来交易的买家，该公司属于未来销售黄金，应当锁定卖价以规避价格风险，在今日卖出6个月后到期的黄金期货合约。

选项C正确。公司需要规避未来6个月出售黄金卖价下跌的风险，处于空头头寸。为了对冲避险，应在今天出售6个月后10 000盎司黄金的期货合约，通过锁定未来卖价来规避风险。

选项D不正确。

【例题2-32】某主要房屋建筑商明年将使用木材进行大规模房屋开发。如果该房屋建筑商计划明年才购买木材，公司怎样做才能对冲掉其未来成本？

A. 今天销售将于明年到期的木材期货合约

B. 今天购买将于明年到期的木材期货合约

C. 明年购买木材期货合约

D. 今天购买并销售将于明年到期的木材期货合约

【答案】B

【解析】选项A不正确。售出期货合约目的是锁定未来交易的买家，处于空头头寸，目的是对冲未来交易中售价下跌的风险。

选项B正确。未来要购买，卖方担心价格上升，处于多头头寸。为了对冲避险，应在今天购入未来期货合约，通过锁定未来买价来对冲风险。

选项C不正确。明年购买期货合约已经无法对冲风险。

选项D不正确。购买并销售同时发生无法产生对冲未来交易风险的作用。

【例题2-33】某投资者卖出了45美元的看涨期权并买入了50美元的看跌期权，两者的到期日相同。交易日的股票价格为45美元，看涨期权和看跌期权的价格分别为8美元和10美元。随后股票价格跌了10美元，并且此价格一直保持到期权到期日。忽略佣金和其他交易，截至到期日，期权组合仓位的总利润为：

A. 3美元　　B. 7美元　　C. 13美元　　D. 17美元

【答案】C

【解析】选项C正确。售出的看涨期权到期日股票市场价格35美元，低于行权价格45美元，购买期权一方会选择放弃行权。因此，售出看涨期权获取的净盈利为售出时收取的期权费，即售出看涨期权损益=8美元。看跌期权到期日股票市价35美元，低于行权价格50美元，购入期权一方会选择行使卖出权，按35美元市价购入，50美元价格售出，获利15美元，同时扣减购入过程中支付的期权费10美元，共获利5美元，即购入看跌期权损益=50-35-

10 =5（美元）；期权组合总损益 13 美元。

【例题 2 –34】 如果公司的股票价格波动加剧，则公司股票的看涨期权和看跌期权的价值会发生什么变化？

A. 看涨期权的价值将增加，看跌期权的价值将减少

B. 看涨期权的价值将减少，看跌期权的价值将增加

C. 看涨期权和看跌期权的价值都将减少

D. 看涨期权和看跌期权的价值都将增加

【答案】 D

【解析】 选项 A 不正确。影响期权价值的因素包括无风险利率、标的资产的行权价格、标的资产价格的波动性、距到期日期的长短。标的资产价格的波动性与期权价值正向相关。

选项 B 不正确。理由同 A。

选项 C 不正确。标的资产价格的波动性与期权价值正向相关。

选项 D 正确。标的资产的价值波动性越大，期权价值越大，无论是看涨期权还是看跌期权。

【例题 2 –35】 某项看涨期权的持有人希望了解股票回报波动性降低和到期时间缩短分别对看涨期权的价格所产生的影响。以下哪一项是对看涨期权的价格分别产生的影响？

	股票回报波动性	到期时间
A.	降低	降低
B.	降低	增加
C.	增加	降低
D.	增加	增加

【答案】 A

【解析】 选项 A 正确。标的资产的价值波动性越大，期权价值越大，无论是看涨期权还是看跌期权；反之，标的资产的价值波动性越小，期权价值降低。期限较长的期权，具有更长期间的选择权，其价值较高；反之，随着到期时间的缩短，期权价值也会降低。

【例题 2 –36】 某公司正在计划发行面值为 5 000 000 美元的 10 年期不可预付债券，利息率为 9%。该公司希望基于伦敦银行间同业拆借利率，将其固定利率利息支付转换为浮动利率利息支付。该公司应考虑下面哪一种合同？

A. 期权　　B. 远期　　C. 期货　　D. 互换

【答案】 D

【解析】 选项 A 不正确。期权合约是一种赋予持有人在某给定日期以固定价格购进或售出一种资产权利的合约。

选项 B 不正确。远期合约是合约双方承诺在未来某一天按特定价格买进或

卖出一定数量的标的。

选项C不正确。期货合约是标准化的远期合约，是规定在未来某一特定的时间和地点交割一定数量和质量的标准化的标的物。

选项D正确。将其固定利率利息支付转换为浮动利率利息支付，属于互换中的利率互换。

第三节 筹集资本

一、中期资本来源

中期资本来源包括：①定期贷款；②设备融资贷款；③经营租赁；④融资租赁。

（一）定期贷款

定期贷款是指期限为1～10年的债务责任，最常用于为金额较小的设施和设备的添置提供融资。在面临以下条件时，采用定期贷款为流动资产的适度增加提供融资：

（1）股票或债券的发行成本过高。

（2）贷款将利用中期收益来偿还。

（3）流动营运资产的增加在时间维度上是中期而非永久性增加。大多数定期贷款都有担保。

【提示】

- 定期贷款是由借款人和贷款人私下协商，因此定期贷款的成本比股票发行成本或债券发行成本低。
- 定期贷款一般要求在贷款期限内摊还（偿付）贷款本金，即分期还本并付息。分期偿付频率可以是每月、每季度、每半年或每年偿付一次。
- 大多数定期贷款都有担保。

此外，贷款人会在借款合同中设置其他条款，例如商业银行贷款中的补偿性余额条款、保护性条款、担保条款及违约条款。

保护性条款，对于借款人来说就是限制性条款。这些条款可以分为积极条款和消极条款。

担保条款包括下列五种常见的类型：①到期债权质押；②部分存货或应收账款质押；③关键管理人员人寿保险的保单现金价值质押；④存货、应收账款、厂房、机器设备等集合抵押；⑤有价证券质押。

违约条款约定在特定情形下，贷款人有权要求借款人立即偿还贷款。这些特定情形包括：①未能按照贷款协议的约定支付利息和/或偿还本金。②贷款人发现借款人提供的财务报告有虚假陈述。③借款人未能遵守贷款协议中的任何条款。

由于定期贷款是贷款人和借款人之间私下协商签订的，相对于公开发行股票和债券来说，发行费用较低。定期贷款的利率通常略高于银行优惠贷款利率，一般比优惠利率高出 0.25 ~2.5 个百分点。

定期贷款通常要求在贷款期限内分期偿还本金，每期还款金额相等，还款周期可能是一个月、一个季度、半年或一年。

（二）设备融资贷款

设备融资贷款是指以所购买的设备为担保物的中期贷款，担保的形式包括所有权保留条款或动产抵押。在附条件销售合同（有时称为购买款抵押）中，卖方持有设备的所有权直至买方完成贷款协议中规定的所有付款。所有权保留条款，有时候也称附条件的销售合同，是指卖方按约定保留设备的所有权，直至买方付清合同下的所有价款。这些合同几乎全部由设备销售商使用。

动产抵押是相对于不动产而言的，是在动产上设立的优先受偿权。土地和房屋属于不动产，这里讨论的设备属于动产。动产抵押是商业银行给企业提供直接设备融资贷款时经常采取的担保方式。

从数学计算角度来看，设备融资贷款的处理方法与前面讲的定期贷款是一样的。

【例题 2 -37】 某公司以 9% 的利率借款 100 000 美元，该笔借款分 8 次等额分期偿付，每年偿付一次。第一次偿付发生在第一年年末。则每年的等额偿付额即为年金现值的逆运算，可计算如下：

R（年等额偿付）= 100 000 美元 ÷（P/A，9%，8）= 100 000 美元 ÷5.535 = 18 067（美元）。（P/A，9%，8）表示 9% 利率水平下期限为 8 年的年金现值系数。

（三）租赁

租赁是承租人和出租人之间的一项契约性协议，协议规定承租人拥有使用租赁资产的权利，同时必须定期向资产所有者即出租人支付租金。出租人可以是资产的制造商，称为销售租赁，也可以是独立的租赁公司，称为直接租赁。

如果租赁是短期的，或在租赁期内承租人可以终止租赁，称为经营租赁。其他租赁期限则可能长达资产预计经济寿命期的大部分，且不可终止，或只有出租人的任何损失都得到补偿时才可终止，称为资本租赁、融资租赁或全偿式租赁。

【提示】

● 租赁的合理动因：

- 短期租赁很便捷，如经营租赁。
- 租赁终止权有价值，促使看起来昂贵的租赁定价相当公平。
- 提供维修服务，如全面服务型租赁，但租赁费较高。
- 标准化降低管理成本和交易成本。
- 更好地利用税盾。出租人可以将出租资产折旧抵税，在保留资产所有权的条件下，适当降低租赁费，将部分折旧抵税利益让渡承租人。

● 租赁不可靠的理由：

- 绕开资本支出的控制。战略性业务部门可以避免公司资本支出严格的审批流程约束。
- 保全了资本。租赁提供全额融资，不同于定期贷款需要一笔首付款。
- 租赁可以是资产负债表外的融资：在美国经营租赁产生表外负债，继而美化资产负债表和利润表。

1. 经营租赁。

经营租赁，有时候也称作服务租赁或维护租赁，授予承租人短期使用租赁资产的权利，到期通常可以续租。经营租赁的租期通常显著短于租赁资产的经济使用寿命。经营性租赁具有以下几个重要特征：

（1）经营性租赁承租方不用摊销或折旧。

（2）经营性租赁的期限通常要短于资产的经济生命期限。

（3）租赁期内的租金支付不足以弥补出租人资产的全部成本。

（4）出租人必须对资产进行重新租赁或出售来补偿其剩余成本。

（5）经营租赁通常要求出租人来维护设备，对出租的资产进行保险。

（6）经营性租赁最有趣的特征在于给予承租人可以在到期日之前撤销租赁的权利。“撤销”条款的价值取决于未来技术水平或经济条件能否使资产的租赁价值降至租赁合同所规定的未来租金支付水平之下。

2. 融资租赁。

融资租赁，也称资本租赁，本质是一种变相的分期付款购买行为。融资租赁是不可撤销的租赁，并导致租赁资产上所有权相关的权利和义务转移到承租人，但是资产的所有权本身并不转移，仍由出租人享有。经营性租赁和融资性租赁的区别在于，承租人是否能对租赁资产实施有效的控制。具体的判断标准有五条，满足任何一条，就应该确认为融资租赁：

（1）所有权转移。租赁期满时租赁资产的所有权转移给承租人。

（2）优惠购买权。租赁合同中包含优惠购买的选择权，并且约定的购买价款远低于租赁期满时租赁资产的公允价值。

（3）占尚可使用年限的75%。租赁期占租赁资产尚可使用年限的75%或以上。

（4）公允价值的90%。最低租赁付款额的现值（PV）几乎相当于租赁开始时租赁资产的公允价值（FV），即占到公允价值的90%或以上。

（5）租赁资产具有专用属性。租赁期满后不会有其他用途。

除了以上五个标准之外，如果租赁合同不可撤销，该租赁将被自动视为融资性租赁。

从出租人的角度看，融资租赁又可以再分成两种类型：①销售式融资租赁（sales type），出租人先视同出售租赁资产，确认出售环节的收益或损失，然后在租赁期内逐渐确认融资的利息收入。②直接融资租赁（direct financing），出租人只是在租赁期内逐渐确认融资的利息收入。

出租人应当确定向承租人收取的租赁收款额，并按上述标准确认收入。

【提示】

- 融资性租赁的两种特殊形式：售后回租和杠杆租赁。
- 美国公认会计原则规定，只要符合以下四条标准中的任何一条，就可以视作融资租赁。
  - 在租赁之初，所需支付的租金现值至少在该资产公允市场价值的90%以上。
  - 在租赁期末，被租用资产的所有权转移到承租人一方。
  - 租赁期限为资产的可估计经济年限的75%或75%以上。
  - 承租人可以在租赁期满后以低于市场公允价值的价格购买被租用资产。这也被称为优先议价购买权。

租赁的优点及缺点见表2-10。

表2-10　租赁的优点与缺点

项目	内容
优点	• 租赁最大的优势是融资上的弹性，租赁合同不会像贷款合同那样设定诸多的限制性条款 • 租赁另一个优势是现金流管理。因为税收优势和/或利率优惠，承租人在租赁合同中支付的现金流可能少于定期贷款合同中支付的现金流 • 租赁有可能提供100%的全额融资，而贷款通常要求由采购方以自有资金支付首付款 • 租赁可以规避资产陈旧过时的风险 • 租赁可以绕过全部或部分耗时的资本预算决策过程，更为便利
缺点	• 成本劣势。对于资信状况良好的公司来说，贷款购买设备要比租赁设备更节省成本 • 灵活性的缺失。出租人可能会禁止承租人对租赁财产进行改造，并对提前解除租约的行为索要赔偿

3. 租赁净收益。

对于承租人来说，租赁决策其实就是比较租赁设备和借款购买设备的两个方案的现值成本孰低，并计算租赁净收益（NAL）。租赁净收益是租赁设备和借款购买设备两个方案在成本现值上的差异额。如果租赁设备的成本现值比借款购买设备的成本现值更低，则租赁净收益为正，应该选择租赁资产。

租赁净收益的计算过程如下：

（1）资产购置成本；

（2）减：税后租金的现值（按借款利率折现）；

（3）减：税后的现值（按借款利率折现）；

（4）加：自有资产的税后营运成本的现值（按借款利率折现）；

（5）减：自有资产税后残值的现值（按承租人的目标报酬率折现）；

（6）等于：租赁净收益。

上述模型假定，对于承租人来说，租赁是按照经营租赁进行税务处理的。这一假定至关重要。借款利率和承租人的目标报酬率，都应该取税后口径。

资产购置成本等于购买价款扣除采购折扣，加上运输费、安装费、调试费等。资产的购置成本是计提折旧的基础。

【例题 2-38】 某公司租赁了一项资产，租赁期为 6 年。该资产的添置成本为 50 000 美元，年度租赁支付（在每年年初支付）为 10 000 美元。假设该资产采用修正成本加速回收制度进行折旧，资产寿命为 5 年。如果公司借款购入设备每年发生税后营运成本 450 美元。另外假设该公司的适用税率为 40%，税后债务成本为 6%，税后目标回报率为 15%，资产的残值（税前）为 20 000 美元。计算确定租赁净利益，并做出购买还是租赁的决策。

（1）租赁成本的现值。

租赁现金流为每期期初租金税后现金流 = 10 000 ×（1 − 40%）= 6 000 美元。

租赁成本现值 = 6 000 美元（P/A，6%，5）+ 6 000 美元 = 6 000 × 4.2124 + 6 000 = 31 272 美元。

（P/A，6%，5）为利率 6%、期限 5 年的年金现值系数。

（2）借款购买成本的现值。

购买设备初始投资现金流出 50 000 美元。

每期经营现金净流量 = 折旧抵税 − 税后经营成本（以税后债务成本 6% 为折现率）

第一年经营现金净流量 = 50 000 × 20% × 40% − 450
= 4 000 − 450 = 3 550（美元）

第二年经营现金净流量 = 50 000 × 32% × 40% − 450
= 6 400 − 450 = 5 950（美元）

第三年经营现金净流量 = 50 000 × 19.2% × 40% − 450
= 3 840 − 450 = 3 390（美元）

第四年经营现金净流量 = 50 000 × 11.52% × 40% − 450
= 2 304 − 450 = 1 854（美元）

第五年经营现金净流量 = 50 000 × 11.52% × 40% − 450
= 2 304 − 450 = 1 854（美元）

第六年经营现金净流量 = 50 000 × 5.76% × 40% − 450

=1 152 -450 =702（美元）

第六年回收固定资产残值现金净流量 =20 000 ×（1 -40%） =12 000 美元（回收残值产生的现金流量以投资回报率 15% 为折现率）。

借款购买成本现值 =50 000 美元 -［3 550 美元 ×（P/F，6%，1）+5 950 美元 ×（P/F，6%，2）+3 390 美元 ×（P/F，6%，3）+1 854 美元 ×（P/F，6%，4）+1 854 美元 ×（P/F，6%，5）+702 美元 ×（P/F，6%，6）+12 000 美元 ×（P/F，15%，6）］=50 000 美元 -20 024 美元 =29 976 美元。

（P/F，6%，n）为利率 6%，期限 1，2，…，6 的复利现值系数。

租赁净利益 =20 024 -31 272 = -11 248（美元）

应当借款购买设备，放弃租赁。

【提示】在 1986 年的美国《税收改革法案》里，美国国会制定了《修正的加速成本回收制度》。制度的目标是通过加快资产摊销速度，刺激资本投资，促使企业更快更一致地对这些新资本投资进行摊销。其各种资产类别的折旧率如表 2 -11 所示。

表 2 -11　美国国税局公布的各类资产的修正加速成本回收制度下的折旧率

回收年份	3 年期 200% 余额递减法	5 年期 200% 余额递减法	7 年期 200% 余额递减法	10 年期 200% 余额递减法	15 年期 150% 余额递减法	20 年期 150% 余额递减法
1	33.33	20.00	14.29	10.00	5.00	3.750
2	44.45	32.00	24.49	18.00	9.50	7.219
3	14.81*	19.20	17.49	14.40	8.55	6.677
4	7.41	11.52*	12.49	11.52	7.70	6.177
5		11.52	8.93*	9.22	6.93	5.713
6		5.76	8.92	7.37	6.23	5.285
7			8.93	6.55*	5.90*	4.888
8			4.46	6.55	5.90	4.522
9				6.55	5.91	4.462*
10				6.55	5.90	4.461
11				3.28	5.91	4.462
12					5.90	4.461
13					5.91	4.462
14					5.90	4.461
15					5.91	4.462
16					2.95	4.461
17						4.462
18						4.461
19						4.462
20						4.461
21						2.231

注：* 在剩余年限内转用直线法折旧。

（四）其他长期资金来源

其他长期资金来源包括可转换债券和可转换优先股。

1. 可转换债券。

（1）可转换债券通常是无担保债券，可以根据债券持有人的选择，转换为发行人自身的普通股。发行可转债本质是一种延期发行权益的行为。发行人原本就预计可转债将要转换为普通股，无须偿还本金。需要注意的是，可转债在转股之前，其价值中的纯债券价值部分要作为负债列示，转股期权价值部分作为权益列示；可转债在转股之后，负债部分终止确认，全部转为按权益列示。

（2）转换比率。每一份债券在到期前的任一时间可以转成股票的份数称为转换比率。

（3）转换价格。转换价格是由债券的票面价值除以转换比率计算得来。

（4）转换溢价。可转换债券转换价格比普通股每股现行市价高出部分的比例称为转换溢价。

【提示】转换价格和转换溢价包含了一个假设，债券以面值出售。如果以其他价格出售，这两个术语则是无意义的。与之相反，无论债券价格是多少，转换比率总能有一个合理的解释。

2. 可转换债券价值评估。

（1）纯粹债券价值。可转换债券仅作债券持有，在市场上能销售的价值；取决于利率的一般水平和违约风险程度。

（2）转换价值。可转换债券能以当前市价立即转换为普通股所取得的价值，即转股份数 × 股票当前市价。

3. 可转换优先股。

可转换优先股的特征与可转换债券类似，但是在实践中比较少见。需要注意的是，在转换之前，可转换优先股要作为优先股列示；在转换时，冲减优先股科目的金额，并增加普通股科目的金额。

【例题 2－39】摩尔公司需要增加一台将在未来五年内使用的机器，五年后这台机器将被淘汰，届时其残值将为零。摩尔公司有两个可供选择的方案：以 300 000 美元的标价用现金购置此资产；或者以每年付 68 000 美元租金的方式租赁此资产五年，首笔租金需立即支付。租金款中包含 6% 的利息。如不考虑折旧，则最佳的可选方案是：

A. 购置此资产，这比租赁方案要优惠 40 000 美元

B. 购置此资产，这比租赁方案要优惠 3 627 美元

C. 租赁此资产，这比购置方案要优惠 45 918 美元

D. 租赁此资产，这比购置方案要优惠 13 557 美元

【答案】B

【解析】选项 A 不正确。分期付租金每期支付 68 000 美元，共支付 5 期共 340 000 美元，现金购买虽然比租赁方案要优惠 40 000 美元，但是这种计算比较方式没有考虑长期支付产生的货币时间价值因素，得到的结论不正确。

选项 B 正确。决策需要比较一次性付款购买机器现值与分期付款现值，在两者中选择较低的现值。一次性付款 30 000 美元，分期支付租赁费现值 = 68 000 美元(P/A，6%，4) + 68 000 美元 = 303 627 美元，分期付款现值大于一次性付款现值 3 627 美元，因此选项一次性付款。（P/A，6%，4）为利率 6%，期限 4 期的年金现值系数。

【例题 2 - 40】威德公司发行可换股债券，每股面值为 1 000 美元。该公司的股票每股售价为 38 美元，可换股债券的当前市场价格是 1 050 美元。如果转换比率是 25，转换价格将是多少？

A. 27.63 美元　B. 38.00 美元　C. 40.00 美元　D. 42.00 美元

【答案】C

【解析】选项 C 正确。转换价格 = 可转债面值 ÷ 转换比率 = 1 000 美元 ÷ 25 = 40 美元。

二、资本市场

（一）一级市场和二级市场

一级市场是证券初始发行的市场；二级市场是投资者之间交易证券的市场。首次公开发行（IPO）是在一级市场上进行的；发行之后的交易在二级市场进行。

（二）投资银行和承销商职能

1. 投资银行是帮助公司和政府发行证券的金融机构。

投资银行提供的服务包括咨询顾问、证券承销和证券销售。担任承销商的投资银行，承担持有并发售证券的部分或全部风险，目的在于赚取发行溢价收入。

投资银行可以组成承销团，承销团包括主承销商（与发行人打交道的投资银行）和发行人选择的、参与承销的其他投资银行。主承销商也称为承销团经理或牵头承销商。

投资银行或承销团需要与发行人签订承销协议。承销协议可以采用代销协议的形式，也可以采用包销协议的形式。代销协议也叫“证券尽力推介协议”，投资银行或承销团承诺尽可能多地将证券发售给公众投资者。投资银行或承销团也可能买入本次全部证券或仅根据发行人的要求买入部分证券。

2. 承销商帮助公司编制招股说明书。

招股说明书是向公众销售股份的正式书面要约。招股说明书要在美国证券交易委员会（SEC）备案，并向所有投资者公开。招股说明书需披露本次发行的定价方法、每股价格、发行规模、发行目标等具体内容。

包销协议下，投资银行可以先按照设定的价格全部一次性买入拟公开发售的股票，发行公司直接收到发行收入并用于生产经营。随后，投资银行再向公众投资者出售其购入的股票，并赚取向公众出售价格和从发行人买入价格之间的差价。

公司上市之后，仍然可以再到一级市场上发行新的股票。这时的股票融资就不叫首次公开发行（IPO），而称作“再融资”或“后续融资”

股票发行之后，公司股票在二级市场交易。在二级市场上，投资者从其他投资者手里买入证券。二级市场最根本的特征就体现为投资者之间相互买卖已经发行的证券。发行证券的公司一般不参与二级市场的交易，二级市场的交易价格由投资者的购买意愿所决定。日常用语中的股票市场往往单指二级市场。

（三）信用评级机构的职能

信用评级机构的职能是根据发行债券的公司或政府的资信状况，对每个债券做出信用评级。信用评级对债券投资者所要求的报酬率，即该债券的市场利率有重大的影响。如果债券的票面利率达不到相同信用评级债券的市场利率，该债券只能折价发行；如果票面利率等于市场利率，该债券平价发行；如果票面利率超过市场利率，该债券可以溢价发行。

（四）市场有效性

市场有效性的观点在学术上称为有效市场假说（EMH），或有效市场理论。

1. 弱有效市场。

金融资产当前的价格包含了买卖双方能获得的这些资产过去交易的所有信息，包括历史价格和过去的交易量。信息免费获取，没有投资者会基于这些信息获得超额回报，研究和挖掘信息规律的过程导致这些规律迅速消失，股价随机游走，过去的股价与未来没关系。

【提示】 弱型效率意味着股票价格过去的变动和未来的变动不相关。

2. 半强有效市场。

金融资产当前的价格反映了所有与该资产价值相关的公开可获得信息，包括历史价格和过去的交易量、发行者的财务状况和信用等级、任何公开的预测、经济形势信息等所有相关信息。遵循理性交易者假定，没有投资者会基于公开获得的信息取得超额回报。同时，在半强有效市场需要使用更加复杂的信息和推理，付出昂贵的费用，要求信息使用者具有足够的技术和能力。因此，成功者极少。

> 【提示】
> - 半强有效假说意味着股票价格应该反映了所有公开可用信息；
> - 实证分析表明美国资本市场属于半强有效市场。

3. 强有效市场。

金融资产当前的价格包含了所有有关金融工具价值的信息，无论公开信息还是内幕信息。强有效市场中即使获得真实且有价值的内幕信息的人也不能利用这些信息成功地获利。实证研究证据基本上都否定强有效市场的假设。

> 【提示】
> - 基于弱有效和半强有效，预测资产价格没有明显差异；
> - 获取超额利润需要内幕信息。

（五）证券注册

1933 年《证券法》为一级市场上的新证券发售、首次发行或首次公开发行（IPO）设立了规则；1933 年《证券法》使投资者能够获得与公开发行的证券相关的重大信息，并禁止证券发行过程中的欺诈行为。1934 年《证券交易法》为二级市场上的交易及 SEC 注册公司的财务报告设立了规则。

拟公开发行证券的公司提交申请上市登记表，应包含的事项：

（1）对公司财产和业务的描述；

（2）对拟发行的证券的描述；

（3）公司管理层的相关信息；

（4）经独立会计师认证的财务报告。

（六）内幕交易

内幕消息是指公司的董事或高管利用内幕信息买卖本公司的证券，以谋求没有内幕消息的一般投资者所无法获得的超额收益。

美国 1984 年的《内幕交易法》、1988 年的《内幕交易和证券欺诈实施法案》的主要内容都是为了防范内幕交易并对内幕交易进行相关处罚。

【例题 2－41】关于首次公开发行，以下陈述中哪一项不正确？

A. 在尽力代销发行中，承销商没有义务购买未售出的股票

B. 在承销发行中，承销商有义务购买所有未售出的股票

C. 尽力代销发行能更好地保证公司所有发行的股票都将售出

D. 风险较大的股票发行通过承销发行这种方式来进行

【答案】C

【解析】选项 A 不正确。尽力代销发行中，承销商不承担发行失败的风

险，因此，没有义务购买未售出的股票。

选项 B 不正确。承销发行中，承销商是批发商，赚取价差收益，承担发行失败风险，有义务购买所有未售出的股票。

选项 C 正确。尽力代销发行承销商不对公司所有发行成功的股票承担风险。

选项 D 不正确。发行风险较大的股票为了避免发行失败应当采用承销发行，即包销，由承销商购买所有尚未发售的股票。

【例题 2－42】以下哪个选项最贴切地描述了因有基准价格而存在较小价格不确定性的公开募股？

A. 暂搁注册　　　　B. 再次募股或二次发行

C. 非正式招股注册　　　　D. 首次公开募股

【答案】 B

【解析】选项 A 不正确。反映基于简化发行程序设计的上架制度。

选项 B 正确。对于再次权益（配股发行）发行或二次发行，承销商通过观察市场价格来决定新发行的价格。

选项 C 不正确。描述的是证券发行的私募方式。

选项 D 不正确。首次公开募股没有可供参考的基准价格。

【例题 2－43】 ABC 证券公司的一名分析师正在审核上市玩具制造商 YoYo 公司的以下信息：

- 过去 20 年的股价
- 过去 5 年的 10-Q 申请
- 过去 15 年的 10-K 申请
- YoYo 公司的网站

以上收集的数据是以下哪一项的示例？

A. 有效市场理论的半强式形式

B. 有效市场理论的强式形式

C. 资本资产定价理论的半弱式形式

D. 资本资产定价理论的弱式形式

【答案】 A

【解析】选项 A 正确。半强式市场中资产价格是所有公开信息的反映，收集数据既包括历史数据，也包括网站上所有公开数据。

选项 B 不正确。强有效市场资产价格是所有信息的反映，包括内部信息。实证结果显示并不存在强有效市场。

选项 C 不正确。不存在半弱市场。

选项 D 不正确。弱有效市场资产价格是所有历史信息的反映。

【例题 2－44】市场有效理论告诉我们，在半强式效率市场中：

A. 投资者使用历史价格来预测市场的表现

B. 证券价格反映所有公共信息

C. 证券价格反映内幕信息

D. 投资者在支付股利的股票上赚得更多

【答案】 B

【解析】 选项A不正确。在强式有效市场中，历史价格才能来预测市场表现。

选项B正确。在半强式效率市场中，证券价格反映所有公共信息。

选项C不正确。在强式效率市场中，资产价格能反映所有相关信息，无法依靠消息来盈利。价格已经反映了内幕信息等。

选项D不正确。股利支付属于公开信息，如果是半强式有效市场，价格已经反映了股利这类公开信息。

（七）股利分配政策

对于发行在外的优先股，公司通常是要支付固定金额的每股股息。多数优先股带有股息可累积条款，根据这一条款，未支付的股利可以累积到以后年份，直至全部支付。在应付未付的优先股股息全部付清之前，公司不能对普通股股东进行现金分红。

1. 股利类型。

普通股的每股市场价格是股票现行的交易价格。股票升值，意味着股东可以赚取到资本利得，也更有可能获得股利分配。股利（或派息）代表了股东实际拿到手的公司利润。公司是否分配股利由董事会决定并予以公告。分配股利的金额取决于公司的盈利水平和董事会决定的股利支付率。

（1）现金股利，体现为现金，通常采用支票支付，股东一般需要就现金股利交税。

（2）实物股利，体现为非现金资产。

（3）股票股利，向股东支付更多的本公司股票替代现金分红。股票股利既能为公司省下现金用来投资，又能给股东带来回报。股东收到股票股利时，并不需要缴税。未来卖出所收到的股票时，才需要缴税。

（4）清算股利，是指超过公司累积留存收益的股利。清算股利无须缴税。

2. 股票分割。

股票分割是指公司根据股东现有的持股比例，向股东无对价地发送更多的股票。股票分割的主要目的是降低股价，便利交易，以吸引更多的投资者。其背后的逻辑是，当公司股价过高时，个人投资者可能不愿意购买，要么是因为哪怕只买一手的成本都很高，要么是因为股价过高看起来有“触顶”的感觉。

股票分割可以灵活采取不同的比例，如一拆为二、一拆为三、二拆为三等。股票分割后，股东持股总市值不变只是理论推断，如果分拆后的实际股价在拆分后理论每股价格基础上有所上升，股东持股总市值会有增加，股东能从中获利。

公司也可以实施股票反向分割。股票反向分割导致股票数量减少，股票价格相应上升。如，在“两股合一股”的股票反向分割。股票反向分割的目的可能是让股票能维持交易所要求的最低挂牌交易价格，也可能是增加对投资者的吸引力，毕竟有的投资者对“廉价”股票有抵触心理。在税法上，股票分割和股票反向分割都不会给股东带来应纳税的利得或可抵扣的损失。

3. 股利政策的影响因素。

（1）股东偏好：考虑股东在股利分配和公司成长之间的偏好。

（2）流动性：考虑公司短期现金头寸。

（3）偿债能力：公司在资不抵债的情况下不得分红。

（4）借款能力：当借款能力欠缺时，公司应该将利润留存下来用于再投资，而不是作为股利分配出去。

（5）盈余稳定性：稳定的盈余往往意味着稳定的、定期发放的股利。

（6）成长机会：当公司成长机会很多时，公司更愿意将利润留存下来用于再投资，而不是作为股利分配出去。

（7）通货膨胀：通货膨胀率高的时候，公司需要留存更多的资金用于再投资。

（8）资本维持原则：法律上要求不得以资本金分红，或者法定要求留存的利润。

（9）债务契约限制：定期贷款合同、债券合同及租赁合同中可能设有约束公司分红的限制性条款。

（10）税收考虑：对于股东来说，股利收入在收到时就要缴税，而股价上涨带来的资本利得在未来变现时（即卖出股票的时候）才需要缴税。

4. 股利政策类型。

上市公司采用的股利分配政策通常包括剩余股利政策、固定或稳定增长的股利政策、固定股利支付率政策以及低正常股利加额外股利政策。表 2 – 12 列示了四种股利分配政策的典型特征。

表 2 – 12　　四种股利分配政策的典型特征

股利政策	含义	优点	缺点	适用
剩余股利政策	净收益满足公司投资的权益资金需求后有剩余，用于派发股利	留存收益优先保证再投资的需要，从而有助于降低再投资的资金成本，保持最佳的资本结构，实现企业价值的长期最大化	股利发放额会每年随投资机会和盈利水平的波动而波动，不利于投资者安排收入与支出及公司树立良好的形象和稳定公司股票价格	公司初创阶段或成长阶段

续表

股利政策	含义	优点	缺点	适用
固定或稳定增长的股利政策	每年派发的股利额固定在某一特定水平或是在此基础上维持某一固定比率逐年稳定增长。只有在确信公司未来的盈利增长不会发生逆转时，才会宣布实施固定或稳定增长的股利政策	有利于公司在资本市场上树立良好的形象、增强投资者信心进而有利于稳定公司股价，安排各种经常性的消费和其他支出	每期固定的股利支付给公司的财务运作带来很大压力	经营比较稳定或正处于成长期的企业，很难被长期采用
固定股利支付率政策	每年净收益的某一固定百分比作为股利分派给股东，股利支付率一经确定，一般不得随意变更	股利与公司盈余紧密地配合，从企业支付能力的角度看，这是一种稳定的股利政策	盈余不稳定导致的股利波动传递的信息容易成为公司的不利因素，影响股票价格的稳定性。固定股利支付率的确定难度大	经营业绩稳定的大型成熟公司
低正常股利加额外股利政策	设定一个较低的正常股利额，盈利情况较好、资金较为充裕的年度向股东发放高于每年度正常股利的额外股利	赋予公司一定的灵活性和较大的财务弹性，有助于稳定股价，增强投资者信心	给投资者以公司收益不稳定的感觉，较长时期持续发放额外股利后，可能会被股东误认为是“正常股利”，取消困难	盈利水平随着经济周期而波动较大的公司或行业

5. 股利分配过程。

（1）股利宣告日。董事会通过派发股利决议日期，宣告派发股利。

（2）除息日。股权登记日前第4个营业日为除息日，确定股利派发到正确的人手中。除息日以前，卖方保留对股利的要求权，股票被“带息”交易，价格较高。除息日以后，股票就是被“除息”交易，价格下降。

（3）股权登记日。认定股东名单即登记持有人，宣告的股利分配给在这个特定日期所记录的股票持有人。

（4）股利派发日。股利支票邮寄给登记股东的日期。

图2-3显示了上述4个日期的先后顺序。

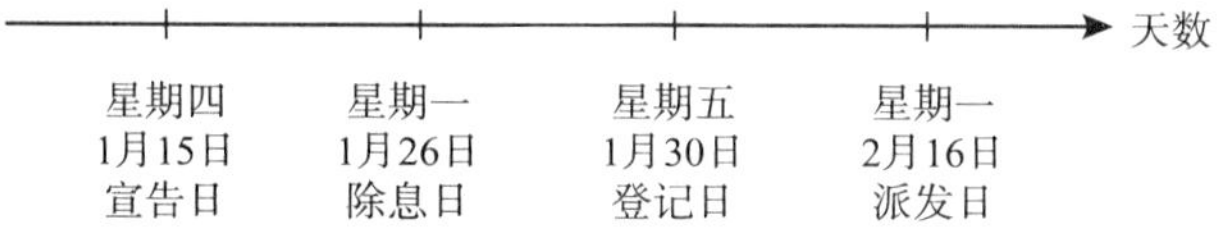

图2-3　股利支付的程序

第二章

【提示】股利政策基本结论：

- 现金股利和回购主要集中在数量相对较少的规模大的成熟公司；
- 管理层极度不愿意削减股利；
- 管理层会平滑股利，使他们随盈利的增长缓慢增长；
- 股价只对未预期的股利有所反应；
- 股票回购的规模会随着临时盈利的变动而波动。

6. 股票回购。

利用多余的现金去回购本公司的股票而代替发放现金股利。股票回购是公司向股东分配利润的一种重要形式。当避税很重要时，股票回购可能是股利政策有效的替代品，股东可以获得资本利得税收优惠。或作为现金股利的补充。选择股票回购作为现金股利的替代品通常有以下理由：

（1）弹性。公司通常将股利视为对股东的承诺，轻易不愿削减现金股利。股票回购不会被看作类似的承诺。因此当现金流长期稳定增长时，公司会提高股利。但现金流增长只是暂时的，公司会进行股票回购以减少现金股利的发放。

（2）管理层激励。与发放现金股利相比，回购股票后股价较高，管理层的期权价值更高。

（3）对冲稀释。股票期权行权后会增加流通在外的股票数量，稀释股价。回购股票可以对冲稀释效果。

（4）发现价值低估。管理层认为股价暂时低估时可能会回购。

（5）税收利益。回购股票税收比现金股利对股东更有利。

回购的股份作为库存股持有，主要留待以后使用，可能的用途包括：①员工持股计划（ESOP）；②员工退休年金；③兼并与收购；④股票期权和认股权证的行权。

此外，公司还可能出于调节股价的目的而回购股票，尤其当管理层认为股票价值被市场低估的时候。

【例题 2－45】 宣布派发 5% 的股票股利后，将对一家公司的资本公积和留存收益产生何种影响？

	资本公积	留存收益
A.	不变	增加
B.	不变	降低
C.	增加	增加
D.	增加	降低

【答案】 D

【解析】 选项 D 正确。5% 股票股利属于小额股票股利，会计准则规定按市价冲减保留盈余。按面值增加股本，超面值部分增加股票溢价，计入资本公积。

【例题 2-46】在决定公告分红的数量时，最重要的考虑因素是：

A. 股东的预期

B. 对于留存收益的未来使用安排

C. 通货膨胀对重置成本的影响

D. 对现金的未来使用安排

【答案】D

【解析】选项 D 正确。股东的预期、留存收益的使用、通货膨胀对重置成本的影响都是公告分红时重要的考虑因素。但最为重要的因素是对未来现金使用的安排，因为股利支付需要大量现金。

【例题 2-47】某股票年初的股票价格为每股 60 美元。在年中，该公司进行了 3∶2 的股票分割。年末股票每股价格为 50 美元。本年没有派付股利。投资者本年度在这只股票上获得的总收益是多少？

A. -20%　　B. 15%　　C. 25%　　D. 30%

【答案】C

【解析】选项 C 正确。3∶2 的股票分割即 2 股拆分为 3 股。股票投资收益率 = 资本利得收益率 + 股息收益率。资本利得收益率为股票的价差与初始投资的比率。总收益率 $= \frac{(3 \times 50\text{ 美元} - 2 \times 60\text{ 美元}) \div 2}{60\text{ 美元}} \times 100\% = 25\%$。

第四节　营运资本管理

一、营运资本相关概念

（一）营运资本

营运资本也称为流动资本，包括毛营运资本和净营运资本两个概念。毛营运资本指的是公司在流动资产上的投资金额；净营运资本是指公司流动资产金额和流动负债金额之间的差额。CMA 考试中所称的营运资本，一般是指净营运资本。净营运资本体现了公司掌握的可以立即变现的流动性来源，可以用来维持和扩大公司的业务。公司的流动负债金额有多有少，导致净营运资本有正有负。

短期财务预测对于筹划公司的营运资本需求至关重要。好的预测，一方面能让公司避免持有过多的现金和存货，另一方面也能让公司提早安排应付账款之外的营运资本的筹资来源。短期财务预测的测算，经常使用销售百分比法。

（二）营运资本的管理政策

营运资本管理涉及流动资产的投资决策和流动资产的筹资决策。营运资本的管理政策可以分为激进型、保守型和适中型（见表2－13）。

表2－13 营运资本管理政策

战略因素	激进型	保守型	适中型
管理层的风险容忍度	强	弱	居中
流动资产投资数量	少	多	居中
流动性指标	低	高	居中
利息费用	低	高	居中
利润水平	高	低	居中
这些因素导致的结果	由于没有意外事件的应急计划，运营可能中断	保证营业周期内平稳运行	合理保证营业周期内平稳运行

营运资本管理的目标之一是缩短经营周期和现金周期。

经营周期等于存货的持有天数加上应收账款的收款天数。现金周期等于经营周期减去应付账款的付款天数。减少存货的持有天数或应收账款的收款天数、增加应付账款的付款天数，可以缩短经营周期和现金周期，而这些措施都需要管理层慎重使用。

有效的营运资本管理对所有公司都很重要。为了确保营运资本管理的效率，公司需要把握营业活动各个相关环节，包括：

（1）现金管理。管理现金的流入和流出。

（2）有价证券管理。管理短期投资组合。

（3）应收账款管理。管理现金收款。

（4）存货管理。维持原材料、在产品、产成品等存货项目数量在合理水平。

（5）短期信用管理。使用应付账款及信贷协议等短期信贷工具。

【例题2－48】斯密斯玻璃有限公司的首席财务官遵守资产到期与融资到期日匹配的政策，该政策不包括下述哪一项？

A. 通过应付款和银行债务等短期债务为现金、应收账款和存货的季节性扩张融资

B. 业务中要求保留的现金、应收账款和存货的最低水平是保持不变的，可以使用长期债务或者权益融资

C. 现金、应收账款和存货可以使用长期债务或者权益融资

D. 工厂和设备等长期资产应该使用长期债务或者权益融资

【答案】C

【解析】选项A不正确。通过短期负债为流动资产融资属于配合型政策。

选项B不正确。用长期资本来源为永久性流动资产提供资金，属于配合型政策。

选项C正确。现金、应收账款和存货使用长期债券或者权益融资属于保守型融资策略。

选项D不正确。工厂和设备等长期资产采用长期资本来源属于配合型政策。

二、现金管理

现金管理的目标是在符合公司战略目标和风险管理要求的前提下，尽可能高效地使用现金。

（一）持有现金的动机

企业持有现金的动机包括以下三类：

（1）交易动机。旨在解决现金流的非同步性，以满足日常业务运作中的财务支付需要（比如小额采购、员工薪酬、税收和股利）。

（2）预防动机是为非预期的现金需求提供一个缓冲。

（3）投机动机。涉及对多余流动性储备的使用，以利用短期投资或其他可能发生的暂时赚钱机会。

此外，企业可能会基于补偿性余额的要求持有现金。补偿性余额是公司的资金中被银行保留在低息或无息账户上作为信用额度或其他借款协定的部分。通常是借款金额的2%～5%。补偿性余额会提高银行信用的实际利率。

（二）影响现金水平的因素

（1）流动性要求。流动性是指在不招致损失的情况下，将资产迅速转换成现金的能力。流动性的提高能增强企业的获利能力并降低偿付能力不足的风险。

（2）获利能力及风险政策。获利能力与流动性反向变化。企业必须确定流动资产的最优投资水平以及为支持流动性要求所必需的长短期融资的恰当组合。这些投资必须考虑到获利能力与流动性间的相互关系以及二者间的权衡。

（3）现金流量的管理。现金预算发挥了数据预测和财务控制的功能，是现金管理的起点。现金管理涉及的现金流包括：

①现金流入。包括从客户那里收取销售款，从银行等借款人那里获取贷款，从投资者那里获取融资款。

②资金集中。是指公司内部各业务单位或公司自己的各银行账户的资金，通过划转汇聚成公司资金池。

③现金流出。是指现金从公司的资金池汇出，支付给员工、供应商、股东或其他收款人。

现金流发生的时间对于公司维持适当的流动性、优化现金资源和风险管理来说，都是至关重要的。公司通常可以从缩短收款期间和延长付款期间中获利。

（三）加速现金回款的方法

1. 收款系统。

收款系统是用于处理客户回款和汇集流入现金的一系列银行安排和处理程序。企业一般通过减少收款浮差来加速现金收款。收款浮差是从付款人邮寄支票到收款企业收讫这笔资金之间的时间间隔。由邮寄浮差（支票寄出与收款人或处理地点收到支票之间的时间间隔）、处理浮差（收款人或处理地点收到支票与将支票存入金融机构之间的时间间隔）和取款浮差（支票存入金融机构与收款资金记入企业存款账户贷方之间的时间间隔）组成。如图 2－4 所示。

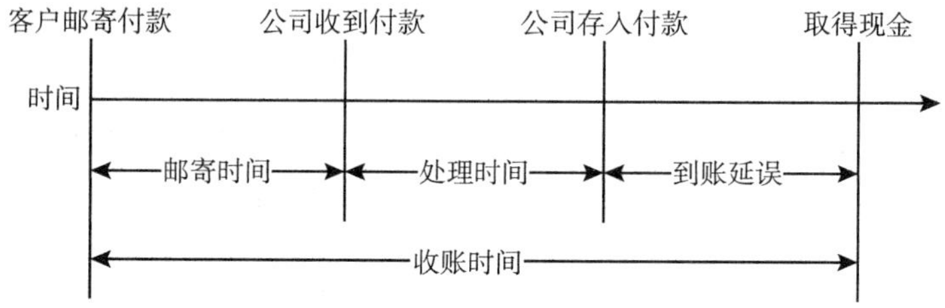

图 2－4　收款系统

2. 锁箱系统。

锁箱系统是企业和银行机构之间的一种安排。采用锁箱系统，所有存款都直接由银行接收，并立即存入企业账户。

锁箱系统确保存款在收到的当天得到处理，减小了处理浮差。邮寄浮差和取款浮差也可以得到缩短，这取决于锁箱地点。

锁箱系统的主要缺点是存在额外的银行服务成本，包括固定和变动两种成本。在决定是否使用锁箱系统时，企业需要比较该系统的额外成本与从系统中所能获得的潜在收益，即缩短企业收款浮差产生的利益。锁箱系统净收益计算如下：

锁箱系统的净收益＝浮差机会成本的减少＋内部处理成本的减少－锁箱处理成本

> **【提示】** 浮差机会成本的减少（年减少额）＝日均现金处理量×锁箱系统节约的收款天数×有价证券年利率。

（四）减慢现金支付的方法

1. 支付系统。

支付系统是向员工、卖方、供应商、税收机构和其他收款人（如股东和/或债券持有人）支付资金的一系列银行安排、付款机制和处理程序。付款浮差是付款人寄出支票与资金从付款人账户中扣除之间的时间间隔，由邮寄浮差、处理浮差和清算浮差组成。清算浮差是指收款人存入支票与银行将支票记入付款企业账户之间的时间间隔。提高支付浮差是减慢现金支付的有效手段。

2. 减慢支付的其他方法。

现金管理中普遍使用的减慢支付的方法包括零余额账户、集中支付、汇票支付等。表 2 – 14 汇总了各种减慢支付方法的典型特征。

表 2 – 14　　减慢支付的方法及其特征

方法	特征
零余额账户	余额保持为零仍可签发支票的支付账户
	可以控制账户余额，消除在附属账户中闲置的过剩余额
	准确地将主账户余额投资到证券上
	保持总部资金控制权，实现若干经营场所的企业分散支付款项
	确保主账户有足够储备以保证相关的零余额账户的支付
集中支付	通过一个单一账户（总部或集中处理中心）进行支付
	过剩现金可以用作贷款偿还或投资
	改善对现金头寸信息的访问
	需要仔细地监控，以确保延迟付款不会导致现金折扣损失或不致损害与收款人之间的关系
汇票支付	延迟了企业必须有可用资金的时间，从而允许企业维持较小的银行余额
	银行一般征收较高的服务费

第二章

【提示】

- 现金流入管理目标是加速现金回收，缩小收款浮差，节约现金占用。现金流出管理目标是延长付款周期，扩大付款浮差，节约现金占用。
- 浮差 = 银行存款对账单余额 – 日记账账面余额。浮差的大小取决于绝对金额和延误时间。
- 《21 世纪支票清算法案》将支票支付时间缩短到 1 天，甚至可以在当天完成，显著减少浮差。

（五）电子商务

从现金管理的角度看，电子商务是指使用信息和网络技术，便利公司和交易对方之间的商业往来。电子商务的概念涵盖了很多通信协议和数据格式，包括互联网、内联网、网上商务、电子数据交换。现金管理所涉及的电子转账和金融电子数据交换都属于电子数据交换的范畴。电子商务的主要优点有：①取消人工处理，提高生产效率；②缩短营业周期；③降低出错率；④改善现金流预测；⑤提高沟通能力。

电子商务系统实施和维护得当的话，能够促进企业与供应商、客户之间结成更紧密的商业纽带。

一项现金管理系统，不管简单也好复杂也好，都要实现下列基本功能：

①加速现金流入；②延缓现金流出；③减少闲置资金；④减少现金管理成本；⑤维持与客户和供应商的良好关系；⑥减少保持后备流动性来源的成本；⑦给管理层提供更有价值的财务信息。

三、有价证券管理

营运资本管理中的有价证券，是指一年内或更短时间内到期的投资，即短期投资。会计上将三个月以内到期的证券划分为现金等价物，将一年内到期的证券划分为短期投资。

（一）持有有价证券的目的

（1）保持流动性。有价证券视为“准现金”或“即时现金”的来源，可以覆盖因为现金流入不足或未预期的现金流出导致营运资本失衡。

（2）满足可控的现金流出。企业有一些可预测的现金支出，如利息、税金、分红、保险费等，为这些事项预留出的资金可以先投资于有价证券，以赚取利息。

（3）增加现金收入。企业有一些现金结余，暂时没有用途，将其投资于有价证券，可以赚取利息。

（二）选择有价证券应考虑的因素

（1）安全性。安全性体现为本金不受损，这是选择有价证券的指导原则，也是最重要的标准。公司要寻找的是安全系数高而且能带来一定收益水平的短期投资。

（2）流通性。证券的流通性是指证券的持有人将证券快速出售变现而无须在出售价格上做出重大让步的能力。流通性的高低取决于是否存在交易量大的活跃二级市场。

（3）收益率。证券的收益率体现为利率和/或价格的涨幅，即使美国国库券也不例外。收益率与流动性之间存在着反向变动的关系，也就是说，证券的流动性越强，往往预期收益率越低；收益率与风险之间存在着正向变动的关系，也就是说，证券的风险越高，往往预期收益率越高。

（4）期限。期限代表证券的存续时间，由证券的到期偿还日所决定。公司在进行短期证券投资时，会考虑让证券的到期偿还日尽量与公司预计需要使用现金的日期相匹配。

（5）税负。公司需要考虑证券投资的税收影响，结合本公司有效税率，比较免税证券的收益和应税证券的税后收益。

（三）有价证券的类型

证券（包括债务和权益工具）的交易市场分为两类：资本市场和货币市场，资本市场上交易的是股票和长期债券，货币市场上交易的是一年内到期的短期债务工具。

表 2－15 列示了货币市场各种有价证券的典型特征。

表 2－15　　货币市场各种有价证券的典型特征

有价证券	特征
美国政府短期国库券	联邦政府发行，4 星期、3 个月、6 个月，极其活跃的二级市场，折价，周拍卖
联邦机构贴现票据	美国“两房”发行，没有政府完全信用支持，3～6 个月，非常活跃的二级市场，折价，利率略高于国库券，中间商出售
免税市政票据	市政机构、州府、学校社区发行，免联邦所得税，3～12 个月，活跃的二级市场，风险比国库券略高，到期付息
定期存单	大型商业银行发行，可转让或不可转让，1～3 个月或更长，清淡的二级市场，到期付息
商业票据	工业公司、财务公司、银行控股公司、市政机构发行，最长 270 天，一般 60 天，折价，信用评级，信用票据，中间商或直接发行
中期票据	大型财务公司、银行及工业公司发行，最少 270 天，小于 10 年，交易商回购，付息，固定利率，无担保，中间商发行
银行承兑汇票	商业银行发行，1～6 个月，相当清淡的二级市场，折价
回购协议	美国政府债券的交易商，隔夜到 3 个月，没有二级市场，中间商买卖政府债券时包含了回购协议
浮动利率优先股	股息率拍卖设定，公司间发放的股利收益 70%～80% 免税，比普通优先股价格波动小

【例题 2－49】 以下选项除了哪一项之外都是持有现金的原因？

A. 预防性动机　　B. 交易动机

C. 赚取利润的动机　　D. 满足未来需求的动机

【答案】 C

【解析】 选项 C 正确。持有现金的动机包括交易性动机、预防性动机以及投机动机。此外，也可能因为银行贷款合约的要求维持一定数额的补偿性余额。赚取利润不是持有现金的目的，现金资产收益率水平最低。

【例题 2－50】 波威集团会与全国的客户进行交易，并且试图更有效地回收应收账款。一家较大的银行负责为波威开发和运行一套保险箱收款系统，每年花费大概是 90 000 美元。波威每天平均收到 300 张收据，每张平均为 2 500 美元。短期的利率成本为每年 8%。如果按一年 360 天计算，那么平均回款时间降低多少才能保证使用保险箱收款系统的成本最低？

A. 0.67 天　　B. 1.20 天　　C. 1.25 天　　D. 1.50 天

【答案】 D

【解析】 选项 D 正确。日均现金处理量 =300 ×2 500 美元。设平均回款时间缩短 X 天。

收现期缩短 X 天引起的现金节约额 =300 ×2 500 美元 ×X

年均节约利息 =300 ×2 500 美元 ×X ×8%

300 ×2 500 美元 ×X ×8% =90 000 美元

X =1.5 天

【例题 2 -51】 加奈尔公司正在考虑新的应付账款和现金支付流程，进而在没有对供应商关系产生负面影响的条件下，推迟 3 天的支付时间。每日平均现金流出约为 1 500 000 美元。加奈尔在本年度的 8 个月内都有短期负债，在 4 个月内可能面临投资机会。以一年为基础，银行的贷款利率平均约为 7%，有价证券的收益率为 4%，那么，加奈尔的新流程所花费的年度最大支出为多少才能使得公司仍然收支平衡？

A. 90 000 美元　B. 180 000 美元　C. 270 000 美元　D. 315 000 美元

【答案】 C

【解析】 选项 C 正确。最大年度费用应该等于项目预期收益。预期收益是释放资金 4 个月的投资收益，加上 8 个月的负债利息。

三天延缓支付的累计金额 =150 000 ×3 =4 500 000（美元）

日投资收益 =4 500 000 ×4% ÷360 =500（美元），年收益 =500 ×360 ×4 ÷12 =60 000（美元）

日贷款利息 =4 500 000 ×7% ÷360 =875（美元），年利息 =875 ×360 ×8 ÷12 =210 000（美元）

预期收益 =60 000 +210 000 =270 000（美元）

【例题 2 -52】 以下选项中，哪一项是对美国国库券（T - bill）的最好表述？

A. 无票面利率，无利率风险，且按面值发行

B. 具有活跃的二级市场，1 ~24 个月的到期时间，且每月支付利息

C. 具有活跃的二级市场，且收到的利息将从联邦所得税中扣除，且无利率风险

D. 无票面利率，无违约风险，应得利息受联邦所得税影响

【答案】 D

【解析】 选项 D 正确。短期国库券（T - bill）：无票面利率，期限最长 6 个月，折价出售，面值赎回，利息不免联邦所得税，免州所得税。中期国债（T - note）：按半年计息，1 ~10 年。长期国债（T - bonds）：类似中期国债，期限长于 10 年。

四、应收账款管理

应收账款（A/R）是指由于公司赊销商品或服务所形成的客户对公司的欠款。赊销是一种促进销售的工具。应收账款的管理也要考虑风险和收益的权衡。公司需要设立有效的政策和流程来管理应收账款。

（一）持有应收账款需考虑的因素

（1）宏观经济形势；
（2）目标市场（维持现有客户并招揽新的客户所需要的信用条件）；
（3）行业惯例（例如竞争对手的信用条件）；
（4）因为赊销而丧失的潜在利息收入。

（二）应收账款管理的主要环节

（1）制定信用政策和销售条款；
（2）评估客户资信状况并确定授信额度；
（3）及时发送账单，及时收款；
（4）准确记录应收账款并随时更新；
（5）追查逾期款项并启动必要的催收程序。

（三）应收账款和客户授信的管理

一般常用客户信用评价的“5C 评估法”来评估是否给客户授信。
（1）品质（character）：客户的声誉；
（2）条件（conditions）：客户的财务状况和宏观经济形势；
（3）现金流（cash flow）：客户的资金状况；
（4）信用（credit）：客户的信用评级及信用状况；
（5）担保（collateral）：客户是否对应收账款提供担保。

【提示】

- 信用评价体系中首要被评价的是客户的品质，即客户偿还债务的信誉。
- 评价客户信用过程中信息资料的来源可以采用以下途径：
  - 客户的财务报表，依据财务报表计算各种反映客户偿债能力的指标；
  - 购买者与其他公司之间信用交往的历史报告，即过去的信用记录；
  - 客户的商业银行；
  - 购买者与公司之间的交往历史。

（四）信用条件

信用条件规定了接受公司产品或服务的客户，应该在何时以何种方式支付价款，并可能涉及折扣条款。折扣条款包括信用期和现金折扣两部分。信用期是客户无论是否获取折扣都必须付款的最终期限（如 20 日、30 日）；现金折扣是客户如果提前付款，能享受到的价款上的优惠。例如，折扣条款记作（5/10，*n*/30），意味着客户如果在账单开具之日起 10 日内付款，可以享受 5% 的折扣，10～30 天付款不享受折扣。

（五）常见的信用条件

常见的信用条件见表 2－16。

表 2－16　信用条件的类型与特点

类型	特点
单纯赊账（挂往来科目）	• 卖方所发账单就是双方之间债务关系的正式凭证，在会计上，卖方将销售价款计入应收账款 • 卖方就每一笔交易向客户发送账单，并按月发送往来对账单 • 实际收款的时间和金额取决于约定的信用和现金折扣（如有）；并可能对逾期付款加收滞纳金 • 定期对赊销客户的资信状况进行评估 • 最常见的商业信用形式
分期收款信用	• 要求客户按月等额支付货款本息 • 双方可以以书面形式约定信用期限、利率等债务条款 • 常用于大件耐用消费品（如汽车）的销售
循环授信	• 授信额度可以滚动使用，只要账户状态良好，即欠款未超过限额且付款及时，则无须针对每一笔交易另行授信审查 • 对于逾期账户，按照当期平均欠缴金额加收逾期利息
信用证（L/C）	信用证下，银行向卖方（而不是买方）出具承诺，保证支付信用证项下约定的金额 • 通常由买方为开立信用证支付开证费

（六）延长信用期

延长信用期主要目的是增加销售收入进而增加利润。其会影响到应收账款相关的风险和收益。在决定是否延长信用期的时候，公司需要比较增加的销售收入中所含的利润和增加的应收账款带来的机会成本。如果前者超过了后者，延长信用期就是划算的；否则，延长信用期则是得不偿失的。

（七）改变折扣政策

改变折扣政策目的在于加速应收账款的收款。例如，提供现金折扣或提高现有现金折扣政策的优惠幅度。在决定是否提供现金折扣的时候，公司需要比较加速收款带来的收益（体现为减少的应收账款的机会成本）和提供现金折扣的成本。如果前者超过了后者，提供现金折扣就是划算的；否则，提供现金折扣则是得不偿失的。

（八）违约风险

应收账款的价值取决于款项收回的可能性。坏账指的是收款缓慢甚至有一部分根本无法收回的应收账款。违约风险是指客户（无论是个人还是企业）未能按照约定履行支付价款义务的风险。为了让违约风险最小化，公司需要设立并及时更新对客户的授信标准，并了解客户的资信状况（见表2－17）。

表2－17　如何了解客户的资信状况

渠道	内容
内部渠道	• 申请人填写的授信申请表 • 申请人填写的合同 • 申请人与公司交易的历史记录，尤其是付款记录
外部渠道	• 财务报表。审查经审计或未经审计的财务报表，将相关财务比率与行业平均水平相比较 • 业内评价。联系与该申请人存在业务往来的其他公司，了解其实际付款情况 • 银行或其他贷款人。获取申请人正式的征信报告，了解其财务状况和资信实力 • 政府机构。获取全国性或地方性政府机构公布的申请人资信历史记录

（九）最佳的信用政策和收款政策的影响因素

信用政策和收款政策不是一成不变的，公司需根据实际情况调整这些政策，以获得最大收益。信用政策和收款政策带来的收益，起码应该覆盖这些政策本身的成本。最优的解决方案是通过信用标准、信用期限和催收支出综合平衡达成的。

（1）若没有信用标准，销售收入和边际贡献能实现最大化，但是所带来的利润随后就会被巨大的应收账款持有成本、坏账损失、催收成本吞噬。

（2）信用标准一旦收紧，销售收入和边际贡献会因之下滑，但是账期会缩短，应收账款持有成本、坏账损失等也会减少。

（3）最优的信用政策要权衡授予信用的利与弊，在此基础上寻求净收益的最大化。

【提示】

最优信用政策是使信用成本后收益最大的方案或信用成本之和最小的方案。信用成本后收益是企业在扣除机会成本、坏账损失、收账费用以及现金折扣等信用成本之后的收益。

【例题 2－53】 某公司将其信贷条款从 $n/30$（30 天内付款）更改为 2/10、$n/30$（10 天内付款折扣 2%，到期日为 30 天）。这种改变的最不可能产生的影响是：

A. 销售增加　　B. 现金转换周期缩短

C. 短期借款增加　　D. 坏账损失减少

【答案】 C

【解析】 选项 A 不正确。改变信用条件，提供现金折扣，部分客户可能基于获得现金折扣利益转移供应商，增加销售额。

选项 B 不正确。提供现金折扣会使部分客户为了获得现金折扣选择提前付款，加速企业现金回流，缩短现金周转期，这是提供现金折扣很有可能发生的财务结果。

选项 C 正确。提供现金折扣会促使客户提前付款，降低应收账款余额，缩短应收账款回收期，继而缩短企业营业周期，在其他因素不变的情况下，现金周转期缩短，流动性增强，不会增加短期借款。

选项 D 不正确。现金折扣促使部分客户提前付款，使企业应收账款回收周期缩短，占用在应收账款上的资金减少，降低平均收账期、机会成本、坏账损失、收账费用。

【例题 2－54】 D 公司正在考虑最合适的短期融资方法。供应商的交易信用条款为 2/30，$n/90$（货到 30 天内付款折扣 2%，到期日为 90 天）。银行的借款利率为 12%。一个投资银行家也表示愿意为 D 公司发行商业票据。商业票据将按季度发行，总额为 9 100 000 美元，而净收益为 8 800 000 美元。公司会选择哪一种方式？

A. 交易折扣，因为它使得资金成本最低

B. 银行借款，因为它使得资金成本最低

C. 商业票据，因为它使得资金成本最低

D. 成本都差不多，决策只考虑哪个更便利

【答案】 B

【解析】 计算三种短期融资的成本

60 天商业信用贷款 $= [2\%/(1-2\%)] \times [360/(90-30)] = 12.24\%$

银行贷款 $= 12\%$（最低）

商业票据 $= [(9\,100\,000 - 8\,800\,000) \div 8\,800\,000] \times 4 = 13.64\%$

【例题 2－55】 S 公司是一家保龄球手套制造商，现在在调查其信用政策实行的可能性。当前公司使用的是货到付款的支付策略。在新的政策下，销售会增加 80 000 美元。公司的毛利率为 40%，估计新增销售部分的坏账损失率为 6%。忽略资金成本，新销售策略下的税前销售收益率为多少？

A. 34.0%　　B. 36.2%　　C. 40.0%　　D. 42.5%

【答案】 A

【解析】选项 A 正确。

计算毛利（即增加的边际利润）和坏账损失：

毛利 =80 000 ×40% =32 000（美元）

坏账损失 =80 000 ×6% =4 800（美元）

税前收益 =32 000 -4 800 =27 200（美元）

税前收益率 =27 200 ÷80 000 =34%

【例题 2 -56】福斯特产品公司正在重新评估小型零售商的授信政策。现在有 4 个方案，评价结果如下（单位：美元）：

	方案年收入	坏账	收款成本	应收账款	存货
A.	200 000	1 000	1 000	20 000	40 000
B.	250 000	3 000	2 000	40 000	50 000
C.	300 000	6 000	5 000	60 000	60 000
D.	350 000	12 000	8 000	80 000	70 000

这些信息显示坏账和回款成本是如何随着销售的变化而变化的，不同的年度费用都是不相同的。应收账款和存货的平均余额也可以预期。福斯特的产品成本是售价的 80%，税后资本成本为 15%，福斯特的有效所得税税率为 30%。那么福斯特的最优计划是：

A. A 方案　　B. B 方案　　C. C 方案　　D. D 方案

【答案】B

【解析】选项 B 正确。计算不同信用政策的经济利润，选择经济利润最大的方案。

A 方案：[200 000 ×(1 -80%) -1 000 -1 000] ×(1 -30%) -(20 000 +40 000) ×15% =17 600(美元)

B 方案：[250 000 ×(1 -80%) -3 000 -2 000] ×(1 -30%) -(40 000 +50 000) ×15% =18 000(美元)

C 方案：[300 000 ×(1 -80%) -6 000 -5 000] ×(1 -30%) -(60 000 +60 000) ×15% =16 300(美元)

D 方案：[350 000 ×(1 -80%) -12 000 -8 000] ×(1 -30%) -(80 000 +70 000) ×15% =12 500(美元)

五、存货管理

存货管理是指确定并维持必要的存货数量水平，以确保客户订单能够及时恰当地得到满足。

（一）持有存货目的

企业在报表中持有存货通常基于以下目的：

(1) 为供求提供缓冲。

(2) 覆盖供给率与需求率之间的不匹配。

(3) 为超过预期或在非预期时点的客户需求提供充分服务。

(4) 弥补延迟的或不充足的供货。

(5) 大宗订单的价格折扣。

(6) 批量生产降低生产成本。

(7) 均衡生产水平。

(8) 覆盖紧急事件。

一般来说，只有当增加一单位存货所带来的额外收益超过其所带来的额外成本时，提高存货持有量才是划算的。

(二) 持有存货成本相关

(1) 持有成本（carrying cost）。持有成本代表持有存货的直接成本和机会成本，包括：①仓储成本和追踪成本；②保险费和税；③废弃、毁损或盗窃产生的损失；④存货占用资本的机会成本。

(2) 短缺成本（shortage cost）。短缺成本是因存货不足产生的成本。包括再订货成本以及与安全存量相关的成本。订购成本是向供应商下达订单的成本，或是开始生产的准备成本。与安全存量相关的成本是机会损失，如销售损失以及由于存货不足而丧失的对客户的信誉。

> **【提示】** 随着存货水平的增加，持有成本不断上升，短缺成本不断下降。存货管理的基本目标是在持有成本和短缺成本之间进行基本权衡，使这两个成本之和最小。

(三) 经济订购批量模型

经济订货量（EOQ）代表了最优订货数量，即假设企业定期采购某一存货项目，在每次订货时应该订购多少数量，才能够使订货成本和持有成本之和实现最小化。

1. 经济订购批量基本模型。

(1) 基本模型。经济订购批量模型是准确建立最优存货水平的一种方法。与经济订购批量基本模型相关的存货成本仅包括存货的持有成本和存货的再订购成本。图 2-5 是经济订购批量模型中，存货持有成本与再订购成本构成的相关总成本图。由图 2-5 可以看出，图中显示当存货订购规模增加时，持有成本上升，订购次数减少，再订购成本下降。反之，存货订购规模减少时，持有成本下降，订购次数增加，再订购成本增加。总成本是持有成本和再订购成本之和。经济订货批量是能够使存货相关总成本最低的订货数量。

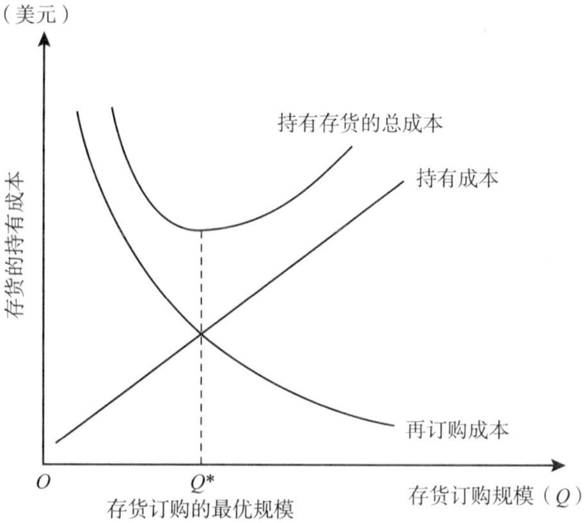

图2－5　经济订货批量基本模型相关总成本曲线

经济订购批量模型的基本计算公式如下：

$$EOQ=\sqrt{\frac{2T\times F}{CC}}$$

其中：EOQ 为经济订购批量；T 为年度存货需求总量；F 为每次订货订单成本；CC 为单位存货年持有成本。

> **【提示】**存货经济订货批量模型的目标是求出总成本最小时的 Q，即再订购数量或经济订货批量。

（2）经济订购量（EOQ）基本模型的假设条件。建立经济订购批量基本模型需要建立如下假设条件：

①企业能及时补充库存，即需要订货时便可立即取得库存。

②能集中到货，而不是陆续到货。

③不允许缺货，即缺货成本为零。

④需求量稳定，并且能预测。

⑤存货单价不变，不考虑现金折扣。

⑥企业现金充足，不会因为短缺现金而影响进货。

⑦所需存货市场供应充足，不会因买不到需要的存货而影响其他。

（3）经济订购量模型的缺点。经济订购量模型虽然广泛使用，但是仍存在缺点：

①模型的假设未必准确也未必现实。经济订货模型假设需求量、交货周期和各项成本等相关因素都完全确定且可知，这种理想的情况现实中极少存在。

②计算是基于估算的成本和预计的需求量。

③在自制存货的情况下，如果每次生产准备成本很高，计算出来的生产批量极大，将导致产能闲置和存货过剩。

④产能过剩导致了过多的资金被存货押占。

2. 经济订货批量基本模型修正。

（1）再订购点修正。再订购点是存货订单下达时所允许的库存的最小量，目的是解决存货运送时间内企业对存货的合理需求。

$$再订购点存货需要量 = 订货提前期 \times 日需求量 + 安全存货$$

（2）存在价格折扣时的模型修正。当批量采购存货时，不同的采购批量会产生不同的价格折扣，使得存货的采购价格发生变动。因此，确定最优采购批量过程中需要考虑价格折扣对采购批量的影响。

$$价格折扣下模型相关成本 = (Q/2) \times CC + (T/Q) \times F + T \times P(1 - 折扣率)$$

其中，P 表示单位存货的采购价格。

【提示】

● 安全库存。安全库存是指必须保持的最低存货水平。只要存货水平降低到安全库存水平，需要再订购。保持安全库存的原因之一，是为了应对不确定的运送时间和预测不准确的日消耗量。

● 安全库存范围内存货平均持有量即为安全库存量。

（四）引致需求存货管理

引致需求存货是指对某些存货的需求来自或依赖于对其他存货的需要。例如，汽车制造商对产成品的需求依赖于消费者的需求、营销计划以及其他与预测销售量有关的因素，而对于轮胎、前灯、电池以及其他零部件的需求则来自汽车的销售计划。物料需求计划和准时制是管理引致需求存货的两个方法。

（1）物料需求计划（materials requirements planning，MRP）。MRP 的基本观念是，一旦确定了产成品的存货水平，必须确定在产品存货数量以满足产成品的需求，继而计算必须拥有的原材料数量。这种从产成品存货倒推的方法来源于产成品存货和原材料存货之间的相互依存性。对于需要很多不同的零部件才能完成的复杂产品，MRP 尤其重要。

（2）准时制（just-in-time，JIT）。JIT 系统是在存货被需要时到达的一种管理体系，目标是使存货最小化，存货周转率最大化。但存货需要多次反复小批量再订购，因此，该系统有效运转并避免存货短缺的重要因素是与供应商的高度合作。

【提示】

●“看板”是 JIT 存货系统中非常重要的部分，因此，JIT 系统也被称为看板系统。看板具有“卡片”或“标志”的含义，对供应商意味着发送更多存货的信号。

● JIT 系统的好处。

- 减少原料、设备、操作人员等投入，满足现时生产目标，最小化生产运营中的浪费；
- 减少必需的生产和储存空间；
- 减少财产投资和间接费用；
- 降低存货投资等。

【例题 2－57】 以下选项中，除了哪一项以外都是存货的持有成本？

A. 仓储成本　　B. 保险　　C. 运输成本　　D. 机会成本

【答案】 C

【解析】 选项 A 不正确。仓储成本是在储存存货过程中发生的成本。

选项 B 不正确。存货储存过程中需要为其购买保险，是存货储存成本中的重要组成部分。

选项 C 正确。运输成本会通过采购费用计入存货历史成本，体现为资产负债表中存货占用的资金，乘以机会成本率，透过机会成本反映为存货的持有成本，而运输成本本身不是持有成本。

选项 D 不正确。机会成本是因储存存货占用的资金产生的丧失收益，是存货储存成本中最重要的组成部分。

【例题 2－58】 森达公司的存货盘点表明娱乐中心的成本数据如下：

发票价格（每单位）	400 美元
运输及其保险（每单位）	20 美元
存货保险（每单位）	15 美元
卸货（每单）	140 美元
订货成本（每单）	10 美元
资本成本	25%

对于每个娱乐中心而言，总的存货持有成本为多少？

A. 105 美元　　B. 115 美元　　C. 120 美元　　D. 420 美元

【答案】 C

【解析】 选项 C 正确。存货的持有成本包括：存货的储存费用、存货的保险费用、搬运与处理费用和存货资金积压产生的机会成本。存货的买价、运输过程中的保险及运费构成外购存货的历史成本，列入资产负债表，表明企业在存货上投入的资金或占用的资金，继而会产生机会成本。

存货占用的资金（包括买价和采购费用）＝400＋20＝420（美元）

存货的机会成本＝420×25%＝105（美元）

单位持有成本＝存货保险＋存货的机会成本＝15＋105＝120（美元）

【例题 2－59】基本经济订货量（EOQ）模型包括以下哪些假设？

Ⅰ. 每个订购点订购相同的固定数量

Ⅱ. 采购成本不受订购数量的影响

Ⅲ. 采购订单交付期已确定

Ⅳ. 始终维持充足的库存以避免缺货

A. 仅Ⅰ和Ⅳ　　B. 仅Ⅱ和Ⅲ

C. 仅Ⅰ、Ⅱ和Ⅳ　　D. Ⅰ、Ⅱ、Ⅲ和Ⅳ

【答案】D

【解析】选项 D 正确。Ⅰ表明每次订单数量相同，即经济订货批量相同。Ⅱ表明存货单位采购成本稳定，不因采购数量的变化而发生价格折扣。Ⅲ表明订单存在稳定的交付期，交付过程不存在不确定性。Ⅳ表明假定不允许缺货。上述四项都是建立存货经济批量模型的基本假设。

【例题 2－60】卡纳斯集团使用经济订购批量数学模型作为其存货控制程序的一个部分。以下哪一个变量的增加会导致 EOQ 的增加？

A. 持有成本比率　　B. 每单位的采购成本

C. 订货成本　　D. 安全库存水平

【答案】C

【解析】选项 A 不正确。持有成本比率是经济订货模型中的分母，也可以表示为每单位储存成本，其提高会导致经济订货批量减少。

选项 B 不正确。每单位采购成本是指存货的买价，经济订货批量模型假定买价稳定。因此，该项目与经济批量无关。

选项 C 正确。订货成本是模型中分子的一项，与经济订货批量同方向变动。

选项 D 不正确。经济订货批量模型假设不允许缺货，因此，安全库存与订货量无关。

【例题 2－61】威利公司每年使用某种稀缺元素 400 磅，每磅的成本是 500 美元，但供应商提供一个批量折扣：如果订单规模在 30～79 磅之间可以享受 2% 的折扣，订单为 80 磅及以上可以享受 6% 的折扣。下达订单的成本是 200 美元，持有成本为每磅原材料 100 美元，并且不受折扣的影响。如果采购经理下达 8 个 50 磅的订单，那么下达订单和持有成本（含折扣损失）为：

A. 1 600 美元　　B. 4 100 美元　　C. 6 600 美元　　D. 12 100 美元

【答案】D

【解析】选项 D 正确。计算存货的总成本，包括订货和持有成本。

订货成本 = 200 × 8 = 1 600（美元）

平均存货量 = 50 ÷ 2 = 25（美元）

持有成本 = 25 × 100 = 2 500（美元）

总折扣 1 = 400 × 500 × 2% = 4 000（美元）

总折扣 2 = 400 × 500 × 6% = 12 000（美元）

总折扣损失 = 8 000（美元）

计算的存货成本合计值 = 1 600 + 2 500 + 8 000 = 12 100（美元）

【例题 2 - 62】 潘特公司每年会使用 48 000 加仑的油漆，每加仑价格 12 美元。存货持有成本为购买价格的 20%。公司按照一个固定比率使用存货，从下订单到交货的时间（lead time）为 3 天，潘特公司拥有 2 400 加仑的油漆作为安全储备。如果公司每张订单都是 2 000 加仑的油漆，那么存货持有成本为多少？

A. 2 400 美元　　B. 5 280 美元　　C. 5 760 美元　　D. 8 160 美元

【答案】 D

【解析】 选项 D 正确。存货的持有成本不仅包括经济批量的持有成本，还包括安全存量的持有成本。经济批量平均持有存货为经济批量的一半，基于的假设是存货陆续消耗到零，下一批次一次性入库。因此年度存货量最低为零，最高为经济批量。安全库存始终维持一个固有的水平。每单位持有成本为买价的 20%，即 12 美元 × 20%。存货平均成本为年度平均库存量乘以每单位持有成本。

平均存货的持有成本 = (2 000 ÷ 2 + 2 400) × 12 × 20% = 8 160（美元）

六、短期商业信用的类型

公司通常通过外部金融中介（如银行和金融机构）和直接发行商业票据（CP）两种途径筹集资金，进而取得短期借贷资金。绝大多数公司通常通过外部金融中介实现借款融资。

常用的短期融资安排包括应计费用、商业信用、无担保短期银行贷款（信用额度和循环信贷）、担保短期贷款（以应收账款和存货作为抵押品）、商业票据、银行承兑汇票等。

（一）应计费用

应计费用是企业尚未支付的工资、税收、利息、股利等。最常见的应计费用是工资和税收。应计费用是天然的无息融资来源。但企业利用应计费用融资时间要求严格，只能利用其资金到支付期为止。

> **【提示】** 应计费用融资弹性较小。

（二）商业信用

商业信用产生于供应商为客户购买提供的信用条件，是小企业最大的短期信用来源。商业信用包括免费信用、有代价信用和展期信用三种形式。

（1）免费信用。免费信用是指企业用商业信用提供的资金来源不付任何代价。通常情况下免费信用的表达形式为 $n/30$，即 30 天内付款，不享受折扣。如果供应商在 30 天内付款，则支付全部应付账款。

（2）有代价信用。有代价信用是指供应商对于支付款项提供了现金折扣，而付款方放弃现金折扣，由此导致的折扣利益损失，本质上是一种机会成本。有代价信用的基本表达形式为 2/10，$n/30$，即信用期 30 天，10 天之内付款享受 2% 的现金折扣。

$$EID = \frac{DR}{1 - DR} \times \frac{365}{n - DP}$$

其中：EID 为放弃商业信用折扣的机会成本（即接受现金折扣的实际年收益率）；DR 为折扣率；n 为净付款天数（信用期）；DP 为折扣天数（折扣期）。

【提示】

● 放弃现金折扣意味着供应商需要在信用期满完成支付，即利用供应商资金来源，在企业资产负债表中应付账款信用期满付款，也称为利用应付账款融资。如果应付账款信用条件为无折扣，则利用应付账款为免费的、无代价信用。

● 企业需要计算放弃现金折扣的成本，即利用应付账款融资的成本，当企业需要短期资金来源时需要在利用应付账款融资还是利用银行信用融资之间进行权衡。此时权衡的重要基础是比较短期银行信用融资的成本和应付账款融资的成本，需要计算短期借款实际利率以及放弃现金折扣成本，比较其大小，以确定短期融资的方式。融资决策的标准是短期信用成本最小化。

（3）展期信用。展期信用是指超过约定的信用期逾期还款。存在现金折扣的条件下，展期会降低商业信用的成本。

【提示】

● 放弃现金折扣成本与折扣率、折扣期同方向变化。折扣率提高表明借款利息提高，折扣期延长表明借款时间缩短，借款时间为信用期与折扣期的差。因此，折扣率和折扣期提高都会引起放弃现金折扣成本上升，应付账款融资成本上升。而信用期延长，其他条件不变的情况下表明借款期限延长，会引起放弃现金折扣成本下降，降低融资成本。

● 企业通常也会将放弃现金折扣成本与有价证券投资利率比较，以确定当企业现金可以满足利用折扣条件时，是否在折扣期内付款获得折扣利益。如果短期有价证券收益率高于放弃现金折扣成本，企业应当放弃现金折扣，将现金用于有价证券投资，以获取更高收益，待信用期满抛售有价证券获取现金后偿还供应商。

（三）银行信用

1. 无担保短期银行贷款。

无担保短期银行贷款没有特定抵押品或资产担保，以借款人的财务健全性和信用度为基础。通常自助式偿还，即公司用该贷款购买的资产或持有的流动资产产生的充足现金流来偿还贷款，是对应收账款或存货提供季节性融资的常用工具，为企业提供快速、稳定的短期融资来源。信用额度和循环信贷是两种类型的无担保贷款。

（1）信用额度。一般约定期限一年，可续约。通常用于大额信用。利用一系列专门的短期票据实现，期限多样，隔夜至 90 天。银行的非法定义务。

（2）循环信贷。一定额度内循环借款，期限可能是短期，也可能更长（2～5 年），银行的法定义务。

【提示】

● 短期无担保贷款的实际年利率会与合同约定利率有巨大差异。银行对无担保短期贷款除了收取合同约定利息外，还会针对未使用的部分征收贷款承诺费，也可能会要求企业在银行保留补偿性存款余额。

● 中小型企业被要求在银行以低息或无息账户持有存款金额作为补偿性余额。承诺费和补偿性余额有效地降低了借款人能够使用的资金量，同时也提高了贷款的实际年利率。实际年利率的计算公式是：

$$EI=\left(\frac{PR+CF}{1-CB}\right)\left(\frac{365}{M}\right)$$

其中：EI 为实际利率；PR 为本金利息费（%）；CF 为承诺费（%）；CB 为补偿性余额（%）；M 为贷款天数。

【例题 2-63】假设一家企业能够以 12% 的利率借款 100 万美元，但在该协议下必须维持贷款金额 10% 的补偿性余额。此外，对于正式信用额度中未使用的部分必须支付 0.5% 的承诺费。如果该企业在该协议下整年的贷款金额为 40 万美元，并在到期日还款，如果没有此项贷款协议，该企业不会在这家银行中持有现金存款，那么贷款的有效利率为多少？

【答案】14.17%

【解析】借款的实际利率 =（40×12% +60×0.5%）÷（40 - 40×10%）= 14.17%。

【提示】

● 补偿性余额既可以以贷款金额为基础设定，也可以以信用额度为基础设定。

> - 银行既可以约定到期日还本付息，也可以约定贴现法付息。贴现法付息是指银行以合同约定本金计算贷款利息，预先从本金中扣除，并将扣除利息之后的现金划转给借款人。贴现法付息会导致企业实际可利用现金减少，引起实际利率上升。
> - 本例中补偿性余额4万美元，如果在企业现有存款余额3万美元的账户中建立，则只需要额外增加存款1万美元即可满足银行补偿性余额的需要。

2. 担保短期贷款。

资产抵押贷款、季节性融资以应收账款和存货抵押最常用。存货作抵押的贷款率会明显低于应收账款作抵押的贷款率。

存货抵押可以区分为以下四种情况：

（1）浮动留置权。不具体指定抵押存货。

（2）动产抵押。指定特定的动产作为抵押品。

（3）信托收据。借款方以接受贷款方信托的名义持有存货，载明贷款的文件称为信托收据，贷款人作为存货的名义所有权人，存货出售收入立即送交贷款人。

（4）仓单抵押。公共仓库仓单，公共仓库监管存货。

（四）商业票据

商业票据是公司签发的无担保期票，折价出售，到期日按面值赎回。主要信用评级机构通常会为特定签发人的商业票据评级。一般面值为100 000美元。公开发行的票据期限从隔夜到270天不等。私募票据期限可能长于270天。

使用商业票据进行短期融资的目的：

（1）资金来源更为分散，相比其他融资方式，能够以更低的利率借入更多的资金。

（2）借款企业避免了在商业银行保留补偿性余额带来的成本。

（3）商业票据市场范围广，发行人的名字可以借此传播，从而提高发行人的知名度。

（五）应收账款转让

应收账款转让是指企业将应收账款出售或转让给第三方（保理商）。应收账款保理商是专门从事应收账款融资和管理的公司。

1. 应收账款转让的理由。

（1）耐用品销售领域基于商业竞争为客户提供融资销售。

（2）应收账款持有方资金紧张而且无法取得信贷或贷款成本很高。

（3）为了避免违反贷款协议而选择销售应收款而不是再借款。

（4）专业金融公司回收应收账款效率高成本低。

（5）银行突破借款法定限制。

2. 应收账款转让的方式。

除了将应收账款作为银行短期借贷的抵押之外，应收账款还可以采用保理和证券化的形式实现转让，并且可以采用附追索权或不附追索权（最常见）两种方式。表2－18 汇总了应收账款保理与应收账款证券化的主要区别。

表2－18　应收账款保理与应收账款证券化的主要区别

转让形式	投资者特征	收款责任	应收账款特征	融资额
应收账款保理	单一投资者	出售方放弃收款权	质量差	融资额小成本高
应收账款证券化	多个投资者	出售方保留收款权	质量好	融资额大成本低

对于无追索权的应收账款销售，保理商承担了应收款可收回性的风险以及信贷损失。应收账款卖方在形式和实质上转让了应收账款的控制权，应当冲减应收账款账面价值，并确认转让损益。

对于有追索权的应收账款销售，卖方承诺当债务人无法付款时承担付款责任。因为卖方被继续牵涉其中，销售方只确认其在出售后能够控制的资产与负债。

【提示】

- 附追索权的应收账款保理或证券化会产生表外负债。
- 应收账款保理卖方放弃了收款权利，保理商负责管理应收账款，企业可以裁撤信用部门，以降低信用管理成本，并为此付出代价，即保理商管理企业应收账款收取的佣金。因此企业需要在利用保理商实施信用管理节约的成本与向保理商支付的代价之间权衡。
- 保理商负责管理企业的信用政策可能会使企业丧失销售机会以维持保理商的信用风险。

【例题2－64】一家公司所接受的支付条款为3/10，*n*/90（10天内付款折扣3%，到期日为90天）。公司放弃了折扣，并且在到期日才付款。如果一年360天，复利影响忽略不计，那么有效的年利率成本为多少？

A. 12.0%　　B. 12.4%

C. 13.5%　　D. 13.9%

【答案】D

【解析】选项D正确。直接利用放弃现金折扣成本计算公式确定。放弃现金折扣的成本＝[3%÷(1－3%)]×[360÷(90－10)]＝13.9%。

【例题2－65】格洛勃制造公司的借款成本为12%。公司的一个供应商刚刚给出了新的采购条款。以前的条款规定使用货到付款，而新的条款为2/10、

$n/45$（10天内付款折扣2%，到期日为45天）。格洛勃公司应该在前10天内付款吗？

A. 应该，因为不接受商业折扣的成本高于借款成本

B. 不应该，因为交易信贷的成本超过了借款成本

C. 不应该，因为负债的使用应该尽量避免

D. 答案取决于公司现在是否要借款

【答案】 A

【解析】 选项A正确。决策需要比较商业银行的融资成本与放弃现金折扣成本，放弃现金折扣意味着利用供应商信用。放弃现金折扣成本 = [2% ÷ (1 − 2%)] × [360 ÷ (45 − 10)] = 21.25%。

银行借款利率12%，放弃现金折扣成本为21.25%，即利用供应商资金融资成本21.25%，比银行借款融资成本高，因此，企业应该选择向银行借款在10天内付款给供应商，以获得折扣利益。

【例题2－66】 一个具有季节性销售周期的制造商最有可能从商业银行中得到以下哪一种类型的贷款以便在旺季时拥有一笔固定的额外资金？

A. 交易性贷款　　B. 保险公司的定期贷款

C. 分期贷款　　D. 无保证的短期定期贷款

【答案】 D

【解析】 选项A不正确。交易贷款是指由银行提供的可用于任何目的的贷款方式。保险公司定期贷款是指到期日从1年到15年的直接商业贷款。分期偿还借款是指定期等额偿还的贷款方式。

选项B不正确。定期贷款是指1～10年债务，最常用金额较小的设备和设施，可以担保也可以不担保，一般分期等额偿还。

选项C不正确。分期贷款是商业银行提供的定期贷款的一种方式，期限1～10年，可以担保也可以不担保。

选项D正确。短期无担保贷款是解决企业季节性经营资金来源最主要的融资方式。具有季节性销售特点的厂商，在销售旺季需要的营运资本属于临时性的流动资产，因此，应用短期的贷款方式融资。

【例题2－67】 如果100 000美元一年期的贷款的固定利率为7%，并且需要20%补偿性存款额，那么有效年利率为：

A. 7.0%　　B. 8.4%　　C. 8.75%　　D. 13.0%

【答案】 C

【解析】 选项C正确。补偿性余额导致企业实际可利用的现金减少，引起实际利率上升。在实际利率计算公式中分子反映企业融资实际付出的代价，分母反映企业实际可利用的资金额。本例重点考察补偿性余额引起的实际可用资金的减少导致的利率水平上升。

实际借款利率 = 7% ÷ (1 − 20%) = 8.75%。

第五节　公司重组

公司重组包括所有权结构、资产结构或/和资本结构的重组。

一、兼并与收购

公司可以通过兼并或收购其他公司而实现成长。

（一）吸收合并和新设合并

（1）吸收合并（兼并）。吸收合并（兼并）是指一家企业被另一家企业吸收，兼并方企业保持其名称和身份，收购被兼并企业的全部资产和负债，被兼并企业（目标企业）不再作为一个独立经营实体存在，即 $A+B=A$。

（2）新设合并（合并）。新设合并是指收购方和被收购方企业终止各自的法人形式，共同组织一家新的企业，即 $A+B=C$。

【提示】

- 吸收合并与新设合并可以统称为兼并或合并。
- 兼并或合并法律上有明确规定，兼并成本比其他方式的收购成本低，需要得到每一方企业股东的2/3以上股权的赞成票。

（二）收购股票和收购资产

（1）收购股票。收购股票是指用现金、股票和其他证券购买目标企业具有表决权的股票。收购可以是私下向管理层发出要约，也可以公开向公司股东发出要约。

【提示】收购股票的典型特征：

- 收购股票无须召开股东大会，也无须股东投票。目标企业股东拒绝收购，可以选择拒绝出售股票。
- 向股东发出的公开收购要约可以绕过公司管理层的反收购策略。
- 收购股票通常是非善意的，而目标公司管理层的反收购策略会增加收购的成本。
- 在收购要约中，部分小股东会坚持不出让股权，目标企业无法被完全吸收。
- 收购股票最终可能以兼并告终。

（2）收购资产。收购资产是指一家企业通过购买另一家企业全部资产实现收购目标。出售方企业股东必须经过正式的投票表决。

【提示】以下不做区分地使用兼并、收购、合并的概念，统指两个以上企业的合并。

关于企业收购：

- 促进收入上升、成本下降以及获得税收利得是兼并的合理动因。提高每股收益、降低资本成本以及多元化是兼并的伪理由。
- 收购的其他分类：
  - 横向收购。横向收购是指两个具有相似业务范围的公司之间合并，动机之一是达到规模经济效应或减少竞争对手达到市场垄断。
  - 纵向收购。纵向并购是居于同一产业链的不同阶段的公司之间合并，可以降低调研成本、契约成本、应收款回收成本、广告费用、产品的交换和协调成本以及提高市场竞争力。
  - 混合收购。混合收购是指两个生产领域不相关的公司之间的合并，目的是通过多元化来降低风险、降低成本和提高经济效益。

（3）公司并购时需要考虑的因素：

①获取其他公司的资产、技术、工艺。

②实现规模经济。

③获取资源，如通过整合销售团队、设施和分销渠道获取市场资源。

④为产品或服务获取分销渠道或全球推广的机会。

⑤获取客户。

⑥实现比内部增长更快的增长速度。

⑦提供多元化的产品和服务。

⑧利用标的公司可结转以后年度弥补的经营亏损来抵税。

【例题 2－68】 下列哪项是最不可能通过并购增加价值？

A. 两个具有不同信息系统的实体

B. 新的所有者能够更有效地使用获得的资产

C. 两个实体可以实现规模经济

D. 合并后，公司可以通过相同的渠道销售得更多

【答案】 A

【解析】 选项 A 正确。两个不同实体的信息系统整合，并不能产生协同效应增加公司价值，反而带来的是问题和挑战，可能会降低并购价值。

选项 B 不正确。并购能够使企业资源得以有效整合，优势资源实现互补，更有效率地利用资源，是并购的协同效应之一。

选项 C 不正确。并购可以增加企业市场份额，增加产销量，实现规模经济效益，是并购的协同效应之一。

选项 D 不正确。并购后企业可以弥补薄弱的销售渠道，获得营销利得，是并购的协同效应之一。

二、反收购策略

企业收购可能是善意的，也可能是敌意的。在敌意收购中，标的公司竭力避免被收购，并可能为此采用一系列的反收购策略以赶走收购方。这些反收购策略，统称为“驱鲨剂”。常见的反收购策略如下所示。

（1）分期分级董事会，每年只有一部分董事会成员需要改选。这样延长了收购方入驻董事会所必需的时间，使得收购方不能迅速更换管理层。

（2）绝对多数条款，在公司章程中绝对多数投票权通常为2/3，这个数字可以更大。面对恶意收购绝对多数投票权可以增加收购难度。绝对多数条款也规定了所谓的隔离条款，即如果董事会同意收购，则绝对多数条款失效，因为这一条款主要是用来阻止恶意收购。

（3）金色降落伞，是指收购方解雇管理层要提供丰厚的解聘补偿，以增大收购成本来阻止接管。但权威人士认为阻止效果并不明显，因为解聘补偿仅仅是收购成本中的一小部分。甚至有人认为金色降落伞事实上促进了收购的发生，原因是巨额的解聘补偿金缓和了接管对管理层的影响，反而降低了管理层对接管的阻止。除此之外，银色降落伞通常是针对中层管理者的，锡色降落伞针对普通员工。

（4）毒丸计划，是指企业发行一种有特别权利的证券，这些权利一般只有企业在被别人要约收购并达到一定比例时才会发生作用，但这些权利一旦发生作用，就很有可能阻止收购者的收购企图或者让收购者付出重大代价，因此就像人或动物吞吃了毒丸后到期发作一样。毒丸计划包括优先股措施、所有权翻正计划、后期权利计划、优先股表决权生效措施。

（5）公平价格条款，也称为股东权利计划，是指向股东发放认股权证，授权股东公司面临收购时买入标的公司股票，买入价格仅为股票市场价的一部分。

（6）白衣骑士，当遭到敌意并购时，目标企业会邀请一个友好企业，即所谓的“白衣骑士”作为另一个并购者，以更高的价格来对付敌意并购，从而使自己被“白衣骑士”并购。如果敌意并购者的并购出价不是很高，目标企业被“白衣骑士”拯救的可能性就较大。如果敌意并购者提出的并购出价很高，那么“白衣骑士”的成本也会相应提高，目标企业获得拯救的可能性会降低。

（7）“帕克门”防御，“帕克门”防御战略是指当敌意并购者提出并购时，目标企业针锋相对地对并购者发动进攻，也向并购企业提出并购。反并购实践表明，“帕克门”战略是一场非常残酷的并购，最后的胜利者往往是那些实力雄厚、融资渠道广泛的企业。如果并购战的双方实力相当，“帕克门”战略的结果很可能是两败俱伤。并购双方常常宣称要实行这一战略，但在实践中，它很少被使用。

（8）诉讼，诉讼可能针对并购者的某些欺骗行为如反托拉斯法或者证券法规等行为而进行。法律诉讼的目的有两个：一是可以拖延并购时间，从而鼓励其他竞争者参与并购；二是可以通过法律诉讼使并购者提高其并购价格，或迫使目标企业为了避免法律诉讼而放弃并购。

（9）绿邮，又称为定向回购，是指目标企业不通过公开交易市场，而是通过私下协商的办法从某些大股东手中溢价购回大量股份的做法。一般情况下，回购的对象是特定的。

（10）私有化退市，又称杠杆收购，是指标的公司管理层和/或其他员工通过大量举借债务，收购标的公司，从而阻止收购方取得标的公司的控制权。杠杆收购方式具有创造价值的能力。第一，增加的负债会减少税负，增加企业的价值。但会导致美国财政部税收收入的减少而被议会持怀疑态度。第二，杠杆收购通常会使经理人员成为股东，从而提高他们努力工作的积极性。

（11）“龙虾陷阱”，是指公司章程规定，持有10%以上的可转换证券的投资者不得将证券转换为有表决权的普通股，这样做可以抓住“大龙虾”，放走“小虾米”。

（12）处置皇冠明珠策略，是指收购方最看重的标的公司的一部分资产，标的公司自行卖掉或处置掉这些资产，从而降低对收购方的吸引力。

（13）其他反收购策略包括：内翻式认购期权（让股东有权低价购入标的公司的股票）、外翻式认购期权（让股东有权低价购入收购方的股票）、员工持股计划以及反向要约。

三、剥离

剥离是投资的反义词。剥离包括出售一个营业分部或削减公司的资产。剥离是基于提高核心竞争力或重新定位核心业务或政府反垄断的要求而减少或消除某种资产类型以实现公司目标的行为。

（一）公司剥离时需要考虑的因素

（1）剥离公司的非核心业务，进而可以集中资源做公司最擅长的事情。

（2）获得必要的资金。

（3）与作为一个整体相比，剥离可以使公司实现更大的市场价值。

（4）稳定公司股价。由于一个或多个公司业务实体的波动而导致公司股价波动，因而剥离有利于稳定公司股价。

（5）剥离经营低效或经营失败的业务。即由于利润很少和/或现金流紧张，导致经营低效或经营亏损。

（6）来自监管机构和/或股东的压力。

（二）剥离方式

（1）出售资产。最基本的剥离形式是将企业的一个部门、一个经营单位、一个分部、一组资产出售给另一家企业。出售资产可以剥离不盈利或不利于企业整体战略价值的部门，以提高企业资产与核心主业的集中度，可以为流动性较差的公司增加现金。

（2）分立（分拆）。母公司将其在子公司中所拥有的股份，按比例分配给母公司的现有股东（不涉及现金流），主要原因和出售资产类似；同时，分立的部门会公开进行交易，投资者可以更方便地衡量母公司与子公司的价值。适用于小公司。

（3）分拆上市（股权切离或部分上市）。子公司的普通股直接面向公众出售（涉及现金流），而不是分配给母公司的股东，能够筹集相应的资金，同时母公司通常会保留对子公司的控股权（股权切离通常在分拆之后）。

（4）完全析产分股（也称为公司分立）。将单一公司拆分成两家或更多家独立运行的公司。原公司股东持有的股票按比例换成每家新公司的股票。原公司被拆分成几家新公司之后，原公司不复存在。新公司的总股东价值超过原有公司的股东价值。析产分股可能源于战略上的需要，或源于政府防止垄断经营而下达的指令。

【例题 2－69】 某公司是一家大型的企业集团，它旗下的一个分部开发出了一项前景广阔的新技术。某公司希望保持对该分部的控制，但还要筹措更多资本来支持此项技术的进一步开发。该公司还认识到，此项前景广阔的技术不同于其寻常的业务线，需要采用新的管理风格和激励计划来吸引并留住人才。通过采取以下哪项举措，该公司最有可能实现上述目标？

A. 剥离该分部　　B. 将该分部出售给其他公司

C. 由管理层收购该分部　　D. 对该分部进行股权分割

【答案】 D

【解析】 选项 A 不正确。剥离分部丧失了母公司对项目的控制权。

选项 B 不正确。出售该分部丧失了母公司的控制权。

选项 C 不正确。管理层收购尽管可以获得现金，但依然丧失了母公司对项目的控制权。

选项 D 正确。股权切离或部分上市或股权分割是将子公司的部分普通股直接面向公众出售，以获取现金流，而不是分配给母公司的现有股东。在获得现金的同时，母公司通常会保留对子公司的控股权。

四、并购估值

（一）常用的估值方法

（1）折现现金流量。现金流量折现法最为准确。该方法比较了从并购中获得的现金收益的现值与并购成本的现值。所采用的贴现率是并购公司的税后必要报酬率。并购的现金收益是目标公司的预期未来自由现金流，并购成本的现值通常是指初始购买成本。

（2）账面价值调整。账面价值调整法是指在确定并购业务中，用目标公司资产的市场价值减去目标公司负债的价值，进而确定目标公司价格的一种估价方法。实务中这种估价方法不常用。

（3）可比市盈率法。假设用购买公司的股票交换目标公司的股票，以得出预期的并购后市盈率。

（二）并购的支付方式

常见的并购支付方式包括现金支付和普通股置换两种。收购时是用现金购买还是交换股票是一项重要决策，通常需要考虑以下因素。

（1）股价被高估。如果兼并后企业的管理层认为其股价被高估了，那么股票交换方式要比现金购买方式负担较小的成本。

（2）税负。现金购买通常是应税交易，而股票交换则是免税的。

（3）分享利得。采用现金购买方式，出售方股东将获得金额固定不变的补偿。即使一项收购活动极其成功，股东也不可能获得其他利得。反之，收购并不成功，股东也无法分担损失，此时，兼并企业股东的处境比股票交换方式下更糟。

五、公司重组的其他形式

（1）杠杆收购（LBO），指的是公司的管理层或其他员工支付价款收购公司，但只出一小部分自有资金，剩余的资金以公司的资产作为担保举借大量的债务筹足。

（2）员工持股计划（ESOP），授予员工一定的股份，从而对公司的股权结构进行重组。员工持股计划能够给员工提供激励和回报。员工持股计划在税收上也具有优势。

（3）追踪股，又称为目标股，是另一种公司重组的工具。追踪股通常由多元化经营的企业以母公司的名义发行，但是其投资收益取决于公司一个特定的业务板块或战略业务单元的经营业绩。追踪股所“追踪”的，就是某一战略业务单元的经营业绩。

公司还可以通过改变资产结构或资本结构进行重组。改变目标企业的资本结构也可以作为反并购措施之一。具体的措施包括资本调整承担更多债务、发行更多股票、股票回购等。目标公司面临收购威胁时大量出售公司资产，或者破坏公司的特性，以挫败敌意收购人的收购意图，是公司的主动性反收购措施，也是一种两败俱伤的策略。采取类似“自残”的方式，降低收购者的收购收益或增加收购者的风险也能够达到击退恶意收购的目的。

【例题 2 –70】 ABC 公司正在考虑与 XYZ 公司的合并事宜。根据分析，两公司合并之后的税后现金流增量将是 3 500 000 美元，且这一状况预计将持续 20 年。假设收购公司要求的收益率为 12%，采用现金流量折现法，ABC 公司提供的购买 XYZ 公司的最高金额是多少？

A. 26 236 000 美元　　B. 26 757 500 美元

C. 33 761 000 美元　　D. 26 141 500 美元

【答案】D

【解析】选项 D 正确。使用现金流量折现法，目标公司的估值应该是该公司未来能够获取的税后现金流量的现值。依据题意，并购收益的现值等于 3 500 000 美元 的税后现金流量乘以利率 12%，期限 20 年的年金现值系数，系数值为 7.469，其结果为 26 141 500 美元，买方提供的价格应小于或等于 26 141 500 美元。

第六节　国际金融

一、相关概念

（一）基本专业术语

（1）外汇期货，也称为汇率期货，指的是在特定日期按特定价格（汇率）交换特定数量货币的可转让的合约，可以用于对冲汇率风险。外汇期货合约也可以在到期前平仓，了结合约买卖外汇的义务。

（2）外汇期权，赋予期权持有人在特定日期按特定价格（汇率）买入或卖出特定数量货币的权利，从而对冲掉不利的汇率变动。外汇期权的优势在于只有在有利的条件下才选择行权。

（3）外汇掉期，也叫外汇互换，是指双方当事人约定交换不同币种的两项贷款下价值相当的利息现金流，有时候也会涉及借款本金的互换。外汇掉期和利率互换非常相似，两者的区别在于外汇掉期可能涉及本金的交换。

（4）折算风险敞口，也称为会计风险敞口，发生于公司存在以外币出具财务报表的境外子公司的情况下。在编制合并报表时，境外子公司的财务报表必须按照现行汇率折算为美元计量的报表，这会导致合并报表上出现汇率变化带来的损失或利得。

（5）交易风险敞口，是特定的外汇交易结算时形成的损失或利得，例如购买外国商品或国外销售商品或结算未清偿的往来款。

（6）经济风险敞口，也叫作经营风险敞口，是指未预期的汇率波动带来的公司未来现金流的变化。与此不同的是，上文讲的折算风险和交易风险都是基于可预期的汇率波动。这使经济风险敞口难以通过套期保值进行对冲，最有效的风险管理手段是外汇掉期。

（二）外汇市场与汇率

1. 外汇市场。

外汇市场是一种场外交易市场。交易者进行交易的地点并不固定，主要集中在大商业银行与大投资银行之中。

外汇市场的参与者包括以下几种类型：

（1）将本国货币兑换成外国货币的进口商；

（2）将外国货币兑换成本国货币的出口商；

（3）买卖外币股票和外币债券并进行投资组合的经理人员；

（4）执行外汇买卖指令的外汇经纪人；

（5）进入外汇市场的交易者。

2. 外汇汇率。

汇率（exchange rate）是指一国货币表示另一国货币的价格或两种货币之间兑换的比率。

（1）直接标价法：应付标价法，1 单位外币的美元价格，1 英镑 = 1.76 美元。

（2）间接标价法：应收标价法，1 单位美元的外币价格，1 美元 = 1.6 法郎。

（3）美元标价法：1 美元 = 外国货币。对英镑采用直接标价法；对其他货币采用间接标价法，即美元标价法。

3. 汇率波动产生的影响。

（1）本币升值。如果本币升值，则本国对外国商品需求增加，进口增加。外国对本国商品需求减少，出口减少，贸易逆差。

（2）本币贬值。如果本币贬值，则本国对外国商品需求减少，进口减少。外国对本国商品需求增加，出口增加，贸易顺差。

4. 汇率制度。

（1）固定汇率制。固定汇率制是指汇率的制定，以货币的含金量（或者其他外币）为基础，形成汇率之间的固定比值。这种汇率制度下，政府或者中央银行可以采取各种措施抵销由货币供给和需求变化带来的币值波动。

> **【提示】** 固定汇率制度的优点包括可以提高货币供给的稳定性、防止投机以及减少不确定性三个方面。

（2）浮动汇率制。浮动汇率制是指一国货币的汇率并非固定，而是由自由市场的供求关系决定的制度。浮动汇率制按照国家是否干预外汇市场，可分为自由浮动汇率制（又称“清洁浮动汇率制”）和管理浮动汇率制（又称“肮脏浮动汇率制”）。

浮动汇率制度的优点包括可以自主制定货币政策以及贸易余额可以自动进行调整两个方面。

5. 影响汇率因素。

均衡汇率取决于供求力量，并在一段时间内随着供求的变换而波动。除了供求法则之外，影响汇率变化的因素还包括：

（1）相对通胀会影响到国际交易，进而影响到汇率，如果美国通胀率突然大幅度上升，而英国通胀率保持不变，这会促使美国人增加对英国商品的需求，从而需求更多的英镑。

此外，美国较高的通胀率也会降低英国人对美国商品的需求，减少英镑的供给，美元相对于英镑贬值。

【提示】 通货膨胀率高的国家货币相对贬值，汇率与通货膨胀呈反向变动关系。

（2）相对利率。相对利率的变化会影响对于外国证券的投资，进而影响到汇率。

如果美国利率上升而英国利率维持不变，美国投资者将现金存入英国银行的意愿下降，从而减少对于英镑的需求。较高的美国利率对英国投资者更具有吸引力，英国投资者会抛售英镑购买美元，从而增加了英镑的供给，美元相对于英镑升值。

【提示】 相对利率高的国家货币相对升值，汇率与相对利率水平呈正向变动关系。

（3）相对收入水平。收入影响对进口的需求，继而影响汇率。如果美国居民收入水平有大幅提升，而英国居民收入没有变化，则美国收入的增加导致其对英国商品需求的增加。在英镑的供给预期没有变化的情况下，英镑的均衡汇率预期会上升。因此，在美国的收入水平大于英国的收入水平的情况下，美元相对于英镑贬值。

【提示】 相对收入高的国家货币相对贬值，汇率与相对收入水平呈反向变动关系。

（4）政府管制。政府管制包括：设置外汇壁垒，设置贸易壁垒，干预外汇市场，影响诸如通胀、利率和收入水平等宏观变量。

（5）市场对未来汇率的预期。外汇市场会对任何影响未来的信息做出反应。美国通胀可能飙升的传言会促使货币交易者出售美元，并趋于预期美元在未来走弱。

综上所述，影响汇率的因素可以用图 2－6 表示。

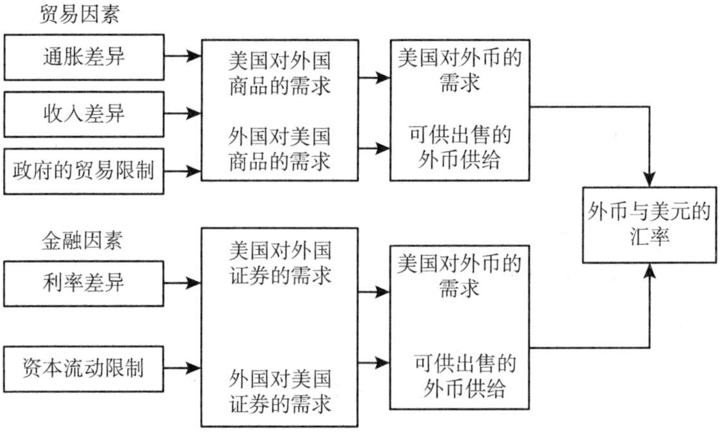

图 2-6 影响汇率的因素

6. 外汇交易。

（1）即期汇率与远期汇率。即期汇率（spot rate）是指当前的汇率。远期汇率（forward rate）是指银行愿意在未来约定的日期以一种货币兑换另一种货币的汇率。货币的远期市场能够使跨国企业锁定一个汇率（称为远期汇率），并以此在未来进行某一货币的买卖。

（2）远期合约（forward contract）。远期合约是指商业银行与客户之间就在未来某一时间点以指定的汇率进行货币兑换的协议。

（3）升水与贴水。远期升水（forward premium）是指远期汇率高于即期汇率的百分比。远期贴水（forward discount）是指远期汇率低于即期汇率的百分比。远期升水与贴水一般以年报价为基础。

（4）抛补套利交易。远期汇率与即期汇率差额抵销两国利率差价。利率套利是指对两个国家之间的利率差异进行套利。抛补是指规避汇率波动风险。抛补利率套利（covered interest arbitrage）是指对两国利息差进行套利的同时还能规避汇率风险的过程。

（5）交叉汇率与三角套利。交叉汇率（cross exchange rates）表示了与本币不一致的其他两国货币的关系。在美国，交叉汇率是指非美元货币的关系。如果标价的交叉汇率不同于适当的交叉汇率，那么就可对这种差异进行套利。具体地说，就是使用三角套利。该套利的货币交易在即期市场上进行，可以对不同货币之间交叉汇率的差异进行套利。

【例题 2-71】 如果美元相对于英镑升值，其他条件不变，那么我们预期：

A. 英国对美国产品的需求会增加　　B. 美国对英国产品的需求会减少

C. 美国对英国产品的需求会增加　　D. 美国和英国的贸易会减少

【答案】 C

【解析】 选项 A 不正确。如果英镑相对美元升值，一定数量的英镑购买的美国商品数量增加，导致英国对美国的商品需求增加，进口增加。

选项 B 不正确。如果美元相对英镑贬值，一定数量的美元购买的英国商品减少，导致美国对英国商品需求减少。

选项 C 正确。如果美元相对英镑升值，一定数量的美元购买的英国商品会增加，导致美国对英国商品需求增加。

选项 D 不正确。两国的贸易减少可能受贸易保护的影响程度更大。

【例题 2－72】假设以瑞士法郎定价的瑞士腕表在美国消费者当中十分流行，而与此同时，英国则出现了比美国相对更高的通货膨胀。假设所有其他经济参数保持不变，那么以下哪一项陈述最为准确？

A. 相对于瑞士法郎和英镑，美元将升值

B. 相对于瑞士法郎和英镑，美元将贬值

C. 相对于瑞士法郎，美元将升值；相对于英镑，美元将贬值

D. 相对于瑞士法郎，美元将贬值；相对于英镑，美元将升值

【答案】D

【解析】选项 D 正确。美国消费者对瑞士法郎定价的腕表很感兴趣，需要在外汇市场上抛售美元购买瑞士法郎，因此，美元会贬值。英国出现了比美国更高的通货膨胀，相对通胀高的国家货币贬值，因此英镑相对美元贬值，美元相对英镑升值。

二、外汇风险管理

（一）外汇风险的类型

1. 交易风险。

（1）短期外汇交易风险。汇率的日常波动产生了跨国财务管理中的短期外汇交易风险。大多数公司达成了在未来以固定价格买入或卖出商品的协议。当该项交易涉及两种不同货币时就存在汇率风险。

> **【提示】**利用金融衍生品规避汇率波动产生的风险，如买入远期外汇，锁定汇率。

（2）长期外汇交易风险。由于不可预测不同国家的相对经济状况变化，跨国经营的价值也存在波动。如在廉价劳动力国家拥有一个劳动密集型工厂，可以降低劳动力成本。但未来经济状况发生变化，有可能导致该国劳动力薪酬上升，从而使劳动力成本低的优势不复存在。这种汇率波动在实际中是真实存在的。

对冲长期外汇交易风险比对冲短期外汇交易风险更加难以操作。首先，远

期市场上不存在如此长期的交易。因此，公司会采取将公司未来外币现金流入和现金流出相匹配的策略，如在外国销售匹配在该国购买劳动力、原材料。其次，企业可以通过在国外贷款来对冲长期外汇交易风险。

例如，美国从欧洲进口宝马汽车，宝马公司收入以美元标价并结算，成本以欧元标价并结算。如果美元贬值，宝马公司利润将会下降。若宝马在美国设厂，工厂年产 160 000 辆汽车，其中大约 100 000 辆出口欧洲，收入欧元标价并结算，成本美元标价并结算。美元贬值，则公司获利。两者可以实现有效的现金流量对冲，以规避长期汇率风险。

2. 折算风险。

折算风险是指用何种汇率转换会计报表项目以及会计报表如何处理货币转换带来的损益。

一个简单的处理方法是将汇率转换损益计入母公司利润表。但当汇率不断发生变化时，该损益将显著影响母公司每股盈余。目前流行的做法是所有的境外经营子公司的所有者权益和债务根据预设的汇率折算，并且将所有汇兑损益不计入利润表，而是计入资产负债表所有者权益的一个特殊项目，称为“未确定汇兑损益”，使得该汇兑损益或负债未偿还前并不影响利润。

（二）管理外汇风险

实践中公司通过金融衍生工具，如远期合约、外汇期货、外汇期权、货币互换等集中管理汇率风险。

1. 远期合约。

当跨国企业预期在未来会需要或收到外币时，它们就会签订远期合约来锁定它们购买或出售某一特定外币的汇率。最常见的远期合约有 30 天、60 天、90 天、180 天和 360 天。某一确定货币的远期汇率会随着远期合约期限的长短而变化。

2. 货币期货合同。

货币期货合同（currency future contracts）是指定标准数量的某种货币在某一确定交割日进行交易的合同。货币期货合同的购买者能锁定在未来某一时点购买某一外币的汇率，货币期货合同的出售者能锁定将外币兑换为本币的汇率。

3. 货币期权。

（1）货币看涨期权（currency call option）。货币看涨期权是指授权在某一指定时间内以指定的价格购买特定货币的合约。当企业希望在未来锁定一种货币的最高支付价格时，看涨期权才是适当的。

（2）货币看跌期权（currency put option）。货币看跌期权是指授权在某一指定时期内以指定价格（汇率）出售某一货币的合约。本质上，该期权使企业在一段时间内锁定将外币汇兑本币的最低汇率。

汇率风险管理的具体方法如表 2-19 所示。

表 2-19　汇率风险管理的方法

套期保值	对应付账款的套期保值	对应收账款的套期保值
期货套期保值	购入外币的期货合同	出售外币的期货合同
远期套期保值	购入外币的远期合同	出售外币的远期合同
货币期权套期保值	购入外币的看涨期权	购入外币的看跌期权

【提示】对应付账款的套期保值，即锁定外汇买入价。采取的方式为买入远期外汇；买入期货合约；买入外汇看涨期权。对应收账款的套期保值，即锁定外汇卖出价。采取的方式为卖出远期外汇；卖出期货合约；买入外汇看跌期权。

【例题 2-73】一家美国公司有一笔应付账款必须在6个月后付给一家日本公司，同时还有一笔应收账款也要在6个月后由另外一家日本公司支付。这家美国公司在以下哪种情况下不会存在交易风险？

A. 这笔应付账款和这笔应收账款均以美元计价

B. 这笔应付账款和这笔应收账款均以日元计价，且这笔以日元计价的应收账款高于这笔以日元计价的应付账款

C. 这笔应付账款和这笔应收账款均以日元计价，且这笔以日元计价的应收账款低于这笔以日元计价的应付账款

D. 这笔应付账款以美元计价，这笔应收账款则以日元计价

【答案】A

【解析】选项 A 正确。美国公司交易产生的应收与应付均以美元标价并结算不会产生汇率风险。

选项 B 不正确。当公司达成了在未来以固定价格买入或卖出商品的协议时，如果该项交易涉及两种不同货币时就存在汇率波动产生的短期外汇交易风险。规避汇率风险可以采用套期保值的方法对冲风险，包括未来现金流入（应收账款）和未来现金流出（应付账款）在时间和金额上的匹配。当这两者存在不一致时，会产生外汇风险敞口。

选项 C 不正确。理由同选项 B。

选项 D 不正确。应收账款以美元计价，应收账款以日元计价，不能实现未来现金流时间和金额上的对冲，产生外汇风险敞口。

三、境外投资的风险与收益

持有任何金融资产都可能存在资产价值下降导致投资者蒙受损失的风险。跨越多国进行全球资产配置，可以分散这一风险。投资分散化将投资组合中的资产分散到其他国家，能够帮助投资者规避一国利率不利变化的风险。在进行

国际投资决策时，公司首先想到的是境外投资带来的潜在收益，但是境外投资对公司现有资产组合风险上的影响也不容忽视。

境外投资是一种多元化的形式，公司想要通过多元化来分散风险，就不能单纯增加投资组合中的投资数量。多元化不仅仅是增加投资的数量，如果新增的投资与原来的投资有相同的风险特征，则增加投资数量是不会改变投资组合的风险特征的。

简而言之，公司评估境外投资时，不但要看该投资收益率的期望值，还要看该投资收益率的波动性（标准差），而且必须要分析该投资与公司现有投资在好年景和差年景里收益率上的相关性。

此外，境外投资还要考虑政治风险。在政治动荡的情况下，境外投资者可能遭受不利的变化，包括资产被征收或被国有化。境外投资面临的政治风险与东道国的金融动荡密切相关，因为金融动荡往往可以追根溯源到政治问题。境外投资项目还要考虑汇率波动风险和通货膨胀风险等其他风险。

四、国际贸易中的支付手段和融资方式

（一）国际贸易中的支付手段

（1）信用证，是进口商的开户行代表进口商，向出口商开立的证明，声明银行将在单证相符的情况下，承兑信用证下的远期汇票，保证为进口商付款。经过保兑的信用证还可以由出口商所在国的银行提供付款保证。

（2）即期汇票，是见票即付的进口汇票，与货到付款（COD）的订单类似，进口商在收到货物及相符的单据时立即付款。

（3）远期汇票，是指在未来特定日期或在出口商满足特定要求的时候才付款的票据。

（4）寄售，是指出口商将货物交付进口商，委托其代为销售。只有当寄售货物对外销售之后，进口商才向出口商支付款项。

（5）记账交易，是指出口商先向进口商（买方）寄送提货单据，进口商暂不付款的交易方式。这种交易方式下，出口商承担较大的风险，因为买方可能违约。记账交易一般发生在曾经顺利进行过交易的公司之间。

（6）预付款交易，是指进口商提前为商品和货物支付价款，这意味着进口商在承担最大限度的风险，所以这种交易方式只发生在交易双方有切实理由彼此信任的前提下，如同一家跨国公司的不同业务单位之间。

（二）国际贸易中的融资方式

（1）银行承兑汇票，是为进出口贸易或国内货物的运输、仓储而开具的远期汇票。银行同意承兑，意味着承担到期付款的义务。银行可能根据出票人的申请承兑，也可能根据持票人的申请承兑。

（2）以外币计价的交易，美国公司开展业务（买入货物或销售商品）可以用本币（美元）结算，也可以用外币结算。如果公司决定使用外币结算或计价，则会承担外币相对于本币币值波动而带来的损益。

（3）对销贸易，泛指用货物或服务，换取其他货物或服务，完全不使用货币或只使用一小部分货币的各种贸易形式。对销贸易涵盖了很多互惠的商业机制。它通过交换货物或服务，避免使用现金的方式，解决贸易融资的问题。以物易物是最古老、最常见的对销贸易形式。

（4）福费廷，是指一种保理的形式。包买商将销售资本品、大宗商品或承包大型项目而形成的应收账款从出口商手里购买下来，出口商因此而获得现金。福费廷通常是不带追索权的，即使所买来的应收账款未获清偿，包买商也无权要求出口商进行赔偿。福费廷交易主要针对 180 天以上的信用期的应收账款，最长可达 7 年。

（5）跨境保理，在跨境保理业务中，作为保理商的金融机构，买入一家公司因为出口货物或服务而形成的短期应收款，并负责收款。当保理商之间存在跨境的业务网络时，出口商的国内保理商可以联系在其他国家的保理商帮助其收取应收账款，跨境保理业务将大为便利。

（6）外币借款，公司可通过外币借款为境外的贸易或业务融资。外币借款的办理方式可能是复杂多样的，但有一点尤为重要，即汇率变化会影响借款的成本。决定外币借款实际成本的是实际利率，而实际利率是名义利率和汇率变动效应综合作用的结果。

五、国际商务中的法律和社会问题

（1）国际法与各国国内法的差异。各国规范商业行为的法律各不相同。有的企业将本国不允许开展的商业活动转移到国外开展。有的公司完全出于逃避美国税收监管的目的，将业务转移到一些不征税的国家。

（2）自由贸易与保护主义。虽然大多数国家的政府一般都相信自由贸易和开放市场是通向全球财富增长的康庄大道，但是自由贸易和保护主义之间的争议在一国之内或国家之间时常爆发。

（3）风俗差异。设立境外办公室的企业，需要处理工作场所遇到的世界各地风俗在习惯和态度上的巨大差异。这些差异往往体现在休假安排、工作时间安排、职工福利、员工监督和社会地位等领域。

（4）财产被征收的威胁。在境外经营的一项重大风险是财产被政府征收。有的国家可能会征收私有企业的财产，驱逐美国的员工和管理人员。征收是在普通法之外对私有财产的强行充公和再分配，如为公共建设进行的土地征用。跨国公司在考虑是否进入某国经营时，需要考虑财产被征收的潜在风险。

（5）资产的国际化分散投资。投资分散化是指通过投资于各种不同的资产来减少风险。在一个分散化的投资组合中，各项资产价值不会完全同涨同跌的。因此，分散化使投资组合的整体风险，要低于各项资产风险的加权平均。风险规避意识越强的公司，越愿意在更大范围内分散投资，以减少未预期的汇率波动带来的风险。

简答题出题方向分析

【出题方向 1】题干中给出各种风险信息，要求判断哪些风险来自市场，哪些风险来自特定公司，在此基础上定义系统性风险和非系统性风险，指出两者在投资组合中的特性。

解题要点：来自市场的风险与企业所处的经济环境和政治环境有关，这种风险市场上所有公司都会受到影响，只是不同的公司所受的影响程度不同或敏感性程度不同，无法通过投资组合加以分散。来自特定公司的风险仅与某一家特定的公司有关，其他公司不受影响，可以通过证券投资组合加以分散。

【出题方向 2】定义 β 系数值及其影响因素。

解题要点：β 系数是个股系统性风险的度量指标，表达个股与预期收益的波动性受整个证券市场预期收益波动性的影响程度或敏感性。在资本资产定价模型中 β 系数用于衡量投资组合的系统性风险水平，量化个股预期收益与系统性风险的关系。

影响 β 系数的因素包括收入的周期性、企业的经营风险和财务风险。

【出题方向 3】界定债券、普通股和优先股的区别和特征，结合案例分析债券、普通股及优先股的定价。

解题要点：①权利差异。②支付利息和股息的义务差异。③抵税利益存在与否。④筹资风险差异。⑤融资成本差异。

有价证券的定价以折现现金流模型为核心。债券现金流稳定，可预期。优先股股息固定，具有无限期特征。普通股现金流具有高度不确定性，因此建立零成长和固定成长股利模型。掌握相关定价计算公式。

【出题方向 4】已知某企业需要追加融资，可以采用多种融资方式，要求计算每种融资方式的个别资本，并在此基础上确定追加融资选择哪一方案能使企业资本结构最优。

解题要点：掌握个别资本成本的计算，计算过程中注意债务成本要考虑所得税影响。长期资本在计算融资成本时一定要关注时间价值因素。债券、普通股、优先股融资成本计算时应当以有价证券的市场货币价格为基础，确定个别资本成本。选择的追加融资方式要能够使加权平均资本成本最低，才能实现企业价值最大的财务管理目标，计算加权平均资本成本时应当以市场价值作为权重。

【**出题方向5**】已知企业预扩张产能，要求进行融资租赁还是购买决策分析。

解题要点：估算两种方案的现金流量，选择合适的折现率，对现金净流出量进行折现，选择净成本最低的方案。解题中注意对税收的考虑。

【**出题方向6**】根据公司背景选择合适的股利分配政策，并分析大额股票股利、小额股票股利以及股票分割产生的财务影响。

解题要点：①说明股利分配政策制定需要考虑的因素。②说明股利分配政策的种类以及每种股利分配政策，在公司成长、现金流压力、对股票价格的影响等层面进行分析。③结合实际情况选择合适的股利分配政策。④定义大额股票股利、小额股票股利以及股票分割的含义。大额20%～25%以上，小额20%～25%以下。股票分割是拆分股票面值。⑤大额股票股利、小额股票股利以及股票分割对资产负债表的影响，重点在于对留存收益、股本和资本溢价处理上的差异。

【**出题方向7**】考查短期有价证券投资的形式以及每种短期投资有价证券的特征，并结合实际背景要求确定可以投资的有价证券种类。

解题要点：短期有价证券投资首先要关注安全性，其次才是流动性和收益性。货币市场短期投资的主要形式包括美国国债、大型公司发行的无担保信用票据、联邦政府派出机构发行债券、大额定期存单等，从流动性、适销性、期限、收益性、是否纳税等角度进一步阐述其特征。

【**出题方向8**】根据案例分析各种信用政策，确定最优信用政策。

解题要点：针对不同的信用政策计算扣除信用成本后的经济利润。信用成本包括应收账款及存货的机会成本、坏账损失、收账费用以及现金折扣成本。以边际贡献为基础扣除信用成本，选择收益最大方案。

【**出题方向9**】界定短期融资的方式，计算短期融资方式的实际利率。

解题要点：商业信用是小企业融资的重要方式。无担保信用贷款是针对应收账款和存货进行季节性融资的主要方式。无担保信用贷款实际利率需要考虑利息的支付方式，补偿性余额等因素对实际利率的影响。

历年经典试题回顾

一、单选题

【经典试题1】某公司采用方差系数来比较项目的回报和风险。猫眼石项目和珍珠项目的预期回报和回报标准差如下所示：

	猫眼石	珍珠
预期回报率	10%	12%
标准差	40%	54%

该公司最有可能认定风险较高的项目为：

A. 珍珠项目，其变异系数为0.22

B. 珍珠项目，其变异系数为4.50

C. 猫眼石项目，其变异系数为0.25

D. 猫眼石项目，其变异系数为4.00

【答案】B

【解析】选项B正确。当项目预期回报率不同时，需要比较变异系数，变异系数越大项目风险越高。珍珠项目变异系数 =54% ÷12% =4.5；猫眼石项目变异系数 =40% ÷10% =4。因此，珍珠项目最有可能被认定为风险较高的项目。

【经典试题2】一家英国公司目前只在国内开展业务，正计划在美国或者中国选择项目投资。公司根据国内和国际投资组合的风险和收益选择投资国家。在下述哪种情况下能使得国际投资组合（50%的英国国内业务和50%的国外业务）的风险降低且收益最大：

A. 英国收益和美国收益存在正相关关系

B. 美国收益和中国收益存在负相关关系

C. 美国收益和中国收益存在正相关关系

D. 中国收益和英国收益存在负相关关系

【答案】D

【解析】选项A不正确。投资组合中两种投预期收益正相关表明分散风险效应不大。

选项B不正确。一家英国公司在判断投资组合中应该包含另一家美国公司还是中国公司，需要考虑英国公司与另一家公司预期收益的相关性，而不是考虑另外两家公司预期收益的相关性。

选项C不正确。理由同B。

选项D正确。依据投资组合理论，两种投资构成投资组合中如果预期收益负相关则具有较大风险分散效应。

【经典试题 3】 市场分析师预计 MH 公司的β系数为 1.4。该β值意味着该公司的：

A. 系统风险低于市场组合的系统风险

B. 系统风险高于市场组合的系统风险

C. 非系统风险高于市场组合的系统风险

D. 总风险高于市场组合的系统风险

【答案】 B

【解析】 选项 A 不正确。市场组合的系统性风险被认为是β值为 1。如果公司β值为 1.4 表明公司的系统性风险高于市场组合的系统性风险。

选项 B 正确。理由同 A。

选项 C 不正确。β系数并不是度量非系统性风险的指标，而是度量个股系统性风险的指标。

选项 D 不正确。如果将整个证券市场看作一个投资组合，即市场组合，则市场组合仅包含系统性风险，因为公司特有风险通过投资组合全部分散。β系数仅度量系统性风险，不度量公司的整体风险。

【经典试题 4】 以下各选项中，哪一项关于债务工具的描述是正确的？

A. 未偿长期债券票面利率和收益率会随着经济因素的变化而变化

B. 票面利率为 9% 一年就到期的 25 年期债券，比同一家公司发行的票面利率为 9% 一年就到期的 10 年期债券利率风险更大

C. 对于长期债券而言，在给定利率变化条件下，债券到期时间越长，价格波动性越大

D. 还有一年就到期的债券比还有 15 年到期的债券有更高的利率风险

【答案】 C

【解析】 选项 A 不正确。债券的票面利率一般情况下在债券存续期内保持不变，而债券的到期收益率会随着经济因素的变化而变化。

选项 B 不正确。债券的久期是度量债券的利率风险工具。影响久期的因素包括票面利率以及距到期期限的长短。债券的票面利率与久期存在变动关系，即票面利率越高，久期越低，利率风险越低；距到期日的长短与债券久期同方向变动，即距到期时间越长久期越长，债券利率风险越高。一年就到期的 25 年期债券与一年就到期的 10 年期债券，具有相同的到期时间和票面利率。因此，利率风险一致。

选项 C 正确。债券的利率风险是指市场利率每波动 1%，债券价格波动的幅度，通常用债券久期来度量。当给定利率条件下，期限与久期同方向变化，即债券到期时间越长，久期越长，利率风险越高，债券价格波动性越大。

选项 D 不正确。一年到期的债券比 15 年到期的债券具有更低的利率风险。

【经典试题5】 发行零票面利率债券，到期日收回1 000美元，发行期10年发行价格为500美元；发行期20年发行价格300美元，到期收益率各是多少？

A. 7.18%，6.20%　　B. 7.92%，6.89%

C. 8.18%，7.12%　　D. 6.98%，5.90%

【答案】 A

【解析】 选项A正确

500 = 1 000 × 复利现值系数（$n=10$，i），复利现值系数（$n=10$，i）= 0.5，查表可得 $i=7.18\%$。

300 = 1 000 × 复利现值系数（$n=20$，i），复利现值系数（$n=20$，i）= 0.3，查表可得 $i=6.20\%$。

【经典试题6】 如果新发行债券的利率由于预期的通货膨胀而增加，以下哪一项最有可能发生？

A. 普通股的价格将下降

B. 优先股的价格可能会上升

C. 现有债券的价格可能会上升

D. 普通股的必要回报率将下降

【答案】 A

【解析】 选项A正确。利率的决定因素包括实际利率、通货膨胀、风险溢价。债券利率由于预期的膨胀而增加将引起资本市场利率水平上升。资本市场中有价证券的理论价值由该证券的折现现金流决定，折现值取决于三个因素：现金流时间、现金流量规模以及折现利率。折现利率与现值反向变动。因此，市场利率作为折现率，其上升会引起资本市场有价证券价格下降。

选项B、C不正确。优先股的价格和现有债券的价格将下降。

选项D不正确。普通股的必要报酬率会因市场利率水平的上升而提高。资本市场中股东的风险比债权人风险高，因此，其预期收益率也会高于债权人的预期收益率。如果债券利率水平提高，必然引起股东权益必要报酬率提高。

【经典试题7】 华莱士公司刚刚为每普通股支付了2.00美元的股利。历史数据表明，华莱士的股利以每年5%的速度稳步增长。投资这只股票的预期收益率为18%。华莱士普通股每股的当前价值为：

A. 16.15美元　　B. 15.38美元　　C. 11.67美元　　D. 11.11美元

【答案】 A

【解析】 选项A正确。依据股利成长模型，股票价格 $P=D_0\times(1+g)\div(k_s-g)$，其中，目前每股股利 = 2，股利增长率 = 5%，普通股必要报酬率 = 18%，则 $P=2\times(1+5\%)\div(18\%-5\%)=16.15$（美元）。

【经典试题 8】10 年前，艾里森集团以票面价值 50 美元和年股息率 6% 发行了永久优先股。现在，该公司没有拖欠股息。自发行日起，利率已提高，股票现在的售价为 38 美元。市场对这些股票的当前所需收益率为：

A. 4.56%　B. 6.00%　C. 7.89%　D. 15.79%

【答案】C

【解析】选项 C 正确。优先股的票面股息率不是真实收益率。优先股票面股息率不变，优先股的实际收益率也是优先股的融资成本。依据股利折现模型，优先股的市场价格为优先股未来现金流量的现值，即优先股价格 $P = D/ke$。反之计算优先股的收益率或资本成本即 $ke = D/P$。未来现金流量为每股股利即 50 美元 ×6% =3 美元，优先股价格为 38 美元，优先股收益率或资本成本 =3 美元 ÷38 美元 =7.89%。

【经典试题 9】BLM 公司是一家季节性企业，决定使用短期债券为流动动产中的季节性变动融资，同时使用长期债券或股票为永久性流动资产和所有固定资产融资。以下哪一项最准确地描述了这种类型的融资？

A. 自发融资　B. 期限匹配　C. 资本分配　D. 杠杆融资

【答案】B

【解析】选项 A 不正确。自发性融资是指正常交易过程中自然产生的负债，比如存货采购过程中发生的应付账款，确认工作和福利产生应付工资等。

选项 B 正确。期限匹配（或套期保值）是指通过匹配公司资产与负债的期限来对冲风险的管理方法。实务中，期限匹配尽量用短期融资为短期项目提供资金，用长期资产为长期项目提供资金。期限匹配的一个例子是，公司为一个历时 5 年的项目购买设备，同时用期限为 5 年的债务为该项目融资。

选项 C 不正确。资本分配是指对企业的投资项目有某种约束的情形，该约束限制了企业在给定财务期限（一般为 i 年）内所能做出的资本支出总额。不能超过预算上限通常要求资本分配合理化。

选项 D 不正确。杠杆融资是指企业在融资过程中利用资产抵押向银行借贷以获取资金的方式，这种融资方式会增加企业的资产负债率。

【经典例题 10】某盈利公司正在审核备选方案以筹集更多资金。预计该公司能以 6% 的收益率发行债券，或者也能以 7% 的收益率发行优先股。如果该公司的边际所得税税率为 37%，则每种备选方案的融资成本将是多少？

A. 债券：6.00%；优先股：7.00%

B. 债券：3.78%；优先股：7.00%

C. 债券：3.78%；优先股：4.41%

D. 债券：6.00%；优先股：4.41%

【答案】B

【解析】选项 A 不正确。债券的收益率不能直接作为资本成本，原因是债券利息所得税前支付，具有减税效应，实际融资成本会低于市场收益率。

选项 B 正确。债券资本成本需要计算税后实际成本，即债券的融资成本 = 6% ×(1 - 37%) = 3.78%。优先股股息所得税后支付，不具有减税效应，其 7%的收益率即为其资本成本。

选项 C 不正确。债券和优先股都计算税后成本是不正确的。

选项 D 不正确。优先股成本不具有减税效应。

【经典试题 11】 加权平均资本成本等于：

A. 资产收益率，包括使用资金产生的相关成本

B. 公司资产收入的平均收益率

C. 公司对高风险项目必须获得的最低收益率

D. 公司的股权资本成本，其中公司的市场价值保持不变

【答案】 A

【解析】 选项 A 正确。资本成本是企业使用资金所付出的代价，包括利息和股息等，以及有价证券发行过程中的手续费。资本成本一般用相对数表示，即资本成本率，是企业实际筹资付出的代价与实际可利用资金的比率。超过一年的资本计算资本成本时需要考虑货币时间价值的影响。加权平均资本成本是企业使用各种不同来源的个别资本成本的加权平均值，其权重为单个融资方式的融资额占总资本的比重。

同时加权平均资本成本也是企业资产负债表中资产收益率的底线，即投资所应获得的必要收益率。

选项 B 不正确。公司资产的平均收益率是企业利用资产赚取收益的能力。一般情况下公司平均资产收益率应高于加权平均资本成本，以使企业在补偿资本成本后有额外的净增值。

选项 C 不正确。高风险的项目一般具有较高的预期收益率。投资项目的最低收益率通常是资本成本，并考虑项目的风险水平对资本成本进行风险调整。当公司的风险与项目风险一致时，加权平均资本成本可以是该项目中的最低收益率。如果项目风险高于公司风险，应当在加权平均资本成本的基础上对风险进行调整。

选项 D 不正确。股权资本成本是个别资本成本，不是加权平均资本成本。

【经典试题 12】 财务主管正在确定她是否应将其公司的一部分养老金计划资产投资于公开交易的特普公司。财务主管收集了有关特普公司的以下信息：

- 本年度股利 = 1.50 美元
- 每年股利增长 = 5%
- 投资者预期收益 = 10%
- 目前股价 = 25.00 美元

根据上述提供的信息，财务主管可以得出以下哪一结论？

A. 如果假设成立，则对特普公司的投资将不盈利

B. 如果假设成立，则对特普公司的投资将盈利

C. 因为股利率相对较低，对特普公司的投资有较大风险

D. 对特普公司的投资将产生良好的现金流，是一项保守投资

【答案】B

【解析】选项 A 不正确。$P = 1.5 \times (1 + 5\%) \div (10\% - 5\%) = 31.5$（美元），即该股票理论价值为 31.5 美元，而其目前市场价格仅为 25 美元。因此，目前投资该股票，投资将盈利。

选项 B 正确。同 A。

选项 C 不正确。股息率较低，也可能是通过更多的留存收益的积累提升股票价格，以获得资本利得。目前信息无法判断风险。

选项 D 不正确。目前信息无法判断现金流风险。

【经典试题 13】一名银行代表联系了某大型厨房用具零售商的现金管理经理，想要为该零售商建立一个锁箱收款系统。该公司的收入分析表明，这一系统可以将收款时间平均缩短两天。该公司每天大约收到 2 500 张支票，每张支票的平均价值为 600 美元。银行将对每张支票收取 0.28 美元用于运营该系统。该公司目前正在以平均 7% 的利率投资短期基金。如果该公司采用锁箱协议，每年将会获益或损失多少？

A. 损失 150 500 美元　　B. 损失 45 500 美元

C. 获益 4 550 美元　　D. 获益 210 000 美元

【答案】B

【解析】选项 B 正确。依据锁箱系统净收益的计算公式，锁箱系统年净收益 = 机会成本年节约额 + 处理成本年节约额 - 支付的锁箱年成本。年机会成本节约额 = 收款时间的节约天数 × 日均现金处理量 × 机会成本率 $= 2 \times 2\ 500 \times 600 \times 7\% = 210\ 000$（美元）。锁箱年成本 $= 2\ 500 \times 0.28 \times 365 = 255\ 500$（美元）。锁箱系统年净收益 $= 210\ 000 - 255\ 500 = -45\ 500$（美元）。

【经典试题 14】供应商为公司提供 1/10，*n*/30 的信用期，如果不享用信用折扣政策，那么公司的名义年成本率最接近选项中的哪一项，假设一年 360 天。

A. 16%　　B. 18%　　C. 20%　　D. 22%

【答案】B

【解析】选项 B 正确。计算放弃现金折扣的成本。放弃现金折扣成本 = [折扣率/(1 - 折扣率)] × [360/(信用期 - 折扣期)] $= [1\%/(1-1\%)] \times [360/(30-10)] = 18.18\%$。

【经典试题 15】费拉德尔菲亚公司的会计师菲利斯 - 布朗告知该公司，达到以下四种销量时所分别对应的应收账款付款方式和坏账如下，具体取决于该公司的赊销政策（以千美元为单位）。

	销量	30天	60天	90天	120天	坏账
Ⅰ	520	300	100	100	0	20
Ⅱ	630	200	200	100	100	30
Ⅲ	770	200	100	200	200	70
Ⅳ	900	100	200	200	300	100

假定该公司的资本成本为20%，且所有款项均在到期月份的第一个可能的日期支付，那么达到哪种销量时利润最大？

A. Ⅰ　　B. Ⅱ　　C. Ⅲ　　D. Ⅳ

【答案】 D

【解析】 选项D正确。题中所有款项均在到期月份的第一个可能的日期支付，表明所有方案产生的应收账款均在到期日付款。确定哪个方案利润最多，需要计算四个方案扣除信用成本后的经济利润，选择经济利润最大方案。

扣除信用成本后经济利润 = 边际贡献 - 信用成本 = 销售收入 - 变动成本 - 坏账损失 - 收账费用 - 应收账款机会成本。依据题中的已知条件，仅需要考虑销售收入、应收账款机会成本以及坏账损失即可。

应收账款机会成本 = 应收账款平均余额 × 机会成本率

应收账款平均余额 = 每一账期销售额 ×（平均收账期/365）

项目	销售收入（美元）	应收账款机会成本 = 应收账款平均余额 × 机会成本率			坏账损失（美元）	净利润 = 销售收入 - 机会成本 - 坏账损失（美元）
		应收账款平均余额	机会成本率（%）	机会成本（美元）		
方案一	520	300 ×（30/365）+ 100 ×（60/365）+ 100 ×（90/365）= 65.75（美元）	20	13.15	20	486.85
方案二	630	200 ×（30/365）+ 200 ×（60/365）+ 100 ×（90/365）+ 100（120/365）= 106.85（美元）	20	21.37	30	578.63
方案三	770	200 ×（30/365）+ 100 ×（60/365）+ 200 ×（90/365）+ 200（120/365）= 147.94（美元）	20	29.59	70	670.41
方案四	900	100 ×（30/365）+ 200 ×（60/365）+ 200 ×（90/365）+ 300（120/365）= 189（美元）	20	37.8	100	762.20

二、简答题

内部持股公司维斯塔正在努力确定其权益成本的基准。行业内可以参照公司的市盈率为11，平均β值为1.05，股利分发率为收益的40%，预计增长率为10%。在刚刚结束的财年中，维斯塔的每股收益为3.00美元，并有望在来年达到行业平均增长率。经济指标显示无风险回报率为5%，市场回报率为15%。

问题：

1. 使用股利成长模型计算维斯塔的权益成本。请列出您的计算过程。

2. 使用资本资产定价模型计算维斯塔的权益成本。请列出您的计算过程。

3. 通过分别阐明股利成长模型和资本资产定价模型的三个特征来对二者进行比较。

4. a. 指出并讨论影响公司权益成本的三个内部因素。

b. 指出并讨论影响公司权益成本的三个外部因素。

【解析】

1. 使用股利成长模型计算维斯塔的权益成本。请列出您的计算过程。

$k = D_1/P_0 + g$

市盈率 $= P/3 = 11$，$P = 33$ 美元

当期股利 $= 3.00 \times 40\% = 1.20$（美元）

D_1 = 下期股利 $= 1.20 \times (1 + 10\%) = 1.32$（美元）

$k = 1.32/33 + 10\% = 14\%$

2. 使用资本资产定价模型计算维斯塔的权益成本。请列出您的计算过程。

$$k = R_f + \beta \times (R_m - R_f)$$
$$= 5\% + 1.05 \times (15\% - 5\%) = 15.5\%$$

3. 通过分别阐明股利成长模型和资本资产定价模型的三个特征来对二者进行比较。

（1）股利成长模型（以下列了四个特征）：

①假设股利以固定增长率来增长，这与现实不太相符。

②高估了目前高增长率公司的成本，因为这样的高增长率很难永远维持。

③对于不分发股利的公司很难直接适用该模型。

④对于不上市交易的公司，其价值很难估计。

（2）资本资产定价模型：

①假设所有投资者对证券收益率概率分布的看法一致。

②对于不上市交易的公司，β 系数较难估计。

③需要解决如何确定无风险利率的问题，是以短期国债利率为基础还是以长期国债利率为基础。股票估值应该以长期国债利率作为无风险收益率。

④需要解决如何确定预期市场回报率的问题。美国资本市场通常以标准普尔500指数收益率作为市场回报率。

4. a. 指出并讨论影响公司权益成本的三个内部因素。

（1）增长率。

（2）公司的财务杠杆。

（3）公司的经营杠杆。

b. 指出并讨论影响公司权益成本的三个外部因素。

（1）整个行业的风险。

（2）市场风险回报。

（3）市场利率。

同步测试题

一、单选题

1. 某股票月初的股票价格为每股 50 美元，本月派发的股利是每股 2 美元，月末每股的价格为 52 美元。投资者本月在该股票上获得的总收益率是多少？

A. 0　　B. 4.00%　　C. 7.69%　　D. 8.00%

2. 百尔科公司正在研究以下两个项目：

	预期最低报酬率（%）	持有期（年）
投资项目 A	5.75	4
投资项目 B	6.25	4

根据上述有限的信息，以下哪一项是最为合理的结论？

A. 投资项目 A 对百尔科公司而言是更好的选择

B. 投资项目 B 对百尔科公司而言是更好的选择

C. 投资项目 A 的风险高于投资项目 B

D. 投资项目 B 的风险高于投资项目 A

3. 某公司收到 1 000 000 美元的法律结算费用。该公司可以将这 1 000 000 美元用于自有房产的按揭，并节省 4% 的利息。根据一段时间内对市场的历史分析，首席财务官认为，如果他们将该资金用于投资，可能会获得大约 8% 的收益，这比 4% 的收益更高一些。业主选择将此款项应用于按揭，而不是投资。根据此情形中所描述的决定，合理的结论是该公司将有：

A. 高风险承受能力并且确定的约当值大于预期值

B. 低风险承受能力并且确定的约当值小于预期值

C. 低风险承受能力并且确定的约当值大于预期值

D. 高风险承受能力并且确定的约当值小于预期值

4. 使用资本资产定价模型（CAPM）计算的某只股票的预期收益率为 16%。如果预期市场收益率为 12%，且无风险收益率为 4%，则此股票的 β 系数是多少？

A. 0.75　　B. 1.50　　C. 2.00　　D. 3.00

5. 晨根有限公司是一家上市的化学品制造商，其首席财务官正在评估该公司与股东价值有关的股利政策。过去 10 年，晨根公司的每股股利一直保持在 2.30 美元的水平。该首席财务官希望从下一年开始，在晨根实行年股利增长 5% 的政策。该首席财务官已经确定晨根股票在市场上的预期最低报酬率为 13%。如果该首席财务官的股利增长政策得以实行，那么预计晨根股票 5 年后的价值将是多少?

A. 38.53 美元　B. 36.69 美元　C. 30.19 美元　D. 23.71 美元

6. 凯弗有限公司最近报告其每股收益为 3.00 美元。某安全分析机构最近发布报告称凯弗公司的收益预计在 5 年后将增长到每股 4.41 美元。那么预测的每股收益年复合增长率是多少（舍入到最接近的百分点）?

A. 6%　B. 8%　C. 9%　D. 47%

7. 贝克公司发行了 100 000 美元的 15 年期债券，票面利率为 8%。利息按年支付给债券持有人。贝克的有效所得税税率为 35%。贝克使用募集到的资金收购了某供应商，此供应商的有效所得税税率为 20%。税后债务成本是多少?

A. 8%　B. 6.4%　C. 5.2%　D. 3.6%

8. 打印机制造商培森公司正设法确定用于资本成本的普通股成本。标准普尔对培森的长期债务评级为 AA。培森的普通股在纳斯达克市场进行交易，当前市价为每股 26.87 美元。培森最近每年向普通股股东支付的普通股股利为 1.04 美元。关注培森普通股的证券分析师一致预测，该股的长期收益增长率平均为 12.5%。培森的边际所得税税率为 40%。使用股利贴现模型，培森用于资本成本的普通股成本是多少?

A. 9.82%　B. 10.11%　C. 16.37%　D. 16.85%

9. 某公司的加权平均资本成本率为 12.8%。如果税后负债成本率为 8%，负债权重为 20%，则该公司的股权成本是多少? 假设公司没有优先股。

A. 11.2%　B. 14.0%　C. 18.0%　D. 26.0%

10. 某珠宝分销商的财务经理正在分析在其赊销政策中增加现金折扣的成本。目前，公司的销售付款条件为净 60 天，几乎所有客户都会在 60 天结束时付款。该经理估计，如果公司提供 10 天内付款即享受 2% 折扣，净 60 天，其每年 5 000 000 美元的赊销平均收款时间将缩短至 1 个月，其中有 60% 的客户会利用折扣。该分销商目前正在采用利率为 12% 的循环贷款协议筹集周转资金。请计算该公司在其赊销付款条件中增加现金折扣的净成本。

A. 822 美元　B. 10 685 美元　C. 49 315 美元　D. 60 000 美元

11. 托普卡有限公司需借款 500 000 美元来满足其下一年营运资本需要。商业银行向该公司提供了一笔利息为 9.5% 的单利贷款，这笔贷款要求补偿性余额须达到16%。请确定这笔贷款的实际利率。

A. 11.02%　　B. 11.31%　　C. 12.75%　　D. 19.00%

12. 在CAPM模型中，以下哪个选项的相应变动不会导致预期收益率水平上升？

A. 无风险利率上升

B. 风险溢价上升

C. 股票的β系数上升

D. 市场投资组合的预期收益率下降

13. 公司将应用经济订购批量（EOQ）数学模型作为其存货管理的一个部分。以下哪一个变量的减少将导致EOQ的增加？

A. 年销售量　　B. 每个订单成本

C. 安全库存水平　　D. 单位持有成本

14. 下列选项中，除了哪一项外，都是融资租赁的优点？

A. 防止设备过时　　B. 具有税盾收益

C. 具有较强的灵活性　　D. 付出的利息较贷款低

15. 资本市场中存在几种可供投资的有价证券，其到期期限、面值、票面利率均一样，但要求的回报率不同，如下，请问哪一个证券目前的市场价格最低？

	要求回报率
证券1	5%
证券2	10%
证券3	15%
证券4	20%

A. 证券1　　B. 证券2　　C. 证券3　　D. 证券4

16. 资本市场进行一个理性的证券投资组合能够有效降低下列哪个风险？

A. 非系统风险　　B. 利率风险

C. 市场风险　　D. 系统风险

17. 使用资本资产定价模型（CAPM），公司Z股票的β系数为2.0，预期回报率为16%。公司X股票的β系数等于0.80。无风险利率为4%。公司X的预期回报率为：

A. 6.4%　　B. 8.0%　　C. 8.8%　　D. 9.6%

18. 某主板上市公司计划发行新债券。债券的下列哪一种特征会导致它有较高的票面利率?

A. 赎回条款　　B. 转换特征

C. 附认股权证　　D. 更严格的债务契约

19. 一个进口英国服装的美国进口商签订合同要从现在开始的 3 个月支付固定的英镑。如果进口商担心美元对英镑可能会暂时大幅贬值，建议其:

A. 在远期汇率市场购买英镑　　B. 在远期汇率市场出售英镑

C. 在远期市场购买美元　　D. 在远期市场出售美元

20. 假设日元和美元的当前汇率是 100 日元 = 1 美元。某财务分析师预测明年的汇率将是 94 日元 = 1 美元。如果分析师采用购买力平价作为预测的基础，则分析师预计日元将:

A. 升值，因为美元比日元通胀高

B. 升值，因为美元比日元通胀低

C. 贬值，因为美元比日元通胀高

D. 贬值，因为美元比日元通胀低

二、简答题

DPI 公司扩大生产规模，需购置一项资产，该资产需支付 50 000 000 美元，而企业现金仅能支付 18 000 000 美元，其他资金需要额外筹措。公司目前的资本结构为:

	融资成本（美元）	
长期债券	5 700 000	税后 4%
优先股	2 850 000 面值	股息率 10%
所有者权益	10 450 000	12%
合计	19 000 000	

公司适用边际所得税税率为 35%。

假定上述资本结构为公司目标最优资本结构。

公司以每股 25 美元发行股票，筹集资金。

问题:

1. 请定义普通股、优先股。
2. 普通股和优先股股利在支付顺序上有何区别?
3. 普通股和优先股有何区别? 普通股和长期债券有何区别?
4. 公司购置资产的预计报酬率是 10%，是否应购置该项资产?
5. 公司应分别通过发行债券、优先股和普通股筹集多少资金?

同步测试题答案及解析

一、单选题

1. 【答案】 D

【解析】 选项D正确。收益率包括股利收益率和资本利得收益率两部分，其中股利收益率 = 2 ÷ 50 = 4%，资本利得收益率 = (52 − 50) ÷ 50 = 4%，股票收益率 = 4% + 4% = 8%。

2. 【答案】 D

【解析】 选项D正确。投资项目的预期最低回报率需要在风险评估的基础上进行。如果项目风险过高，需要按照风险等级调整投资项目的预期最低回报率。投资项目A和项目B具有相同的年限，但项目B具有比项目A更高的最低报酬率，因此项目B的风险会较项目A高。

3. 【答案】 B

【解析】 选项A不正确。预期收益率高的项目通常具有高风险，投资者乐于投资8%收益的项目表明其具有一定的风险偏好。在确定约当值即确定性等值时，风险偏好的投资人确定性等值大于预期值。但业主选择了按揭，表明该业主不具有风险偏好特征。

选项B正确。业主选择按揭投资获得预期4%的较低回报率，表明其属于风险厌恶者，可以接受风险较低，同时预期收益率也较低的项目。风险厌恶者的确定性等值小于预期值。

4. 【答案】 B

【解析】 选项B正确。依据资本资产定价模型，股票预期报酬率 = 无风险收益率 + β ×（市场收益率 − 无风险收益率），即 16% = 4% + β ×（12% − 4%），$\beta = 1.5$。

5. 【答案】 A

【解析】 选项A正确。①利用货币时间价值规则计算预期第六期股利，即现值 = 2.3美元（目前每股股利），增长率5%，期限6年，其终值 = D6 = 2.3美元 × $(1+5\%)^6$ = 2.3美元 ×（F/P，5%，6）= 2.3美元 × 1.34 = 3.082美元。其中（F/P，5%，6）为利率5%，期数6的复利终值系数。

②利用股利增长模型计算第五年年末股票价值，即 P5 = D6/($k_s - g$) = 3.082美元 ÷ (13% − 5%) = 38.525美元≈38.53美元。

6.【答案】B

【解析】选项B正确。最近报告期的每股收益为现值，五年后增长到4.41美元为未来的终值，需要计算利率水平，$F=P(F/P, i, 5)$ 具体计算4.41美元$=3\times(F/P, i, 5)$，查复利终值系数表得$i=8\%$。

7.【答案】C

【解析】选项A不正确。债券的票面利率是固定不变的，不能以此确定债券的税后成本。

选项B不正确。计算发行方税后债务成本不能以供应商的税率为基础。

选项C正确。债券的税后债务成本是票面利率乘以发行公司的税率，因为债务具有减税效应，即税盾利益。$8\%\times(1-35\%)=5.2\%$。

8.【答案】D

【解析】选项D正确。依据固定成长股利模型$K_s=[D_0\times(1+g)\div P]+g$。其中，$D_0=1.04$，股利增长率$g=12.5\%$，股票市价$P=26.87$美元。

$K_s=[1.04\times(1+12.5\%)\div 26.87\text{美元}]+12.5\%=16.85\%$

9.【答案】B

【解析】选项B正确。加权平均资本成本是指每种融资方式的个别资本成本，以其融资额在总资本额中的比重为权数计算的加权平均值。负债权重为20%，则股权权重为80%。设股权成本为X，因此，$12.8\%=8\%\times20\%+X\times80\%$。$X=14\%$。

10.【答案】B

【解析】选项B正确。折扣损失=赊销收入×平均折扣率。平均折扣率$=60\%\times2\%=1.2\%$。

折扣损失$=5\,000\,000\times1.2\%=60\,000$（美元）

提供折扣导致回款周期缩短1个月，即30天。由此带来应收账款余额下降，机会成本节约。机会成本的节约来自平均收现期的缩短。

节约的机会成本=赊销收入÷365×(原账期−新账期)×机会成本率=应收账款$5\,000\,000\div365\times(60-30)\times12\%=49\,315$（美元）

现金折扣净成本$=60\,000-49\,315=10\,685$（美元）

11.【答案】B

【解析】选项B正确。短期银行信用贷款的实际利率会由于补偿性余额、贴现法收息等条款而高于合同约定利率。由于补偿性余额条款使企业实际可利用资金减少，因此提高贷款的实际利率。

$$\text{实际利率}=500\,000\times9.5\%\div[500\,000\times(1-16\%)]$$
$$=9.5\%\div(1-16\%)=11.31\%$$

第二章

12. 【答案】D

【解析】选项 D 正确。利用资本资产定价模型，度量风险和回报之间的关系：股票的预期收益率 = 无风险收益率 + β 系数 ×（市场收益率 – 无风险收益率）。市场收益率与无风险收益率的差为市场风险溢价。其中无风险收益率、β 系数以及市场风险溢价提高都会引起股票预期收益率水平上升。

市场投资组合的收益率下降会引起市场风险溢价降低，继而降低股票的预期收益率。

13. 【答案】D

【解析】经济订货批量基本模型：

$$Q^* = \sqrt{\frac{2T \times F}{CC}}$$

选项 A 不正确。经济订货批量模型中假定年度存货销售量可预测，且保持稳定。在公式中用 T 表示。T 减少会导致经济订货量减少。

选项 B 不正确。经济订货批量基本模型中，每个订单成本与经济订货量同方向变动。在公式中用 F 表示，订单成本减少将导致经济批量减少。

选项 C 不正确。经济订货批量基本模型中，假设不允许缺货，短缺成本为零。即使在经济订货批量修正模型中，安全库存水平不影响经济订货批量。

选项 D 正确。单位持有成本与经济订货批量反方向变动。在公式中用 CC 表示，单位持有成本下降，经济订货批量增加。

14. 【答案】D

【解析】选项 A 不正确。融资租赁期满资产可以退回出租方，以规避资产过时风险。

选项 B 不正确。美国税务局允许融资租赁设备加速折旧的，因此具有税盾利益。

选项 C 不正确。融资租赁所获得的资金使用灵活。出租方限制条款少。

选项 D 正确。融资租赁支付租金的方式类似于分期还本并付息，融资成本一般比贷款成本高。

15. 【答案】D

【解析】选项 D 正确。要求的回报率也称最低回报率，在计算确定证券市场价格时用于作为折现率。折现利率水平越高，证券价格越低。证券 4 折现率最高达到 20%，因此其市场价格最低。

16. 【答案】A

【解析】选项 A 正确。证券投资组合能有效分散公司特有风险，也称非系统性风险。

选项 B 不正确。利率风险是系统性风险，不能通过证券投资组合加以分散。

选项 C 不正确。市场风险也即系统性风险，通过理性的投资组合是无法分散的。

选项 D 不正确。理由同 C。

17.【答案】C

【解析】公司 Z 预期回报率 16% = 无风险利率 4% + β 系数 2.0 ×（市场投资组合回报率 - 无风险利率 4%），市场投资组合回报率 = 10%

公司 X 预期回报率 = 无风险利率 4% + β 系数 0.8 ×（市场投资组合回报率 10% - 无风险利率 4%）= 8.8%。所以选项 C 正确。

18.【答案】A

【解析】选项 A 正确。有赎回条款债券，为了弥补提前赎回而导致债权人收益降低，一般会有较高的票面利率。

选项 B 不正确。附加了转换特征的债券，票面利率一般会低于市场利率。

选项 C 不正确。附加认股权证的股票，相当于赠送了一项权力，票面利率会偏低。

选项 D 不正确。更严格的债务契约，也就是有更加严格的偿还或保障条款，同等条件下增强了债务的到期偿还，债务人的权利更有保障。所以票面利率会偏低一些。

19.【答案】A

【解析】选项 A 正确。进口商未来需要支付英镑，为了避免英镑价格上涨产生的汇率风险，需要锁定未来英镑的买价。而买入远期有助于锁定英镑的未来购买价格。如果在随后的 90 天内外汇市场美元对英镑贬值，英镑升值，买入远期汇率合同收益可以抵销为履行债务而支付更多美元造成的损失。

选项 B 不正确。出售英镑的远期合约目的是锁定英镑的卖出价格。

选项 C 不正确。远期外汇市场进行的是远期合约交易，而不是买卖现货美元。

选项 D 不正确。理由同 C。

20.【答案】A

【解析】选项 A 正确。购买力平价理论，当前 1 美元 = 100 日元，即 1 美元的购买力与 100 日元的购买力相同。如果分析师预期未来的汇率为 94 日元 = 1 美元，即 1 美元的购买力仅与 94 日元的购买力相同，说明相对于美元日元升值。同时通胀水平与汇率反向变动，通常通胀率相对较高的国家汇率相对贬值。

二、简答题

【解析】

1. 请定义普通股、优先股。

普通股指的是在公司的经营管理和盈利及财产的分配上享有普通权利的股份，代表满足所有债权偿付要求及优先股东的收益权与求偿权要求后对企业盈利和剩余财产的索取权。

优先股是相对于普通股而言的。主要指在利润分红及剩余财产分配的权利方面，优先于普通股。

2. 普通股和优先股股利在支付顺序上有何区别?

优先股先于普通股发放股利，同时优先股股息固定支付。普通股股息是否支付取决于股东大会的决议。股东大会决议时要考虑公司未来的成长性、控股股东的控制权、股东的风险偏好以及减税需求等因素。

3. 普通股和优先股有何区别?

普通股和优先股的区别:

(1) 股息。优先股相对于普通股可优先获得股息。如果企业年度内没有足够现金派发优先股股息，普通股是不能分发股息的。股息数量由公司董事会决定，但当企业获得优厚利润时，优先股不会获得超额收益。

(2) 剩余资产优先分配权。当股份公司因破产或解散进行清算时，在对公司剩余财产的分配上，优先股股东排在债权人之后，但排在普通股股东之前。

(3) 投票权。优先股股东没有参与企业决策投票权，但在企业长期无法派发股息时，优先股股东有权派代表加入董事会，以协助改善企业财务状况。

(4) 优先购股权。普通股股东在企业发行新股时，可获优先购买与持股量相当的新股，以防止持股比例被稀释，但优先股股东无权获得优先发售。

普通股和长期债券有何区别?

普通股和长期债券的区别:

(1) 权利不同，股票是所有权凭证，债券是债权凭证。

(2) 发行目的不同，债券募集资金属于公司的负债，股票募集资金属于公司的资本。

(3) 期限不同，债券是有期证券，股票是无期证券。

(4) 收益不同，债券的收益是固定的，股票的收益不固定。

(5) 风险不同，债券风险小，股票风险大。

4. 公司购置资产的预计报酬率是10%，是否应购置该项资产?

加权平均资本成本(WACC) = 5 700 000 ÷ 19 000 000 × 4% + 2 850 000 ÷

19 000 000 × 10% + 10 450 000 ÷ 19 000 000 × 12% = 9.3%，购置资产的预计报酬率 10% 大于资本成本，应该购置该项资产。

5. 公司应分别通过发行债券、优先股和普通股筹集多少资金？

上述资本结构为最优资本结构，即：

长期债券比重 = 5 700 000 ÷ 19 000 000 = 0.3

优先股比重 = 2 850 000 ÷ 19 000 000 = 0.15

普通股比重 = 10 450 000 ÷ 19 000 000 = 0.55

项目需要的总资金为 50 000 000（美元）

其中，

发行债券筹资 = 50 000 000 × 0.3 = 15 000 000（美元）

发行优先股筹资 = 50 000 000 × 0.15 = 7 500 000（美元）

权益筹资 = 50 000 000 × 0.55 = 27 500 000（美元）

权益筹资中，18 000 000 美元为公司的现金（留存收益）；

需要对外发行股票融资 = 27 500 000 − 18 000 000 = 9 500 000（美元）

发行普通股股数 = 9 500 000 ÷ 25 = 380 000（股）

第三章

决策分析

决策分析是企业为实现预定目标，在科学分析的基础上结合内外部条件进行的定量和定性相结合的分析。管理会计师利用本量利分析，分析实现盈亏平衡、目标利润所要实现的销售额和销售量，从而深入分析收入、成本变化对盈利水平的影响；通过识别和分析相关收入与相关成本，并结合销售维度、生产维度等定性方面的数据，对引入新产品、特殊订单、外购与自制、是否进一步加工和增加减少分部等决策进行分析；价格是企业战略决策的重要内容，管理会计通过对成本、市场以及竞争对手等各方面信息的掌握，采用成本基础定价法、市场基础定价法、目标定价法等方法进行定价，并通过供需关系、产品生命周期和价格需求弹性分析价格变化对收入的影响，从而为企业整体决策提供财务维度、客户维度、生产维度等方面的信息。

本章考情分析

本章主要内容：有关数据概念；本量利分析；边际分析；自制或外购决策；所得税对经营决策分析的影响；定价方法，包括市场可比数据，以成本为基础和以价值为基础的定价法。

本章考试占比 25% 。

本章近年来的主要考点：①决策分析相关的基本概念，包括变动成本、固定成本等成本性态分析；②进行单一产品和多产品生产情况下，销售量和销售额两种盈亏平衡点表达方式的计算；③计算并解释安全边际和安全边际率；④进行边际分析，包括特殊订单、自制还是外购、销售还是再加工、增加还是减少分部、最大化限制因素的单位贡献等情况的分析；⑤定价的各种基本概念和基本类型，包括基于需求定价法、竞争定价法等方法、价格需求弹性的计算；⑥目标成本法的相关概念和步骤等。

本章重点框架图

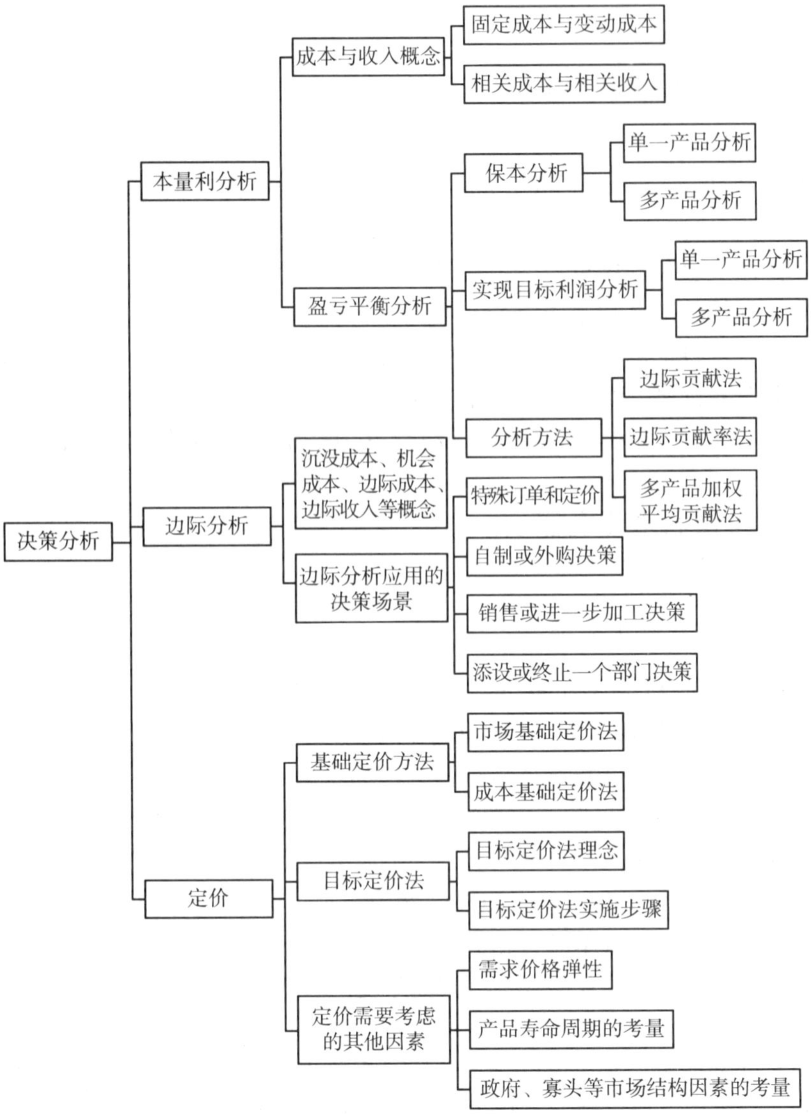
决策分析
本量利分析
成本与收入概念
固定成本与变动成本
相关成本与相关收入
盈亏平衡分析
保本分析
单一产品分析
多产品分析
实现目标利润分析
单一产品分析
多产品分析
分析方法
边际贡献法
边际贡献率法
多产品加权平均贡献法
边际分析
沉没成本、机会成本、边际成本、边际收入等概念
边际分析应用的决策场景
特殊订单和定价
自制或外购决策
销售或进一步加工决策
添设或终止一个部门决策
定价
基础定价方法
市场基础定价法
成本基础定价法
目标定价法
目标定价法理念
目标定价法实施步骤
定价需要考虑的其他因素
需求价格弹性
产品寿命周期的考量
政府、寡头等市场结构因素的考量

本章重难点精讲

第一节　本量利分析

本量利（cost volume profit analysis，CVP）分析是对成本、业务量、利润之间相互关系进行分析的一种方法。本量利分析考查了下述因素间的相互作用：①产品或服务的售价；②销售量（业务量）；③单位变动成本；④固定成本总额；⑤销售产品和服务组合。

管理者可将本量利分析数据应用于诸多决策情形，例如，①提高或降低现有产品和服务价格；②引入新产品或服务；③新产品和服务定价；④拓展产品和服务市场；⑤决定是否重置现有设备；⑥决定自制或外购产品或服务。

一、本量利术语及假设

（一）本量利相关概念

本量利分析（cost volume profit analysis，CVP）相关概念如下：

（1）成本：为达到特定目标而耗费的资源。

（2）成本动因：影响成本的因素，例如产量。

（3）成本对象：归集成本数据的对象，例如产品、产品线、客户、工作和组织的业务部门。

（4）固定成本（fixed cost，FC）：相关范围内，无论作业量大小，始终保持不变的成本。固定成本既包括既定的前期设备设施成本，例如租金和折旧；也包括酌定的管理或预算的成本，例如年度广告费、间接人工或销售管理人员的薪水。

（5）变动成本（variable cost，VC）：相关范围内，随着作业量成正比例变动的成本。包括直接材料、直接人工、变动间接费用（如公用事业费用和低值易耗品）、变动销售成本（如装运成本和销售佣金），以及变动管理成本（如支付的特许使用费等）。

（6）总成本（total cost，TC）：全部成本的总和。

（7）相关范围（relevant range）：变动成本和固定成本函数成立的产出范围。

（8）收入：销售而得到的资产流入。

（9）收入动因：影响收入的因素，例如广告、促销、单位售价、销售量等。

（10）营业利润（operating income，OI）：营运中获得的总收入减去营运中发生的总成本，注意：营业利润是税前概念，不减去所得税。

（11）净营业利润（net operating income，NOI）：某一期间的税后营业利润。

（12）产出量：指某一期间生产的件数或者销售的件数。根据不同行业，会有不同的产出量指标的计量单位。

（二）固定成本和变动成本的成本性态

成本性态（cost behavior），又称成本习性，是指成本的变动与企业产出量（产量或销售量）之间的依存关系。成本性态分析就是对成本与企业产出量之间的依存关系进行分析，对企业降低成本、进行最优管理决策具有重要意义。随着企业产出量的变化，既定成本可能增加、减少或者保持不变。

本量利分析中，成本类型主要包括固定成本和变动成本，二者从总成本的角度和单位成本的角度看，有不同的表现，如表3－1所示。

表3－1 成本构成

成本类型	总成本的成本性态	单位成本的成本性态
固定成本	不受产出量变化的影响 通过管理决策的变化，可以改变固定成本	与产出量变化呈反向增减
变动成本	与产出量变化呈正比例增减	保持不变

常见的固定成本：保险费、租金费、财产税、薪金、广告费等。

常见的变动成本：在制造业环境下，变动成本包括直接材料、直接人工、变动间接费用、销售佣金、装运成本、特许使用费等。在零售业环境中，变动成本包括产品销售成本、销售佣金和一些开单成本。在服务业中如医院，变动成本包括处方药费、医院低值易耗品、病人伙食费等。

受时间范围长短影响，固定成本和变动成本可能重新归类。一般原则是：

- 时间范围越短，总成本中可视为固定成本的比例就越高。
- 时间范围越长，变动成本的比例就越高。

成本是固定成本还是变动成本，主要受相关范围、时间框架、给定的决策情景三大因素的影响。在相关产能范围内，固定成本是一定的，单位产品的材料成本和人工成本均保持不变。但是若销售量足够大，例如需要新增生产线、新增大的生产车间，那么固定成本就会发生变化，单位成本也会大额梯形递增。

（三）本量利分析的四个假设

（1）线性假设。本量利分析假设收入与成本函数是线性的，注意是在相关范围内。

（2）确定性假设。本量利分析假设价格、单位变动成本、固定成本等各个参数均已知或能被合理估计。

（3）单一产品或明确界定的产品组合。本量利分析假设产品均为单一产品或明确界定的产品组合，明确界定的产品组合使得分析人员能够考察假设的加权平均成本。

（4）产量等于销量假设。该假设是指产成品库存账户没有变化。如果使用变动成本法和边际贡献法计算营业利润，该假设的必要性大大降低。

【例题3－1】成本性态是考查成本的关键，变动成本与固定成本的差别是：

A. 单位变动成本是浮动的，单位固定成本是保持不变的

B. 单位变动成本在短期内是固定的，而单位固定成本是变动的

C. 变动总成本在短期内是变动的而在长期是固定的，而固定成本从来不变

D. 单位变动成本在不同增量中变化，而单位固定成本等量递增变化

【答案】B

【解析】选项A不正确。单位变动成本固定保持不变，而单位固定成本会随着产量的变动而变动。

选项B正确。固定成本在一定时间内保持不变，当作业量变动的时候，单位固定成本随着作业量的变动而变动。因此，固定成本的总额是固定的，但是单位固定成本会发生变动。单位变动成本是固定的，但是变动成本总额直接随着作业量变动而变动，所以总额是变动的。

选项C不正确，长期来看，所有成本都是变动的。

选项D不正确，单位变动成本短期内是固定的。

【例题3－2】相关范围是决策分析中的重要概念。关于相关范围，下列哪项表述是正确的？

A. 总变动成本保持不变

B. 总固定成本保持不变

C. 超过相关范围实际固定成本通常降低

D. 相关范围确立后就不能改变

【答案】B

【解析】选项A不正确。虽然变动成本总额发生变动，但单位变动成本是常量。

选项B正确。相关范围是作业范围，在该范围内单位变动成本和总固定成本保持不变。增加一个产品的增量成本等于变动成本。

选项C不正确。超过相关范围实际固定成本通常升高。

选项D不正确。当生产作业发生变化，相关范围也会产生变化；相关范围仅仅是一个用于决策的假设。

【例题3－3】以下选项中，除了哪一项以外都是关于本量利分析的假设？

A. 总固定成本并不随着产量的改变而改变

B. 收入随着产量变化而相应发生变化

C. 单位变动成本随着产量变化而相应发生变化

D. 多种产品情况下，销售组合不随着产量的改变而发生变化

【答案】C

【解析】选项 A、B、D 不正确。三个选项均为其假设，依据本量利分析的线性假设、确定性假设、单一产品或明确界定的产品组合假设、生产量等于销量假设，价格、单位变动成本和总固定成本已知并且保持不变，有多种商品销售时，各种产品的销售比例保持不变。

选项 C 正确。单位变动成本不会随着产量变化而变化。

二、盈亏平衡分析

（一）本量利关系图（盈亏平衡图）

盈亏平衡分析是本量利（CVP）分析的重要部分。盈亏平衡点，是指总收入等于总成本时的产出水平，此时收入恰好覆盖成本，利润为零。销售量高于盈亏平衡点，则产生营业利润。销售量低于盈亏平衡点，则发生营业亏损。

第三章

盈亏平衡图（CVP 图）（如图 3－1 所示）展示了成本、收入、数量和利润之间的相互关系。

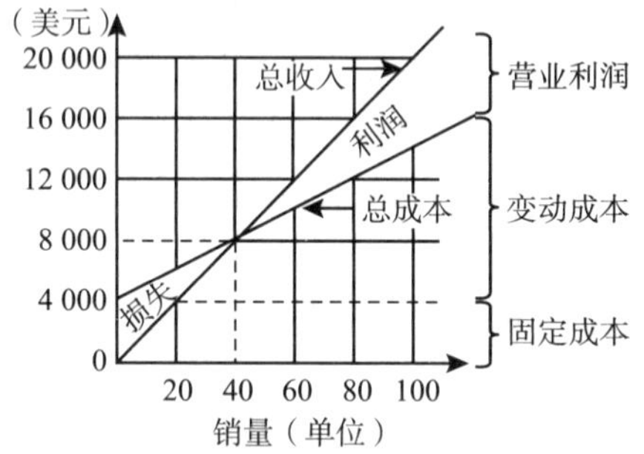

图 3－1 盈亏平衡图

横轴（X 轴）：表示销量。

纵轴（Y 轴）：表示金额。

总收入与总成本皆为产量的函数，依据 CVP 假设，均为直线，两条直线的交叉点即为盈亏平衡点。

（二）盈亏平衡分析：生产单一产品的公司

接下来用一组符号以方程形式表达这些关系。

两个变量用货币金额表示。它们是：F 为固定成本；I 为利润（营业）。

两个变量用单位货币金额表示。它们是：P 为单价；V 为单位变动成本。Q 为数量。

利润是收入与总成本之间的差额。总成本由变动成本和固定成本构成。因

为收入和变动成本均是销售数量的函数，那么一定存在如下关系：

$$I = [(P - V) \times Q] - F$$

在已知其他变量的条件下，该方程有助于预测营业利润。并且这个方程还有助于确定满足设定条件所需的数量、售价、单位变动成本等。

（1）公司可能还想知道为实现盈亏平衡（亦即保本，break even），需要销售多少件产品。当然，保本的意思就是营业利润为0。为确定答案，将营业利润设定为0，方程简化为：

$$Q_{be} = F/CMU$$

其中：Q_{be}为保本量；F为固定成本。

$$P - V = 价格 - 变动成本 = CMU = 边际贡献$$

$$R_{be} = F/CMR$$

其中：R_{be}为保本额；CMR为边际贡献率。

（2）几乎没有哪一家企业的管理层仅仅满足于保本。目标是赚取利润，并且通常是在企业产能和产品需求约束下力争利润最大化。在产品销售过程中，一定量产品的边际贡献首先是用来弥补企业生产经营活动所发生的固定成本总额，在弥补了企业所发生的所有固定成本后，如有多余，才能构成企业的利润。

因此，将原方程式可以转换为：

$$Q_{be} = (F + I)/CMU$$

其中：Q_{be}为目标销量；F为固定成本；I为目标利润；CMU为边际贡献。

$$R_{be} = (F + I)/CMR$$

其中：R_{be}为目标销售额；F为固定成本；I为目标利润；CMR为边际贡献率。

计算能够实现预期结果的价格。将原等式转换变形，求单价P，得到如下结果：

$$P = V + (F + I)/Q$$

这个结果非常直观。价格需收回产品的制造和销售相关变动成本，此外还要收回分摊在预计销售数量上的固定成本和目标营业利润。

（3）最后管理者还需要考虑到税的影响，以此来判断能够赚取目标净收益的销量：

$$Q_{be} = [F + TNI/(1 + T)]/CMU$$

其中：Q_{be}为基于目标净利润的目标销量；F为固定成本；TNI为净利润；T为税率；CMU为边际贡献。

$$R_{be} = [F + TNI/(1 + T)]/CMR$$

其中：R_{be}为基于目标净利润的目标销售额；F为固定成本；TNI为净利润；T为税率；CMR为边际贡献率。

（三）多产品盈亏平衡分析

很多情况下，公司销售不止一种产品。零售商可以拥有成千上万种产品或存货。例如，一家五金店出售的商品，可以小到螺丝钉，也可以大到吹雪机。对于生产单一产品的企业来说，盈亏平衡分析比较简单，然而对于多品种、多产品，盈亏平衡分析就比较复杂。

1. 销售组合。

销售组合，或收入组合，是指出售的产品和服务的相对比例关系。

（1）本量利分析的前提假设中就包含：单一产品或明确界定的组合产品。当组合确定不变时，产品组合收入、成本、边际贡献都是确定的，盈亏平衡的条件也是确定的。当销售组合不变时，可以采用以下公式计算多产品下的盈亏平衡点：

$$I = [(P - V) \times Q] - F$$

（2）如果组合是变化的，由于不同产品的盈利性不同，在满足盈亏平衡的条件时，则可能存在有多种销售组合。此外，当销售量一定时，如果产品组合中边际贡献高的项目占比大，则组合的利润也会比较高。

目前进行多品种、多产品盈亏平衡分析时多采用边际贡献法。

2. 加权平均边际贡献法。

（1）加权平均边际贡献法，是边际贡献法在产品组合 CVP 分析应用中的拓展方法。

为了组合地计算盈亏平衡点，根据销售组合中的每种产品销量权重来计算单位加权平均边际贡献，针对产品 A 和产品 B 的产品组合：

$$\text{加权平均单位边际贡献} = \frac{(\text{产品 A 的单位边际贡献} \times \text{产品 A 销量}) + (\text{产品 B 的单位边际贡献} \times \text{产品 B 销量})}{\text{产品 A 销量} + \text{产品 B 销量}}$$

这种加权平均是简单加权平均。盈亏平衡点销售量计算公式：

$$\text{盈亏平衡点销售量} = \frac{\text{固定成本}}{\text{加权平均单位边际贡献}}$$

【提示】销售组合变化会对营业利润产生多大的影响，取决于高边际贡献项目和低边际贡献项目在组合中的比例如何变化。一般适用如下规则：

- 若减少高边际贡献产品比例，增加低边际贡献产品比例，可能会导致营业利润降低，即使总销售收入可能会增加。
- 如果提高高边际贡献产品比例而降低低边际贡献产品比例，可能会导致营业利润增加，即使总销售收入可能会减少。
- 企业往往通过调整销售组合实现收入最大化。但是在有的情况下，最好的决策不是生产具有最高单位边际贡献的项目。因为边际贡献很高的一种产品，公司不一定有能力卖到盈亏平衡的数量。

企业管理者应该关注每一种产品的边际贡献，根据具体条件进行决策。

（2）加权平均边际贡献率法，同样可以用于计算产品组合的盈亏平衡点。

$$加权平均边际贡献率 = \sum（每种产品的边际贡献率 \times 该产品的销售收入占全部收入的比重）$$

$$盈亏平衡点销售额 = 固定成本 \div 加权平均单位边际贡献率$$

三、所得税与本量利分析

净营业利润通常表示为营业利润减去所得税的差。

相关恒等式为：

$$目标净营业利润 = 营业利润 \times (1 - 所得税税率)$$

即：

$$营业利润 = \frac{目标净营业利润}{1 - 所得税税率}$$

在考虑所得税的情况下，本量利分析中的收入利润恒等式为：

$$收入 - 变动成本 - 固定成本 = \frac{目标净营业利润}{1 - 所得税税率}$$

第三章

> **【提示】** 所得税的存在并不会影响公司的盈亏平衡点，因为税前利润为零，等于税后利润为零。

四、安全边际

安全边际（margin of safety，MOS），又称安全幅度，有销售量和销售额两种表达方式。安全边际销售量是指盈亏临界点以上的销售量，也就是现有销售量超过盈亏临界点销售量的差额。安全边际销售量表明从现有销售量或预计可达到的销售量与盈亏临界点之间有多大的差距，此差距说明现有或预计可达到的销售量或销售额再降低多少，企业才会发生损失。差距越大，则企业发生亏损的可能性就越小，企业的经营就越安全。

常用公式有：

$$安全边际销售量 = 现有（或预计）累计销售量 - 盈亏平衡点的销售量$$

$$安全边际率（安全边际百分比）= \left[\frac{安全边际销售量}{现有(或预计)销售量}\right] \times 100\%$$

$$安全边际销售额 = 现有（或预计）累计销售额 - 盈亏平衡点的销售额$$

$$安全边际率（安全边际百分比）= \left[\frac{安全边际销售额}{现有(或预计)销售额}\right] \times 100\%$$

五、敏感性分析与本量利分析

敏感性分析（sensitivity analysis method）是研究当一个系统的周围条件发生变化时，这个系统的状态发生了怎样的变化，是敏感还是不敏感。

本量利（CVP）分析中的敏感性分析，即针对数量（Q）、价格（P）、单位变动成本（UVC）、固定成本（FC）等因素的变化，而提出一系列“假设”，“如果……则会发生……变化”。公式为：

$$盈亏平衡点数量=\frac{固定成本}{单位售价-单位变动成本}$$

> **【提示】**敏感性分析与本量利分析的结合，主要关注两方面的问题：
> - 相关因素发生多大变化时会使企业由盈利转为亏损，即有关因素临界值的确定；
> - 相关因素变化对利润的影响程度。

敏感性分析对企业利润等各项预测、经营发展决策、投资者衡量投资效益和制定投资决策都具有十分重要的意义。

【例题3－4】A公司开发了一个新项目，准备在下一财务年度推向市场。营销部预测单位售价为36美元，销售数量35 000个，A公司管理层给新产品分配了年产25 000个产品的产能。新产品的年固定成本预算是450 000美元，其中包括新生产设备的折旧60 000美元。单位产品的相关数据如下。已知A公司的所得税税率为40%。

单位：美元

项目	变动成本
直接材料	7.00
直接人工	3.50
制造费用	4.00
变动制造成本总计	14.50
销售费用	1.50
单位变动成本总计	16.00

在下一财务年度A公司必须销售多少数量的新产品才能达到盈亏平衡？

A. 20 930个　　B. 18 140个　　C. 22 500个　　D. 25 500个

【答案】C

【解析】选项C正确。本题考查的是盈亏平衡点的概念。假设盈亏平衡点数量为Q，代入公式：

$(单位售价\times Q)-(单位变动成本\times Q)-固定成本=营业利润=0$

即 $(36\times Q)-(16\times Q)-450\ 000=0$

得出$Q=22\ 500$。即该公司下一财年达到盈亏平衡点的销售数量为22 500个。

【例题3－5】CVP分析法在众多决策中是一个关键因素，比如定价决策、营销战略和生产设备的利用。在CVP分析中通常会计算盈亏平衡点。一旦超过了盈亏平衡点，则引起营业利润增长的是：

A. 额外销售的一个产品所增加的单位毛利

B. 额外销售的一个产品所增加的单位边际贡献

C. 额外销售的一个产品所增加的单位固定成本

D. 额外销售的一个产品所增加的单位变动成本

【答案】 B

【解析】 在超越盈亏平衡点后，每额外销售一件产品：所增加的边际收入为产品的售价；所增加的边际成本为产品的单位变动成本；所增加的边际利润 = 边际收入 - 边际成本 = 售价 - 单位变动成本 = 单位边际贡献。

【例题3-6】 某家具制造商制造贮藏棚，固定成本是50 000美元，包括在报纸上刊登的广告费。单位变动成本是500元，单位售价是1 000美元。该公司考虑花费10 000美元利用附近马路边的广告窗进行宣传，这样可以使销售量达到600个。仅借助报纸的广告形式，销售量是300个。利用报纸和道路广告窗，同仅使用报纸进行广告相比，安全边际增加：

A. 500个　　B. 300个　　C. 280个　　D. 200个

【答案】 C

【解析】 仅借助报纸的广告形式，盈亏临界销售量 = 50 000/(1 000 - 500) = 100（个）

安全边际销售量 = 300 - 100 = 200（个）

利用报纸和道路广告窗，盈亏临界销售量 = 60 000/(1 000 - 500) = 120（个）

安全边际销售量 = 600 - 120 = 480（个）

因此，安全边际销售量增加280个。

【例题3-7】 某公司为应对市场变化，计划在明年生产两种产品，产品A和产品B。产品资料如下：

	产品A	产品B
单位销售价格	10美元	15美元
单位变动成本	8美元	10美元
预计销售量	20 000件	5 000件

公司的总固定成本预计为30 000美元。假设在盈亏平衡点上产品组合与预计的销量水平的产品组合一致。请问在盈亏平衡点上预计要销售多少件的产品A？

A. 2 308件　　B. 9 231件　　C. 11 538件　　D. 15 000件

【答案】 B

【解析】 选项B正确。计算如下：

$$\frac{30\ 000}{(10-8)\times\frac{20\ 000}{25\ 000}+(15-10)\times\frac{5\ 000}{25\ 000}}=11\ 538\text{（件）}$$

实现盈亏平衡点预计 A 产品销量 = 11 538 × (20 000/25 000) = 9 231（件）

【例题 3-8】 俄罗斯大列巴面包公司生产两种面包，一种 2 磅的圆形面包和一种 3 磅的心形面包。公司的总固定成本为 94 000 美元。两种面包的变动成本和销售数据如下：

	2 磅圆形面包	3 磅心形面包
单位售价	12 美元	20 美元
单位变动成本	8 美元	15 美元
目前销售量（按单位计）	10 000	15 000

如果销售组合是每 1 个圆形面包与 3 个心形面包，那么，这两种面包的盈亏平衡点销售量分别为：

A. 8 174 个圆形面包，12 261 个心形面包

B. 12 261 个圆形面包，8 174 个心形面包

C. 4 947 个圆形面包，14 842 个心形面包

D. 15 326 个圆形面包，8 109 个心形面包

【答案】 C

【解析】 选项 C 正确。加权平均边际贡献 $=(12-8)\times\frac{1}{4}+(20-15)\times\frac{3}{4}=4.75$。

盈亏临界点销售量 = 94 000 ÷ 4.75 = 19 789（个）

圆形面包销售量 $=19\ 789\times\frac{1}{4}=4\ 947$（个）

心形面包销售量 $=19\ 789\times\frac{3}{4}=14\ 842$（个）

【例题 3-9】 某电子整装企业，租用某厂房进行组装生产。每一套电子产品，单位价格为 200 美元，单位变动成本为 120 美元。预计销售 40 套；假设厂房业主给出三种租金方案选择：

方案 1：2 000 美元的固定费用；

方案 2：800 美元固定费用加所得收入的 15%；

方案 3：所得收入的 25%，无固定费用。请分析三种方案的安全边际。

【解析】 方案 1：盈亏平衡点销售量 = 2 000 ÷ (200 − 120) = 25（套）；安全边际 = 40 − 25 = 15（套）。

第三章

方案2：盈亏平衡点销售量 = 800 ÷ (200 - 120 - 200 × 15%) = 16（套）；安全边际 = 40 - 16 = 24（套）。

方案3：盈亏平衡点销售量 = 0 ÷ (200 - 120 - 200 × 25%) = 0（套）；安全边际 = 40 - 0 = 40（套）。

第二节 边际分析

决策至少涉及两个备选方案之间的抉择。在有些情况下，需要考虑若干备选方案。但其他决策可能要求仅在两个备选方案中进行选择，其中一个方案可能就是维持现状不变。不论选择的数量或类型，在决策过程中都需要评估不同备选方案的成本和收益。

一、边际分析及相关概念

边际分析，也称增量分析或者差量分析，是一种分析短期决策的方法。在经济学中，边际即“额外的”“追加的”意思，指处在边缘上的“已经追加上的最后一个单位”，或者“可能追加的下一个单位”，自变量发生微量变动时，在边际上因变量的变化，边际值表现为两个微增量的比。因此，边际分析方法就是研究经济运行中微增量的变化，用以分析各经济变量之间的相互关系及变化过程的一种方法。相关概念有：

（1）增量成本：在现有或者计划产量的基础上获得额外产量而发生的额外成本。

（2）增量收入：执行一项备选行动过程中产生的额外收入。

（3）相关成本：对企业经营管理有影响或者在经营管理决策分析时，必须加以考虑的各种形式的成本。相关成本是尚未发生的（未来成本）且在替代方案中有差异的成本。决策是面向未来的，与之相关的成本也只能是未来将要发生的成本。

（4）相关收入：指与特定决策方案相联系、能对决策产生重大影响、在项目投资决策中必须予以充分考虑的收入。

（5）机会成本：当选择某一种经济活动，而放弃的可以从事其他经济活动可获得的最大潜在利益。

（6）沉没成本：发生在过去并且不能够改变的成本；沉没成本与未来的决策无关，在决策分析时应忽略。

（7）可避免成本：采用一种方案替代另一种方案时可以全部或者部分免除的成本；应该注意的是，可避免成本不是指可降低成本。可避免成本仅指其他方案的某一项支出，对于本方案来说是可以避免发生的。可避免成本常常是与决策相关的成本。

（8）不可避免成本：无论采取哪一种方案的决策或者行动，都存在的成本。不可避免成本通常是与决策不相关。

(9) 边际成本：每新增生产一单位产品带来的总成本的增加量。

(10) 边际收入：每增加一单位产品的销售所增加的收益，即最后一单位产品的售出所取得的收益。

(11) 显性成本：指的是会计记录的成本，主要包括：直接人工、直接材料、间接费用、销管费用等。会计利润只包括显性成本。

(12) 隐性成本：指的是公司所有者提供给公司的资本的机会成本。经济利润既包括显性成本也包括隐性成本。

【提示】

- 边际分析在管理会计中，着重分析增量成本和增量收入的增减情况，而不再是着眼于总成本和总收益。
- 在边际分析中，任何在产品批量之间没有区别的成本，包括已分摊成本，均应忽略。
- 边际分析根据企业过程，通常用于以下决策模型：
  - 特别订单及其定价；
  - 自制还是外购决策；
  - 销售还是进一步加工决策；
  - 增加还是减少一个分部决策；
  - 将限制性因素的单位贡献最大化。

二、特殊订单及其定价

特殊订单即指企业有一次性和短暂机会来决定接受还是拒绝特定数量产品或者服务的订单。如果相关收入大于相关成本（包括机会成本），则该订单盈利，可以接受此订单。

特殊订单的决策首先需要考虑的是企业产能的问题。

（一）剩余生产能力

企业现有剩余生产能力，可以在完成既定的生产任务后利用剩余生产能力接受外单位的额外产品生产要求或是可以以剩余生产力接受外单位的额外产品生产的大部分要求。

企业在利用剩余生产能力进行追加特殊产品的生产时，主要是评价特殊订单是否存在边际贡献。

决策标准：外单位特殊订单的产品价格高于该产品的变动成本即可接受追加订货。如果存在专属固定成本，则要求追加的产品价格高于该产品的变动成本，并在能补偿专属固定成本的条件下接受。若剩余生产能力另有他用或是特殊订单需要挤占正常生产量时，还应考虑机会成本。是否接受特殊订单应考虑以下具体情况：

（1）在剩余生产能力无其他用途的情况下，如果接受特殊订单不需要追加专属成本，那么只要该特殊订单的出价大于产品单位变动成本，也就是在该特殊订单能提供边际贡献时，就可以接受该订单。

（2）在剩余生产能力无其他用途的情况下，如果接受特殊订单需要追加专属成本，那么接受此特殊订单的条件是，该订单的边际贡献应大于专属成本，也就是特殊订单的相关损益大于零。

但是，非常重要的一点就是要考虑到假如现有客户获悉此特殊订单，公司再以现有价格对其进行销售，是否会受到影响。如果公司会流失一部分当前销售量，或是不得不对现有客户提供价格折让，那么这些因素都要考虑到分析中。如果特殊订单客户是任何现有客户的竞争对手，公司将不希望被视为帮助新客户与现有的忠诚客户开展竞争。在教科书中，很容易框定特殊订单客户所在市场完全与正常订单客户相隔离的情形，但在现实世界中，那些单独的封闭市场很少。

（二）接近或者达到满负荷

如果企业以满负荷进行运营，最低可接受价格就是正常销售价格。在满负荷运营时，企业还需考虑接受订单是否会失去获利更高的销售。并且还应评估因失去具有更高边际贡献的销售项目而导致的机会成本。

【提示】特殊订单是非预期的且不常见的短期订单。对于短期特殊订单，在可以增加总贡献的情况下会被接受，但是如果定期（长期）的基础上接受特殊订单，企业的定价体系会受到侵蚀。

【例题3－10】某公司目前每月销售6 000件产品，并且已收到来自国际客户的特殊订货。该国际客户想购买1 500件产品，每件价格为80美元。该公司目前向老客户销售产品的价格为每件95美元。公司拥有过剩产能，可以生产特殊订单的产品。下面显示了产品的单位成本。直接材料成本49.50美元，直接人工成本16.50美元，变动间接费用9.50美元，固定间接费用3.50美元，每个月的固定制造间接费用总额为35 000美元。管理层确定，国际交货的额外运输费用将为每件4美元。公司是否应接受此特殊订单？

A. 是，因为营业利润将增加750美元

B. 是，因为营业利润将增加6 750美元

C. 否，因为营业利润将减少4 500美元

D. 否，因为营业利润将减少21 000美元

【答案】A

【解析】选项A正确。由于公司拥有过剩产能，可以生产特殊订单的产品。因此在订单价格方面仅考虑与订单相关的变动成本：直接材料成本为

49.50 美元，直接人工成本为 16.50 美元，变动间接费用为 9.50 美元，额外运输费用为 4.00 美元，合计 79.5 美元。

如果公司接受该国际客户 1 500 件产品订单，每件价格为 80 美元，则利润会增加：(80 - 79.5) ×1 500 = 750（美元）

【例题 3 - 11】 根据下述信息回答问题，D 公司是一个工业产品制造商。用于自动化生产子部件的产品是 DB-96。该产品单位财务构成如下：

单位：美元

销售价格	150
直接材料	20
直接人工	15
变动生产费用	12
固定生产费用	30
运费及处置费	3
固定销售及管理费用	10
总成本	90

D 公司收到一个特殊的一次性订单生产 1 000 个 DB-96 零部件。假设 D 公司满负荷进行生产，该特殊订单的产量将占用已有产量的边际贡献为 10 000 美元。使用最初数据，该一次性特别订单可接受的最低价格是超过：

A. 60 美元　　B. 70 美元　　C. 87 美元　　D. 100 美元

【答案】 A

【解析】 选项 A 正确。假定没有剩余产能，价格必须覆盖增加的成本。DB - 96 增加的成本等于 50 美元（20 美元直接材料 + 15 美元直接人工 + 12 美元变动制造费用 + 3 美元运费）。机会成本是指使用稀缺资源投入最优方案能够获得的利益。因为接受特殊订单会使公司放弃边际贡献 10 000 美元，该金额必须在价格中有所体现。因此，最小单价是 60 美元 [50 美元单位增加成本 + (10 000 美元损失的边际贡献 ÷1 000 件)]。

选项 B 不正确。该金额包括固定销售和管理成本。固定销售和管理成本是不相关成本。

选项 C 不正确。该金额包括固定制造费用，但是遗漏了运费相关成本。

选项 D 不正确。该金额是以完全成本法为基础计算得出的。其中固定销售和管理成本、固定生产费用是不相关成本。

三、自制或者外购

（一）自制或者外购相关成本分析

自制或外购分析的是短期外购行为决策，即企业决定是从外部供应商处购买产品或者服务，还是自己生产的决策。“短期”意味着该企业拥有生产该批量产品的能力。

要决定外购还是自制，需要对比内部制造的相关成本和外部购买成本。

【提示】某些情况下，机会成本和定性因素需要加以考虑。相关成本和不相关成本可以参见表3-2。

表3-2 相关成本与不相关成本

	含义	影响
相关成本	代表自己生产的短期成本，既然是短期的，也就是只分析增量或者差异成本，包括： （1）与制造该产品相关的变动成本 （2）与制造该产品相关的任何可避免的固定成本 （3）因制造该产品而导致的收益的减少	可以通过外部购买来避免或者消除
不相关成本	不随着外购而改变。一般来说，不相关成本是固定的间接成本和任何折旧成本	无论企业决定内部制造还是外部购买，这些成本不会改变且不可避免

在自制或者外购决策中，应考虑可避免固定成本和其他机会成本，尤其是固定间接费用。例如：可以减少一个固定工作人员；可减少一块固定空间的租用等。如果内部生产的空间可以他用，那么就需要考虑其中的机会成本。

（二）自制或外购决策标准

由于无论是产品/服务自制还是外购，并不影响产品的销售收入，因此只需考虑两个方案的成本，哪一个方案的成本低就选择哪一个方案。具体分三种情况讨论：

（1）产品/服务自制不需增加固定成本且自制能力无法转移。在企业已经具备自制能力无法转移的情况下，原有的固定成本属于沉没成本，不会因产品/服务的自制或外购而发生变动。因此，在这项决策分析中，只需将自制方案的变动成本与外购成本进行比较。如果自制变动成本高于外购成本，应外购；如果自制变动成本低于外购成本，应自制。

（2）产品/服务自制不需增加固定成本且自制能力可以转移。在自制能力可以转移的情况下，自制方案的相关成本除了包括按产品/服务全年需用量计算的变动生产成本外，还包括与自制能力转移有关的机会成本，将自制方案的相关成本与外购成本进行比较。

（3）产品/服务自制但需要增加固定成本。当自制产品/服务时，如果企业没有多余的生产能力或多余生产能力不足，就需要增加固定成本以购置必要的机器设备。在这种情况下，自制产品/服务的成本就不仅包括变动成本，还包括增加的固定成本。由于单位固定成本是随产量成反比例变动的，因此对于不同的需要量，决策分析的结论就可能不同。

【提示】在进行自制或外购决策时应该考虑可避免固定成本和其他机会成本。

一项常见的自制或外购机会成本是：能否通过外购避免部分固定间接费用的开支。例如，可能不再需要检查人员。另一项常见的机会成本是：在内部生产过程中使用的部分场地或机器是否可以用于其他用途，如其他产品的制造或将其出租给其他组织。

如果现在用来进行内部生产所占用的场地或机器没有其他用途，并且将保持闲置状态，此时机会成本为零。但若该场地或机器能用于其他用途，在评估外购报价时应考虑机会成本因素。

（三）自制或外购决策需要考虑定性因素

在自制或者外购决策中，除了成本抉择之外，企业还需要评估同外部供应商打交道的定性因素。包括需要利用外部供应商的独特知识、难得的技术人员、获取稀有材料的途径等。现代商业社会中，越来越多的买方和卖方形成各种伙伴关系，从而联合起来改善产品/服务。买方公司经常调整自制或者外购决策，以与供应商达到互利关系。供应商的产品可靠性和在质量方面的信誉，也就是承担外包的能力是至关重要的，包括：

（1）保证按时交货以及零部件和材料的顺畅流通；

（2）保持可接受的质量控制；

（3）对于核心竞争力的控制策略，有些内部能力不宜外包；

（4）对知识产权的滥用风险。

对于外购的优点和缺点可以参见表3－3。

表3－3　外购的优缺点

外购的优点	集中核心竞争力；改善效率和效果；获取新技术；在不发生间接费用时获得能力；改善质量和及时性等
外购的局限	寻找外部的专业知识成本可能更高，内部专业知识和能力的荒废；降低过程和质量的控制；灵活性下降；缺少个性化服务；私人和机密的问题；知识泄密；员工道德和忠诚度问题等

【例题3－12】 公司需要30 000件某种产品，有闲置产能，外购单价21美元，自制直接人工8美元，直接材料4美元，间接变动成本3美元，固定成本5美元，自制需要购买设备30 000件，自制需要租赁场地，但是可以用公司现在租赁的仓库作为场地，仓库租金39 000美元，如果用仓库就需要另外租赁场地放存货，租金54 000美元，问：自制还是外购？可以节省多少美元？

A. 自制可以节省96 000美元

B. 外购节省63 000美元

C. 自制可以节省81 000美元

D. 外购可以节省53 400美元

【答案】 A

【解析】 选项A正确。决策分析：熟练运用边际分析做出决策，例如，推出新产品或改变产出量；接受或拒绝特殊订单；自制或外购一种产品或劳务；销售或进一步加工再销售；增设或撤销一个分部。

如果外购需要花费＝30 000×21＝630 000（美元），如果自制需要花费＝(8＋4＋3)×30 000＋54 000＋30 000＝534 000（美元），自制比外购节省＝534 000－630 000＝96 000（美元）。

【例题3－13】 A公司生产自行车需要橡胶轮胎作为生产的配件。若自己生产，则生产此轮胎配件的成本信息为：直接材料成本是6美元/个，直接人工成本为10美元/个，专属固定制造费用为6美元/个。生产此轮胎配件，还需要橡胶资源，1个轮胎需要1个单位的橡胶资源，1个单位橡胶资源的成本是2美元。从企业外部购买此轮胎配件的价格是25美元/个。问：

如果公司有闲置产能，自制还是外购？

【解析】 自行车轮胎的相关成本＝该产品的变动成本＋可避免的固定成本＝6美元/个＋10美元/个＋6美元/个＋2美元/个＝24美元/个。轮胎产品的外购价格为25美元/个，大于相关成本24美元/个。所以公司应当选择自制该产品。

四、销售还是深加工

（一）销售或进一步加工决策

销售还是进一步加工决策，或联产品是否进一步加工决策，涉及直接将产品或者服务销售出去，还是继续进一步加工再出售，常见的销售或进一步加工决策包括：

（1）在产品上添加新特性以提升产品功能。

（2）提高服务的灵活性或者质量。

（3）修复有缺陷的产品，采用常规方式销售，或者按残次品折价销售。

（二）联产品与联合成本

联产品或者联服务，即由单一的共同投入生产出两种或者多种产品或服务。如石油化工厂对原油裂化加工分馏出来的汽油、柴油、重油等产品都属于联产品。有些联产品在分离点可直接出售，也可以进一步加工。如汽油就可进一步加工成各种标号的油品。

分离点，指在生产过程中联产品可被识别为不同产品的时间点。

联合成本（joint cost），指分离点前发生的全部成本。由于联合成本在分离点之前发生（无法直接归属到任何中间产品或服务或最终产品上），对于分离点之后的行动决策属于沉没成本，是决策不相关成本。

（三）销售或进一步决策步骤

销售还是进一步加工决策的步骤是：

（1）确定产品或者服务的售价，或确定在联合生产过程中分离点处，每件产品或者服务的售价。

（2）如果对产品或者服务进行进一步加工，确定每件产品或者服务的最终售价。

（3）计算进一步加工所增加的收入，即进一步加工销售收入减去不继续加工的销售收入。

（4）计算增量成本。

（5）比较增量收入和增量成本。

【提示】销售或进一步决策的相关成本只包括与进一步加工有关的可分离成本；相关收入则包括直接出售的有关收入和加工后出售的有关收入。

【例题3－14】W公司生产用于清洁行业的化工产品。上个月，W公司发生了300 000美元的联合成本用于生产60 000个一号清洁产品和40 000个二号清洁产品。W公司使用产量法来分配联合成本。目前一号清洁产品在分离点的单位售价为3.50美元。F公司与W公司联系要求购买所有经过深加工的一号清洁产品。W公司的深加工成本为90 000美元。在联合生产成本和分析中，确定销售产品获得利润最大化的点时，下述哪项成本是相关的？

A. 分离点后的可分离成本

B. 分离点的联合成本

C. 产品在生产期间的销售人员工资薪酬

D. 联产品需要的材料采购成本

【答案】A

【解析】选项A正确。联产品是指用同一种原料，经过同一个生产过程，生产出两种或两种以上的不同性质和用途的产品。联产品分离时的分离点是最关键的，它是联合生产过程的结束。在分离点就必须采用可行的分配办法，将联合成本分配于各联产品。分离后，不需进一步加工即可销售或结转的联产品，其成本就是分配的联产品成本。分离后如需进一步加工的，继续加工费用为直接费用的可直接计入，为间接费用的应在相关的产品之间分配计入。联合成本加上继续加工成本为该产品的销售成本。分离点后各自发生的成本是相关的。如果增量收入超过各自的可分离成本，应进一步加工，而不是在分离点销售。

选项 B 不正确。分离点的联合成本（共同成本）对何时销售产品的决策无影响，属于不相关成本。

选项 C 不正确。在生产期间内，销售人员的工资不影响决策。

选项 D 不正确。采购成本是分离点前联合成本，属于不相关成本。

【例题 3-15】 J 公司制造 A、B、C 三种产品。5 月份 J 公司的生产、成本和销售的数据如下：

	产品			
	A	B	C	合计
产量	30 000	20 000	70 000	120 000
分割点的联合成本				480 000 美元
进一步加工成本	0 美元	60 000 美元	140 000 美元	
售价				
分割点处	3.75 美元	5.50 美元	10.25 美元	
加工后		8.00 美元	12.50 美元	

基于以上信息，应该给予 J 公司的管理层以下哪一项建议？

A. 在分离点处卖出 B 产品和 C 产品

B. 在分离点处进一步加工 B 产品，而卖出 C 产品

C. 在分离点处进一步加工 C 产品，而卖出 B 产品

D. 进一步加工 B 产品和 C 产品

【答案】 C

【解析】 选项 C 正确。判断再加工产品的定价：

	A	B	C
加工前售价	3.75 美元	5.50 美元	10.25 美元
加工成本	0 美元	60 000 美元	140 000 美元
产量	30 000	20 000	70 000
单位加工成本	0.00 美元	3.00 美元	2.00 美元
加工后预计售价	3.75 美元	8.00 美元	12.50 美元

续表

	A	B	C
额外增加收入	0.00 美元	(0.50) 美元	0.25 美元
		不加工	加工

或：

B 深加工增加利润 = (8 − 5.5) × 20 000 − 60 000 = −10 000（美元）

C 深加工增加利润 = (12.5 − 10.25) × 70 000 − 140 000 = 17 500（美元）

因此，C 深加工后出售，B 产品直接卖出。

五、保留或减少分部

增加还是减少分部，抑或增加还是减少服务产品，主要考查、分析和对比相关成本与相关净营业利润的影响。需要注意的是，在边际分析中，只有可避免成本才是需要考虑的相关成本，而共同固定成本是不可避免成本，与决策无关。增加还是减少某个分部，决策方法如下：

（1）如果节省的可避免固定成本 < 将要损失的边际贡献，则应该保留该分部。

（2）如果节省的可避免固定成本 > 将要损失的边际贡献，则应剔除该分部，因为这样能提高总的净营业利润。

一般考虑保留或裁撤的部门，多为面临亏损的部门，这是企业发展转型中常见的决策分析。如果销售该亏损产品能产生边际贡献，则可以弥补一部分固定成本，这时就不应该停产。

> **【提示】** 若存在其他机会成本，例如可能生产其他产品能获得的收益，或者不进行生产而进行空间租赁获得的收入，则在进行增加或者减少分部的决策过程中，应将这些机会成本与可避免固定成本相加，从而综合考量。

【例题 3 − 16】 T 公司最近审核了各个业务部门的盈利能力。该公司的西部区业务部预计在今后一段时期会亏损，因此被关闭。在以下哪一种情形下，T 公司的总利润在关闭西部区业务部后会减少？

A. 西部区业务部的预计亏损少于其分摊的总部成本

B. 西部区业务部的预计边际贡献为负数

C. 西部区业务部的存货被转移到其他分部

D. 西部区业务部的预计固定成本被除掉

【答案】 A

【解析】 选项 A 正确。西部区业务部的预计亏损少于其分摊的总部成本，如果关闭西部区业务部，将导致西部区业务部的收入为 0，但是其分摊的总部成本将由其他部门分摊，从而总体上减少总利润。

选项 B 不正确。如果西部区业务部的预计边际贡献为负数，则关闭西部业务部不会导致总利润在关闭西部区业务部后减少。

选项 C 不正确。西部区业务部的存货被转移到其他分部对总利润没有影响。

选项 D 不正确。西部区业务部的预计固定成本被除掉，会增加会计利润。

【例题 3－17】某大型连锁公司拥有购物、娱乐、餐饮三大业务部门，现在业务部门的运作情况如下：

单位：美元

	购物	娱乐	餐饮	总计
销售	500 000	400 000	100 000	1 000 000
变动成本	300 000	200 000	70 000	570 000
固定成本	100 000	100 000	50 000	250 000
经营利润（损失）	100 000	100 000	(20 000)	180 000

管理层正在考虑关闭餐饮部门，因为它"效益非常差"。关闭该部门会减少 30 000 美元的固定成本，但购物和娱乐两个部门的销售将从当前水平下降 5%。在考虑这项决策时，该大型公司的总监建议公司应该注意的一个财务方面是边际收益。请问是否应当关闭餐饮部门？

【解析】对购物、娱乐、餐饮三个部门进行本量利计算，如下：

	购物	娱乐	餐饮
销售额	500 000 美元	400 000 美元	100 000 美元
变动成本	300 000 美元	200 000 美元	70 000 美元
边际贡献	200 000 美元	200 000 美元	30 000 美元
边际贡献比率	40%	50%	30%

餐饮部门的边际贡献为 30 000 美元，等于关闭该部门的可避免固定成本30 000 美元，但是若加上购物和娱乐部门连带的损失，那么关闭餐饮部门会带来更大的损失。所以不应当关闭餐饮部门。

六、限制因素下的单位边际贡献最大化

限制性资源，即约束性资源，就是瓶颈，阻碍特定事物发展的关键性因素，是最稀缺的。如果某项决定性的因素，制约了企业满足客户需求的能力，那么企业发展的目标就成为最大化每单位产能即限制性因素的边际贡献。

在现实经济生活中，企业的生产常常会受到某一种有限（或稀缺）资源的限制。当某一种有限资源限制了企业满足外部需求的某种产能力时，说明

企业产品生产和销售量受到了约束。当产品生产量受到某一种有限资源约束时，通常不能以产品的单位边际贡献大小作为决策的标准，其原因在于，尽管产品单位边际贡献就是反映产品盈利能力的重要指标，但在企业资源有限的情况下，单位边际贡献大的产量不一定大，因而其边际贡献总额就不一定最大，这样就不能为企业带来最大的经济利益。所以，在企业生产受到某一有限资源约束的情况下进行生产决策，必须以各种产品提供的边际贡献总额的大小来判断方案的优劣。在这种情况下，通常选择产品的单位资源（制约因素）边际贡献指标作为评价依据。

$$单位限制要素的边际贡献=\frac{(销售价格或采购价格-直接材料-直接人工-变动制造费用)}{单位产品耗用的限制要素}$$

【例题3-18】格里制造公司已将两款产品的数据列示在下列表格中。以往的经验显示不可避免的固定制造费用为10美元/机器小时。格里的政策是，即使外购也要完成所有的订单。

	搅拌机	电动搅拌机
直接材料	6美元	11美元
直接人工	4美元	9美元
制造费用每小时16美元	16美元	32美元
从外部供应商购买的成本	20美元	38美元
年需求量	20 000台	28 000台

如果现有50 000机器小时可供使用，格里制造公司希望选择一个最佳的方案，该方案应该为

A. 生产25 000台电动搅拌机，外购其余需要的设备

B. 生产20 000台搅拌机和15 000台电动搅拌机，外购其余需要的设备

C. 生产20 000台搅拌机，外购其余需要的设备

D. 生产28 000台电动搅拌机，外购其余需要的设备

【答案】B

【解析】选项B正确。本题是产品组合决策的题目，首先要分析2个产品：

因为单位时间下的制造费用是16元。生产一台搅拌机需要耗费的时间=16/16=1（小时）；生产一台电动搅拌机需要耗费的时间=32/16=2（小时）。

显然50 000工时无法满足企业的年需求量，我们需要外购，所以我们需要比较两种产品的单位小时节约的产品成本，节约的单位小时产品成本越多，优先生产。

搅拌机单位小时节约的产品成本=(20-6-4-6)/1=4；电动搅拌机单位小时节约的产品成本=(38-11-9-12)/2=3。

搅拌机单位小时节约的产品成本 > 电动搅拌机单位小时节约的产品成本。

所以优先生产搅拌机，剩余的进行外购。

注意：题目给出的制造费用是总的制造费用，其中包括不可避免的固定部分 10 美元，这是不相关成本。

七、所得税与边际分析

（一）相关成本

在一个没有税收抵扣的简化税收世界，当营业利润最大化时，净利润也将最大化。因此，所得税在边际分析中通常是无关的。

相关成本是决策过程的首要分析对象。一般来说：①大部分变动成本都是相关成本，变动成本因为产量或者备选方案的不同而不同。②大多数固定成本为不相关成本，因为不同产量或者备选方案固定成本通常是不变的。须特殊考虑固定成本中的可避免固定成本，属于相关成本。

设施或者设备的折旧费是既定成本的一部分，购置成本在资产寿命周期内分摊，所以将折旧费归为相关成本是错误的。折旧费属于沉没成本，通常与决策分析无关。

（二）边际收入与边际成本的经济学概念与会计学概念对比

成本的经济学概念包括显性成本，例如直接人工、直接材料、制造费用、销售费用、一般及行政管理费用等以及不包括在会计记录或会计利润确定中的隐性成本。隐性成本包括由公司所有者提供给公司的资本的机会成本。会计成本只包括显性成本，隐性成本排除在外。

管理会计所做的成本分析与经济学家做的分析类似，但可能会有些许不同。例如，边际成本的经济学定义是下一个产出的成本。在进行边际分析时，管理会计师使用单位变动成本（UVC）代替边际成本；用单位售价（USP）代替边际收入。总成本（TC）是变动成本（VC）和固定成本（FC）的总和。用“Q”代表产量，则平均变动成本 AVC = VC/Q；平均固定成本 AFC = FC/Q；平均总成本 ATC = AVC + AFC。

第三节 定价

为了在竞争激烈的环境中生存，公司必须认真管理成本和价格。长期的财务成功取决于产品和服务的价格是否超过了成本，并为企业发展以及财务再投资提供足够的储备资金支持和向投资者提供令人满意的回报。管理会计师在收集、分析、计量和报告对成本和定价决策至关重要的信息方面具有关键作用。

一、定价决策

定价决策，指公司为其产品和服务确定价格而做出的群体决策。定价太高，可能会降低销量；定价太低，可能收不回成本。

相关产品和服务成本是定价决策的重要组成部分。当代成本系统要素包括：

（1）用作业和操作作为中间成本对象，以追溯成本到最终成本对象。

（2）基于成本动因将成本分配至最终成本对象。

（3）提供多重成本视角（按消耗的资源、消耗的作业、消耗的动因等维度）。

（4）通过构建各种管理层可视的因果关系以便于产品或服务的成本管理。

设计良好的成本管理系统增加了正确定价决策的可能性，从而有助于组织实现其战略目标。其他因素，例如产品或服务的供求和时间范围等，也会影响决策。

（一）供求因素考虑

在几乎没有竞争对手且供不应求的情况下，传统定价实践是在产品或服务成本上加成以获得足够的利润。只要需求保持强劲、竞争非常有限，任何的成本增加都可通过涨价来抵销。这种以供求关系为基础的定价方式的主要缺陷在于对成本管理毫无促进。

不同行业的许多公司，通过持续涨价以覆盖成本这种脱离市场的方式来对其产品和服务进行定价。此外，除非有很强的市场进入壁垒（例如技术优势或大规模资本投资需求），否则这种定价为竞争对手进入市场创造了机会。当竞争加剧，供大于求时，这种通过成本加成获得利润的生存能力就变得有问题。

基于需求的定价方法使用客户需求和客户对产品的感知价值作为主要定价基础。基于需求的定价方法包括：撇脂定价法、渗透定价法、收益管理法、价格点法、心理定价法、捆绑定价法、基于价值定价法和溢价定价法。

（二）时间范围与长短期定价法

定价决策通常根据时间长短分为短期定价决策和长期定价决策两种（如表3－4所示）。

表3－4　短期定价决策与长期定价决策

	期限	适用情况
短期定价决策	1年及以内，通常6个月及以内	适用于一次性的和短期的特别产品采购订单，或者用于对竞争性市场条件作出反应。市场竞争情况要求更加及时地调整产品线和产出量
长期定价决策	1年以上	一般关注主要市场上的某一产品或者服务

时间范围，无论短期还是长期，最终都将决定哪些产品或服务成本与定价相关。一些定价决策可能短期和长期都会涉及。在给定长期时间范围的情况下，稳定且可预测的成本更有利于定价决策。稳定的长期成本，带来价格的长期稳定，有助于长期稳定的价格决策，促成更加牢固的长期买卖关系。

二、市场基础定价法

市场基础定价法，即以市场需求或市场竞争对手定价情况为基础而进行定价的方法，适用于产品和服务基本相同的情况下。两种主要的市场基础定价法如下：

（1）基于需求的定价。特点是如果市场对产品的需求很大，那么就可以制定较高的价格；如果市场对产品的需求很小，并且市场上存在大量该种产品的替代品，那么应该制定较低的价格。

（2）基于竞争的定价。特点是根据竞争对手同质产品和可替代产品的价格水平来确立产品价格。

在市场基础定价情境下：①市场力量对产品或者服务的价格设定具有极大的影响。②客户愿意支付的价格水平不高于市场现行价格。③公司的价格制定一般与现行市价持平。④需要考虑客户期望和想要什么，以及客户看重什么。⑤需要确定竞争的激烈程度。⑥需要估计客户和竞争对手会对公司的定价做何反应。

【提示】 *在采用市场基础定价法时，公司务必进行成本效益分析。如果该产品的生产和销售成本过高，公司会退出该产品的市场。*

在市场基础定价法中，公司会根据预期的客户和竞争对手的反应来决定产品和服务的特点以及定价决策。总体目标是避免设定可能导致代价较大的市场不稳定或竞争性价格战的价格。因此，市场基础定价法是在高度竞争和大宗商品市场（如航空公司、石油、天然气、矿产和许多农产品）的合理定价方法。

市场基础定价法的优点：着眼于市场，考虑了市场的供求和竞争因素的影响，能够较好地适应市场，有利于企业参与竞争。

市场基础定价法的缺点：这种定价方法与企业成本费用脱节，不一定能保证企业要求的利润。

三、成本基础定价法

成本基础定价法，即成本加成定价法，是以产品和服务的开发、生产、销售的成本为依据，设定能够覆盖这些成本并赚取到一定利润的价格。相对于市场基础定价法的价格受制于市场价格水平，成本基础定价法拥有适度的自主性。

实施成本基础定价法，企业应当确定的事项包括：

（1）确定在特定产量即销量水平下，与生产和销售产品相关的成本。如何确定采用哪些成本、如何计量这些成本是成本基础定价法的重要环节。

（2）确认合理的回报即加成，通常根据市场平均收益水平、经济增长率、银行利率、风险水平等，设定一个利润加成比例。

（3）在成本基础上进行加成。根据市场实际调研情况，制定出不同渠道的价格体系。

（4）根据市场力量变化，在必要时对加成比例进行相应的调整。

在成本基础定价法中，为了确定定价中采用什么成本以及最终加成多少，在确定价格体系时，通常有三种成本加成方法，如表 3－5 所示。

表 3－5　　成本加成方法

加成方法	加成百分比	价格公式
变动成本加成法	（预期利润＋固定成本总额＋费用）÷变动成本总额	单位售价＝单位变动成本×（1＋加成比例）
固定成本加成法	（预期利润＋费用）÷产品成本总额	单位售价＝（单位平均固定成本＋单位变动成本）×（1＋加成比例）
完全成本加成法	（预期利润）÷总成本	单位售价＝（单位平均固定成本＋单位变动成本＋其他摊销成本）×（1＋加成比例）

成本加成定价法的优点：产品价格能保证企业的制造成本和期间费用得到补偿后还有一定利润，产品价格水平在一定时期内较为稳定，定价方法简便易行。

成本加成定价法的缺点：忽视了市场供求和竞争因素的影响，忽略了产品寿命周期的变化，缺乏适应市场变化的灵活性，不利于企业参与竞争，容易掩盖企业经营中非正常费用的支出，不利于企业提高经济效益。

【例题 3－19】苏珊销售饼干和面包，已知目前市场竞争非常激烈。她应该采取什么定价方式？

A. 市场基础定价　　B. 变动成本定价

C. 完全成本定价　　D. 掠夺性定价

【答案】A

【解析】选项 A 正确。苏珊销售饼干和面包，属于大众化的产品，可替代性很强，又加之目前市场竞争非常激烈，因此在定价的时候必须先考虑市场，所以选择以市场为基础的定价。

四、目标成本法

目标成本法与传统定价方法相比，有完全不同的视角和理念。传统定价法，假设产品或者服务已经开发出来，成本已经得到确认或者可以得到确定，然后根据成本确定价格。而目标成本法，是根据目标利润控制成本。二者比较如表3－6所示。

表3－6 传统定价法与目标成本法

定价法	表达式	视角和理念	适用产业
传统定价法	价格＝单位成本＋单位利润	产品已开发生产出来	原材料产品；成本难以拆分的产品等
目标成本法	单位成本＝竞争性价格－单位利润	根据目标成本再构建商品	市场价格驱动的行业；有较好的成本规划和成本管理

（一）目标成本法的实施过程

管理会计公告中的“实施目标成本法”给出了较为通用的实施目标成本法的实务步骤：

（1）在考虑市场需求和竞争状况的基础上确定目标价格。

（2）确定目标边际利润。

（3）确定必须实现的可允许成本。

（4）计算当前产品和流程的可能成本，归入不同的产品类型系列。

（5）确定控制成本，即必须被减掉的成本额。

（6）建立一个交叉职能团队，使他们从最初的设计阶段就参与目标成本法的实施过程。

（7）在设计过程中使用一些工具，如并行工程法、价值工程法和质量功能配置法。

（8）一旦生产开始进行，就实行成本缩减，例如采用生命周期成本法。

（二）目标成本法的基本目标

从本质上讲，目标成本法是一个全面成本管理过程，它决定了产品或服务的目标成本，然后开发出一个产品或服务的原型，该产品或服务可以根据所确定的目标金额获利。它是一种前瞻性方法，在设计和开发过程的早期阶段实施，而不是在产品开发和生产的后期阶段对产品和服务成本进行管理。

目标成本法的基本目标是使企业能够在竞争激烈的市场中管理业务。因此，目标成本法的基础是确定基于市场和价格的成本。研究和设计、工程、生产、营销和会计等的跨职能参与是必要的，以确保计划推出的产品或服务在销售时能够产生预期利润率。换言之，跨职能团队有责任设计和开发产品或服务，确保其能按照目标成本进行生产。所以，管理会计公告“实施目标成本法”中，目标成本法具有如下共同特征：

（1）竞争性的市场环境。

（2）市场价格驱动成本和投资决策。

（3）在产品或者服务设计和开发阶段的早期，即着手实施成本规划、成本管理和成本降低措施。

（4）交叉职能团队的参与，包括管理会计师的参与。

（三）目标成本

目标成本对不同的公司有不同的含义。有的将目标成本定义为与可允许成本相同。其他定义则将目标成本描述为可允许成本与当前成本之差，即：为达到可允许成本必须从当前成本中减少的金额。

可允许成本是目标价格（市场力量决定）与目标利润（管理层设定）二者之差。实际上，考虑到公司为实现其目标利润能够交付的预期产品数量，可允许成本代表的是最大单位成本。需用单位目标营业利润和单位目标成本来计算可允许成本。记住这两个目标都是目标销售量的函数。

（1）单位目标营业利润是指在目标销售量的条件下，公司争取在每一单位售出产品或服务上实现的利润。

（2）单位目标成本是在目标销售量下估计的长期单位产品或服务成本。

从目标价格中减去每单位目标营业利润以确定单位目标成本。当一件产品以目标成本生产，按目标价格出售，公司就能实现目标营业利润。

在目标定价法中，产品的市场价格被视为给定的。单位目标成本通常低于单位产品或服务的全部成本。但是为了盈利，公司必须收回所有的成本。这样，全部成本、固定成本和变动成本在目标成本计算中都是相关的。在这种情况下，企业始终面临目标成本法带来的挑战，在项目整个生命周期中不断改进产品或服务及相关生产流程。

（四）目标价格

在目标成本法中，目标价格代表产品或者服务可收取的最高价格。目标价格必须能够被客户和组织共同接受。

客户通过对产品和服务、质量、及时性、价格等多方面需要和预期进行“价值感知”，企业对客户愿意支付的价格进行估算。

（五）在目标成本法下设计新产品或服务

企业在设计提议的新产品或者新服务并确定目标价格和目标利润时，可采用一些基本技术，列举如表 3 – 7 所示。

表 3－7　　　　目标成本法基本技术过程

<table>
<tr><th>过程技术</th><th>技术描述</th><th>特点</th></tr>
<tr><td>市场评估工具</td><td>包括若干方法，用于评估市场和客户对计划推出的产品或者服务的需要，具体方法包括调查、焦点小组、访谈，以及面向现有客户、潜在客户或者先前客户的客户评论卡片</td><td rowspan="4">行业和竞争分析与市场评估以及逆向工程数据相结合，有助于促进设定目标价格</td></tr>
<tr><td>逆向工程（拆解分析）</td><td>获取并拆解竞争对手的产品，以了解竞争对手产品的设计特征，所采用的材料，可能的制造过程、属性、质量和成本</td></tr>
<tr><td>行业和竞争分析</td><td>这类分析技术可用于了解竞争对手，以及用于明确如何最好地定位公司及其产品和服务，以获取竞争优势。其中包含各种综合性行业与竞争战略分析，例如迈克尔·波特的竞争优势战略分析模型</td></tr>
<tr><td>财务规划与分析</td><td>具体的财务规划和报表分析，以检验过程、数量和收入之间的关系。该方法同时也从整体、特定分部以及具体产品或者服务的角度审视成本和投资。该方法允许将实际结果与计划的产品和服务进行比较</td></tr>
<tr><td>内部成本分析</td><td>确定产品和服务成本以及与现行产品和服务相关的投资，以估计在现存的和计划的产品—服务特征以及处理特征下，计划的新产品或者服务的成本。内部成本分析法，通常采用作业管理法（ABM）和作业成本法（ABC）来确认与专门的成本发生活动的成本</td><td rowspan="2">内部成本分析和成本图表，有助于可允许成本的比较以及目标成本的确定</td></tr>
<tr><td>成本图表</td><td>维护和使用详细的成本信息数据库，这些数据库以各种制造变量为基础构建；促成对计划的新产品或者服务的成本规划工作，规划中假设新产品或者服务需要采用不同的设计、材料、制造流程，并需要具备不同的终端用户功能。该技术能帮助管理层事先确定备选方案的效果</td></tr>
</table>

一旦确定了目标成本，实现目标的挑战就随之而来。对跨职能团队的强调促进了组织中所有职能之间高度的相互依赖。公司将尝试采用不同的方法来实现能够取得目标成本的产品/服务及流程设计。大多数公司使用了并行工程、价值工程、质量功能配置和生命周期成本法中的一些元素。

（六）并行工程

并行工程（concurrent engineering）是对产品及其相关过程（包括制造过程和支持过程）进行并行、集成化处理的系统方法和综合技术。企业在目标成本法的实施过程初期，就利用来自所有业务部门和职能的信息输入及评价设计产品或者服务，从而能预见到相关问题并平衡所有相关方的需要。并行工程强调客户要求和上游预防而非下游修正。

（七）价值工程

价值工程是缩小当前成本和可允许成本之间差距的主要技术。它是根据客户需求对产品或服务的设计、材料、规格和生产过程的系统分析。

价值工程需要区分价值增值成本和非价值增值成本，如表 3－8 所示。

表 3－8 价值增值成本和非价值增值成本

	描述	举例
价值增值成本	是指将资源转化为与客户要求相一致的产品或者服务的成本	与设计、组装、工具和机器相关的成本
非价值增值成本	非价值增值成本对客户偏好来说并不重要	包括快递费、返工成本或者过时存货的成本

在实践中，价值增值成本和非价值增值成本之间的区别可能难以评估。在特定环境下，一些成本可能同时归属于这两类成本。在制造业中，测试成本或订购成本通常很难区分是价值增值成本还是非价值增值成本。

价值工程的目标是平衡整体成本和收益，增加产品的最终价值。在设计、开发、生产和成本之间进行权衡时，最好使用跨职能团队来实现这个过程。管理会计师经常被要求评估因消除非价值增值活动和相关费用所带来的潜在节约。

在大多数情况下，“价值工程”和“价值分析”这两个术语可交换使用。一些公司在设计和开发阶段使用术语“价值分析”，而在开发以后阶段使用术语“价值工程”。

（八）质量功能配置

质量功能配置（quality function deployment，QFD）是一种在设计阶段应用的系统方法，它采用一定的方法保证将来自顾客或者市场的需求精确无误地转移到产品寿命周期每个阶段的有关技术和措施中去。

质量功能配置是一种结构化方法，该方法将客户对产品或者服务的要求转化成开发和生产过程中的每一阶段的适当技术要求。质量功能配置（QFD）过程通常被称为“倾听顾客心声”。

（九）产品生命周期法和生命周期成本法

产品生命周期（product life cycle，PLC）是指产品的市场寿命。一种产品进入市场后，它的销售量和利润都会随时间推移而改变，呈现一个由少到多或由多到少的过程，这就是产品的生命周期现象。所谓产品生命周期，是指产品从进入市场开始，直到最终退出市场为止所经历的市场生命循环过程。产品只有经过研究开发、试销，然后进入市场，它的市场生命周期才算开始。产品退出市场，则标志着生命周期的结束。

产品生命周期概念假设：

（1）产品具有有限的生命；

（2）产品会经历各个存在阶段，每一个阶段都具有不同的销售机会和威胁；

（3）在产品生命周期的每一个阶段，需要采取不同的营销策略。

产品或者服务的生命周期会经历四个阶段，如表 3－9 所示。

表 3-9 **产品生命周期**

阶段	特点
1. 市场引入阶段	高成本，销售进展缓慢，竞争压力较小，需要创造需求，利润比较微薄
2. 成长阶段	由于规模经济效应，成本逐渐下降；销售量上升；竞争力增大，获利能力增强，但有时需要以下调价格为代价
3. 成熟阶段	成本进一步下降，销售达到了最大峰值，竞争激烈，价格趋向下降，以及为了维持市场份额，必须追求差异化
4. 市场饱和与衰退阶段	销售量下滑，利润减少，价格下跌

目标成本法用于降低产品或者服务整个生命周期中的总成本。在应用目标成本法原则时，企业必须定期重新设计产品和服务以便在降低价格的同时提升价值。

生命周期成本法，追踪并积累与产品或者服务整个生命周期相关的所有真实成本。捕捉所有成本，为各种旨在最小化总体成本的规划决策提供了重要信息。

（十）成本加目标回报率定价法

成本加目标回报率定价法，是以目标投资回报率为基础确定加价的一种方法。目标投资回报率，即企业必须明确目标营业利润与投入资本的比率。

企业一般会根据市场利率、行业利率、资金来源情况和企业自身情况，设定一个适宜的目标投资回报率。

【例题 3-20】监管部门要求电力公司按成本为基础定价，电力公司预计明年相关信息如下：

营业成本：100 000 000 美元

折旧费用：30 000 000 美元

投资净额：100 000 000 美元

目标投资回报率为 20%

明年预计电力销售量为 1 000 000 000 千瓦时，则明年每千瓦时电力应定价为：

A. 0.14 美元　　B. 0.15 美元　　C. 0.16 美元　　D. 0.2 美元

【答案】B

【解析】选项 B 正确。需要实现的回报 = 100 000 000 × 0.2 = 20 000 000（美元）。

总收入 = 100 000 000 + 30 000 000 + 20 000 000 = 150 000 000（美元）

每千瓦时电力定价 = 150 000 000/1 000 000 000 = 0.15（美元）

（十一）高峰负荷定价

高峰负荷定价（peak load pricing）是基于需求和实际产能极限，而对产品或者服务多收费或少收费的一种定价方法。

采用高峰负荷定价的规律是，当市场需求接近产能极限时，价格可能上升；当存在较多闲置产能或者过剩产能时，价格下降。主要应用行业包括航空、饭店、汽车租赁、电业和通信等行业。每年的“春运”期间，铁路、公路、民航提高票价也属于一个典型的高峰负荷定价问题。

高峰负荷定价最适合于供应缺乏弹性的产品。此时，供应商完全能预测需求的增长，因而能够进行系统化的价格上调。如在电力生产中，超产或者储存产出是不可能的或者代价极高的。解决的方法包括：在不同时期收取不同的价格。在高峰期与非高峰期收取不同的价格对垄断者是有利的。实行高峰负荷定价也可以改进整个社会资源配置的效率，因为高峰负荷定价使价格接近于边际成本，这将使消费者剩余与生产者剩余的总额最大。

【提示】

- 高峰负荷定价法，不同于以上各种以成本为依据的定价方法，高峰负荷定价更多的是考虑非成本因素。
- 采用高峰负荷定价，即使实际支出成本没有显著差异，各个细分市场的价格也会有较大不同。
- 高峰负荷定价法广泛应用于航空、酒店、租车、电力和电信等多种行业。

【例题 3－21】系统地评价产品性能和产品成本之间的平衡关系，且仍能满足客户需要的是：

A. 作业管理法的定义　　　　B. 约束理论的定义

C. 全面质量管理的定义　　　D. 价值工程的定义

【答案】D

【解析】选项 A 不正确。作业管理法是与产品成本和持续改进相联系的。

选项 B 不正确。约束理论是提高效率考虑问题的系统。实施约束理论的基本承诺是将流程改进到最好，而不仅是在流程的每一环节最大限度地提高效率，还要关注被称为约束的最低效率的生产环节。

选项 C 不正确。管理层使用全面质量管理来提高整个价值链的经营，向客户提供满足其期望的产品和服务。

选项 D 正确。系统地评价产品性能和产品成本之间的平衡关系同时仍能够满足客户需求是价值工程的定义。

【例题 3－22】某制药公司正准备发布一种新药物。财务主管希望从产品的定价、成本计算和预算决策方面考虑产品生命周期。财务主管最应考虑的时间跨度是：

A. 从最初销售产品到不再对该产品提供客户服务和支持的时间

B. 从最初销售新产品到销售成熟并开始下降的时间

C. 从最初研发该产品到不再对该产品提供客户服务和支持的时间

D. 从最初研发该产品到销售成熟并开始下降的时间

【答案】A

【解析】选项 A 正确。产品生命周期亦称“商品生命周期”。是指产品从投入市场到更新换代和退出市场所经历的全过程。是产品或商品在市场运动中的经济寿命，也即在市场流通过程中，由于消费者的需求变化以及影响市场的其他因素所造成的商品由盛转衰的周期。

生命周期成本法，是一种计算发生在生命周期内的全部成本的方法，通常被理解为产品生产周期成本法，以此来量化产品生命周期内的所有成本。产品成本包括产品整个生命周期中的所有成本。从研发、设计成本到生产、营销、客户服务成本。生命周期成本法适用于充分评估某一产品的综合盈利能力。

【例题 3-23】关于目标成本法和目标定价法的表述，正确的是：

A. 目标定价法在于先确定目标成本

B. 目标定价的确定等于目标成本加目标利润

C. 目标成本是在目标价格运用价值工程后实现的

D. 目标成本法是成本为基础定价法的一种表现形式

【答案】C

【解析】选项 C 正确。目标成本法步骤：①目标价格确定；②目标边际利润；③目标成本；④与现有成本比较；⑤确定目标成本下各个子项目的成本目标，并实施成本削减。

因此，目标成本是在目标价格运用价值工程后实现的。

【例题 3-24】某大型工业公司计划引进一个新产品来应对金融危机带来的市场冲击，并预期能够出售 10 000 单位，单位的完全产品成本为 300 美元。该产品的投入资本为 20 000 000 美元。该大型公司的目标投资回报率为 20%。如果经营利润表示为完全产品成本百分比，那么该产品加成的幅度应该为：

A. 42.9%　　B. 57.1%　　C. 133.3%　　D. 233.7%

【答案】C

【解析】选项 C 正确。计算加成率。加成率 = 加成金额 ÷ 成本 = (20 000 000 × 20%) ÷ (300 × 10 000) = 133.3%。

五、供求定律

定价决策都必须考虑供给和需求之间的关系。需求（需求量）曲线总体上与价格呈负向关系，供给（供给量）曲线与价格呈正相关关系。在实务中，需求方和供给方的对接是需要空间场所、电子信息接洽等条件的。

市场不只是预先定好价格的街头小店，它是指买卖双方聚到一起（实际方式或电子方式）交换商品或服务的任何场景。买方创造了对卖方生产和供给的产品或服务的需求。需求是消费者愿意且有能力购买的产品或服务的数量，供给是生产商愿意且能够销售的产品或服务的数量。

（一）需求

需求计划表是一张展示潜在需求量的表格，每个价格与对应需求相匹配。表 3－10 是农场主 J 编制的大豆需求计划表，需求计划表要有意义，就必须明确时间范畴。

表 3－10　大豆需求计划表

每周大豆的价格（美元）	每周需求的数量（蒲式耳）
6	20
5	30
4	40
3	60

需求数量随着价格变化而变化是有规律的，可能引起需求数量变化的几个因素如表 3－11 所示。

表 3－11　引起需求数量变化的因素

引起需求量变化的因素	描述
边际效用递减法则	只有在价格下降时消费者才会购买更多的商品
收入效应	如果价格下降，消费者的收入就相对较高，因此消费者就能够购买更多的商品
替代效应	当本产品或者其他产品价格下降时，消费者就可以购买较多的数量，因此就会用价格下降的产品来替代之前购买的其他产品

（二）需求变化

需求变化不同于需求数量的变化，需求变化是指整体需求曲线的整体位移，即整条需求曲线的左右移动。需求（需求曲线）变化受以下几个因素的影响，如表 3－12 所示。

表 3－12　需求影响因素

需求影响因素	解释
个人偏好	不同消费者喜欢不同的商品，并且这些偏好会随着时间而发生变化。当然在存在大量消费者的竞争性市场，需求（需求曲线）随着消费者总体的增加或者减少而发生变化。消费者（买方）大量涌入或者离开某个特定市场，将会增加或者减少需求

续表

需求影响因素	解释
家庭收入	消费者对大多数优质商品和服务的实际购买量，与家庭收入正相关。同理，对大多数劣质商品和服务的实际购买量，与家庭收入负相关 **【提示】**正常商品和劣质商品的概念与消费者的收入相关，而与商品质量或者消费者对商品质量的感知无关
相关商品的价格	包括替代品和互补品两大方面。如果某种商品的价格上升，替代品的需求量就会上升。如果某种商品的价格上升，此商品的互补品的需求量就会下降，荣损与共
买方的预期	分宏观和微观两个层面。从宏观上，消费者（买方）可能预期整体经济走强或者走弱，并因此增加或减少支出。在微观上，消费者（买方）可能预期此类产品价格将会上升，从保值的角度考虑，因此会在价格实际上升之前购买较多的商品

（三）供给

供给数量通常随着价格的上升而增加，随着价格的下降而减少，与价格呈正相关关系，供给曲线向上倾斜。供给曲线上一点到另一点的移动即为供给数量的变化。

供给（供给曲线）的变化表示为整条供给曲线的移动。供给的变化受以下几个因素的影响，如表 3 - 13 所示。

表 3 - 13　　供给影响因素

供给影响因素	解释
资源的价格	资源的价格影响成本，因此影响企业在给定价格下愿意供给的数量
科学技术	技术进步或者技术含量的增加可以降低生产成本，因此将增加在给定价格下的供给
税收和补贴	税收的增减，政府产业政策补贴的高低，会影响企业在各种价格下愿意供给的数量
相似商品的价格	包含相似商品、替代品、互补品三个方面，三个方面的价格均可能影响企业愿意供给的数量
预期	分为宏观和微观两个层面。对宏观经济和行业的良好预期，会提升企业对该产品的供给。微观上对具体影响因素的预期，会影响该具体产品的供给
卖方的数目	随着产业发展阶段的不同，更多的厂商（卖方）进入市场，供给将会增加，产能扩张，如果总需求增速不大于供给增速，那么就会出现供给过剩，导致价格下降

正是总供给和总需求的相互作用最终决定了价格。在需求不变时，过度供应（剩余）会降低价格。在需求不变时，供给短缺导致价格上涨。不断增加的有限资源需求导致价格上涨。

（四）市场均衡

所谓均衡是指供给数量等于需求数量的价格。市场均衡受市场竞争水平影响而有所不同。在垄断竞争市场中，产品可能存在差异且并不完全相同，不能相互替代，公司在短期内具有垄断行为特征。短期内定价通常忽略其他公司的影响，从而增加了边际净收入。但是，在长期，垄断竞争公司会变得更像完全竞争公司。在垄断市场中，公司通常以较高的价格出售更少的产品，从而产生更高的边际净收入，除非法律禁止这样做。在寡头垄断情况下，边际净收入高于完全竞争，除非法律着手禁止这种缺乏竞争的市场环境。

均衡价格又称市场出清价格，均衡体现价格的配置功能，即供给曲线和需求曲线的交点。均衡数量是指市场均衡时的市场出清数量。均衡点是指图中供给曲线和需求曲线相交达到市场均衡的点。

非均衡状态指供给数量和需求数量不相等时的价格。价格高于均衡价格，常常导致过度供给；价格低于均衡价格，常常导致供给不足。非均衡状态在现实世界中是比较常见的，但是从长期看，非均衡价格常常是围绕均衡价格上下波动的。

需求曲线移动与均衡价格及均衡数量的变化之间存在正相关关系。当需求增加时，均衡价格也上升。

供给曲线移动与均衡价格呈反向关系，但与均衡数量呈正向关系。当供给增加时，均衡价格会下降。

供给与需求变化对均衡的影响如表 3－14 所示。

表 3－14　　供给与需求变化对均衡的影响

变化	需求增加	需求下降
供给增加	对均衡价格的影响不能确定，均衡数量增加	均衡价格下降，对均衡数量的影响不能确定
供给下降	均衡价格上升，对均衡数量的影响不能确定	对均衡价格的影响不能确定，均衡数量下降

【例题 3－25】画完全有弹性的需求曲线，纵坐标为价格，横坐标为数量时，该曲线：

A. 平行横坐标　　B. 平行纵坐标

C. 向下倾斜，有一拐点　　D. 从原点向上倾斜

【答案】A

【解析】选项 A 正确。完全富有弹性产品的需求曲线呈水平状，平行于 X 轴。

【例题 3－26】一位市场研究分析员为一种商品确定如下的市场数据：

价格（美元）	供给数量	需求数量
25	250	750
50	500	500
75	750	250
100	1 000	0

根据上述信息，下列哪项说法是正确的？

A. 价格为 30 美元时，需求会过剩

B. 无法确定市场价格

C. 价格为 80 美元时，供给不足

D. 50 美元的市场价格无法长久维持

【答案】 A

【解析】 选项 A 正确。当供给和需求相等时，所对应的量为均衡/出清量（500），所对应的价格为均衡/出清价格（50 美元）。当价格大于 50 美元，供大于求；当价格小于 50 美元，求大于供。

选项 B 不正确。可以确定市场价格。

选项 C 不正确。价格为 80 美元时，供给会过剩。

选项 D 不正确。50 美元为均衡价格，可以长久维持。

【例题 3－27】 对于一家垄断公司与一家面对完全竞争市场的公司，假设两者都是不受约束的利润最大化追求者，那么以下哪一项是它们之间最为重要的区别？

A. 该竞争公司在设定价格时会以最大限度增加总收入为准则，而该垄断公司则会最大限度提高价格

B. 该垄断公司的边际收益低于其价格，而该竞争公司的边际收益则等于其价格

C. 该垄断公司将以使边际成本等于平均成本为准则来设定产出量

D. 该垄断公司的均衡价格是整个社会的最优价格

【答案】 B

【解析】 选项 A 不正确。完全竞争公司以最大化增加利润为准则。

选项 B 正确。所有市场结构的企业都是以利润最大化为目标的，在均衡状态时，垄断企业的边际收益小于价格，这是因为垄断企业可以通过降低价格来增加销量，说明其有定价权；竞争企业因为没有定价权，所以单个企业的需求曲线为水平线，致使其价格、边际收益和平均收益三者相等。

选项 C 不正确。所有市场结构的企业都是以边际收入等于边际成本来确定其产量的，竞争企业的均衡价格才是社会最优价格。

选项 D 不正确。垄断公司的均衡价格一般高于社会最优价格。

六、需求与定价

需求价格弹性，简称为价格弹性或者需求弹性，是指需求量对价格变动的反应程度，等于需求量变化的百分比除以价格变化的百分比。用数学公式表示就是：

$$需求价格弹性=\frac{需求量变化的百分比}{价格变化的百分比}$$

类似于橡皮筋的弹性，供应商需要考虑的问题是：在不扯断的前提下最多可将橡皮筋拉多长？对于具有弹性或相对弹性需求曲线（同一指标的两种程度）的产品，消费者会对价格的变化反应灵敏。例如，当旅行价格上涨时，统计显示旅行数量以更快的速度下降。如果产品缺乏弹性或相对缺乏弹性（也是同一指标两种程度），例如主食，消费者对价格变化反应不敏感。

完全无弹性需求表明价格变化不会引发相应的需求变化。完全弹性需求表明价格小幅下降将引发消费者需求尽可能多的产品，价格小幅上升将导致需求降至零。完全弹性需求仅存在于完全竞争市场。

需求弹性通常在一定价格范围内变化。此外，变化百分比是基于初始价格和新价格的均值来计算的。尽管一些经济学家喜欢使用初始值，而非初始值与终值的均值来作为计算的基础，CMA 考试仅考查使用均值计算的方法。该方法被称为“中点公式”法。

$$数量变化百分比=\frac{需求数量变化}{平均需求数量}$$

$$价格变化百分比=\frac{价格变化}{平均价格}$$

需求的价格弹性实际上是负数；也就是说，由于需求规律的作用，价格和需求量是呈相反方向变化。价格下跌，需求量增加；价格上升，需求量减少。因此，需求量和价格的相对变化量符号相反，所以需求价格弹性系数总是负数。为了简单起见，习惯上只考虑需求价格弹性的绝对值。

需求价格弹性有三种类型如表 3－15 所示。

表 3－15　　需求价格弹性类型

弹性系数	类型	解释
当需求的价格弹性系数大于1时	需求富有弹性（或者高弹性）	需求量变动百分数大于价格变动百分数。可认为，价格的变化将导致需求数量变化更大的比例
当需求的价格弹性系数等于1时	单位弹性（或者需求单一弹性）	需求量变动百分数等于价格变动百分数。在单位弹性的价格范围内，价格变化的一定比例会导致需求数量变化相等的比例
当需求的价格弹性系数小于1时	需求缺乏弹性（或者低弹性）	需求量变动百分数小于价格变动百分数。可认为，价格的变化将导致需求数量变化更小的比例

第三章

【例题 3-28】旅馆降价 10%，平常增加 5% 客人，周末增加 20% 客人，需求价格弹性是：

A. 平时有弹性、周末无弹性　　B. 平时和周末都有弹性

C. 平时和周末都没有弹性　　D. 周末有弹性，平时无弹性

【答案】D

【解析】选项 D 正确。需求价格弹性反映需求量对价格的敏感程度，以需求变动的百分比与价格变动的百分比之比值来计算，亦即价格变动百分之一会使需求变动百分之几。

平常需求价格弹性 =5% ÷10% =0.5 小于 1，需求缺乏弹性。

周末需求价格弹性 =20% ÷10% =2 大于 1，需求富有弹性。

【例题 3-29】由于某特定产品价格的变化，产品需求量按照下述计划改变：

第三章

总需求量	单位售价（美元）
100	50
150	45
200	40
225	35
230	30
232	25

使用圆弧法，当价格从 50 美元降低到 45 美元时，产品需求价格弹性是：

A. 0.20　　B. 10.00　　C. 0.10　　D. 3.80

【答案】D

【解析】选项 A 不正确。价格降低 10% 除以需求量 50% 变化等于 0.2。

选项 B 不正确。它没有计算超过该范围端点的总和变化。

选项 C 不正确。价格变化百分比为 0.1。

选项 D 正确。产品需求价格弹性是用需求量变动百分比除以价格变动百分比来测量的。当价格从 50 美元降到 45 美元时，系数具体计算如下：

$$E_d = [(150-100)\div(150+100)\div 2]\div[(50-45)\div(50+45)\div 2]$$
$$=(50\div 250\div 2)\div(5\div 95\div 2)=20\%\div 5.26\%=3.80$$

七、政府对市场的干预

世界各经济主体的政府都会对市场进行干预，干预政策的目标包括确保市场稳定、确保宏观经济稳定、确保就业稳定等，有时政府直接干预市场进程。

政府在制定经济政策和贸易政策时，也会运用供求分析和弹性指标。政府

对市场的干预涉及多个方面，政府的干预可以让价格运行在非均衡状态，政府也可能通过立法，对某些商品和产业的定价问题进行专门规制，以维持市场的竞争性。

【例题3-30】请从下面选择政府干预电力批发市场的正当原因：

A. 价格提高高于预期

B. 电力是一种必要资源，出售市场是非竞争性的

C. 电力销售公司是赔钱的

D. 外国电站同当地政府高价签订了合同

【答案】B

【解析】选项A不正确。政府可能为了经济稳定目标进行市场干预，从而调高或调低价格。

选项B正确。电力企业属于自然垄断行业，所以必须受到政府监管。

选项C不正确。无论电力公司盈利与否都是为了整体电力市场服务的。

选项D不正确。外国电站合同只是外需问题，不是政府干预电力市场的出发点。

八、卡特尔对定价的影响

卡特尔是垄断组织形式之一，即生产或者销售某一同类商品的企业，为垄断市场，获取高额利润，通过在商品价格、产量和销售等方面订立协定而形成的同盟。参加这一同盟的成员在生产、商业和法律上仍然保持独立性。

卡特尔是竞争对手之间达成的一份协议，意图统一价格、统一市场营销和生产活动。卡特尔一般出现在市场上只有少数寡头销售商并且生产同质产品的行业中。公开卡特尔有政府或政府机构的参与，一般是合法的。而秘密卡特尔在大多数国家都受到反垄断法的管制，一般禁止存在。卡特尔的存在，会导致市场竞争下降，致使价格上升。

【例题3-31】寡头垄断市场的特征是：

A. 没有相近替代品的同类产品的单一卖家

B. 没有相近替代品的不同产品的单一卖家

C. 在行业中缺少进入和退出壁垒

D. 公司间的定价和产量决策有相互依存关系

【答案】D

【解析】选项A、B不正确。寡头包含几家公司，单一买家是垄断的特征。

选项C不正确。寡头有进入壁垒；这是行业只有几家公司的原因。

选项D正确。寡头模式不像其他市场结构那么具体，但是在行业中没有几家公司。因此，竞争对手公司的决策不会被忽略。产品可以差异化，也可以标准化。由于公司之间的内部依赖性，价格往往是刚性的（不动的）。由于自

然条件或人为创造的进入壁垒，进入是非常困难的。在寡头行业中，价格主导是主要特点。价格主导下，由主要的公司首先宣布价格变化。一旦行业龙头发出声音，行业中的其他公司会执行龙头企业收取的价格。公司间相互依靠对价格和产量决策有影响。

简答题出题方向分析

【出题方向1】给定目标利润或目标净利润，计算实现盈亏平衡的销售量、销售额和实现目标利润或目标净利润的销售量和销售额。

解题要点：

常用恒等式为：收入－变动成本－固定成本＝营业利润，或者：（单位售价×销量）－（单位变动成本×销量）－固定成本＝营业利润。

$$实现目标利润销售量=\frac{固定成本+目标利润额}{单位产品销售收入-单位产品变动成本}$$

$$实现目标利润销售额=\frac{固定成本+目标利润额}{(1-变动成本/销售收入)}=\frac{固定成本+目标利润额}{边际贡献率}$$

当盈亏平衡时，即营业利润＝0，代入公式计算即可。

【出题方向2】给定多产品销售组合或销售组合百分比，计算多产品盈亏平衡销售量、销售额和实现目标利润的销售量和销售额。

解题要点：多产品组合的保本点及保利点，根据产品销售量比例计算加权平均边际贡献，根据产品销售收入比例计算加权平均边际贡献率。针对产品A和产品B产品组合：

$$加权平均单位边际贡献=\frac{(A的单位边际贡献\times销量)+(B的单位边际贡献\times销量)}{A销量+B销量}$$

$$盈亏平衡点销售量=固定成本\div加权平均单位边际贡献$$

计算多产品的盈亏平衡收入可以用加权平均边际贡献百分比。

$$加权平均边际贡献百分比(\%)=总边际贡献\div总收入$$

所以：盈亏平衡点的总收入＝固定成本÷加权平均边际贡献百分比。

$$实现目标利润销售量=(固定成本+目标利润)\div加权平均边际贡献$$

$$实现目标利润销售额=\frac{固定成本+目标利润}{加权平均边际贡献率}$$

【出题方向3】给定情景条件，计算单一产品安全边际和安全边际率。

解题要点：安全边际即当前的销售水平超过盈亏平衡点的程度。

$$安全边际销售量=正常(或预计)销售量-盈亏平衡点销售量$$

$$安全边际销售额=正常(或预计)销售额-盈亏平衡点销售额$$

【出题方向4】给定相关成本和收入条件，分析是否接受特殊订单。

解题要点：对于特殊订单分析，一方面考虑盈利性，另一方面考虑产能，主要是分析与订单相关的变动成本和额外固定成本。

如果产能过剩，当订单价格 > 变动成本 + 专属固定成本，则接受特殊订单。定性方面注意产能闲置时接受特殊订单会影响长期订单。

如果产能饱和，当订单价格 > 变动成本 + 专属固定成本 + 机会成本，则接受订单。可接受订单价格为正常销售价格。

【出题方向 5】给定相关成本与收益条件，分析自制还是外购。

解题要点：公司在制定自制或外购决策时考虑最多的是质量、对供应商的依赖性、成本。进行定量考虑，则关注短期成本。对比可选决策的成本：

自制相关成本 = 变动成本 + 可追溯固定成本 + 机会成本

外购相关成本 = 外购买价

具体可分两种情况分析：①产品服务自制不需增加固定成本且自制产能无法转移，只需将自制方案的变动成本与外购成本进行比较。如果自制变动成本高于外购成本，应外购；如果自制变动成本低于外购成本，应自制。②产品服务自制但需要增加固定成本。当自制中间产品服务时，如果企业没有多余的生产能力或多余生产能力不足，就需要增加固定成本以购置必要的机器设备。在这种情况下，自制产品服务的成本，就不仅包括变动成本，而且还包括增加的固定成本。

定性因素即战略分析方面，可进行价值链分析，即企业价值链上的某项作业由外部企业承担是否更有利可图。

【出题方向 6】产品直接销售还是继续再加工分析。

解题要点：销售还是再加工类题目，决策判断准则为：当再加工带来的增量收入大于再加工的增量成本，则选择再加工后出售。注意联合成本、沉没成本、固定成本是与决策无关的。

【出题方向 7】给定相关部门信息，维持还是减少分部决策分析。

解题要点：维持或减少分部的决策，判断准则为：①如果节省的可避免固定成本 < 将要损失的边际贡献，则应该保留该分部。②如果节省的可避免固定成本 > 将要损失的边际贡献，则应剔除该分部，因为这样能提高总的净营业利润。注意决策无关成本，包括已分配的共同性成本、折旧等约束性固定成本、租金等不可撤销成本。

【出题方向 8】给定相关情景，进行短期定价决策。

解题要点：①由于在短期内，企业的固定成本是不变的，所以固定成本在短期定价决策中是不相关的。②在该决策中，企业只需考虑与企业相关的增量成本。短期价格只要大于相关的增量成本即可；若企业产能饱和，则企业还需要考虑相关的机会成本。

【出题方向 9】给定相关情景，进行长期定价决策。

解题要点：由于在长期，企业所有的成本都是变动的，而且企业必须获得合理的投资回报，那么所有成本都是相关的。可以采用目标成本定价法、成本定价法和产品生命周期法。

（1）在竞争激烈的市场中，企业应该选择市场定价法。该方法要求企业着眼于消费者的需求和竞争对手的策略。

（2）在竞争较低的市场中，企业可以选择成本定价法。该方法通过在目标成本上加上一个加成额来确定期望价格。

（3）在产品生命周期定价法中，企业将考虑产品生命周期中所有的成本，包括研发成本、生产成本和营销与客服成本。该定价法能够帮助企业在生命周期中预测产品不同价格的盈利能力。

【出题方向10】 给定相关情景，解析目标成本定价法题目。

解题要点：目标价格即产品或服务可收取的最高价格。对潜在客户愿意支付的价格的估计，以其价值感知为依据。

目标成本（可允许成本）= 目标价格（市场力量）- 目标利润（管理层设定）

目标成本定价法的实施过程：根据市场需求和竞争情况，确立目标价格；确立目标利润；确定可允许成本；计算当前产品和流程的可能成本；确立目标成本，即必须被减掉的成本额；建立交叉职能团队，最初设计阶段参与；控制成本工具包括并行工程法、价值工程法和质量功能配置法。

历年经典试题回顾

一、单选题

【经典试题1】某公司设法通过以每件3 000美元的价格销售某款商品来实现2 400 000美元的年税后营业利润。生产该商品时需耗费15 000 000美元的固定成本和2 000美元的单位变动成本。假设平均所得税税率为40%，要实现此目标利润额，公司需要完成的销售数量（以件数计）是：

A. 15 000　　B. 16 440　　C. 19 000　　D. 21 000

【答案】C

【解析】选项C正确。根据定义可知：税后利润=（营业收入－营业成本）×（1－所得税税率）=［（销售单价－单位变动成本）×销售数量－固定成本］×（1－所得税税率）。

本题中：

税后利润=［（3 000－2 000）×Q－15 000 000］×（1－40%）

=2 400 000（美元）

$$Q=\frac{(2\ 400\ 000\div 0.6)+15\ 000\ 000}{3\ 000-2\ 000}=19\ 000\text{（美元）}$$

【经典试题2】公司产品的单价一般按如下方式确定。

直接材料和直接人工成本	12.00美元
制造间接费用（60%为固定成本）	8.00美元
可变销售成本	1.00美元
固定销售和管理成本	11.00美元
总成本	32.00美元
10%成本加成定价	3.20美元
销售价格	35.20美元

如果某公司收到了一份其产能范围内的特殊订单，则其可接受的最低销售单价为：

A. 32.00美元　　B. 17.20美元

C. 15.20美元　　D. 13.00美元

【答案】C

【解析】选项C正确。如果题干只给出了普通订单的销售费用，并且没有说明普通订单与特殊订单的关系，销售费用不考虑。所以，12＋8×40%＝15.2（美元）。

【**经典试题 3**】公司前期生产总成本列示如下。假设相同的成本行为模式可以线性扩展到 3 000 到 35 000 个单位的范围内，并且每个成本的成本动因是生产的单位数量。

每月产量	3 000 台	9 000 台	16 000 台	35 000 台
成本 X	23 700 美元	52 680 美元	86 490 美元	178 260 美元
成本 Y	47 280 美元	141 840 美元	252 160 美元	551 600 美元

公司对其目前的经营业绩表示关注，现将其总结如下。

销售额（每台 12. 50 美元）	300 000 美元
可变成本	180 000 美元
净经营亏损	（40 000 美元）

为了使公司盈亏平衡，应该再卖出多少套？

A. 32 000 台　　B. 16 000 台

C. 12 800 台　　D. 8 000 台

【**答案**】D

【**解析**】选项 D 正确。单位盈亏平衡点等于固定成本除以单价与单位变动成本的差额，固定成本为 160 000 美元（销售 300 000 美元 - 变动成本 180 000 美元 + 净经营亏损 40 000 美元），销售单位等于 24 000 台（销售 300 000 美元 ÷ 单价 12. 5 美元），单位变动成本为 7. 5 美元（变动成本 180 000 美元 ÷ 销售单位 24 000）。因此，单位盈亏平衡点为 32 000［固定成本 160 000 美元 ÷（单价 12. 5 美元 - 单位变动成本 7. 5 美元）］，盈亏平衡需要的额外单位为 8 000 台（32 000 - 24 000）。

【**经典试题 4**】帕克制造公司正在为其专用汽轮机进行市场潜力分析。帕克在不同的相关范围上分析专用汽轮机的定价和成本结构。每一相关范围的定价和成本数据如下：

制造和销售的数量	1 ~ 5	6 ~ 10	11 ~ 15	16 ~ 20
总固定成本	200 000 美元	400 000 美元	600 000 美元	800 000 美元
单位变动成本	50 000 美元	50 000 美元	45 000 美元	45 000 美元
单位售价	100 000 美元	100 000 美元	100 000 美元	100 000 美元

以下选项中的哪一项可以为帕克公司带来最高的营业利润？

A. 8 单位　　B. 10 单位　　C. 14 单位　　D. 17 单位

【**答案**】C

【**解析**】选项 C 正确，计算边际贡献和营运收益。

第三章

数量	8	10	14	17
单价	100 000 美元	100 000 美元	100 000 美元	100 000 美元
单位变动成本	50 000 美元	50 000 美元	45 000 美元	45 000 美元
单位边际贡献	50 000 美元	50 000 美元	55 000 美元	55 000 美元
总边际贡献	400 000 美元	500 000 美元	770 000 美元	935 000 美元
总固定成本	400 000 美元	400 000 美元	600 000 美元	800 000 美元
经营性收益	0 美元	100 000 美元	170 000 美元	135 000 美元

【经典试题 5】 N 公司是一家以研究、开发、生产和销售自有品牌的计算机系统及其相关产品为主，在信息产业领域内多元化发展的大型企业，其下属某部门主要生产计算机的集成部件。按 300 000 件的销量计算，其单位成本结构如下。

单位：美元

	变动成本	固定成本	总成本
直接材料	3. 50		3. 50
直接人工	9. 00		9. 00
包装	2. 00		2. 00
制造间接费用	3. 00	6. 50	9. 50
营销费用	2. 50	8. 00	10. 50
管理费用	4. 00	4. 50	8. 50
总成本	24. 00	19. 00	43. 00

某外国公司最近向 N 公司提出希望下一个订单以 35 美元的单价订购 50 000件专门设计的部件。此订单将需要耗费 150 000 美元的专业采购费用，并且仅需要与管理方面相关的变动成本的一半。在其他方面，成本习性将保持不变。该公司有足够的产能可以满足此要求。那么，N 公司在作出关于此提议的决定时需要考虑的相关单位成本是多少?

A. 43. 00 美元　　B. 25. 00 美元　　C. 24. 00 美元　　D. 22. 00 美元

【答案】 B

【解析】 选项 B 正确。在产能过剩的情况下，正确的决策分析是比较相关成本与特殊订单价格。相关成本包括生产单位产品的变动成本、特殊材料的单位价格。在过剩产能情况下，单位固定成本均保持不变，因此单位固定成本与决策无关。在评估特殊订单决策时，一个常见的错误是关注单位总成本，如果因为单位总成本大于订单价格就拒绝该特殊订单，则是错误决策。本题中该一次性订单的相关单位成本 =3. 5 +9 +2 +3 +2. 5 +2 +150 000 ÷50 000 =25 （美元）。

【经典试题 6】 R 有限公司使用一种联合流程来生产 X 和 Y 两款产品。每款产品可以在分离点销售，也可进一步加工。所有其他的加工成本都是变动成本且都可以追踪到每款产品。联合生产成本为 35 000 美元。其他的销售和成本数据如下。

单位：美元

	产品 X	产品 Y
在分离点的销售价值	60 000	35 000
进一步加工后的最终销售价值	80 000	50 000
超过分离点之后的其他成本	14 000	18 000

管理层希望知道是要在分离点销售每款产品还是要进一步加工这些产品。应向 R 公司的管理层推荐以下哪种可选方案？

A. 将这两款产品都在分离点销售出去

B. 在分离点销售产品 X，进一步加工产品 Y

C. 进一步加工产品 X，在分离点销售产品 Y

D. 对这两款产品都进行进一步加工

【答案】 C

【解析】 选项 C 正确。以列表方式计算比较：

单位：美元

	产品 X	产品 Y
在分离点的销售价值	60 000	35 000
进一步加工后的最终销售价值	80 000	50 000
超过分离点之后的其他成本	14 000	18 000
增量收入	20 000	15 000
增量收入－增量成本	6 000 >0	(3 000) <0
决策	加工后销售	现在销售

所以产品 X 适合继续加工，产品 Y 适合在分离点销售。

【经典试题 7】 Q 公司产品单位边际贡献为 200 美元，每月需求且产出量为 2 000。公司的产能为 2 100，目前有 100 件特殊订单，单价 200 美元，单位边际贡献 50 美元，问 Q 公司如何决策？

A. 拒绝订单，因为接受订单会造成可避免 5 000 美元成本

B. 接受订单，因为拒绝订单会造成机会成本为 20 000 美元

C. 接受订单，因为拒绝订单会造成机会成本 5 000 美元

D. 拒绝订单，因为接受订单会损失 5 000 美元

【答案】 C

【解析】 选项 C 正确。

首先公司有能力接受这个特殊订单，根据特殊订单的单位边际贡献 50 美

第三章

元，将会使公司增加利润 50 × 100 = 5 000 美元，也就是说如果拒绝此订单会使公司损失 5 000 美元，因此接受订单。

【经典试题 8】某经济研究公司对大屏幕电视（LST）市场展开了广泛的调查。部分调查结果如下所示：

家庭收入（美元）	LST 的售价（美元）	LST 销量（台）
50 000	1 000	100 000
60 000	900	115 000
72 000	810	132 250

那么，LST 需求的价格弹性为：

A. 0.67　　B. 1.15　　C. 1.33　　D. 2.00

【答案】C

【解析】选项 C 正确。需求价格弹性（price elasticity of demand），简称价格弹性或者需求弹性，是指需求量对价格变动的反应程度，是需求量变化的百分比除以价格变化的百分比。用数学公式表示就是：需求弹性 = 需求量变化的百分比 ÷ 价格变化的百分比。本题中：

LST 价格（美元）	变化幅度（%）	LST 销量（件数）	变化幅度（%）
1 000		100 000	
900	-10.53	115 000	13.95
810	-10.53	132 250	13.95

$\frac{900-1\ 000}{(900+1\ 000)/2}=-10.53\%$，$\frac{115\ 000-100\ 000}{(115\ 000+100\ 000)/2}=13.95\%$，需求价格弹性 $=\frac{13.95\%}{-10.53\%}=1.33$。

【经典试题 9】A 公司是个生产汽车和卡车零部件的公司，自己生产 X 部件每件原材料是 200 美元，每件人工工资是 100 美元，变动制造费用是 65 000 美元，固定制造费是 52 000 美元，外购每件单价是 600 美元，下月要生产 1 000 件 X 部件，是内制还是外购？

A. 外购可以节约 83 000 美元　　B. 外购可以节约 183 000 美元

C. 自制可以节约 83 000 美元　　D. 自制可以节约 235 000 美元

【答案】D

【解析】选项 D 正确。如果外购需要花费 = 600 × 1 000 = 600 000（美元），如果自制需要花费 = (200 + 100) × 1 000 + 65 000 = 365 000（美元），自制比外购节省 = 365 000 - 600 000 = 235 000（美元）。

【经典试题 10】关于目标成本法说法正确的是：

A. 虽然具有确定的目标成本，但是变动性大

B. 目标成本定价首先在盈利目标的基础上确定了产品的特性和目标价格

C. 市场考量和目标价格会集中并激励管理者实施价值工程，设计出能够达到目标成本的产品

D. 增加了在期望成本加成价格、顾客反映和设计修改之间反复权衡的必要性

【答案】C

【解析】选项 A 不正确，变动性是可以锁定的。

选项 B 不正确，目标定价首先从竞争的基础上确定目标价格。

选项 C 正确。市场考量和目标价格会集中并激励管理者实施价值工程，设计出能够达到目标成本的产品。目标定价首先在顾客偏好和竞争对手反应的基础上确定了产品的特性和目标价格。市场考量和目标价格会集中并激励管理者实施价值工程，设计出能够达到目标成本的产品。

选项 D 不正确，是成本加成法的描述。

第三章

【经典试题 11】M 公司按合同提供簿记服务。M 公司年固定成本为 100 000 美元，变动成本为每小时 6 美元。今年公司预算的簿记服务为 50 000 小时。M 公司基于完全成本为提供的服务定价，并且使用成本加成法。公司现在的发票价格为每小时 9 美元。那么，公司加成的幅度应该为：

A. 12.5%　　B. 33.3%　　C. 50.0%　　D. 66.6%

【答案】A

【解析】选项 A 正确。计算产品成本加成率：

单位变动成本	6 美元
单位固定成本	2 美元（100 000 ÷ 50 000）
成本合计	8 美元
价格	9 美元
加成额	1 美元
加成率	1/8 = 12.50%

【经典试题 12】以下哪一项陈述最准确地反映了制定目标价格的步骤顺序？

A. 使用价值工程和改善成本法降低成本并确定所需的价格

B. 使用改善成本法降低成本、确定所需的涨价并设定市场价格

C. 确定市场价格、计算目标成本并使用价值工程降低成本

D. 使用价值工程降低成本、计算目标成本并设定所需的价格

【答案】C

【解析】选项 A、B、D 描述步骤不正确。选项 C 描述步骤正确。目标成

本法的步骤：确定目标价格；确定目标利润；确定目标成本（目标价格－目标利润）。通过价值工程来实现目标成本。

【经典试题 13】某公司生产并销售瓷器。该公司旗下有 5 家零售商店，分别位于不同的城市。每家商店各有一个不同的定价表，以便在各自的城市保持最低价。这是以下何种定价方法的示例？

A. 以市场为基础得到定价法　　B. 成本加成定价法

C. 保本定价法　　D. 价格欺骗

【答案】A

【解析】选项 A 正确，在各个定价方法中，市场定价法能确保价格在当地最低。选项 B、C、D 不正确，这些方法无法保证价格最低这一点。

【经典试题 14】一家公司用一单位原材料生产两种联合产品（A 和 B），成本为 1 000 美元。在分拆点，产品 A 的售价为 700 美元，产品 B 的售价为 500 美元。或者，A 和/或 B 都可以进一步加工，分别以 900 美元和 1 200 美元的价格出售。额外的加工成本是 100 美元的 A 和 750 美元的 B。公司是否应该在分拆点后加工产品 A 和 B？

A. A 和 B 都应该进一步处理　　B. 只有 B 需要进一步处理

C. 只有 A 需要进一步处理　　D. 两种产品都不应进一步加工

【答案】C

【解析】选项 C 正确。增量成本（100 美元）低于增量成本（100 美元）。然而，B 的增量成本（750 美元）超过了增量收入（700 美元）。因此，公司应进一步处理 A，并在分割点出售 B。

【经典试题 15】A 公司已经为其制造活动编制了如下所示的每日成本信息：

产出（个）	固定成本（美元）	变动成本（美元）
0	2 000	0
1	2 000	200
2	2 000	380
3	2 000	550
4	2 000	700
5	2 000	860
6	2 000	1 040
7	2 000	1 250
8	2 000	1 500

当产出水平为 3 个单位时，A 公司的平均总成本为：

A. 667 美元　　B. 850 美元　　C. 1 217 美元　　D. 2 550 美元

【答案】 B

【解析】 选项 B 正确。根据表中信息，当产出水平为 3 时，平均成本 = (2 000 + 550) ÷ 3 = 850（美元）。

二、简答题

A 公司只生产一种产品。每月按最高产能生产和销售 10 000 件产品的单位成本如下所示：

单位：美元

直接材料成本	4.00
直接人工成本	1.30
变动间接费用	2.50
固定间接费用	3.40
销售佣金	0.90
合计	12.10

通过常规渠道销售的每件产品需交付 0.90 美元的销售佣金。当前的市场需求可以使 A 公司保持最高的产能，而且该公司发现以 16.50 美元的市场价格可以保持销售量和生产量持平。

目前，A 公司正在考虑独立的两项提议：

（1）D 公司提出以 14.35 美元的单价购买 1 000 件产品。这一特殊订单的单位销售佣金为 0.35 美元。

（2）G 公司提出以 14.50 美元的单价生产 1 000 件产品，此价格为 A 公司的交货成本。

问题：

1. 以下各项措施对 A 公司的运营收入有何影响？

a. 接受 D 公司的提议，拒绝 G 公司的提议。

b. 接受 G 公司的提议，拒绝 D 公司的提议。

c. 同时接受两项提议。

2. 假设 D 公司提出第二套提议：以 16.50 美元的市场价购买 2 000 件产品，但要求对产品进行调整。这样，每件产品的直接材料成本将增加 0.30 美元，直接人工成本和可变间接费用将增加 15%。每件产品的销售佣金为 0.35 美元。

a. A 公司是否应接受此订单？进一步阐述您的建议。

b. 如果公司产能过剩，您的建议是否有变？进一步阐述您的答案。

3. 找出并描述除收入影响外，A 公司在决定是否接受方案前还应考虑的两个因素。

【解析】

1. 以下各项措施对A公司的运营收入有何影响？

a. 接受D公司的提议，拒绝G公司的提议。

b. 接受G公司的提议，拒绝D公司的提议。

c. 同时接受两项提议。

产品的生产成本是无关紧要的，因为A公司可以市场价格16.50美元出售它所有生产的产品。每单位产品可实现净值收入是15.60美元（16.50－0.90）。

a. 第一个措施将减少净收入1 600美元。售给D公司的单位可实现净值是14.00美元（14.35－0.35）。而为了供应D公司，A公司必须转移部分常规销售。A公司常规销售的可实现净值是15.60美元。每单位产品可变现净值收入减少1.60美元，1 000件产品则导致净收入减少1 600美元。

另一种方法：每单位产品的正常利润是4.40美元（16.50－12.10）。出售给D公司的单位利润是2.80美元（14.35－11.55）。D公司的成本是11.55美元（4.00＋1.30＋2.50＋3.40＋0.35）。每单位产品可实现净值相差1.60美元（4.40－2.80），1 000件产品将减少净收入1 600美元。

b. 第二个措施将增加净收入1 100美元。额外的产品可以在常规市场出售，可实现净值是15.60美元。成本是14.50美元。因此，每单位利润可以增加1.10美元，共1 100美元。

另一种方法：产品售价16.50美元－从G公司的购买费用14.50美元－销售佣金0.90美元＝单位利润1.10美元。净收入增加1.10美元×1 000件产品＝1 100美元。

c. 第三个措施将减少收入500美元。常规业务不受影响。如上所述，1 000件产品成本是14.50美元，可实现净值是14.00美元。每单位的净差额是0.50。

另一种方法：综合第一个选项收入减少1 600美元和第二个选项净收入增加1 100美元＝净收入减少500美元。

2. 假设D公司提出第二套提议：以16.50美元的市场价购买2 000件产品，但要求对产品进行调整。这样，每件产品的直接材料成本将增加0.30美元，直接人工成本和变动间接费用将增加15%。每件产品的销售佣金为0.35美元。

a. A公司是否应接受此订单？进一步阐述您的建议。

b. 如果公司产能过剩，您的建议是否有变？进一步阐述您的答案。

a. 直接材料＝4.00＋0.30＝4.30（美元）。

直接人工＝1.30×1.15＝1.495（美元）。

变动间接费用＝2.50×1.15＝2.875（美元）。

成本12.42美元（4.30＋1.495＋2.875＋3.40＋0.35）。

单位产品盈利4.08美元（16.5－12.42）。

市场盈利4.40美元（16.50－12.10）。

净收入减少（4.08 − 4.40）= −0.32 × 2 000 = 共减少 640（美元）。所以不接受此建议。

b. 如果产能过剩，则接受此建议。因为收入将有助于支付固定费用。

3. 找出并描述除收入影响外，A 公司在决定是否接受方案前还应考虑的两个因素。

A 公司在决定是否接受方案前还应考虑的因素有：市场价格或竞争，销售佣金，G 公司产品的质量，以及对 G 公司业务后续的影响。对员工的影响；客户的反应；G 公司成为将来供应商的潜在可能。

同步测试题

一、单选题

1. A 公司因生产削减，空出一个仓库闲置，但是每年发生维修费 50 000 美元，现在 B 公司愿意租用仓库，每年支付场地租金 120 000 美元，还负担其维修费 50 000 美元，问仓库不出租的机会成本？

A. 120 000 美元　　B. 50 000 美元

C. 170 000 美元　　D. 220 000 美元

2. S 公司剧院将在北俄亥俄的剧场上演许多适合夏天观赏的音乐剧。在即将到来的季节，S 公司的初始计划才刚刚开始实施，而 S 公司估算的数据如下表所示：

剧目	演出场次（场）	每场平均观众（人）	票价（美元）	变动成本①（美元）	固定成本②（美元）
M 剧目	12	3 500	18	3	165 000
T 剧目	20	3 000	15	1	249 000
A 剧目	12	4 000	20	0	316 000

注：①表示付给演出公司的金额，基于售票情况而定；②直接与每场演出相关的服装、设施和演员的成本。

S 在整个季节中也将付出 565 000 美元的一般性固定营业费用（包括管理费用、设备成本和广告费用），还要承担 30% 的所得税。如果管理层希望 M 剧目对公司今年的总营业收入产生的税后收益为 210 000 美元，那么该剧目需要的观众数量为：

A. 20 800 人　　B. 25 000 人　　C. 25 833 人　　D. 31 000 人

3. B 出版社正在考虑出版一本新教材。出版商搜集了印刷批量为 6 000 本（最低批量）的成本数据。B 出版商将以每本 45 美元出售这些教材。那么，如果 B 出版社想要获得 20% 的经营利润（EBIT）率，需要卖出多少本教材？

估算的成本：

单位：美元

开发（评审、课堂测试、编辑）	35 000
排版	18 500
设备折旧	9 320

续表

管理费用	7 500
其他固定成本	4 400
打印和装订	30 000
销售人员佣金（销售价格的 2%）	5 400
书店佣金（销售价格的 25%）	67 500
作者版税（销售价格的 10%）	27 000
6 000 本教材的总成本	204 620

A. 2 076 本　　B. 5 207 本　　C. 5 412 本　　D. 6 199 本

4. 一家公司决定停止使用 4 年前购买的机器生产的一种产品，该产品耗资 70 000 美元。这台机器目前的账面价值为 30 000 美元。由于市场上现有的机器技术改进，现有机器没有当前的残值。公司正在审查新产品生产中涉及的各个方面。工程人员建议，现有的机器可以用来生产新产品。生产新产品所涉及的其他成本将是 20 000 美元的材料和 5 000 美元的人工。如果不考虑所得税，与决定生产或不生产新产品相关的成本将是：

A. 25 000 美元　　B. 30 000 美元　　C. 55 000 美元　　D. 95 000 美元

5. G 公司现阶段正在满负荷使用其 25 000 机时来制造产品 XR－2000。LJ 公司向 G 公司下达订单，需要订购 1 000 单位 GT－6500 产品。LJ 公司在通常情况下会制造这一部件。但是由于工厂失火，LJ 公司需要购买这些数量的部件以继续生产其他的产品。这是一次性的特别订单。以下是单位成本数据和售价：

单位：美元

	GT－6500	XR－2000
原材料	27	24
直接人工	12	10
变动间接费用	6	5
固定间接费用	48	40
变动销售和管理费用	5	4
固定销售和管理费用	12	10
一般售价	125	105
需要的机时	3	4

那么，LJ 公司为了制造 1 000 单位 GT－6500，G 公司应定的最低单价应该是多少？

A. 93.00 美元　　B. 96.50 美元　　C. 110.00 美元　　D. 125.00 美元

第三章

6. 某零售公司有三个部门，总营业利润为500 000美元。部门1的部分财务信息如下所示。部门1单位销售28 000件销售收入700 000美元，销售成本420 000美元，管理费用144 000美元，佣金14 000美元，租金140 000美元，工资32 000美元，管理费用平均分摊到三个部门。佣金根据总销售额的2%向每个部门的销售人员支付。该公司租用整个大楼，并根据每个部门的占地面积将租金分摊至三个部门。工资代表向该部门员工支付的报酬。主计长表达了对部门1经营亏损的担心，并建议关闭该部门。如果关闭该部门，该部门所有员工都不保留。该公司是否应关闭部门1？

A. 是，因为总营业利润将增加50 000美元

B. 否，因为总营业利润将减少234 000美元

C. 否，因为总营业利润将减少126 000美元

D. 否，因为总营业利润将减少94 000美元

7. C公司生产两种产品，这两种产品被认为是联合产品。共同费用是350 000美元，使用实物计量法分摊，产品A的产量是15 000件，产品B的产量是20 000件。产品B产生50 000美元的直接成本，单位售价是15美元。C可以选择进一步加工产品B。进一步加工将增加产品的直接成本35 000美元，并将单位售价提高到17美元。如果C进一步加工产品B，则其收入将：

A. 减少45 000美元　　B. 增加5 000美元

C. 增加55 000美元　　D. 增加105 000美元

8. 销售量=10 000，固定成本=300 000美元，单位变动成本=12美元，营运资本投资=700 000美元，生产设备投资=500 000美元，税率=34%，期望17%的税后投资回报率，根据完全成本定价法确定的产品价格是：

A. 77.5美元　　B. 74.5美元　　C. 76美元　　D. 72.9美元

9. 在联产品制造过程中，决定在分离点之后是否继续生产该产品时，该决策之前所发生的联产品成本称为：

A. 沉没成本　　B. 相关成本　　C. 标准成本　　D. 差异成本

10. O公司只销售一款产品，售价为60美元。产品的变动成本信息：直接材料16美元，直接人工12美元，制造费用7美元，销售费用5美元。O公司全年的固定成本为880 000美元，该公司的所得税率为30%。为了实现224 000美元税后利润，O必须达到的全年销售额为：

A. 3 600 000美元　　B. 3 312 000美元

C. 1 656 000美元　　D. 3 110 400美元

11. H公司注意到其业务流失到其他公司，鉴于此，公司决定改变它所提供的各种电话服务的月收费，如下所述：

	以前费率（美元）	新费率（美元）
呼叫等待	8	4
来电显示	6	4
国际电话	3	1
网络接入	15	13
	以前需求量	新需求量
呼叫等待	100	150
来电显示	50	70
国际电话	30	40
网络接入	150	160

哪一项需求的价格弹性最高？

A. 呼叫等待　B. 来电显示　C. 国际电话　D. 网络接入

12. G公司销售三种化工产品：汽油、赛普汀、曲马朵。汽油是公司最盈利的产品；曲马朵是最不盈利的产品。下述哪个事件肯定会降低公司下一会计年度的整体盈亏平衡点？

A. 安装计算机控制的机器，随后解雇组装线上的工人

B. 降低曲马朵的售价

C. 增加赛普汀的整体市场投入

D. 相对于赛普汀和曲马朵的销售增加汽油的预期销售

13. 下述哪项会导致盈亏平衡点提升？

A. 单位变动成本降低　B. 单位变动成本增加

C. 单位边际贡献增加　D. 所得税税率降低

14. A公司企业所得税税率为40%，期末经营数据如下表所示：

单位：美元

销售单价	60
单位变动成本	22
固定成本	504 000

管理层计划通过：①用价值5.50美元的更高级别的零部件代替价值3.50美元的零件；②购买价值180 000美元的包装机器来提高其唯一产品的质量。A公司对设备使用10年无残值的直线法计提折旧。如果公司在下一期间想要获得税后利润172 800美元，必须售出：

A. 19 300个　B. 21 316个　C. 22 500个　D. 23 800个

15. 为了避免相关成本分析的缺陷，管理层应该重点关注：

第三章

A. 使各方案不相同的变动成本项目
B. 每个方案的长期固定成本
C. 所有方案期望固定成本和变动成本
D. 使各方案都不相同的期望收入和成本

16. ABC 公司正在评估是否要商业化其新近开发的一项技术。ABC 的管理层拟订了 2 个备选方案。在这 2 个方案的可行性报告中都提及了，应将目前租赁给 XYZ 公司的仓库收回并改造成厂房。如果 ABC 公司最终决定对该项技术进行商业化，则改造仓库是否会产生机会成本？如果会，则是否与决策是否相关？

A. 会产生机会成本，且与决策相关
B. 会产生机会成本，但与决策无关
C. 不会产生机会成本
D. 无法判断

17. J 公司制造各式各样的鞋子，最近从一个批发商处收到一张一次性特别订单。J 公司有足够的剩余产能来接受这张特别订单，即制造 15 000 双运动鞋，每双售价 7.50 美元。J 公司通常的售价是每双运动鞋 11.50 美元。变动制造成本为每双 5.00 美元，固定制造成本为每双 3.00 美元。J 公司普通的运动鞋变动销售费用为每双 1.00 美元。如果 J 公司接受这张特殊的订单，那么会对公司的营业利润产生何种影响？

A. 减少 60 000 美元
B. 减少 22 500 美元
C. 增加 37 500 美元
D. 增加 52 500 美元

18. A 产品公司已经为其制造活动编制了如下表所示的每日成本信息：

产出（个）	固定成本（美元）	变动成本（美元）
0	2 000	0
1	2 000	200
2	2 000	380
3	2 000	550
4	2 000	700
5	2 000	860
6	2 000	1 040
7	2 000	1 250
8	2 000	1 500

A 公司第 7 个单位的边际成本为：

A. 179 美元　B. 210 美元　C. 286 美元　D. 464 美元

19. H公司生产高级办公椅。由于最近市场份额的变化，H必须决定是否订购1 000把椅子。生产椅子的材料成本为每磅20美元，直接人工成本为每直接工时40美元，制造间接费用（100%变动）按每把椅子10美元的比率分配。一年的固定成本为每把椅子5美元，其中20%是可以避免的。每把椅子需要2磅的材料和1小时的直接劳动来完成。假设H没有剩余产能，每把椅子的相关成本是多少？

A. 71美元　B. 91美元　C. 90美元　D. 95美元

20. 以下情形中，哪一情形最可能使用以成本为基础的定价法？

A. 造纸商正在与一家新的大宗办公用品销售商就复印纸的价格进行协商

B. 工业设备制造商正在与一主要的钢材制造商就一种标准模型的价格进行协商

C. 电脑部件制造商正在和一条新的分销渠道客户就价格条款进行磋商

D. 电脑部件制造商正在与新客户就定制化和应用最新技术的产品进行协商

21. 某制造业公司具有闲置产能。在4月份，一家新客户联系该公司提交了一份特殊订单，要求提供100 000件产品，价格低于其正常销售价格的25%。如果接受，该订单将在4月份完成并交付。该订单与将在5月份生产的已承诺订单完全相同。下面哪一项成本与公司是否接受特殊订单的决策相关？

A. 将用于生产这些产品的机械保险

B. 为已取消的生产订单所购买的直接材料

C. 订单的机器安装成本

D. 4月份为生产产品运转机械的电力

22. 某国际大型洗涤剂公司销售用于贮存工业洗涤剂的大型容器，每件容器的销售价格为12美元。每件容器需要4.50美元的直接材料，2.50美元的直接人工和1.00美元的变动间接费用。该公司的总固定成本为2 000 000美元，所得税税率为40%。管理层设定的目标是实现税后净利润2 400 000美元。请问该公司的销售额必须达到多少才能实现这一目标？

A. 14 400 000美元　B. 18 000 000美元

C. 22 000 000美元　D. 24 000 000美元

23. H钻石公司目前的经营业绩如下：销售量22 000件，销售额924 000美元，可变费用594 000美元，固定费用324 000美元。如果公司预计明年可变费用每件增加2美元，固定费用增加29 600美元，未来的盈亏平衡点与现在的盈亏平衡点相比需要增加多少件？

A. 1 752件　B. 3 190件　C. 4 907件　D. 5 600件

24. 某软件开发公司正在对新的图形设计应用程序实施目标成本法。该公司的高层领导决定了新图形设计应用程序的市场价格和预期利润。随后，财务主管计算出目标成本。如果估计的生产成本大于目标成本，则该软件开发公司下一个最合适的措施是什么？

A. 应用价值工程　　B. 查看竞争对手的数据

C. 使用经营控制　　D. 确定客户需求

25. 某公司收到了一份特殊订单，要求生产 10 000 件产品，单位售价为 30 美元。以下信息与该产品的生产有关。

单位直接材料成本　8.00 美元

单位直接人工成本　3.00 美元

单位变动间接费用　2.00 美元

单位固定间接费用　1.50 美元

假设该公司有空闲的工厂产能接受这个特殊订单，且不会影响现有的销售，如果接受特殊订单，该公司的收益额将增加多少？

A. 155 000 美元　B. 170 000 美元　C. 190 000 美元　D. 300 000 美元

二、简答题

A 公司拥有并经营着一家美国社区游泳池。游泳池每年夏季 6 ~ 8 月开放 90 天。按日收取费用。按照法律规定，所有休闲与运动设施必须将 10% 的收入上交作为美国州旅游业推广基金。泳池经理制定了一个目标，即泳池的门票收入，在扣除州立旅游基金和可变成本后，必须能够抵补固定成本。设可变成本为总营业收入的 15%。3 个月的固定成本总计 33 000 美元。游泳池当年预算情况如下：

单位：美元

成人票：30 人/天 ×90 天 ×5.00 美元	13 500
学生票：120 人/天 ×90 天 ×2.50 美元	27 000
总营业收入	40 500
州立旅游基金	4 050
净营业收入	36 450
可变成本	6 075
固定成本	33 000
预计赤字	(2 625)

泳池经理希望确定如何收取门票才能达到收支平衡，以及应采取哪些措施消除赤字。

问题：

1. 在当前成人和学生票价组合下，泳池本季要接待多少人次才能达到收支平衡？

2. 不考虑成人和学生票价组合，按最高票价计算，泳池本季最少要接待多少人次才能达到收支平衡？

3. 不考虑成人和学生票价组合，按最低票价计算，泳池本季最少要接待多少人次才能达到收支平衡？

4. 泳池经理正在考虑多种提高票价的定价战略。定义以下定价战略，并讨论各战略如何帮助消除赤字。

a. 产品组合定价

b. 批量折扣定价

c. 渗透定价

d. 非高峰期定价

同步测试题答案及解析

一、单选题

1. 【答案】 C

【解析】 选项 C 正确。A 公司作为出租方，其出租仓库的收益包含两部分：一是租金收入 120 000 美元；二是节省的维修费（承租人 B 公司负担维修费 50 000 美元）。

省到即赚到（Saving is getting，如折旧税盾），所以 A 公司不出租仓库的机会成本（放弃的收益）为 170 000 美元。

2. 【答案】 D

【解析】 $[Q\times(18-3)-165\ 000]\times(1-30\%)=210\ 000$（美元）

$Q=31\ 000$。所以选项 D 正确。

3. 【答案】 B

【解析】 选项 B 正确。

单位：美元

变动成本	
打印和装订	30 000
销售佣金	5 400
销售商佣金	67 500
作者版税	27 000
合计	129 900

续表

单位变动成本 129 900 美元 ÷6 000 美元	21.65
单位边际贡献 45 −21.65 美元	23.35
固定成本	
开发费用	35 000
排版	18 500
折旧	9 320
管理费用	7 500
其他固定成本	4 400
合计	74 720

本题中：设销量 $=X$，有以下等式：

$X=(74\ 720+20\%\times45\times X)\div23.35$

$X=5\ 207$。

4.【答案】 A

【解析】 选项 A 正确。唯一相关的费用是那些尚未发生的费用。因此，机器的历史成本和账面价值与未来的行动无关。只有使机器准备好生产新产品所需的增量材料和劳动力具有相关性，因为这些金额尚未花费（20 000 美元 + 5 000 美元 =25 000 美元）。

选项 B 不正确。30 000 美元的账面价值无关紧要。

选项 C 不正确。账面价值和翻新机器的增量成本之和为 55 000 美元。

选项 D 不正确。翻新机器的历史成本和增量成本之和为 95 000 美元。

5.【答案】 B

【解析】 选项 B 正确。

单位：美元

	XR −2000
价格	105
原材料	24
直接人工	10
变动间接费用	5
变动销售和管理费用	4
变动成本合计	43
单位边际贡献	62

因为 G 公司已是满负荷运作，公司若接了订单，就意味着必须降低 XR-2000 的产量。生产 1 000 个 GT-6500 的总耗时为 1 000 ×3 =3 000 机时，而 XR-2000 必须减产 3 000 ÷4 =750（个）。

减产的 XR-2000 的边际贡献必须由 GT-6500 来弥补，即每一单位的 GT-6500 必须承担（750×62）÷1 000 =46.5（美元）的边际贡献。

生产 GT-6500 的相关成本 =27 +12 +6 +5 =50（美元），因此，产品的价格 =50 +46.5 =96.5（美元）。所以选项 B 正确。

6.【答案】B

【解析】选项 B 正确。

如果关闭部门 1，对营运利润的影响是：

单位销售 28 000 件（减少）

销售收入 700 000 美元（减少）

销售成本 420 000 美元（减少）

管理费用 144 000 美元（不变）

佣金 14 000 美元（减少）

租金 140 000 美元（不变）

工资 32 000 美元（减少）

营运利润：－700 000 +（420 000 +14 000 +32 000）= －234 000（美元）

7.【答案】B

【解析】选项 B 正确。进一步加工后的收入差（17 美元－15 美元）× 产品产量 20 000 件－进一步加工成本 35 000 美元 =5 000 美元。

8.【答案】D

【解析】选项 D 正确。根据完全成本定价法，产品单价 = 单位变动成本 + 单位固定成本；设产品单价为 P，则：［10 000（P－12）－300 000］×（1－34%）=（700 000 +500 000）×17%；求得 P =72.9 美元。

9.【答案】A

【解析】选项 A 正确。联合成本是沉没成本。沉没成本是指，无论采取什么措施，它们都不可能避免的，而且也无法改变的成本。无论在分离点之后作出怎样的决策，都无法避免或改变在分离点之前所发生的成本。

选项 B 不正确。联产品成本不是相关成本，而是不相关成本。

选项 C 不正确。在决策是否继续加工上，联产品成本是实际发生的成本，而不是标准成本。

选项 D 不正确。联产品成本不是差异成本，而是联合生产发生的总成本。

10.【答案】A

【解析】选项 A 正确。所需要达到的销售额 =（固定成本 + 目标利润）÷ 边际贡献百分比目标利润 =224 000 ÷（1－30%）=320 000（美元）

边际贡献百分比 = 边际贡献 ÷ 销售收入

边际贡献 = 单价 - 变动成本 = 60 - 40 = 20（美元）

边际贡献百分比 = 20 ÷ 60 = 0.333

销售额 =（880 000 + 320 000）÷ 0.333 = 3 600 000（美元）

11.【答案】 B

【解析】 选项 B 正确。需求价格弹性，是指需求量对价格变动的反应程度，是需求量变化的百分比除以价格变化的百分比。用数学公式表示就是：需求弹性 = 需求量变化的百分比 ÷ 价格变化的百分比。

各种电话服务的价格弹性计算如下：

	A	B	(A + B) ÷ 2 = C	D = |A - B|	E = D ÷ C	
	以前费率（美元）	新费率（美元）	平均数（美元）	变动（美元）	变化率	
呼叫等待	8	4	6	4	0.67	
来电显示	6	4	5	2	0.40	
国际电话	3	1	2	2	1.00	
网络接入	15	13	14	2	0.14	
	以前需求量	新需求量	平均数	变动	变动率	弹性
呼叫等待	100	150	125	50	0.40	0.4 ÷ 0.67 = 0.60
来电显示	50	70	60	20	0.33	0.33 ÷ 0.4 = 0.83
国际电话	30	40	35	10	0.29	0.29 ÷ 1 = 0.29
网络接入	150	160	155	10	0.06	0.06 ÷ 0.14 = 0.45

从数据可以看出，来电显示的需求价格弹性最高。

12.【答案】 D

【解析】 选项 A 不正确。购买新机器的结果是更大的固定成本，盈亏平衡点可能会更高。

选项 B 不正确。降低销售价格会减少单位边际贡献，从而会提高盈亏平衡点。

选项 C 不正确。增加赛普汀的整体市场投入带来固定销售费用的增加，从而提高盈亏平衡点。

选项 D 正确。由于汽油是公司最盈利的产品，因此它比赛普汀、曲马朵的单位边际贡献更高，汽油销售相对于其他产品的销售增加会造成较高的加权平均单位边际贡献和较低的盈亏平衡点（固定成本/加权平均单位边际贡献）。

13.【答案】 B

【解析】 选项 A 不正确。如果其他因素不变，单位变动成本降低会增加边际贡献，并降低盈亏平衡点。

选项 B 正确。如果变动成本增加，单位边际贡献会降低，盈亏平衡点会提升。

选项 C 不正确。边际贡献增加会降低盈亏平衡点。

选项 D 不正确。所得税税率变化对盈亏平衡点没有影响。

14. 【答案】 C

【解析】 考查假定变动成本和固定成本增加，为了获得目标税后利润需要出售的件数。出售件数等于固定成本加上期望的税前利润后除以单位边际贡献。在以前年度，单位边际贡献是 38 美元（60 美元价格 − 22 美元单位变动成本）。来年由于使用高规格零件单位边际贡献降低 2 美元后为 36 美元。由于新机器折旧，固定成本从 504 000 美元增加到 522 000 美元。期望的税后利润 172 800美元除以 60%（扣除税率后剩余）得出期望的税前利润 288 000 美元。因此，实际目标利润的销量为（522 000 + 288 000）÷ 36 = 22 500（美元）。因此，选项 C 正确。

15. 【答案】 D

【解析】 选项 A 不正确。为了避免相关成本分析的缺陷，管理层不仅要关注所有相关成本（变动成本仅是相关成本一部分），还要关注相关收入。

选项 B 不正确。每个方案的长期固定成本通常是不相关的历史成本，决策分析不关注。

选项 C 不正确。所有方案期望的固定成本可能是相关成本，也可能是不相关成本。

选项 D 正确。为了避免相关成本分析的缺陷，管理层应关注使各方案都不相同的期望收入和成本，即相关收入和相关成本。

16. 【答案】 B

【解析】 选项 B 正确。

改造仓库意味着需要放弃现有的租金收入，所以一定会产生机会成本。但是两个备选方案都要进行仓库改造，则不同方案所产生的数据无差异。此处仅仅满足相关性的判断条件之一：未来发生。但是不满足第二个判断条件（不同方案之间存在差异），所以与决策无关。

17. 【答案】 C

【解析】 选项 C 正确。计算一次性订单的收益，该订单的相关成本为变动制造费用，即 5.00 美元；价格为 7.5 美元，因此出售一双可以增加 2.5 美元的边际贡献，合计收益为37 500 美元（2.5 × 15 000）。

18.【答案】 B

【解析】选项 B 正确。边际成本是指每一单位新增生产的产品（或者购买的产品）带来的总成本的增量。第 7 个单位的边际成本为：1 250 − 1 040 = 210（美元）。

19.【答案】 B

【解析】选项 B 正确。相关总成本为每把椅子 91 美元［（2 磅材料 × 20 美元）+（1 个直接工时 × 40 美元）+ 10 美元可变制造间接费用 + 5 × 20% 美元固定成本］。

20.【答案】 D

【解析】选项 D 正确。成本基础定价法，即成本加成定价法，是以产品和服务的开发生产销售的成本为依据，来设定能够覆盖这些成本并赚取到一定利润的价格。相对于市场基础定价法的价格受制于市场价格水平，成本基础定价法拥有适度的自主性。成本定价法应用的基本原则：市场缺乏竞争、替代品少、定制产品、新产品。A、B、C 选项更适用于市场基础定价法。

21.【答案】 D

【解析】选项 A 不正确。产品机械保险，属于已发生的沉没成本。

选项 B 不正确。直接材料属于已发生的沉没成本。

选项 C 不正确。机器安装成本属于已发生的沉没成本。

选项 D 正确。属于未来发生且和决策相关的成本。

22.【答案】 B

【解析】单位边际贡献 = 单价 − 单位变动成本 = 12 − 4.5 − 2.5 − 1 = 4（美元）

边际贡献率 = 4 ÷ 12 = 1/3

税前目标利润 = 税后净利润 ÷（1 − 所得税税率）= 2 400 000 ÷（1 − 40%）= 4 000 000（美元）

保利额 =（固定成本 + 税前目标利润）÷ 边际贡献率 =（2 000 000 + 4 000 000）÷（1/3）= 18 000 000（美元）。所以选项 B 正确。

23.【答案】 D

【解析】单位售价 = 924 000 ÷ 22 000 = 42（美元）

单位可变费用 = 594 000 ÷ 22 000 = 27（美元）

现在的盈亏平衡点为：324 000 ÷（42 − 27）= 21 600（件）

未来的盈亏平衡点为：（324 000 + 29 600）÷（42 − 27 − 2）= 272 000（件）

未来和现在的盈亏平衡点的差为：27 200 − 21 600 = 5 600（件）

24.【答案】 A

【解析】 选项 A 正确。价值工程是目标成本法中控制成本的常用工具。

选项 B 不正确。属于非正当竞争。

选项 C 不正确。只针对了经营过程。

选项 D 不正确。客户需求属于目标本身，而不是财务控制方法。

25.【答案】 B

【解析】 可以计算，接受特殊订单的收益 = 10 000 × (30 − 8 − 3 − 2) = 170 000（美元）。所以选项 B 正确。

二、简答题

【解析】

1. 在当前成人和学生票价组合下，泳池本季要接待多少人次才能达到收支平衡？

边际贡献为 75%（100% − 推广基金 10% − 可变成本 15%）即 5 美元 × 75% = 3.75 美元（成人），2.5 美元 × 75% = 1.875 美元（学生）。

构成为 20% 成人（30 ÷ 150）和 80% 学生（120 ÷ 150）。

加权平均边际贡献（WACM）为：WACM = 20% × 3.75 + 80% × 1.875 = 2.25（美元）

保本点销售量 = 固定成本 ÷ WACM = 33 000 ÷ 2.25 = 14 667（人/季）

2. 不考虑成人和学生票价组合，按最高票价计算，泳池本季最少要接待多少人次才能达到收支平衡？

设所有门票均为成人票（最高票价），保本所需最少人数为：

33 000 ÷ 3.75 = 8 800（人/季）

3. 不考虑成人和学生票价组合，按最低票价计算，泳池本季最少要接待多少人次才能达到收支平衡？

设所有门票均为学生票（最低票价），保本所需最少人数为：

33 000 ÷ 1.875 = 17 600（人/季）

4. 泳池经理正在考虑多种提高票价的定价战略。定义以下定价战略，并讨论各战略如何帮助消除赤字。

a. 产品组合定价

b. 批量折扣定价

c. 渗透定价

d. 非高峰期定价

a. 产品组合定价是指将某些产品或其中部分的价格设置较低以吸引其他

客户。如成年人通常带学生来游泳，可以试着摸索成人/学生最佳组合票价，以吸引回头客。

b. 批量折扣定价适用于频繁光顾的个人折扣（如季卡）或群体折扣（如俱乐部）。

c. 渗透定价是指设置较有竞争力的价格，以击败竞争对手。价格可以比本地区其他泳池更有竞争力（或更低），以实现边际贡献最大化。

d. 非高峰期定价用于鼓励非高峰时段消费。预计某天（如阴天多云）或某个时段（如晚上）客流量较小时，可执行折扣定价。

第四章

风险管理

企业未来现金流的现值决定着企业现在的价值，但企业未来的营运活动又充斥着各种不确定性（风险），如何能确保企业在未来有稳定的现金流并增加企业的价值？这就需要管理会计师在企业决策和执行过程中，将风险的识别、评估、应对、监控等风险管理活动贯穿于融资、经营、投资、内部控制等决策中，以降低风险，保证企业资产的安全和效率，保证组织战略目标的实现，最终实现企业价值的增值。因此，可以说企业管理就是风险的管理。

本章考情分析

本章内容：风险的类型包括灾害风险、财务风险、营运风险、战略风险、法律风险、合规风险以及政治风险；风险缓解；风险管理；风险分析；以及企业风险管理（enterprise risk management，ERM）。

本章考试占比 10%。

本章考题涉及单选题和论述题。本章内容相对较少，考题基本不涉及计算。

本章近年来的主要考点：①风险价值定义和内容；②风险类型；③风险应对措施；④风险管理步骤；⑤全美反虚假财务报告委员会的发起组织委员会（Committee of Sponsoring Organization，COSO）的《企业风险管理——整合框架》（2017 年版）；⑥风险管理的实施意义及局限性。

本章重点框架图

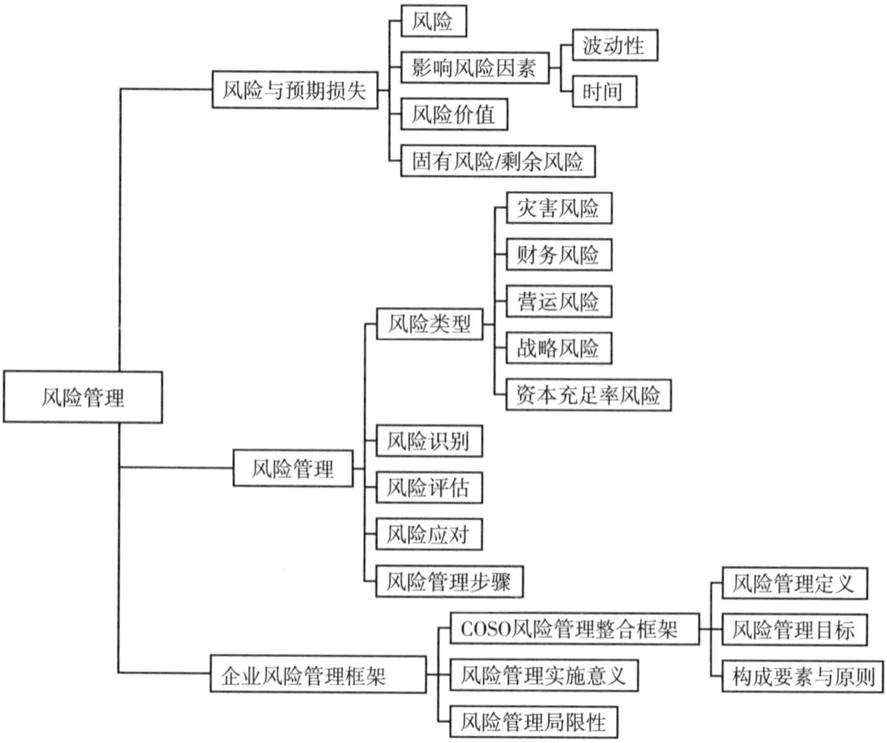

风险管理
风险与预期损失
风险
影响风险因素
波动性
时间
风险价值
固有风险/剩余风险
风险管理
风险类型
灾害风险
财务风险
营运风险
战略风险
资本充足率风险
风险识别
风险评估
风险应对
风险管理步骤
企业风险管理框架
COSO风险管理整合框架
风险管理定义
风险管理目标
构成要素与原则
风险管理实施意义
风险管理局限性

本章重难点精讲

第一节 企业风险

风险是可能阻止目标实现的一种情形。组织需要识别、评估和管理风险，以实现包括保护组织资产、规避非预期损失等在内的相关目标。尽管风险通常难以断定和量化，管理层也应尽最大努力去识别风险及其发生的可能性。

一、风险和预期损失

风险是指未来事件存在的不确定性程度。在企业背景下，风险是指企业面临损失可能性的程度。影响风险的因素：不确定性（波动性）和时间。不确定性越大，风险越大；时间越长，波动的可能性越大，风险越大。例如，债券的到期日越长，债券市场价格波动的可能性和幅度就越大，该债券的风险就越大。

（一）风险价值

1. 风险价值（value at risk，VaR）概念。

风险价值是指在一定的时间段内，在一定的概率水平（置信水平）下的最大损失。不同于衡量历史波动性的回溯性风险指标，风险价值是前瞻性的，其对当前面临的市场风险进行量化。例如，一家公司确信某一特定风险引发的损失最高不超过5万美元，则该公司将愿意支出最多5万美元来减轻该风险。该公司测算的损失金额代表的是最大可能损失（极端损失或灾难性损失）。这种损失通常被称为风险价值（VaR）。风险价值包括风险现金流、风险收益以及源于现金流或收益风险的损失分布。风险模型处理的通常是可识别的风险，它不能处理全球性的灾难事件，例如核战争。

2. 风险价值（VaR）的特征。

（1）风险价值可以应用于任何能够定期与市场表现合理挂钩的投资组合。但风险价值不适用于房地产等非流动性资产。

（2）风险价值评估一个投资组合在特定时间段内的表现，比如一个交易日、一周或一个月。

（3）风险价值用货币计量风险。任何货币都可使用。

（4）VaR计量结果将投资组合的市场风险概括为一个简单数字。

3. 风险价值（VaR）的计算方法。

历史模拟法、方差-协方差法或蒙特卡洛模拟法。（CMA考生要求能够辨识和解释风险价值模型，无须掌握相关计算。）

（1）历史模拟法。历史模拟法是基于一定时期内实际历史收益数据，通过将其由低到高进行排序来评估风险的一种方法。历史模拟法假设历史上的风险将会重演。通过直方图将收益频率与损失建立起关联关系。计算结果表明与最差情形下每日损失相关的置信水平。

（2）方差－协方差法。方差－协方差法假设股票收益服从正态分布。估算期望（或平均）收益和标准差，并画出正态分布曲线。通过观察，能够准确找到曲线上最差情形百分比之所在。

（3）蒙特卡洛模拟法。蒙特卡洛模拟法是指任何随机进行试验的方法。该方法包括针对未来收益建模及通过所建模型进行多重假设试验。该方法能够计算出预期损失及其方差，进而得出与最大损失有关的概率。

【例题4－1】在财务风险管理体系中，术语“风险价值”（VaR）的定义是：

A. 公司能够损失的最大值

B. 在给定的置信度下，特定时期的最大损失

C. 在给定的结果分布中，最坏的可能结果

D. 最大可能的负面结果

【答案】B

【解析】选项A不正确。缺少要素：特定概率、给定时间。

选项B正确。具备风险价值（VaR）定义的三个要素：特定概率、给定时间、最大损失，符合风险价值VaR的定义。

选项C不正确。范围错误。不是在给定结果分布中，而是特定概率下，给定时间内。

选项D不正确。缺少要素：特定概率、给定时间。

（二）风险的类型

1. 灾害风险。

灾害风险是指与自然灾害有关的风险，如风暴、洪水等。这类风险往往很难预计，但可通过购买保险进行应对。

2. 财务风险。

主要包括汇率风险、利息风险、信贷风险、流动性风险。汇率风险可通过金融工具及金融衍生工具（期货、期权、货币互换等）进行规避；利息、信贷、流动性风险可以通过建立偿债基金、确定最佳现金持有量、确定最佳库存量、加速应收账款回收等方式进行应对。

3. 营运风险。

主要是与企业的日常经营活动相关的风险。涉及产品成本结构的，可以通过降低固定成本占比进行应对。涉及人力资源的，可以通过招聘、培训进行应对。涉及内部职能与流程的，可通过内部控制、流程再造进行应对。与环境、

健康、安全、质量等相关的，更多地与现行法律的合法性和合规性相关。

> 【提示】法律风险与合规风险，与企业需要遵守的法律、有关规定以及合同义务有关。

4. 战略风险。

主要是与宏观环境中的政治环境、经济环境、法律法规和全球市场等相关。这类风险很大程度上来源于组织外部环境的变化。

> 【提示】这里的“法律法规”不是指企业行为与目前现行法律法规的冲突（这类风险属于“营运风险”），而是指法律法规变化后对组织产生的影响。

政治风险是由于一国的政治环境变化或不稳定导致的投资风险。例如，税收变化、资本冻结、没收资产等。

5. 资本充足率风险（主要针对金融机构）。

资本充足率是指资本总额和风险加权资产总额的比例。使用该指标的目的在于抑制风险资产的过度膨胀，保护存款人和其他债权人的利益、保证银行等金融机构的正常运营和发展。

（1）度量金融机构对存款人的保护能力以及对全球金融体系的保卫能力。

（2）资本充足率（无计算要求）。

一级资本：金融机构在不停业时可吸收的损失资本；

二级资本：金融机构在清盘时可吸收的损失资本；

风险加权资产：资产需要进行风险加权调整。

（3）影响金融机构风险水平的因素。

偿付能力即长期偿债能力，是判断金融机构的盈利性和安全性的重要指标。金融机构只有具有较强的偿付能力，才能保证存款人能按期收取利息、到期及时收回本金。

流动性即短期偿债能力，是衡量金融机构应对流动负债的能力。金融机构的流动性越强，流动负债的保障越大。但过高的流动性也并非好现象，过高会影响获利能力。

准备金是确保商业银行在遭遇突然大量提取存款时，有充足的清偿能力。抑或保险公司能如约履行保险赔偿或给付义务。

资本充足率是反映商业银行在存款人和债权人的资产受到损失前，银行能以自有的资本承担损失的能力。

6. 商业风险。

商业风险指的是公司因利润可能低于预期而面临的风险或遭受的损失。

【例题4-2】与组织对法律、有关条例以及合同义务符合性的风险相关的是以下哪一部分的内容？

A. 财务风险　　B. 灾害风险　　C. 战略风险　　D. 经营风险

【答案】 D

【解析】 选项 A 不正确。财务风险主要与企业的资本结构、外汇汇率相关。

选项 B 不正确。灾害风险主要是自然灾害。

选项 C 不正确。战略风险主要是外部环境变化对企业产生的风险，特别需要注意区分的是战略风险也有涉及法律法规的内容，但指的是因法律法规变化而产生的风险，并非与现行法律法规的冲突。

选项 D 正确。法律、条例、合同义务一般与企业的日常经营活动相关，这类相关的风险属于营运风险范畴。

【例题 4 -3】 下面哪项属于政治风险？

A. 价格歧视、税收政策、高额的公共事业管理费等

B. 利息、汇率的风险

C. 高犯罪率的国家的偷盗

D. 自然灾难方面的风险

【答案】 A

【解析】 选项 A 正确。政治风险是东道国的政治环境或东道国与其他国家之间政治关系发生改变而给外国投资企业的经济利益带来的不确定性。给外国投资企业带来经济损失的可能性的事件包括没收、征用、国有化、政治干预、东道国的政权更替、战争、东道国国内的社会动荡和暴力冲突、东道国与母国或第三国的关系恶化等。

【例题 4 -4】 一家公司开发了一种新的技术先进的家用纸般薄的太阳能电池板。公司决定下个月开始在全球销售这种太阳能电池板。由于这是一种技术创新产品，公司出售太阳能电池板面临的一个风险是产品可能出现故障。这种产品失效风险最能代表公司的风险类型是什么？

A. 固有风险　　B. 经营风险　　C. 剩余风险　　D. 商业风险

【答案】 B

【解析】 选项 A 不正确。固有风险来自活动本身。例如，铀矿勘探本来就比零售业风险更大。

选项 B 正确。经营风险与企业的日常运营有关。它是由于内部流程、人员和系统不充分或失败而造成损失的风险。这些失败可能与产品故障（客户恶意、诉讼）有关。

选项 C 不正确。剩余风险是指一项活动在作出风险反应后仍然存在的风险。

选项 D 不正确。商业风险是指公司的利润低于预期或将遭受损失的风险。

（三）风险识别

风险识别试图辨识尽可能多的威胁。风险识别会很自然地将组织内尽可能

多的人员，特别是那些了解特定风险领域具体信息的人员纳入其中。例如，战略风险评估会涉及高管层、高级财务管理人员及战略规划领域相关人员。而营运风险评估则会包括来自营运单位的相关人员，这是因为他们对业务流程实际如何运作，特别是何种威胁会妨碍组织营运目标的实现，有着更为深刻的认识。

1. 风险框架有助于风险识别过程的顺利实施。

风险框架能够按类型、结构要素（战略、人员、流程、技术、数据等）或业务流程（收入周期、偿付周期、存货周期、现金管理、财务报告、日常运营）等维度对风险进行梳理。

2. 风险框架应同时考虑外部因素和内部因素。

（1）内部风险因素包括：战略风险、财务风险、营运风险、内部流程、内部控制、沟通方式、劳资关系、员工培训、监督反馈等。

（2）外部风险因素包括：法规变化、行业竞争、科技发展、与关键供应商关系、与关键客户关系、自然灾害等。

3. 风险识别的技术主要分三类。

（1）内部访谈与讨论，包括访谈、问卷调查、头脑风暴、自我评估及其他协调讨论、SWOT 分析。

（2）外部来源，包括与其他组织比较、与同行比较、标杆管理、风险顾问。

（3）工具、诊断和流程，包括核对清单、流程图、情景分析、价值链分析、业务流程分析、系统工程、过程描述等。

4. 事后评价。

一旦风险被识别出来，可通过风险等级或风险地图对其进行优先排序。风险地图直观地展示了风险影响。

可以考虑对风险评估活动进行事后评价，即检查风险评估活动中尚未识别、已经发生的风险。采取行动修正风险评估过程，以便将来能恰当地识别这些风险。

（四）风险评估

风险评估是分析已识别风险潜在影响的过程。对风险进行分析，考虑其可能性和影响，以此作为确定如何对其进行管理的基础。

1. 主要评估风险发生的可能性和造成的影响。

（1）影响。如果风险实际发生，将对组织目标的实现产生的影响。例如，若某一特定风险因素发生且未予发现和纠正，将会产生什么损失。

（2）可能性。风险将会实际发生的概率或机会。

2. 需要评估事件的固有风险和剩余风险。

最理想的情况是，风险评估活动由组织内的全体成员持续进行。然而，这个过程必须由组织治理层（董事会和审计委员会）来推动。他们的承诺、参与及对风险的态度必须自上而下传达给整个组织。由此产生的风险评估文化成为本组织控制环境必不可少的组成部分。在大多数情况下，尤其是战略风险，会定期执行风险评估过程，通常一年一次。

管理层应该评估一个事件的固有风险和剩余风险。固有风险是指管理层没有采取任何措施来改变风险的可能性或影响的情况下实现整体目标的风险。剩余风险是指在所有控制活动均得以实施后仍然存在的风险。

3. 风险评估的常用方法。

（1）定性分析，是目前应用最广泛的一种方法。就是凭借分析者的经验和直觉、业界的标准、惯例、专家访谈等方式对风险进行确认；并且根据风险管理诸要素（资产价值、威胁的可能性、弱点被利用的容易度、现有控制措施的效力等）的大小或高低程度定性分级（“高”“中”“低”三级）。

（2）风险地图，也称风险热图，是一种典型的风险定性分析方法。是用图形技术表示识别出的风险信息，直观地展现风险发展的趋势，方便风险管理者考虑采取怎样的风险应对措施的一种管理工具。

如图4－1所示，按照风险发生的可能性和影响程度，分别分成5个级别，绘制风险坐标地图。

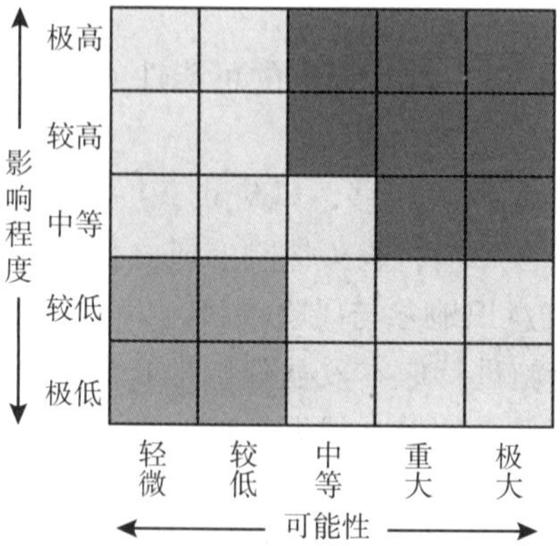

图4－1　风险坐标地图

对每种风险按照此类方法进行评估，将评估结果显示在风险坐标地图上，区分出重大风险、中等风险和安全风险。

（3）定量分析，就是对风险评估的过程进行量化。对潜在的最大损失水平、可能发生的频率、风险控制失效等因素赋予数值，并进行计算。标杆分析法、风险现金流分析法、情境分析法、在险盈余、盈余分配、每股收益（EPS）分配法等都可以量化具体的因素，进行定量分析。

概率模型或非概率模型可用来量化风险。当风险不适合量化或没有足够可靠数据，不足以使用定量模型时，管理层通常使用定性技术来评估风险。非概率模型使用主观假设来估计事件影响，而不量化相关可能性。非概率模型使用主观假设来估计事件影响，而不量化相关可能性。非概率模型的例子包括敏感性分析和压力测试。基于某些假设，概率模型将一系列事件及其结果与它们发生的可能性关联起来。概率模型的例子包括风险价值（VaR）和信贷发展及营运损失分布。情景分析可在非概率或概率基础上进行。如前所述，情景分析包括识别可能的未来结果，产生该结果的概率，并降低超出组织风险偏好的风险评估风险通常涉及概率的使用。例如，如果一个公司有 40% 的概率遭受 100 万美元的损失，60% 的概率遭受 30 万美元的损失，则预期损失估算为 58 万美元［（0. 4 ×1 000 000 美元）+（0. 6 ×300 000 美元）］。金额估算及其对应概率的确定涉及经验、信息及判断等的应用。

4. 风险评估与企业对风险的态度（风险偏好）直接相关。

风险偏好是指企业在既有使命和业务模式下愿意接受的风险水平。企业的风险偏好直接决定了企业风险管理方式，越不愿意冒险的企业，管理层越愿意在降低风险方面投入。

5. 风险应对。

风险应对指的是通过一系列的措施，将风险降低到可接受的水平。

风险应对措施主要包括：

（1）风险规避（避免）：直接不干了，但同时丧失承担风险带来的利益。

（2）风险保留（接受）：接受风险的利益和损失，预留一部分收益弥补将来可能的损失。

（3）风险减轻（缓解）：减少损失的可能性或者程度。例如，增加流程控制、信息安全功能。

（4）风险分摊（也称风险转移，风险共享）：与其他主体共同承担风险带来的损失或收益。例如，外包、购买保险、成立合资公司、签订对冲合同等。

（5）风险利用：有意识地参与风险项目，以期获得更高的回报。

对所有风险应对措施进行成本效益分析是非常重要的。如果风险应对措施的成本超过了风险可能带来的最大损失，这明显不是一个好的商业决策。

【提示】参考风险发生的可能性和造成的影响，表 4 -1 可以用于选择最佳的应对方式：

表 4 -1　风险的应对方式

项目	影响低	影响高
可能性低	接受风险	购买保险转移风险
可能性高	通过内部控制降低风险	通过改变业务的方式或地点来规避风险

【例题 4 -5】考拉公司基于企业的战略调整，计划把生产转移至亚洲，因为那里的人力资源成本更低。但是在经过风险评估之后，公司管理层认为，转移生产所产生的风险大于公司可能承受的风险，以下各项都是考拉公司可能会采取的做法，除了：

A. 回避风险　　B. 分担风险　　C. 承受风险　　D. 降低风险

【答案】C

【解析】选项 A 不正确。回避意味着企业退出会产生风险的活动。风险回避可能包括退出一条产品线、拒绝拓展一个新地区市场，或者卖掉一个分部。

选项 B 不正确。分担是要求企业通过风险转移（risk transfer）来降低风险的可能性或影响，或者分担一部分风险。

选项 C 正确。承受代表了企业不采取任何措施去干预风险的可能性或影响，因为该企业的固有风险已经在其风险的风险容限之内。此外，承受并不意味着完全被动地接受，而是将风险转化为机会，以此来获取更高的收益。如果企业选择承受风险，则意味着该企业的固有风险已经在其风险的风险容限之内。根据题干中所提及的，转移生产所产生的风险大于企业可承受的限度，则考拉公司不应该选择承受风险，而是可以选择回避、与当地的企业合作或转移部分生产来应对。

选项 D 不正确。降低表示企业采取措施降低风险的可能性或影响，或者同时降低两者。

【例题 4－6】风险评估的过程是：

A. 评估一年的内部控制质量

B. 建立政策和程序，以实现内部控制目标

C. 及时识别和获取信息

D. 用于识别可能会影响主体的潜在事件

【答案】D

【解析】风险评估主要是对潜在的事件/风险进行识别和评价的过程。

选项 A 不正确。评估一年的内部控制质量，是内部控制的过程。

选项 B 不正确。建立政策和程序，以实现内部控制目标，是内部控制的过程。

选项 C 不正确。及时识别和获取信息，是信息与沟通的过程。

选项 D 正确。用于识别可能会影响主体的潜在事件，是风险评估的过程。

【例题 4－7】某公司的新任 CEO 正在计划实施企业风险管理过程，实施此过程第一步需要做的是：

A. 确认公司所有方面可能存在的风险

B. 确定可通过的运营不利的风险

C. 与员工讨论企业可能存在的风险

D. 建立控制活动

【答案】C

【解析】风险管理程序在确定了组织战略和目标后，就是识别风险，也就是确认尽可能多的威胁，但并不对这些威胁做出评价。因此在备选项中，A 属于风险评估，在风险识别之后；B 是风险识别，但并没有识别出所有风险；C 选项属于风险识别；D 选项属于监控。

（五）风险管理

考虑到对风险不当管理的潜在后果，公司应实施风险管理流程，使其能够规避风险、降低风险消极影响、准备好承担某些风险，或将风险转移给另一方（通常通过购买保险）。

1. 风险管理流程的基本步骤。

（1）确定企业风险承受度：明确组织对待风险的态度。

（2）评估风险敞口：确定风险的性质并进行量化，以确认组织是否可以接受该风险水平。

（3）实施合适的风险管理策略：明确管理风险敞口必须采取的行动。

（4）监控风险敞口与风险管理策略：定期监控风险敞口的状态、风险管理策略的有效性，必要时进行策略调整。

> **【提示】** 管理会计公告《企业风险管理：框架、要素及整合（2014）》中列示5A持续风险管理过程。企业风险管理（ERM）的有关内容有：设定战略或目标、识别风险、评估风险、应对风险、控制风险、沟通与监控。

2. 除了制定与风险管理相关的具体目标和策略之外，组织还要特别明确关键人员的角色和职责，并建立决策层级。同时还要考虑如何考核和报告执行结果。

二、企业风险管理（ERM）

（一）企业风险管理框架（2017）：要素与原则

企业风险管理（enterprise risk management，ERM）是对企业所面临的包括财务风险、营运风险、合规风险等在内的所有风险的综合性分析和管理。

这是一个涉及整个组织的持续的、动态的过程。正如COSO控制模型旨在成为一个完整的内部控制理论一样，COSO－ERM框架的目的旨在成为一个完整的、全面的风险分析。新框架采用了国际文件惯用的要素加原则的结构（components and principals）。共分为五大要素，即治理和文化、战略和目标设定、绩效、审查和修订、信息沟通与报告（见图4－2）。针对五大要素，COSO总结出20条原则。

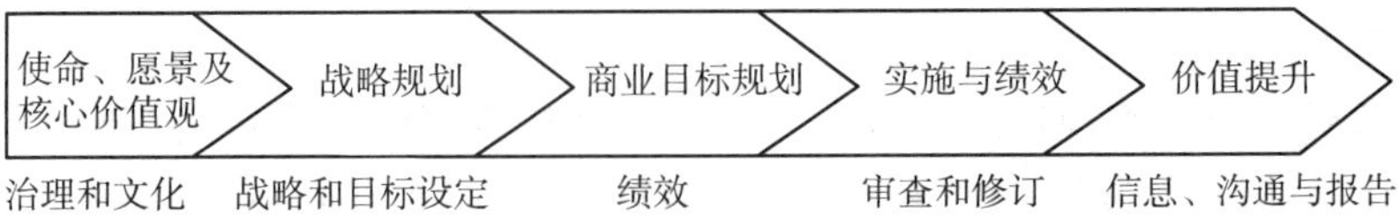

图4－2 企业风险管理

资料来源：COSO，2017。

五大要素与20条原则的具体关联如下：

1. 治理和文化。

作为企业风险管理框架的第一个要素，确定了企业风险管理工作的总体基调，强调了治理层的主体监督责任、风险管理的适用性、文化等方面的内容，主要包括五个原则：

（1）董事会执行风险监督。董事会对战略进行监督，执行治理责任，支持管理实现战略和业务目标。

（2）建立运营机构。组织在追求战略和业务目标方面建立运营机构。

（3）定义崇尚的文化。组织定义期望的行为来描述所崇尚的文化。

（4）展示对核心价值的承诺。组织表现出对核心价值观的承诺。

（5）吸引、发展和保留有能力的人才。组织致力于建立符合战略和业务目标的人力资本。

2. 战略和目标设定。

第二要素指的是在组织使命和愿景及核心价值观的指引下，在治理和文化要素的环境下，制定组织战略和设定目标的要素，主要包含四个原则：

（1）分析业务环境。组织考虑业务环境对风险状况的潜在影响。

（2）定义风险偏好。组织在创造、维护和实现价值的背景下定义风险偏好。

（3）评估替代策略。组织评估替代策略，并对其潜在影响进行风险预测。

（4）制定业务目标。组织在确定协调和支持战略的各个层次的业务目标的同时，应考虑风险。

3. 绩效。

绩效要素（也称为实施与运行要素）指的是在既定战略和商业目标下，结合风险偏好的设置，对风险进行识别和评估的内容，包含五个原则：

（1）识别风险。组织应确定影响战略和业务目标绩效的风险。

（2）评估风险的严重程度。组织评估风险的严重程度。

（3）风险排序。组织将风险优先排序，作为选择风险应对的基础。

（4）实施风险响应。组织识别并选择风险响应措施。

（5）建立风险组合观。组织开发和评估风险组合观。

4. 审查和修订。

因为组织的风险管理实践和能力需要随着时间、环境、业务背景发生变化，所以需要适时审查风险管理工作的适用性。此要素主要包含三个原则：

（1）评估实质性变化。组织识别和评估可能严重影响战略和业务目标的变更。

（2）评估风险和绩效。组织评价绩效并考虑风险。

（3）企业风险管理持续改进。组织应追求企业风险管理的不断完善。

5. 信息、沟通和报告。

在信息爆炸的今天，如何更有效地处理和传递信息，已经对组织实现战略和商业目标起到至关重要的作用，风险管理框架的第五要素包含三个原则：

（1）利用信息系统。组织利用信息技术系统来支持企业风险管理。

（2）沟通风险信息。组织使用沟通渠道来支持企业风险管理。

（3）风险、文化和绩效报告。组织在内部各个层次进行风险、文化和绩效的报告。

> **【提示】** ERM涉及公司治理、风险分析和投资组合管理。组织必须得到恰当地管理与治理；管理层必须评估风险并构建适当的投资组合。投资组合包括流动资产（现金、交易证券、应收账款、存货和预付款）和非流动资产（不动产、厂房及设备，长期投资，自然资源和无形资产）。管理层试图将多元化的投资组合在一起，以符合组织风险偏好的方式平衡对冲风险。

（二）企业风险管理框架实施的意义

企业风险管理被定义为一种文化、能力和实践，与战略和执行相结合，组织基于此在创造、保存和实现价值方面管理风险。整合了风险管理的企业可以获得下列好处：

（1）增加机遇的范围：通过考虑所有的可能性，不管是正面的还是负面的，管理层可以发现新的机遇和与之相伴的挑战。

（2）在整体范围内识别并管理风险：每个实体都面临着不同层级的风险，影响组织不同的层面。有时候，风险从组织的某一个部分产生，却影响了另一个部分。所以，通过识别和管理不同层面的风险，管理层能够维持并提高绩效。

（3）减少意料之外的负面变化，增加收益：风险管理使企业能够提高识别风险的能力，建立合适的反应机制，减少意外与损失，同时从有益的发展中获利。

（4）减少绩效的波动性：对于有些组织而言，挑战不是来自意外和损失，而是来自绩效的波动。而且，绩效的提前或超出预期，与绩效的落后或达不到预期一样，都会造成严重的问题。风险管理让组织预测风险，并且落实必要的措施以使干扰最小化。

（5）优化资源分配：获得有效的风险信息，使得管理层能够评估总体资源需求，提高资源分配效率。

（6）增强企业的应变能力：企业的长期生存和发展，取决于企业对风险的预测和应变能力。随着变革的加快和业务复杂程度的增加，风险管理能够有效地增强企业应变能力。

【例题4-8】 COSO的企业风险管理框架包括多个构成部分。其中一个构成部分是治理和文化，它确定了企业风险管理工作的总体基调。以下哪一项通常不是治理和文化的一部分？

A. 实施风险响应　　　　　　B. 定义崇尚的文化

C. 董事会执行风险监督　　　　D. 建立运营机构

【答案】A

【解析】治理和文化作为企业风险管理框架的第一个要素，确定了企业风险管理工作的总体基调，强调了治理层的主体监督责任、风险管理的适用性、文化等方面的内容，主要包括五个原则：(1) 董事会执行风险监督。董事会对战略进行监督，执行治理责任，支持管理实现战略和业务目标。(2) 建立运营机构。组织在追求战略和业务目标方面建立运营机构。(3) 定义崇尚的文化。组织定义期望的行为来描述所崇尚的文化。(4) 展示对核心价值的承诺。组织表现出对核心价值观的承诺。(5) 吸引、发展和保留有能力的人才。组织致力于建立符合战略和业务目标的人力资本。A 选项实施风险响应属于绩效中的原则。

(三) 风险管理的局限性

尽管企业风险管理带来了极大的好处，但仍然存在着一定的局限性：

(1) 在成本效益的原则下，风险管理只能提供合理的保障而非绝对的保障。

(2) 企业风险管理受人的影响因素很大，主观性较强，判断可能存在纰漏。

(3) 类似简单误差或错误的累积，可能会导致风险的发生。

(4) 风险管理的控制措施可能会因两人或多人的串通而被规避。

(5) 企业的管理层可能凌驾于企业风险管理决策之上。

简答题出题方向分析

【出题方向 1】给出企业具体运营情景，要求分析涉及的相关风险类型、风险应对策略和风险管理的步骤。

解题要点：根据企业风险管理框架、要素及其整合，风险可以划分为 4 类：战略风险、财务风险、运营风险和灾害风险。要求熟练掌握每种风险类型涉及的具体风险内容。风险应对策略可以划分为 5 种：规避风险、接受风险、减轻风险、分摊风险和利用风险。要求熟练掌握每种风险应对策略的具体含义和涉及的具体措施。

【出题方向 2】题干中给出一定的企业具体投资、运营的情景，结合投资决策、投资多样化中的风险管理等内容进行投资风险管理综合分析。

解题要点：这类题目一般会结合“资本投资的风险分析”内容进行考核。投资风险分析方法主要包括：敏感性分析、模拟法、情景分析、蒙特卡洛模拟、确定性等值、资本资产定价模型（CAPM）等。

【出题方向 3】题干中给出一定的企业具体融资、运营的情景，结合财务风险及其应对、投资风险组合等内容进行融资风险管理综合分析。

解题要点：根据企业风险管理框架，企业融资主要面对的是财务风险，其应对方式主要是套期保值（对冲），方法包括远期合约、期货合同、期权、互换等。

历年经典试题回顾

一、单选题

【经典试题 1】某公司最近刚刚上线了一套新的会计信息系统。在试运行的过程中，该公司财务经理发现，在过去的几周内，该系统并没有进行银行对账。根据 IMA 的《企业风险管理：框架、要素及其整合》，该财务经理发现的问题属于什么风险？

A. 财务风险　　B. 灾害风险　　C. 战略风险　　D. 经营风险

【答案】D

【解析】选项 A 不正确。虽然这个问题出现在财务部门，并与财务和银行相关，但不属于财务风险。财务风险主要来源于金融市场（企业外部）的波动和企业的资本结构（企业内部）。

选项 B 不正确。灾害风险主要来源于自然灾害、实体资产的缺损、恐怖袭击等。

选项 C 不正确。战略风险主要是与宏观环境下的政治环境、经济环境、法律法规和全球市场等相关。这类风险很大程度上主要来源于组织的外部环境的变化。

选项 D 正确。根据 IMA 的《企业风险管理：框架、要素及其整合》，运营风险是指与企业的日常经营活动相关的风险，涉及内部职能与流程。

根据题干中所描述的内容，发现的问题属于企业内部职能部门在日常运营中出现的不合规的现象，应该属于营运风险。

【经典试题 2】根据 COSO 的说法，以下哪一项对企业风险管理负有日常责任？

A. 管理层　　B. 董事会

C. 外部审计师　　D. 内部审计师

【答案】A

【解析】选项 A 正确。管理层通常对管理风险负有日常责任，他们（是风险管理的第一条线）管理绩效和为实现战略和业务目标而承担风险。

选项 B 不正确。董事会负责企业风险管理文化、能力和实践的风险监督。但它可以将这一责任委托给董事会委员会（如风险委员会）。

选项 C 不正确。外部审计师必须独立于实体，因此不得履行管理职能。然而，外部独立审计提供了管理企业风险管理有用的信息。

选项 D 不正确。内部审计师具有保证职能（管理责任的第三条线）。他们必须具有组织独立性和客观性。

【经典试题3】 下述各项是风险管理的潜在好处，除了：

A. 较低的资本成本　　B. 资源有效分配

C. 灵活应对不可预见环境　　D. 降低固有风险

【答案】 D

【解析】 选项A不正确。强有力的风险管理，可以改善资本的利用，从而有利于资本成本的降低。

选项B不正确。进行风险管理，可以在识别、评估风险后，更加合理地分配资源，提高企业资源的使用效率。

选项C不正确。通过综合实施组织范围的风险识别、评估活动，尽可能地识别风险和应对风险，从而减少未来的不可预见性，并增强灵活应对。

选项D正确。企业实施风险管理的好处有：①协调企业的风险偏好与战略目标；②增进风险应对决策；③减少营运的意外与损失；④确认并管理多重风险与跨企业风险；⑤抓住机会；⑥改善资本利用。

固有风险是在采取任何措施之前就存在的风险。风险管理无法降低企业本身就存在的风险。例如，海上石油勘探的风险肯定高于电器维修。

【经典试题4】 下述哪项在风险管理中不是主要步骤？

A. 风险等级排序　　B. 重新考虑目前的风险

C. 规划风险应对措施　　D. 评估风险

【答案】 B

【解析】 选项A不正确。风险等级排序是风险管理步骤3。在大型（或结构复杂）组织中，企业管理层可能会制定企业风险管理委员会来检查不同运营单位确定的风险，将其汇总成条理清晰的响应计划。

选项B正确。根据企业风险管理框架，企业风险管理包含8个要素，分别是内部环境、目标设定、事项识别、风险评估、风险应对、控制活动、信息与沟通、监控。重新考虑目前的风险，不是风险管理的主要内容。

选项C不正确。规划风险应对措施是风险管理步骤4。公司风险管理委员会需要提议足够的响应战略。

选项D不正确。评估风险是风险管理步骤2。识别的每一项风险必须评估其概率和潜在影响。

【经典试题5】 一个农民合作社有大量的从社员中收集的粮食，储存在仓库中。由于粮食价格高，后3个月中合作社客户没有人准备购买。为了抵销后3个月粮食价格下跌变化进行套期保值，合作社将要实施风险管理技术，该技术即为：

A. 空头，套期保值　　B. 多头，套期保值

C. 无抵押期权　　D. 利率调期

【答案】A

【解析】选项 A 正确。应对价格波动最常见的形式就是对冲。对冲是使用对冲承诺来最小化或避免价格反方向变动的影响。将来想要出售资产的人长期持有资产，因为他得益于资产价值上涨。为了防止价值下滑，资产所有人通过短期对冲，即如果资产价值下滑，会获得上涨的衍生品价值来应对价格波动。

空头是担心所拥有的资产价值下降的一方，将资产按约定价格出售，从而不会面临未来价格的波动。

选项 B 不正确。多头是担心所拥有的资产价值上升而不是下降的一方，以约定价格买入资产。

选项 C 不正确。无抵押期权是卖方期权，没有获得相关资产。

选项 D 不正确。利率调期的目的是使利息流平稳，而不是锁定其商品价格的当事人使用的对冲工具。

【经典试题 6】公司在其企业风险管理（ERM）流程中会识别供应链风险。识别出此风险后，公司希望确定此风险可能会对其目标产生多大的影响。他们应将风险评估的重点：

A. 同时放在固有风险和剩余风险上

B. 放在外部风险而不是固有风险上

C. 仅放在预期事件上

D. 放在剩余风险而不是固有风险上

【答案】A

【解析】选项 A 正确。固有风险：在采取任何措施之前就存在的风险。剩余风险：在所有控制活动均得以实施后仍然存在的风险。

风险评估是立足于固有风险和剩余风险，评估风险发生的可能性和严重程度。

【经典试题 7】在年初，管理平均年回报率为 8% 且年标准差为 25% 的投资组合的经理希望估算在 80% 置信水平上的最坏情况预期损失。该投资组合现今的价值为 500 万美元。该投资组合经理会采用哪种方法来估算年末可能产生的最大损失？

A. 套利定价理论　　B. 资本资产定价模型

C. 协方差　　D. 风险价值

【答案】D

【解析】选项 A 不正确。套利定价理论是基于多个因素来确定权益的成本。

选项 B 不正确。资本资产定价模型是基于风险因素来确定权益的成本。

选项 C 不正确。协方差是用来衡量一组变量之间的变化方向和方式。

选项 D 正确。在一个既定的执行区间内，判断未来最大可能的损失，管理层应该使用风险价值。风险价值（VaR）是指在特定的概率水平（置信度）

下，在给定期间内可能会发生的最大损失。

【经典试题8】 DRP保险公司希望在企业风险管理（ERM）实施方面做到“同类最佳”。为实现此目标，该公司计划将影响战略实施和目标实现的事件识别出来。以下哪一项最能反映将有助于完成其识别过程的分析？

A. 评审事故和经营方面的衡量指标

B. 分析拖欠历史数据和分散情况

C. 汇总驾驶记录和驾龄

D. 评审事故和新的市场情况

【答案】 D

【解析】 选项A、B、C不正确。都只提及了已经发生的事件，没有考虑预计未来市场的情况。

选项D正确。该公司是为了识别影响战略实施的事件，所以必须预计未来的事项，即未来的行业环境与可能发生的事件。影响目标实现的事件，还必须识别已经发生的事件。因此，评审事故和新的市场情况有助于公司在风险管理实施方面做到“同类最佳”。

【经典试题9】 传达与风险相关的信息在企业风险管理中非常重要。哪个人的位置最可能在与客户产品设计需求相关的问题出现时意识到该问题？

A. 风险管理经理　　B. 销售代表

C. 内部审计员　　D. 生产经理

【答案】 B

【解析】 选项A、C、D不正确。这些人员都不会直接与客户接触。

选项B正确。最接近风险的人员发现风险的可能性最大。题干中的风险（客户产品设计需求）与客户直接相关，选项中最接近客户的人员是销售代表。

【经典试题10】 COSO 2017年版的企业风险管理框架包括5个相互关联的要素，由20条原则支持。以下哪项原则支持了“战略与目标设定”这个要素？

A. 定义风险偏好　　B. 定义企业文化

C. 实施风险应对措施　　D. 评价风险和绩效

【答案】 A

【解析】 选项A正确。战略和目标设定的4个支持原则是：分析业务背景、定义风险偏好、评估替代策略、制定业务目标。

选项B不正确。定义企业文化是治理和文化要素的支持原则。

选项C不正确。实施风险应对措施是绩效要素的支持原则。

选项D不正确。评价风险和绩效是审阅和修订要素的支持原则。

【经典试题11】 滨河物业的新公寓大楼已基本完成，但还差几项检查没有通过，因此尚未拿到入住许可证。不过有几位新租户与业主的关系不错，于是业主允许他们迁入。最能描述业主在此情况下产生的风险是以下哪一项？

A. 运营风险，因为业主未遵守法律和法规

B. 战略风险，因为未遵守法律和法规

C. 战略风险，因为其余检验可能确定该建筑不符合入住条件

D. 运营风险，因为其余检验可能确定该建筑不符合入住条件

【答案】 A

【解析】 选项 A 正确。运营风险是由内部流程、人员和系统缺失所造成的风险，它包含法律风险、合规风险。

战略风险中也包含法律风险，但这主要指的是因法律变动而产生的风险，并非指与现行法律不符的风险。

未取得入住许可证就已经迁入，违反现行的法律法规，属于运营风险。

选项 B 不正确。未取得入住许可证就已经迁入，违反现行的法律法规；不是因为法律法规的改变而产生的风险，不属于战略风险。

选项 C 不正确。未取得入住许可证就已经迁入，违反现行的法律法规，属于运营风险，但与建筑物是否符合要求无关。

选项 D 不正确。未取得入住许可证就已经迁入，违反现行的法律法规；不是因为法律法规的改变而产生的风险，属于运营风险；但是与建筑物是否符合要求无关。

【经典试题 12】 企业风险管理的关键部分包括以下所有的内容，除了：

A. 评估风险　　B. 监控风险

C. 提高股东价值　　D. 制定战略和目标

【答案】 C

【解析】 提高股东价值不是 ERM 的关键组成部分，尽管它是有效实施 ERM 管理的直接益处。ERM 框架基本的组成部分包括制定战略和目标、识别风险、评估风险、处理和控制风险、沟通与监控。

【经典试题 13】 关于 COSO 2017 年发布的企业风险管理（ERM）综合框架中的“文化与治理”，以下哪项是不正确的？

A. 风险分析是组织公司治理的一个组成部分

B. 建议组织成立风险委员会，向董事会报告

C. 建议内部审计职能大量参与企业风险管理计划

D. 建议组织成立首席风险官（CRO）

【答案】 A

【解析】 选项 A 正确。公司治理涉及组织的管理方式。虽然风险分析是企业风险管理的重要组成部分，但它并不是企业治理的一个组成部分。这更像是一个运营问题。因此，这是正确的答案。

选项 B 不正确。组织证明企业风险管理重要性的一种方法是建立一个向董

事会报告的风险委员会。这向所有利益相关方强调，董事会认为 ERM 是优先事项。因此，这是一个错误的答案。

选项 C 不正确。内部审计是组织公司治理的重要组成部分，这意味着它是企业风险管理的重要组成部分。因此，这是一个错误的答案。

选项 D 不正确。组织证明企业风险管理重要性的一种方法是建立首席风险官（CRO）。让负责风险的人员与首席运营官（COO）和首席财务官（CFO）保持一致，向所有利益相关者强调董事会认为 ERM 是优先事项。因此，这是一个错误的答案。

【经典试题 14】 风险评估与管理层对风险的态度有关。风险厌恶管理团队典型地：

A. 不优先缓解风险　　B. 更可能花钱来减轻风险

C. 不愿意花时间来减轻风险　　D. 不愿意花钱来减轻风险

【答案】 B

【解析】 管理层对风险的态度：风险厌恶、风险中性、风险偏好。风险厌恶者更愿意花钱、花时间，优先缓解、减轻风险。

【经典试题 15】 某牙刷制造商注意到，在不断增长的亚洲销售市场中，客户的喜好正在从手动牙刷向电动牙刷转变。客户喜好的这一转变最能代表牙刷制造商的哪类风险？

A. 战略风险　　B. 经营风险

C. 财务风险　　D. 业务风险

【答案】 A

【解析】 战略风险受全球经济环境和政治环境影响。包括全球经济风险、政治风险和监管风险。

二、简答题

城市地产公司最近在城市繁华拥挤的区域购买了一座历史建筑。该建筑已经空置多年，尽管邻居们对于恢复建筑的历史辉煌感到很兴奋，但同时他们不愿意接受新居民的增加，因为这会增加额外的交通负担，停车场也会变得拥堵。城市地产公司购买该建筑就是希望能够对其进行翻新，并建造 12 个公寓单元，从而使得项目盈利。该建筑拥有足够的空间来设置 12 个停车点，以便缓解停车压力。然而，建筑周围的邻居要求公司只设计四个公寓单元，而这对公司来说是不可行的。城市地产公司需要获得社区的支持，以便获得设计 12 个居住单元的特殊使用许可。

问题：

1. a. 请解释财务风险、经营风险和战略风险。

   b. 上述场景中都出现了哪些不同风险类型？

2. 根据上述场景，请使用风险管理流程，确认和说明城市地产公司在风险管理过程中应采取哪些关键步骤。

3. 请确认和阐述城市地产公司可以采取的四种风险削减战略。

4. 请阐明对待风险的态度将如何影响风险管理。

【答案】

1. a. 请解释财务风险、经营风险和战略风险。

（1）财务风险：包括利息风险、汇率风险、信贷风险以及债务偿还风险；可以通过对冲、偿债基金、久期对冲等手段进行应对。

（2）经营风险：由于不完善或失败的内部流程、人员和系统而导致损失的风险，这些风险与持续的日常经营活动相关。可以通过加强内部控制、流程再造等手段进行应对。

（3）战略风险：主要是与宏观环境中的政治环境、经济环境、法律法规和全球市场等相关。这类风险主要很大程度上源于组织的外部环境的变化。

b. 上述场景中都出现了哪些不同风险类型？

在本情境中，主要是战略风险，因为他们可能无法按照战略目标来翻新这座建筑。

2. 根据上述场景，请使用风险管理流程，确认和说明城市地产公司在风险管理过程中应采取哪些关键步骤。

在风险管理过程中的关键步骤：

（1）风险识别——识别所有可能会影响到企业的风险。在本情境中，基于使用需要，城市地产公司所面对的风险是该项目无法得到批准。

（2）风险评估——评估风险的可能性和重要性。城市地产公司应了解邻居中有多少人支持，有多少人反对。

（3）风险排序——确定风险的先后次序，以及如何处理。城市地产公司应考虑缓解风险的策略。

（4）风险应对——设置应对的措施，积极应对风险。城市地产公司应考虑积极应对风险的具体方法。

（5）风险监控——监控风险的状态。城市地产公司可以经常与社区或邻居开会以了解他们所关心的问题。

3. 请确认和阐述城市地产公司可以采取的四种风险削减战略。

可能采取的风险应对战略：

（1）规避风险——离开业务所带来的风险。城市地产公司可以尝试出售该项目。

（2）保留/接受风险——不采取任何行动，承担已有的风险。城市地产公司可以保留项目，努力获取必要的批准；或者预留部分资金用于弥补未来可能带来的损失。

（3）降低风险——采取行动，来降低风险。城市地产公司可以尝试采取行动，如开会通知邻居有关停车场的事项，来加速得到批准。

（4）转移风险——通常以购买保险或其他方式来分担风险。城市地产公司可以寻找其他投资者共同投资此项目来分担风险及分享报酬。

4. 请阐明对待风险的态度将如何影响风险管理。

对风险的反应态度主要有 3 种：风险厌恶、风险中性和风险偏好。管理层对风险的态度会影响其管理作风。

管理者可以制定不同的风险应对方案，在企业的风险容量内，结合成本效益原则，考虑每种方案将如何影响事项发生的可能性和事项对企业的影响程度，设计并执行风险应对方案，并且持续监控风险的发展变化状况。

保留/接受风险是风险偏好者的策略。

避免风险是风险厌恶者的策略。

降低风险是风险中性者的策略。

无论管理层如何选择，有效的风险管理都会要求管理层把风险发生的可能性和影响程度控制在企业的风险容忍范围之内。

同步测试题

一、单选题

1. 某公司没有进行充分的市场调研就对其现有的流行品牌进行了修改，并称其为创新。该公司这一行动导致公司承受什么类型的风险？

A. 信用风险和战略风险　　B. 灾害风险和信用风险

C. 经营风险和灾害风险　　D. 战略风险和经营风险

2. Y 实业公司正在考虑扩展其国际业务。Y 的财务主管应将以下哪一种情况归类为政治风险？

A. 工厂建成后被征没

B. 本国币值下降

C. 本国通货膨胀加速

D. 本国和业务所在国之间的会计处理方式不同

3. 以下哪一项不被视为定量风险评估方法？

A. 自我评估问卷　　B. 标杆分析

C. 现金流分析　　D. 情境分析

4. 组织面临着许多不同类型的风险。关于自然灾害的风险如暴雨、洪水、飓风、暴风雪、地震、火山等通常被称为：

A. 经营风险　　B. 财务风险　　C. 灾害风险　　D. 战略风险

5. 采取管理措施进行控制后仍然遗留的风险通常被称为：

A. 固有风险　　B. 财务风险　　C. 运营风险　　D. 剩余风险

6. 风险排序和风险地图：

A. 都是定量分析法

B. 都是定性分析法

C. 风险排序是定性分析法，风险地图是定量分析法

D. 风险排序是定性分析法，风险地图即是定性分析法又是定量分析法

7. 企业风险管理的关键部分包括以下所有的内容，除了：

A. 评估风险　　B. 监控风险

C. 提高股东价值　　D. 制定战略和目标

8. 下列哪项最好地解释了国际贸易增加风险的原因？
A. 国际销售大大地增加公司的市场份额
B. 企业经常可以从国际资源中获取更便宜的资源
C. 国际企业通常比国内企业规模更大，因此风险更高
D. 国际企业面临国内企业没有的法律风险和财务风险

9. 下列哪个因素不会使得组织面临的风险水平增加？
A. 公司持有的现金储备变化
B. 增加完成项目需要的预期时间
C. 预期收益率的变化
D. 减少完成项目需要的预期时间

10. 与短期债务、长期债务和股权的决策有关的风险被称为：
A. 经营风险　　B. 灾害风险　　C. 财务风险　　D. 战略风险

11. 由于内部流程不充分或不合理、人员和系统问题而造成损失的风险通常被称为：
A. 灾害风险　　B. 财务风险　　C. 经营风险　　D. 战略风险

12. 组织正在衡量其风险管理策略是否有效，这是处于风险管理过程的哪个阶段？
A. 确定公司风险的耐受性　　B. 监控风险暴露和风险策略
C. 实施适当的风险管理策略　　D. 评估风险暴露

13. 组织可以选择一些风险的应对策略，使风险达到可接受的水平。下列哪种行为不会降低组织的风险？
A. 购买财产意外保险
B. 要求所有的员工团结在一起
C. 调整组织的资本结构使得资本成本达到最优化
D. 将成本从固定转移到可变

14. 下列都是美国跨国公司拓展国际业务的正当理由，除了：
A. 获得原材料的新来源
B. 保护其国内市场免受国外制造商的竞争
C. 最小化生产成本
D. 找到其他地区使他们的产品能够成功销售

15. 如果公司认为特定的风险可能造成高达 50 000 美元的损失，公司愿意花费 50 000 美元来降低风险，这种损失通常被称为以下所有内容，除了：

A. 可能的最大损失　　B. 风险价值
C. 战略损失　　D. 灾难性的损失

16. 某公司正在构建风险分析体系，以量化数据中心面临的各种类型风险的威胁程度。在调整保险赔偿金后，下列哪项将代表年度最高损失？

A. 发生的频率：1 年
损失金额：15 000 美元
保险责任范围：85%

B. 发生的频率：100 年
损失金额：400 000 美元
保险责任范围：50%

C. 发生的频率：8 年
损失金额：75 000 美元
保险责任范围：80%

D. 发生的频率：20 年
损失金额：200 000 美元
保险责任范围：80%

17. 以下哪一项是在企业风险管理（ERM）方法中识别事件的便利研讨会和访谈技术的一个例子？

A. 财务报告负责人与该地区的所有员工召开会议，以了解下一年财务报表中可能存在风险的领域

B. 银行根据员工等待客户投诉的方式分析客户投诉

C. 公司制定了将员工添加到工资核算处理系统的流程

D. 银行将当前年度的每周信用卡申请查询与上一年同一周的查询进行比较，并在达到 10% 的减少后，向没有信用卡的现有客户发布新的电子邮件广告

18. 某公司购买财产意外保险，是试图通过以下哪个行为减少风险？

A. 风险规避　　B. 风险转移　　C. 经营风险　　D. 利用风险

19. 关于企业风险管理（ERM），以下哪项不正确？

A. 企业风险管理（ERM）涉及整个组织，而不仅仅是高层管理人员和董事会

B. 企业风险管理（ERM）解决组织面临的所有潜在风险

C. 企业风险管理（ERM）是一个流动或持续的过程，在初始开发完成时不会结束

D. 企业风险管理（ERM）是一种更有效的风险管理方法，因为它可以管理许多单个孤岛中的风险，而不是试图在组织层面管理它们

20. 组织目前正在审查主要的风险因素，这属于风险管理过程（RMP）的哪个步骤？

A. 确定公司风险的耐受性　　B. 评估风险暴露
C. 监控风险暴露　　D. 实施适当的风险管理策略

21. 一个组织想量化两个事件可能发生的预期损失。系统分析员估计，产品开发数据库中未经授权的信息变更的潜在经济损失是 2 000 000 美元，并且发生的可能性是 5%。此外，如果整个计算机实验室被大火毁损，潜在的最大损失是 5 000 000 美元，发生的可能性为 1%。这些事件的预计损失总额是：

A. 0 美元　B. 50 000 美元　C. 100 000 美元　D. 150 000 美元

22. 下列哪个不是风险管理过程（RMP）的关键步骤？

A. 评估资本储备　B. 评估风险暴露

C. 监控风险暴露　D. 确定公司风险可容忍度

23. 组织可以通过购买什么保险，来减轻由于消费者受到产品伤害导致的财产损失风险？

A. 健康保险　B. 责任保险

C. 灾害保险　D. 工伤补偿保险

24. COSO 2017 年版的企业风险管理框架是由五大要素 20 条原则构成的，下面不属于第一大要素“治理与文化”的关联原则的是：

A. 董事会执行风险监督。董事会对战略进行监督，执行治理责任，支持管理实现战略和业务目标

B. 建立运营机构。组织在追求战略和业务目标方面建立运营机构

C. 定义崇尚的文化。组织定义期望的行为来描述所崇尚的文化

D. 制定业务目标。组织在确定协调和支持战略的各个层次的业务目标的同时，应考虑风险

25. 关于风险评估需要考虑的内容，以下哪项最准确？

A. 固有风险　B. 风险的可行性和影响

C. 剩余风险　D. 以上各项都是

二、简答题

自然食品公司是早餐麦片和果汁市场的第二大公司。过去五年里，自然食品公司的利润额超过了行业平均水平，管理层决定实施增长方案。公司正在评估两个前景不错的机会。

第一个机会是进入高能低脂麦片市场。该项目需要新建或扩建生产设施以开发新产品，并在未来两年里通过收益和一系列长期债务发行获得资金。债务发行将使自然食品公司两年后债务占总资本的比例从 22% 上升至 30%。

第二个机会是收购老牌面包和烘焙食品公司萨芬饼屋。此次收购可在日历年末完成，通过现金和长期票据融资。在日历年末，债务占自然食品公司总资本的比例将上升至 40%。萨芬饼屋将并入自然食品公司，但未来两年将作为

单独的部门独立运营。两年期满后，自然食品公司将整合该公司的管理、财务和运营等职能。

两个项目均符合自然食品公司管理层设定的标准，财务主管将从融资差异、对利润的影响和运营/管理问题等方面对其进行评估。

问题：

1. 作为风险评估流程的一部分，指出自然食品公司进军高能低脂麦片市场，实现内部扩张这一机会的战略优势和劣势。

2. 作为风险评估流程的一部分，指出自然食品公司收购萨芬饼屋，实现外部扩张这一机会的战略优势和劣势。

同步测试题答案及解析

一、单选题

1. 【答案】 D

【解析】 选项 D 正确。没有进行充分的市场调研就对其现有的流行品牌进行修改，会影响企业的战略布局以及企业整体的运营，属于战略风险及经营风险。

2. 【答案】 A

【解析】 选项 A 正确。工厂建成后被征没属于政治风险。

选项 B 不正确。汇率变化属于海外投资的财务风险。

选项 C 不正确。通货膨胀属于海外投资的财务风险。

选项 D 不正确。会计处理方式不同属于运营风险。

3. 【答案】 A

【解析】 选项 A 正确。风险评估方法主要包括定量分析、定性分析、经验法分析、模型法分析。自我评估问卷，是典型的定性分析方法。

选项 B 不正确。标杆分析是典型的定量分析方法。

选项 C 不正确。现金流分析是典型的定量分析方法。

选项 D 不正确。情境分析既可以做定量分析也可以做定性分析。

4. 【答案】 C

【解析】 选项 A 不正确。经营风险主要是企业的日常经营活动中的相关的风险。与企业内部职能、流程、现行法律法规有关。

选项 B 不正确。财务风险主要包括汇率风险、利息风险、信贷风险、流动性风险。

选项 C 正确。风险类型主要包括灾害风险、战略风险、营运风险、财务风险。关于自然灾害的风险属于灾害风险。

选项 D 不正确。战略风险主要是与宏观环境中的政治环境、经济环境、法律法规和全球市场等相关。这类风险很大程度上来源于组织的外部环境的变化。

5.【答案】 D

【解析】 选项 A 不正确。固有风险：在采取任何措施之前就存在的风险。

选项 B 不正确。财务风险：由与企业融资相关的债务/权益决策导致。

选项 C 不正确。运营风险：由企业在日常持续经营中的成本结构、内部流程、系统、人事、法律和合规性风险等因素导致。

选项 D 正确。剩余风险：在所有控制活动均得以实施后仍然存在的风险。

6.【答案】 B

【解析】 风险排序是根据定性因素，比如根据重要性将对风险排序。风险地图将标出它发生的可能性以及造成的损失，即是定性分析法。

7.【答案】 C

【解析】 选项 A 不正确。评估风险是风险管理的重要因素。

选项 B 不正确。监控风险是风险管理的重要因素。

选项 C 正确。COSO 风险管理框架八要素：内部环境、目标设定、事项确认、风险评估、风险应对、控制活动、信息与沟通、监控。

提高股东价值是风险管理的目标，不是主要内容。

选项 D 不正确。制定战略和目标是风险管理的重要因素。

8.【答案】 D

【解析】 选项 A 不正确。更大的市场份额属于国际企业的机会，不属于增加风险。

选项 B 不正确。更便宜的资源属于国际企业的机会，不属于增加风险。

选项 C 不正确。更大的企业规模属于国际企业的机会，不属于增加风险。

选项 D 正确。国际贸易是跨国进行的，可能会面临外国的政治风险、经济风险、法律风险等。这些风险都属于战略风险，也面临其他国家的法律风险和汇率变动等财务风险，这些风险是国内企业所没有的，这增加了国际企业的风险。

9.【答案】 D

【解析】 选项 A 不正确。持有现金变化是波动性增加，风险水平会增加。

选项 B 不正确。时间增加，波动的可能性增加，风险水平增加。

选项 C 不正确。收益率变化是波动性增加，风险水平会增加。

选项 D 正确。影响风险的因素：不确定性（波动性）、时间。不确定性越大，风险越大；时间越长，波动的可能性越大，风险越大。减少预期的时间，风险水平会降低。

10.【答案】C

【解析】选项 A 不正确。经营风险与企业的日常经营活动相关。

选项 B 不正确。灾害风险主要是自然灾害。

选项 C 正确。风险类型主要包括：灾害风险、战略风险、营运风险、财务风险。财务风险与企业的长短期债务、资本结构、股权结构相关。

选项 D 不正确。战略风险主要是外部环境变化对企业产生的风险。

11.【答案】C

【解析】选项 A 不正确。灾害风险主要是自然灾害。

选项 B 不正确。财务风险与企业的长短期债务、资本结构、股权结构相关。

选项 C 正确。风险类型主要包括：灾害风险、战略风险、营运风险、财务风险。经营风险与企业的日常经营活动相关。内部流程、人事、系统问题都属于这个范畴。

选项 D 不正确。战略风险主要是外部环境变化对企业产生的风险。

12.【答案】B

【解析】选项 A 不正确。确定公司风险的耐受性属于内部环境环节。

选项 B 正确。COSO 风险管理框架八要素：内部环境、目标设定、事项确认、风险评估、风险应对、控制活动、信息与沟通、监控。衡量风险管理策略是否有效属于风险监控环节。

选项 C 不正确。实施适当的风险管理策略属于控制活动环节。

选项 D 不正确。评估风险暴露属于风险评估环节。

13.【答案】B

【解析】选项 A 不正确。购买保险属于风险转移/共享，可降低灾害风险。

选项 B 正确。不能降低组织风险。

选项 C 不正确。调整资本结构，可以降低财务风险。

选项 D 不正确。调整成本结构，可以降低运营风险。

14.【答案】B

【解析】选项 A 不正确。跨国公司开展国际贸易，可以获得原材料新来源。

选项 B 正确。国际贸易将在一定程度上加剧国内市场的竞争。保护国内市场免受国外制造商的竞争，这是贸易保护的行为。

选项 C 不正确。国际贸易可以获得更便宜的资源，降低成本。

选项D不正确。国际贸易可以扩大市场。

15.【答案】 C

【解析】 选项A、B不正确。都符合风险价值的定义。

选项C正确。战略风险是指与规划和战略决策相关的风险。这个与题干的内容不相关。

选项D不正确。风险价值是指在特定概率（置信区间）下，给定的期间内，可能发生的最大损失，又称为极端损失或灾难性损失。

16.【答案】 A

【解析】 选项A正确。年度损失额 = 发生频率 × 损失金额 × 无保险范围。

选项A的年度最高损失：$1\times15\ 000\times(1-85\%)=2\ 250$（美元）。

选项B的年度最高损失：$1/100\times400\ 000\times(1-50\%)=2\ 000$（美元）。

选项C的年度最高损失：$1/8\times75\ 000\times(1-80\%)=1\ 875$（美元）。

选项D的年度最高损失：$1/20\times200\ 000\times(1-80\%)=2\ 000$（美元）。

17.【答案】 A

【解析】 选项A正确。这是辅助研讨会和访谈技巧的一个例子，因为这种技术涉及通过结构化讨论和访谈吸收所有相关方的累积经验。

选项B不正确。这是损失事件数据技术的一个示例，因为该技术涉及分析关于损失事件的过去数据以评估趋势。

选项C不正确。该公司正在实施流程分析技术，因为该技术涉及评估组织通过识别感兴趣事件的步骤。

选项D不正确。这是升级或阈值触发技术的示例，因为该技术涉及监视数据并在达到预定阈值时采取行动。

18.【答案】 B

【解析】 选项A不正确。风险规避：直接不干了，但同时丧失承担风险带来的利益。

选项B正确。风险应对措施主要包括：风险规避、风险接受、风险减轻、风险分摊/转移/共享、风险开发/利用。购买保险属于风险转移的措施。

选项C不正确。经营风险：干扰项。

选项D不正确。利用风险是有意识地参与风险项目，以期获得更高的回报，因此不能减少风险。

19.【答案】 D

【解析】 内部控制越好，公司治理越有效。实施ERM能够：使风险偏好与组织战略一致；提高风险反应决策；减少营运意外损失；确认并管理多重风险和跨企业风险；抓住机会；改善资本利用。

选项 A 不正确。虽然高层管理人员和董事会通常会启动 ERM 的开发，但它涉及整个组织，因为组织的任何部分都可能出现风险。

选项 B 不正确。根据定义，ERM 是对组织面临的所有风险的综合分析。

选项 C 不正确。ERM 是对组织面临的所有风险的综合分析，包括财务、运营和合规风险。由于这些风险可能会发生变化，因此 ERM 也需要改变。

选项 D 正确。ERM 是对组织面临的所有风险的综合分析，包括财务、运营和合规风险。它改进了传统的风险管理方法，因为它采用整体和综合的视角来管理风险，而不是个人的孤岛视角。

20. 【答案】 B

【解析】 选项 A 不正确。确定企业风险耐受度属于风险识别环节。

选项 B 正确。风险管理流程包括风险识别、风险评估、风险排序、风险应对、风险监控。风险评估就是确定风险发生的可能性和重要程度。

选项 C 不正确。监控风险暴露属于风险监控环节。

选项 D 不正确。实施适当的风险管理策略属于风险应对。

21. 【答案】 D

【解析】 选项 D 正确。

$$期望损失额 = \sum 损失金额 \times 发生频率 \times 无保险范围$$

$2\ 000\ 000 \times 5\% + 5\ 000\ 000 \times 1\% = 150\ 000$（美元）

22. 【答案】 A

【解析】 选项 A 正确。风险管理流程包括风险识别、风险评估、风险排序、风险应对、风险监控。评估资本储备不是风险管理的关键步骤。

选项 B 不正确。评估风险暴露属于风险评估环节。

选项 C 不正确。监控风险暴露属于风险监控环节。

选项 D 不正确。确定公司风险容忍度属于风险识别环节。

23. 【答案】 B

【解析】 选项 A 不正确。健康保险是针对企业员工的，而非针对公司客户和公司产品责任。

选项 B 正确。题干中消费者受到产品的伤害导致的财产损失，属于企业的产品责任范畴，应购买责任保险。

选项 C 不正确。灾害保险是针对自然灾害的，非针对产品责任。

选项 D 不正确。工伤补偿保险是针对企业员工的，而非针对公司客户和公司产品责任。

24. 【答案】 D

【解析】 选项 A、B、C 不正确。企业风险管理框架（2017）第一大要素

“治理与文化”共包含五项原则，分别是：(1) 董事会执行风险监督。董事会对战略进行监督，执行治理责任，支持管理实现战略和业务目标；(2) 建立运营机构。组织在追求战略和业务目标方面建立运营机构；(3) 定义崇尚的文化。组织定义期望的行为来描述所崇尚的文化；(4) 展示对核心价值的承诺。组织表现出对核心价值观的承诺；(5) 吸引，发展和保留有能力的个体。组织致力于建立符合战略和业务目标的人力资本。所以选项 A、B、C 属于第一要素的原则。

选项 D 正确。制定业务目标。组织在确定协调和支持战略的各个层次的业务目标的同时，应考虑风险。这属于第二要素“战略与目标设定”的原则。所以答案选择 D。

25.【答案】 D

【解析】 选项 A、B、C 的内容都属于风险评估的内容。

选项 D 正确。风险评估是立足于固有风险和剩余风险，评估风险发生的可能性和严重程度。固有风险：在采取任何措施之前就存在的风险。剩余风险：在所有控制活动均得以实施后仍然存在的风险。

二、简答题

【答案】

1. 作为风险评估流程的一部分，指出自然食品公司进军高能低脂麦片市场，实现内部扩张这一机会的战略优势和劣势。

自然食品公司通过进军高能低脂食品市场实现内部扩张的战略优势包括：

(1) 新产品将与现有产品线互为补充，提高运营效率和品牌忠诚度。

(2) 新增债务低于收购其他公司。

(3) 可抓住低脂膳食市场的发展机遇。

(4) 在该行业中拥有专业管理知识。

自然食品公司通过进军高能低脂食品市场实现内部扩张的战略劣势包括：

(1) 新产品开发需要在研究、新设施和试销等方面投入大量资金。

(2) 新产品开发将减少可用现金数量。

(3) 负债率提高将增大公司风险，进而影响股价。

(4) 公司可能面临产品失败的风险。

(5) 新产品开发和获利期长。

2. 作为风险评估流程的一部分，指出自然食品公司收购萨芬饼屋，实现外部扩张这一机会的战略优势和劣势。

自然食品公司通过收购萨芬饼屋实现外部扩张的战略优势包括：

(1) 收购后可快速获得大量收益和现金流。

(2) 公司收购的是一家过去经营业绩出色、在市场拥有良好声誉的公司。

(3) 该公司本身就拥有管理和技术方面的专业知识。

（4）萨芬饼屋成熟的分销渠道可为自然食品公司的其他产品提供新的市场。

（5）收购萨芬饼屋可使自然食品公司的产品更加多样化。

（6）收购可使两家公司形成协同优势，互为补充。

（7）萨芬饼屋可为自然食品公司的员工创造新的发展机遇。

自然食品公司通过收购萨芬饼屋实现外部扩张的战略劣势包括：

（1）为了完成收购，自然食品公司需要大幅举债，这可能影响其财务灵活性、债务评级和股价。

（2）自然食品公司缺乏和萨芬饼屋产品相关的知识与经验。

（3）萨芬饼屋必须在两年内整合到自然食品公司中——包括计算机系统、会计系统以及企业文化。

（4）独立运营可能导致次优决策。

第五章

投资决策

资本对于任何组织来说都是一种有限的资源，基于组织资本有限的这一事实，每个企业都必须仔细评估其投资项目。通过资本预算的确认、调查、评价、选择、融资、实施和控制，为企业进行资源配置和长期投资决策提供定量与定性的分析。通过对资本投资项目相关现金流的分析，使用净现值法、内含报酬率法、回收期法、折现回收期法对于各备选投资项目进行可行性的判断；运用敏感性分析、情景分析、模拟法等风险分析技术，分析影响项目风险水平的各种因素和项目风险水平，并采用实物期权应对投资风险，优化企业的资本资源配置，实现企业总体战略目标。

本章考情分析

本章主要内容：现金流估计；现金流贴现概念；净现值；内含报酬率；折现投资回收期；回收期；投资决策中所得税影响；风险分析；以及实物期权。

本章考试占比 10%。

本章近年来的主要考点：①资本预算的步骤和资本支出的项目类型；②现金流计算，包括初始现金流、营运期现金流、处置期现金流等；③折旧的相关计算，包括直线折旧法、加速折旧法（年数总和法和余额递减法）、加速成本回收制度（MACRS）法等；④资本投资的风险分析，包括敏感性分析、情景分析、蒙特卡洛分析等；⑤不同类型实物期权的分析与应用；⑥资本项目分析需要考虑的定性因素；⑦净现值法的概念、计算以及决策规则；⑧内含报酬率法的概念、计算以及决策规则；⑨投资回收期法的计算以及决策规则；⑩各种投资决策方法的假设、优缺点对比等。

本章重点框架图

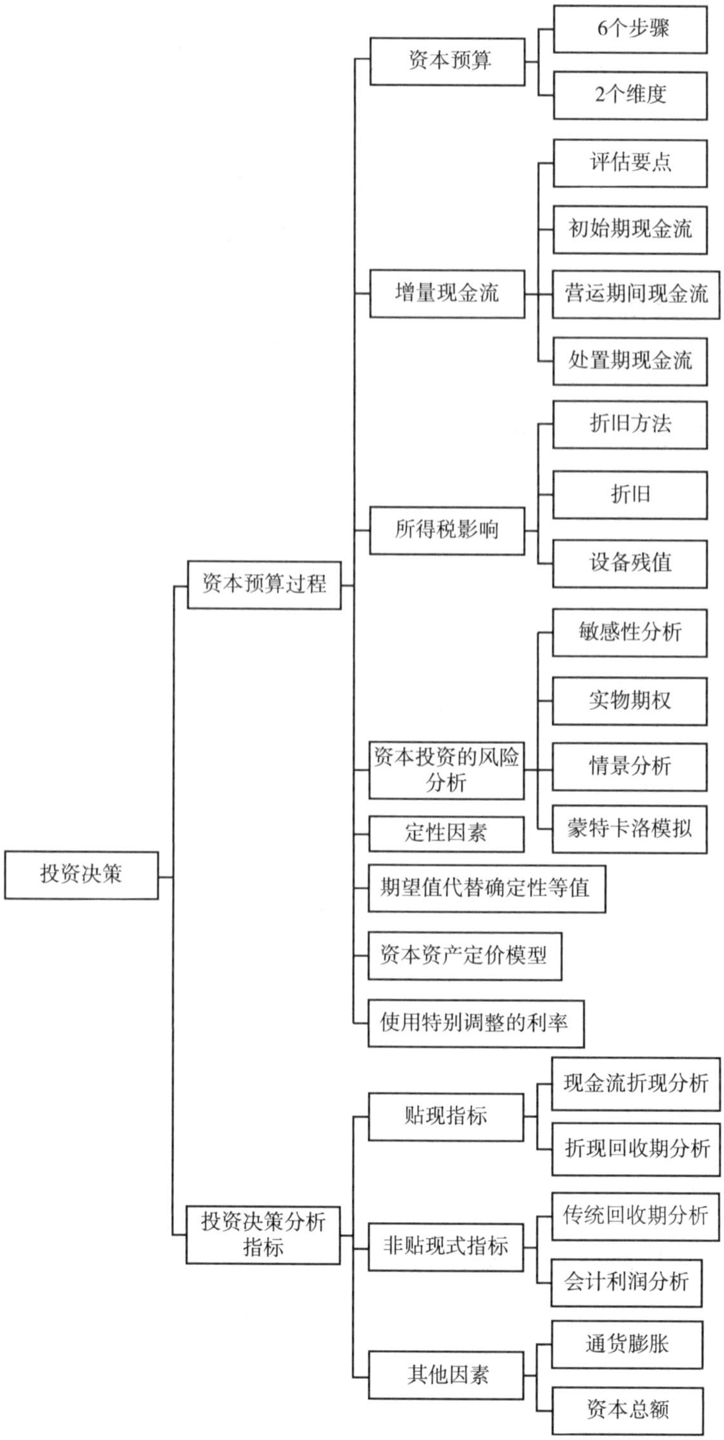
投资决策
资本预算过程
资本预算
6个步骤
2个维度
增量现金流
评估要点
初始期现金流
营运期间现金流
处置期现金流
所得税影响
折旧方法
折旧
设备残值
资本投资的风险分析
敏感性分析
实物期权
情景分析
蒙特卡洛模拟
定性因素
期望值代替确定性等值
资本资产定价模型
使用特别调整的利率
投资决策分析指标
贴现指标
现金流折现分析
折现回收期分析
非贴现式指标
传统回收期分析
会计利润分析
其他因素
通货膨胀
资本总额

本章重难点精讲

第一节　资本预算过程

资本预算是指进行长期投资决策的过程，其使公司能够评估长期项目的可行性以及是否值得投资。

一、资本预算

投资决策是指投资者为了实现其预期的投资目标，运用一定的科学理论、方法和手段，通过一定的程序，对若干个可行性的投资方案进行研究论证，从中选出最满意的投资方案的过程。长期投资通常以实物资产形式存在，如土地、建筑物或设备等；在某些情况下长期投资会以可识别的无形资产形式存在，如专利、版权和其他能够产生收益的权利等。长期投资也可以以股权投资形式存在于其他实体。本节主要讲解资本预算，即资本支出计划（有时也称为 CAPEX）。

企业在经营过程中会有两种类型的投资：流动投资和资本投资。二者的比较如表 5 – 1 所示。

表 5 – 1　　两种投资类型

投资类型	举例	预算
流动投资（流动支出、短期投资，这类投资在费用发生的当年，即可结转冲销）	工资、薪金、很多管理费用以及制造业原材料的支出，都是流动投资的例子	营业预算（流动预算）是对当期经营活动的费用和收入的计划
资本投资（资本支出、长期投资，现金流出发生在当期，有预期回收期限）	新添或重置设备的支出、建筑支出、土地支出，以及与新产品和服务的研究、设计和开发相关的投资	资本预算是指为获取长期资产而就提议的支出所制定的计划，包括为购置资产提供融资的手段

资本支出按目的分类，如表 5 – 2 所示。

表 5－2 资本支出项目分类

资本支出按目的分类	描述	举例
扩张性项目	为扩张业务运营而购置新资产等	购置机器、建筑物等
重置性项目	替换现存的机器设备	
强制性（合规性）项目	法律要求的项目，目的是确保工作场所安全、消费者安全和保护环境	
其他项目	用于新产品研发和/或现有产品扩张以及其他各种长期投资	建筑、土地、专利等

资本支出按照功能效果分类，可分为提高营运效率和产生收入的项目，提高竞争效果的项目，规划、安全、健康和环境要求的项目等。无论公司如何分类，组织战略和目标都会对资本投资的评估标准和决策程序产生影响。在评估资本预算项目时，考虑定性因素也很重要，比如对员工士气的影响、对公司使命的支持程度以及公司声誉。

（一）资本预算编制的项目维度和时间维度

资本预算编制有两个重要方面：项目维度和时间维度，如表 5－3 所示。

表 5－3 资本预算编制

	描述	举例
项目维度	资本预算决策，通常为跨越若干个会计期间的项目	例如，一项与新产品开发有关的资本预算项目，从研发设计到产品完成和客户服务可能需要好几年的时间
时间维度	跨越会计空间。一般来说，资本预算决策会降低当期的报告收益（reported income），但会形成在未来产生高现金流收入的潜力	例如，对于上市公司，资本预算决策不能仅仅以当期利润表为依据，过分关注短期会计结果会失去长期盈利能力。当然对任何给定期间而言，收益是十分重要的，给定期间的报告收益会影响到公司的股价以及红利，这涉及市值管理的内容

货币时间价值（time value of money，TVM）是指货币随着时间的推移而发生的增值，也称资金时间价值。货币用于投资可获得收益，存入银行可获得利息，货币的购买力会因通货膨胀的影响发生变化。一般而言，今天收到的 1 美元货币，比明天（未来）收到的 1 美元货币更值钱。比如，若银行存款年利率为 10%，将今天的 1 美元存入银行，一年以后就会是 1.10 美元。可见，经过一年时间，这 1 美元发生了 0.1 的增值，今天的 1 美元和一年后的 1.10 美元等值。

货币时间价值的实质是资金周转使用后的增值额，是资金所有者让渡资金使用权而参与社会财富分配的一种形式。

（二）资本预算流程步骤

企业的资本预算由一系列操作进程组成，较为通用的阶段和步骤如表5－4所示。

表5－4 资本预算阶段划分

阶段划分	描述
阶段1：确认	资本预算编制的第一阶段是确认哪种类型的资本预算支出是必要的，并且与组织目标、目的和战略相一致
阶段2：调查	第二阶段涉及全面调查初始资本投资计划，发掘备选投资项目
阶段3：评价	第三阶段是预计并比较每一个备选方案在整个生命周期内的收入、财务和非财务收益、成本以及现金流。管理人员必须评价该项目会对组织的资源造成何种影响以及企业能否承受这些成本
阶段4：选择	第四阶段是选择将要实施的项目，一般选择那些预计财务收益超过成本的差额最大的项目，也就是营利性最好的项目。此外，非财务结果即定性的结果也予以考虑，尤其出于战略需求。 确定项目的加权平均资本成本WACC，计算净现值NPV或内含报酬率IRR。如果NPV>0或IRR>WACC，则接受该项目
阶段5：融资	第五阶段是取得项目融资，可以是内部融资即再投资的自有现金，也可以是通过在资本市场上出售债务和权益进行外部融资
阶段6：实施和控制	第六阶段是实施该资本项目，并采用必要的监控工具和评估工具，以使得该项目始终保持在资本预算范围内。选择该项目时所采用的预测要与实际结果进行比较。必要时，需要作出预算调整，以在项目生命周期中获得最优结果

资本预算管理效果的好坏需要通过事中监控与事后项目审计来评价，事中监控是为了保证项目进度及资本支出的合理性，事后审计则是对责任预算主体进行评价的重要环节，离开事中监控与事后审计，资本预算将无法从管理上发挥其应有的作用。

【提示】事后审计最为关键的一点就是要将审计的相关结果反馈给相关人员，以帮助其提升未来的决策水平。

二、增量现金流

增量现金流（incremental cash flow），也称为相关现金流量，是指公司有决策项目和无决策项目时未来现金流量的差值，也就是由决策引起的公司总的未来现金流量的变化。显然，在计算投资项目净现值的时候，只有增量现金流才是有意义的。

（一）现金流关键环节以及发生阶段

估计未来现金流，是资本预算编制中最重要的任务之一。企业必须能够评价存在和不存在某投资项目这两种情况下现金流的差异。评价资本投资现金流的关键点如表 5－5 所示。

表 5－5　现金流估算关键点

现金流关键点处理	举例与描述
对现金不会产生影响的利润表项目予以审核	比如折旧费用不会引起现金流出，应该予以剔除。 收入和费用应根据剔除的递延项目和应计项目予以调整，比如预收收入、预付费用、应计收入和应计费用等
所有影响现金流的事项，都必须予以审核	包括会计期间的所有收入和费用
沉没成本，予以忽略	沉没成本属于与投资决策不相干的历史成本
机会成本，必须包含	一般将机会成本作为现金流贴现处理
净营运资本投资的处理	在项目投资时作为现金流出处理，在项目结束时作为现金流入处理
影响企业税负的折旧费用是相关现金流	折旧可以起到减少税负的作用，这种作用称为"折旧抵税"，计算未来现金流时需要考虑折旧抵税的影响

资本投资项目，一般开始于现金流出的资金支付。在投资期间，则有可能产生不同的现金流结果：

（1）初始现金流出的回报可能会降低现金支出；

（2）可能会产生额外的现金流入；

（3）某些情况下，两种结果会同时存在。

根据项目监督和控制活动所提供的信息，可能需要追加资本投资资金。

资本预算期间的现金流入与现金流出，可按照项目阶段进行分类，如表 5－6 所示。

表 5－6　按阶段划分现金流活动

类别	描述	现金流活动
开始时	初始现金投资	1. 为投资提供资金并启动项目的资金流出 2. 净营运资本（即属于非现金项目的流动资产和流动负债）的承付款 3. 替换资产时的现金流入或流出
营运期间	期间增量净现金流	1. 现金流入：营运期间的营业收入 2. 现金流出：营业期间的付现金成本＋所得税
处置期	最后一年的增量净现金流	1. 处置相关投资资产的现金流入或流出（需要考虑所得税） 2. 现金流入：项目结束时营运资本的收回

净营运资本是指流动资产超过流动负债的部分。它是可用来满足经营要求的额外资金。净营运资本通常在项目的开始时投入（现金流出），并在项目处置期全额回收（现金流入）。同时，还需要理解下面的概念：

（1）直接效应是指现金流入、流出或承付对现金流的直接影响。

（2）税收效应（或间接效应）是指由应税收入和可抵扣费用所致的公司纳税金额变化。

（3）净效应（或总效应）是直接效应和间接税收效应之和。

（二）初始期现金流

初始期现金流是指为了使项目建成并投入使用发生的有关现金流量，是项目的投资支出。包括固定资产上的投资、垫支流动资金、原有固定资产的变现收入和清理费用等。

固定资产上的投资：包括固定资产的购入或建造成本、运输费、保险费和安装费。如果投资的项目是以一项新资产替代旧资产，则应减去出售旧资产所得的净现金流。

流动资金的垫支：项目投产时垫支于原材料、现金等流动资产上的支出。新的项目投产后，必然引起流动资金需求的增加，这些资金会在项目结束时收回。

企业在项目初始期现金流的确定通常如表5－7所示。

表5－7　初始期现金流

	支出/流入	初始期增量现金流	举例和描述
（1）	减	新购入固定资产的资本支出	
（2）	减	额外的资本性支出	例如用于运输、安装、调试
（3）	减或加	净营运资本的增加或减少	即属于除现金以外的流动资产和流动负债
（4）	加	旧资产出售的净现金流	指该投资是重置性项目的情况
	=	初始期现金流	

（三）营运期间现金流

营运期间现金流是指项目投入运行后，在整个经营寿命期间内因生产经营活动而产生的现金流量。通常按照会计年度计算，包括产品或服务销售所得到的现金流入量、各项营业现金支出、人工及材料费用、税金支出、增加折旧带来的节税额。

年营业现金净流量＝销售收入－付现成本－所得税

年营业现金净流量＝净利润＋折旧

年营业现金净流量＝税后收入－税后成本＋税负减少

＝销售收入×（1－税率）－付现成本×（1－税率）

＋折旧×税率

其中：折旧×税率被称为“折旧抵税额”或“税收挡板”。

企业在营运期的每个期间的现金流上都想获益。

【提示】需要关注可税前扣除折旧费用，是可以降低应税所得的非现金支出。具体步骤如下：

- 应当先减掉或加上可税前扣除折旧费的净增加或减少，从而确定税前利润的净变化；
- 为了确定营运期间的增量现金流，需把可税前扣除折旧费用的净增加或减少加回去或减回去。

（四）处置期现金流

处置期现金流，即终结期现金流量，是指投资项目完结时所发生的现金流量，主要涉及固定资产的变现净现金流量、原来垫支在各种营运资产上的现金回收（净营运资本收回）等。企业在处置期的增量现金流，如表 5 - 8 所示。

表 5 - 8　处置期的增量现金流

	支出/流入	处置期增量现金流
(1)	加	任何出售或处置资产的净流量
(2)	减或加	由于出售或处置资产而产生的净纳税效应（增加税金或节约税金）
(3)	加或减	净营运资本的收回
	=	处置期增量现金流

（五）预期现金流的审查方法

增量现金流数据为企业提供了必要的相关信息，使得企业可以从财务上判断投资项目的可行程度。管理人员在预期现金流数据的基础上，可利用不同方法来审查投资项目对组织资源产生何种影响，并且将该项目与其他备选方案进行比较。

(1) 现金流量折现分析。现金流量折现方法通过考虑货币时间价值对现金流进行调整和贴现。该方法广泛用于评价长期投资决策。

(2) 回收期法。投资回收期是指回收初始投资所需要的时间（年数）。投资回收期法的决策标准是回收期越短越好。

【例题 5 - 1】 P 公司的管理层正在评估购买新设备的事项，该设备的购置成本为 180 000 美元，安装费为 10 000 美元。增加的营运资本为 9 000 美元。设备的使用年限为 4 年，到期后处置的收入为 30 000 美元。预计每年增量的营业收入和现金营业费用分别为 450 000 美元和 300 000 美元。P 公司的所得税率为 40%，资本成本为 12%。P 使用直线折旧法。如果接受该项目的话，第 1 年年末的预计增量的税后营业现金流为：

A. 99 000 美元　　B. 106 000 美元

C. 108 000 美元　　D. 150 000 美元

【答案】B

【解析】年折旧额 =（180 000 + 10 000 − 30 000）÷ 4 = 40 000（美元）；

增量的税后营业现金流 =（450 000 − 300 000）×（1 − 40%）+ 40 000 × 40% = 106 000（美元）。

【例题 5 − 2】C 公司在考虑购买一台新的专用机器来更新现有手工操作的机器。假设 C 公司的企业所得税税率为 40%，资本成本为 12%。现有机器和新机器的数据如下表所示：

	现有机器	新机器
原始成本	50 000 美元	90 000 美元
安装成本	0 美元	4 000 美元
运费和保险	0 美元	6 000 美元
预计的期末残值	0 美元	0 美元
折旧法	直线法	直线法
预期使用年限	10 年	5 年

现有机器已经使用了 7 年，现在出售价格为 25 000 美元。C 公司预期，使用新机器后每年可以减少税前人工成本 30 000 美元。如果购买了新机器，并使用净现值法计算，在 T = 0 时刻的初始现金流出净额为多少？

A. 65 000 美元　B. 75 000 美元　C. 79 000 美元　D. 100 000 美元

【答案】C

【解析】选项 C 正确。计算第 0 年的现金流。

新机器的采购金额：90 000 美元

安装与费用：10 000 美元

旧机器的处置价格：25 000 美元

旧机器的账面净值：50 000 −（50 000 ÷ 10）× 7 = 15 000（美元）

旧机器处置的所得税 =（25 000 − 15 000）× 40% = 4 000（美元）

第 0 年的现金流 = −90 000 − 10 000 + 25 000 − 4 000 = −79 000（美元）

三、所得税考虑事项

（一）现金流税务相关事项

源于资本投资的现金流会产生多种税收影响。在某些情况下，税收可以增加或减少项目的净现金流，并影响对他们的取舍。固定资产折旧费是企业的一项重要成本费用，也是企业税前扣除的重要项目之一。固定资产折旧费的税前扣除，需考虑相关要素，包括折旧基数、折旧范围、起止时间、净残值合理预计、折旧年限、折旧方法等，否则会造成税前扣除折旧费计算错误。例如，美国国会为某些类型的投资给予了大量的税收抵免或允许累计折旧超出其资产自身成本的折旧政策。

一般公认会计原则（GAAP）下与财务报表编制相关的绝大多数纳税规则，也同样适用于资本投资项目的现金流。与折旧有关的税务规则在如下方面存在差异：①折旧基数。②折旧期。③折旧方法。

所得税 = 税前利润 × 所得税税率

此外，公司对折旧方法的选择更多考虑的是其对税收的影响，而不是使项目账面价值能反映其真实转售价值。美国修正后加速成本回收制度（MACRS）是法定用于满足税收目的的折旧方法。此处提到的折旧方法选择与用于财务报告的折旧有关。如前所述，折旧是非付现费用；因此，使用 MACRS 计算用于税收目的的折旧以节省所得税，就成为资本折旧的主要目的。

在实践中，多种因素使得折旧计算处理起来十分复杂。因此，建议对当前执行的税收法规进行全面深入研究和/或咨询有关税务专家。

（二）可抵税折旧额

计算一项资产的可抵税折旧额，需要确定资产的折旧基数。在税务会计中，折旧基数是指在一定年限内为纳税目的可以逐年费用化的总金额。

通常，折旧基数是资产的原始成本。这包括使资产达到可用状态所必需的其他相关资本化支出（例如运输和安装费用）。在某些情况下，可抵扣金额可能会大于或小于原始投资成本。例如，税收抵免将可抵扣金额减至原始成本以下，某些税收法规允许公司对特定资产计提超出实际投资的折旧额。

（三）折旧期与折旧方法

（1）有三种主要方法可用来确定资本投资项目的折旧期：①纳税人预计使用期限。②税收当局预计使用期限。③税收法规通过一系列税目表规定了允许抵扣的使用期限，例如，修正后加速成本回收制度（MACRS，在该方法下，出于纳税目的确定资产折旧基数时，无须从资产的原始成本中减去预计残值）。

通常，资产可抵扣使用期限越短，资产计提折旧期间也就越短。较短的抵扣期将给每年带来更高的可折旧额、较多的税费减少，以及在早期即可实现更大的税收节省。当然，在大多数情况下，无论采用何种方法计算折旧，折旧总额都是相同的。

（2）税务机构允许基于折旧期采用不同的折旧方法。常用的折旧方法如表 5－9 所示。

表 5－9　常用的折旧方法

折旧方法	描述	公式
直线折旧法	将费用平均分配到资产的应折旧年限中，每年提取相等的折旧金额	年折旧额 =（固定资产原值 － 残值）÷ 预计使用寿命

续表

折旧方法	描述	公式
加速折旧法之一：年数总和法	在资产寿命的初始年份快速减少资本投资的账目价值，在最后几年又采用较低折旧率的一种方法	年折旧率 = 剩余使用年限 ÷ 年数总和 年折旧额 =（固定资产原值 − 残值）× 年折旧率
加速折旧法之二：双倍余额递减法（DB）	在不考虑固定资产预计净残值的情况下，根据每期期初固定资产原值减去累计折旧后的金额和双倍的直线法折旧率计算固定资产折旧的一种方法	年折旧率 = 2 ÷ 预计使用寿命（年） 年折旧额 = 固定资产期初账面净值 × 年折旧率 固定资产期初账面净值 = 原值 − 累计折旧
加速成本回收制度（MACRS）	将企业资产进行分类，并详细规定每类资产被冲销的期限。根据资产类别以及资产投入使用的日期确定折旧百分比	折旧额 = 资产折旧的税基（不扣除残值）× 折旧百分比

【提示】

- 直线折旧法和年数总和法都考虑了残值的问题；折旧基数 = 固定资产原值 − 残值；
- 对于加速成本回收制度（MACRS）方法，美国税务机关每年都会提供专门的图表，来确定每年的折旧百分比。

折旧是对固定资产磨损的补偿，在固定资产使用期间逐期摊销到产品中去，是产品成本的重要组成部分。固定资产在购买时已经记为现金流出，如将折旧再次记为现金流出是一种重复计算。折旧是按照会计法定程序人为计入成本、鼓励投资的一种经济范畴，它并不是真正意义上的现金流出，相反，它是企业的一种现金来源。

折旧作为非付现成本，会抵减税前利润，进一步抵减应纳所得税，因折旧的存在而少缴纳的所得税称为折旧税盾或折旧抵税收益。

折旧税盾 = 年折旧额 × 所得税税率

对于某些高科技资产，企业可能更倾向于采用加速折旧模式，因为这些资产较其他可折旧资产来说会更快地遭到淘汰。另一个问题是，如果折旧费用不能准确地与资产递减的使用价值相关联，那么公司以后会面临承担减值费用。但与直线折旧法相比，在其他因素都不变的情况下，加速折旧法将导致早期每股收益（EPS）较低，而后期则会更高。

【例题 5－3】某新项目开始时需要的净营运资本为 1 000 000 美元；该项目十年后结束时投入的净营运资本收回，净营运资本对净现值的影响是：

A. 0 到 1 000 000 美元之间　　B. 负 1 000 000 美元

C. 1 000 000 美元　　D. 0 到负 1 000 000 美元之间

【答案】 D

【解析】项目结束时净营运资本 1 000 000 美元的现值小于初始投资净营运资本 1 000 000 美元，因此营运资本净现值小于 0。

【例题 5 -4】F 公司正在考虑投资 1 000 000 美元购买一台机械设备用于生产一种新产品。该设备预期可以使用 9 年，每年产生收入 700 000 美元，发生的相关现金费用为每年 450 000 美元。在第 9 年年末，设备预期的残值为 100 000 美元，拆除成本为 50 000 美元。采用 5 年期修正的加速成本回收制度（MACRS），并且使用以下的折旧率：

年份	折旧率
1	20. 00%
2	32. 00%
3	19. 20%
4	11. 52%
5	11. 52%
6	5. 76%

F 公司的有效所得税税率为 40%，同时，从整个公司来考虑，F 公司估计可以继续盈利并且有大额的应税收入。如果 F 公司使用净现值法来分析这项投资，那么在折现之前，第 2 年预期的税收对现金流净影响是多少？

A. 正向影响 28 000 美元　　B. 0 美元

C. 负向影响 100 000 美元　　D. 负向影响 128 000 美元

【答案】A

【解析】本题考查的是 MACRS 法的计算。

净税收 =（700 000 - 450 000 - 1 000 000 × 32%）× 40% = -70 000 × 40% = -28 000（美元）。由于亏损可以让企业少交税，从而带来现金流入，因此是正向影响 28 000 美元。

【例题 5 -5】某公司因业务发展需要准备购入一套设备。现有甲、乙两个方案可供选择，其中，甲方案需要投资 200 000 美元，使用寿命 5 年，采用直线法提折旧，5 年后设备没有残值。5 年中每年销售收入为 80 000 美元，每年的付现成本为 30 000 美元。乙方案需投资 240 000 美元，也采用直线法计提折旧，使用寿命也为 5 年，5 年后有残值收入 40 000 美元。5 年中每年的销售收入为 100 000 美元，付现成本第一年为 40 000 美元，以后随着设备不断陈旧，逐渐将增加日常修理费 2 000 美元，另需垫支营运资金 30 000 美元。假设所得税税率为 40%，计算两个项目的现金流量。

【解析】第一步，计算甲、乙两项目的年折旧额：

甲设备的年折旧 = 200 000 ÷ 5 = 40 000（美元）

乙设备的年折旧 =（240 000 - 40 000）÷ 5 = 40 000（美元）

第二步，确定甲、乙设备各年的现金流入与流出量

甲设备：

单位：美元

	年份					
	0	1	2	3	4	5
投资额	-200 000	0	0	0	0	0
垫支流动资金	0	0	0	0	0	0
营业收入		80 000	80 000	80 000	80 000	80 000
付现成本		30 000	30 000	30 000	30 000	30 000
年折旧		40 000	40 000	40 000	40 000	40 000
税前利润		10 000	10 000	10 000	10 000	10 000
所得税		4 000	4 000	4 000	4 000	4 000
税后利润		6 000	6 000	6 000	6 000	6 000
年 NCF		46 000	46 000	46 000	46 000	46 000
收回残值						0
现金流量合计	-200 000	46 000	46 000	46 000	46 000	46 000

乙设备：

单位：美元

	年份					
	0	1	2	3	4	5
投资额	-240 000	0	0	0	0	0
垫支流动资金	-30 000	0	0	0	0	0
营业收入		100 000	100 000	100 000	100 000	100 000
付现成本		40 000	42 000	44 000	46 000	48 000
年折旧		40 000	40 000	40 000	40 000	40 000
税前利润		20 000	18 000	16 000	14 000	12 000
所得税		8 000	7 200	6 400	5 600	4 800
税后利润		12 000	10 800	9 600	8 400	7 200
年 NCF		52 000	50 800	49 600	48 400	47 200
固定资产收回残值						40 000
营运资金回收						30 000
现金流量合计	-270 000	52 000	50 800	49 600	48 400	117 200

四、资本投资中的定性考虑因素

有多种定量方法可用来评估资本预算项目。前面讲过的大多数评估技术都有明显的优缺点。因此，管理层应该经常使用多种标准来评估投资项目。总的来说，采用多种方法可降低做出不符合公司或股东最佳利益的错误估计或决策

的可能性。除使用定量方法外，公司还应确认这些能影响投资决策的重要定性因素：

（1）管理层可能没有获得进行资本预算决策所需的必要信息（如信息类型或频率）。

（2）贷款条款可能限制借款。

（3）公司自身可能执行资本配置的限制。

（4）决策者的风险偏好。

（5）实施项目决策与管理者绩效评估之间可能存在冲突。管理者可能会关注项目将如何影响基于报告年度权责发生制会计数据的奖金计划。

（6）公司可能没有足够或合适的人员来成功实施资本投资项目。

（7）管理层可能会评估投资是否能维系客户并增强忠诚度。

资本投资通常在本质上具有战略性，在一定程度上基于既要予以重视但又很难估计的定性因素。当公司放弃了直观上看起来的最佳投资，而青睐量化指标较差的投资时，定性因素可能对该决策起到了影响作用。

五、资本投资中的风险分析

风险意味着不确定性和不稳定性；从资本投资的角度来讲任何一个投资项目必然是有风险的，这是因为：

（1）在整个项目寿命周期内，未来现金流入会发生不可预期的变化；

（2）计算中所采用的回报率对项目整个寿命期来说并不准确；

（3）在项目寿命期内融资成本可能会上升；

（4）在某个特定的时间点上，新的强制性规定可能要求额外的投资；

（5）相关产品或服务的寿命可能大大短于或长于预测；

（6）通货膨胀或衰退的经济环境，可能影响现金流的价值；

（7）国内或国际的政治事件可能影响项目现金流或者项目整体生存能力。

这里探讨最小化项目风险的一些方法：

（一）敏感性分析

敏感性分析，因其属于资本投资范畴，是一种“如果……怎样”的假设技术，用以评估在折现率、人工或材料成本、销售或一些其他因素从一种情况变成另外一种情况时，项目的净现值、内含报酬率和其他盈利能力指标如何变化。目的就是评估净现值、内含报酬率或其他特定盈利能力指标对变化的敏感程度。敏感性分析的一般步骤为：①确定敏感度分析指标；②确定需要分析的不确定因素，并设定变动范围；③观察某个不确定因素的变动结果；④找出敏感因素，综合分析项目的风险情况，采取对策。

（1）敏感性分析的质量成为项目的增值特性。如果公司管理者看到一个项目已被仔细规划，以适应折现率、现金流及类似因素的变化，则会促使管理者支持该项目，因为他们知道该项目已经被设计或调整以适应这些当前及其他潜在的挑战。同样地，投资者对一个具有项目规划和预算能力的公司更有信心。这种信心将使公司的估值维持在一个较高的价格，即使项目面临不可避免的挑战。

(2) 另一类敏感性分析是实物期权估值（ROV）。ROV与现金流折现（DCF）分析（如NPV和IRR）形成鲜明的对比，尽管计算通常涉及这些技术来提供实物期权估值模型的输入信息。在使用DCF分析时，已对最有可能的结果建模，但是忽略了管理层的灵活性，隐含地假设一旦选定了资本项目，管理层只能被动地接受。现金流折现技术的不确定性在于对折现率的调整。相比之下，ROV假定在项目期内，管理层能主动地修正项目以应对每一种结果（换言之，就是行权），从而减少或消除出现较大负面结果的可能性。这将提高资本投资的价值。一些可供管理层选择的项目期权包括：

①扩张或收缩。如果项目带来收益，则选择扩张。如果项目带来损失，或者项目成功的风险（不确定性）增加，则选择收缩。

②延缓或推迟。当一个项目会产生消极结果时，则选择延缓项目；它也类似于收缩方式，或在推迟时完全取消整个项目。

③中止或放弃。当我们选择中止或放弃项目时，这个项目所带来的负面结果会减少。

一个项目的ROV值可以看作是传统方式计算的项目NPV加上可供管理层选择的灵活期权的值。仅当所述及公司能行使实物期权，此时实物期权具有最高价值。该模型本身与金融期权相似，原因在于行权价格、期权（如合约期权、放弃期权和扩张期权）和期权期限等。实物期权估值的计算不是CMA考试的考查内容。

【例题5-6】 实物期权应对投资风险。公司准备投资一个项目5年，但是没有马上投资，而且准备在以后5年中边观察边考虑投资情况，这是属于实物期权的：

A. 延迟　　B. 扩张　　C. 减少　　D. 放弃

【答案】 A

【解析】 扩张期权，当企业外部条件对其扩大产能有利时，行使扩张期权可以获得更高的项目期权。放弃期权，在确认放弃价值大于持续经营的价值后，应选择行使放弃期权来增加企业的价值。延迟期权，在无法充分获得有效信息用于做出准确判断前，决策者选择等待，通过以逸待劳的方式来获取更多的信息来进行决策。延迟期权相当于在投资项目上拥有看涨期权。

【例题5-7】 下述哪项不是资本决策的实物期权的例子？

A. 放弃　　B. 跟随投资

C. 选择等待及学习　　D. 风险调整贴现率

【答案】 D

【解析】 选项A不正确。放弃是实物期权的例子。实物期权包括如下因素：早放弃项目的能力、跟随投资机会或者创建新产品的能力、将额外的现金流出建立在等待或学习机会上，或者项目实施过程中改变产能的能力。

选项 B 不正确。跟随投资是实物期权的例子。

选项 C 不正确。选择等待—学习是实物期权的例子。

选项 D 正确。风险调整贴现率不是实物期权

（二）模拟法

模拟法，即针对待接受资本投资项目进行测试。

当有多项投资风险因素时，每个项目的 NPV 或 IRR 都可以被模拟多次，并且可以计算并评定平均的 NPV、IRR 和标准差。

多次重复这一过程，就能在频率分布图中描绘各项取值，从而揭示 NPV 和 IRR 的分布。观察分布曲线可以合理评估项目的风险水平。

这种方法有许多模拟软件程序可用。这些程序非常有用，这是因为它们可以比人工操作创建更多的情景。其中一些程序还可将结果绘制成图表。在资本预算方面最著名的计算机模拟模型之一就是蒙特卡洛模拟工具，它使用重复的随机抽样和计算算法来计算该项目最可能的结果范围。

（三）情景分析

风险评估中的情景法采用单点估计，即每一种可能性均被赋予一个“最佳猜测值”。实施情景分析，需要选定每一个输入变量的情景，并报告选定情景下的结果。

敏感性分析只是孤立地处理每个变量的变化，而实际上不同变量的变化很有可能是相互关联的。情景分析则考查一些可能出现的不同场景，每种场景综合了各种变量的影响。最常分析的三种情景是最佳状况、最坏状况、最可能状况。

（四）蒙特卡洛分析

蒙特卡洛分析的基础是运用随机抽样的计算算法来计算结果。蒙特卡洛分析采用计算机模拟，这是一类依靠重复随机抽样来计算结果的算法。蒙特卡洛分析采用计算机方法模拟每一个变量的样本概率分布，并得出成百上千个可能的结果，同时分析这些结果，给出不同结果发生的概率。蒙特卡洛分析经常用于模拟物理和数学系统。当用确定性算法计算精确的结果不可行时，这种方法最适合用计算机计算，例如，在计算业务风险时当输入信息具有重大不确定性时，用计算机进行建模。

【提示】

- 敏感性分析只允许每次变动一个变量；
- 情景分析设定特殊场景，综合考虑多种变量的组合；
- 蒙特卡洛分析是运用随机抽样的计算算法来计算结果。

【例题5-8】以下哪一个是在估值中使用敏感性分析的最佳例子?

A. 将平均年收入除以初始投资额

B. 衡量收回初始投资的时间

C. 在以后几年使用较高的贴现率

D. 改变净现值计算的输入数据

【答案】D

【解析】选项A不正确。敏感性分析涉及多个计算;它不是一个特定的比率。

选项B不正确。衡量收回初始投资的时间称为回报法;它不是敏感性分析。

选项C不正确。使用较高的贴现率是认识到作出长期估计所涉风险较大的一种手段。

选项D正确。敏感性分析需要对估值或回报率进行多次计算。每个计算都是基于不同的输入。因此,使用不同的现金流量估计数或不同的收益率估计数计算净现值是使用敏感性分析的一个例子。这个名字来源于确定结果对估计值的变化有多"敏感"。

【例题5-9】情景分析作为一种风险分析技术的最佳描述是,它是一种:

A. 更改关键变量以评估影响

B. 应用预先确定的概率分布来估计风险结果

C. 评估更改一组假设的影响

D. 组合负相关资产以降低总体风险

【答案】C

【解析】选项A不正确。更改关键变量以评估影响描述了敏感性分析。

选项B不正确。应用预先确定的概率分布来估计风险结果描述了期望值分析。

选项C正确。情景分析在不同的假设下评估结果。

选项D不正确。组合负相关资产以降低整体风险描述了套期保值。

六、期望值替代确定性等值

用于选择项目的预期现金流法试图将现金流的发生时点与风险分开。在该方法下,未折现现金流独立于与之相关的风险来进行估计。对于同一项目,可能有若干不同的现金流估计。未折现的估计现金流按其发生的概率加权。结果使用无风险利率折现。

八个步骤用来确定项目中每一项现金流情况的预期值:

(1)估计项目预计产生的未来现金流或一系列现金流。

(2)预测关于现金流变化的期望值。

(3)将现金流发生的概率系数(0~1)分配给每一个金额。

（4）确定所使用的无风险收益率，通常参照美国国债利率。

（5）调整无风险收益率以反映项目固有不确定性。

（6）应用货币时间价值原则时使用调整后的当前市场无风险利率。

（7）通过从已确定现金流的现值中减去初始投资来确定项目的净现值。

（8）评估项目的净现值，零或正值则接受该项目，负值则拒绝该项目。

七、资本资产定价模型

资本资产定价模型（CAPM）在第二章“公司财务”已讨论过，它涉及确定股票或投资组合的必要报酬率。CAPM 还可应用于资本预算。资本预算中 CAPM 的公式为：

$$E(Ra)=Rf+\beta[E(Rm)-Rf]$$

其中：$E(Ra)$为被评估资产（项目）必要报酬率；Rf为无风险利率；β为资产（项目）β系数；$E(Rm)$为市场组合收益率。

在资本预算中使用 CAPM 的前提是以对待一只股票的相同方式来对待一个项目。其原理是项目收益与公司总资产收益或行业平均收益相关联，就像股票或投资组合一样。在该假设下，可将公司的 β 值用作项目的 β 值。如果项目不是公司的典型投资，则可用行业平均 β 值来替代。比较类似行业中类似公司的 β 值，被称为单一业务法。

一旦确定了项目的必要报酬率，就可计算净现值。期望现金流用必要报酬率折现，然后从全部现金流净现值中减去项目初始投资总额。零或正的净现值即可以接受该项目，因其可获得必要报酬率。

从技术上讲，基本的 CAPM 法假设项目完全由股权融资，公司完全由股权融资，所有 β 值信息适合于完全权益融资的情形。但是，如果使用部分债务融资，我们需要确定加权平均收益率。在这种情况下，加权方法与之前 WACC 所用的相同。

八、使用特别调整的利率

在实践中，将企业资本成本作为对所有投资项目的折现率，可能拒绝好的低风险项目，或者接受差的高风险项目。管理会计分析师常常在单个项目的基础上评估这些项目的相对风险，并使用新的专门调整的利率来衡量项目风险。使用专门调整利率，可以更好地考虑机会成本和风险。

通常利用净现值指标对特定的投资项目进行评价，在评价过程中，分别从两个方面考虑风险因素对现值的影响：

（1）利用根据风险调整之后的含有风险的较高的贴现率进行现值计算，选择净现值大的投资项目。

（2）根据风险把不确定的现金流量调整为确定的现金流量，再利用肯定的现金流量按无风险贴现率进行现值计算，选择净现值较大的投资项目。

【例题5-10】 U公司是一家拥有多处设施的大型新科技公司。其审计委员会商定，管理层必须在所有设施中实施更有效的安全措施。为此，公司专门成立了安全改进团队以制定解决方案。该团队的财务分析师认为，分析应以6年为期，资本成本应为14%。团队正在考察以下三家供应商。

供应商A刚进入安全行业，正在推广采用新技术的安全系统。该系统初期需投资4 000 000美元，寿命期6年。净现金流出为500 000美元/年，主要用于支付薪酬、运营和维护费用；此外还需要支付与系统有关的成本。

供应商B是安全行业的一家老牌公司，旗下的安全系统已上市多年。该系统初期需投资1 000 000美元，寿命期3年。3年后，U公司将不得不更换新硬件，按现有技术计算，新硬件成本约为1 250 000美元。净现金流出为750 000美元/年，主要用于支付薪酬、运营和维护费用；此外还需要支付与系统有关的其他成本。

供应商C是安全领域的知名企业，以整体安全解决方案形式向U公司报价。供应商C将按照U公司的规格，为其各个所在地提供安全系统运行与维护所需的全部硬件和人员。U公司需要签署为期6年的协议，成本1 400 000美元/年。

问题：

1. U公司使用净现值（NPV）法对公司决策的财务因素进行量化分析。计算三种方案的NPV。

2. 从财务角度来看，团队应建议采用哪种方案？请说明原因。

3. 定义什么是敏感度分析，讨论U公司如何利用这一方法分析三家供应商的方案。

4. 指出并简要地讨论U公司团队在向高管层提出建议前应考虑的三种非财务因素。

【解析】

1. 各方案净现值（NPV）。

2. U公司应选择供应商B。从财务的角度来看，它能够以最低的成本满足公司的要求，是最优选择。公司已经决定部署新的安全系统，因此问题就在于哪个方案能以最低成本达到公司要求。

3. 敏感度分析工具用于测试投资假设的变化对净现值的影响。该方法有助于确定结果对参数变化的“敏感度”，展示了模型结果对模型输入的依赖性。

4. 做出推荐前，U公司应考虑的非财务因素包括：①虽然供应商A解决方案的成本最高，但从长远来看效果可能最好。当然，也存在新技术效果不佳的风险。②众所周知，供应商B的技术非常有效，从短期来看应能满足需要。但是，其长期效果依然存疑。③供应商C是国内公认的领先企业，可能能够更好地满足U公司的安全管理需求，特别是在面临新的发展趋势时。④U公司应对三家供应商的管理能力和财务稳定性进行审查。⑤U公司应联络三家供应商之前的客户，确定其对供应商产品及客户服务质量的满意程度。

第二节　资本投资分析方法

一、现金流折现分析的方法

对投资项目进行评价的传统方法主要有两种：一种是考虑资金时间价值的贴现方法即动态评价方法，包括净现值（NPV）、内含报酬率（IRR）、折现回收期法等；另一种是不考虑资金时间价值的非贴现方法即静态评价方法，包括回收期、会计收益率等。

现金流折现（discounted cashflow，DCF）分析，是根据货币时间价值对一段时间内的现金流进行调整，通过比较初始投资与所有未来净现金流量的等价现值来评价资本投资。两种常见的现金流折现方法是净现值和内含报酬率。

二、必要报酬率

（一）必要报酬率的概念

必要报酬率（required return）又称“要求回报率”，是指准确反映期望未来现金流量风险的报酬，即人们愿意进行投资（购买资产）所必须赚得的最低报酬率。估计这一报酬率的一个重要方法是建立在机会成本的概念上，必要报酬率是同等风险的其他备选方案的报酬率，如同等风险的金融证券。必要报酬率也指预期回报率、预设回报率、门槛回报率、机会资本成本等。

在实务中，确定潜在投资的必要报酬率、确认并评估特定期间里的潜在投资机会是非常困难的。所以，企业倾向于使用最低报酬率或加权平均资本成本（weighted average cost of capital，WACC），WACC 是理论上最佳的折现率。

（二）最低报酬率

公司通常设定一个用来评估投资的最低报酬率。一般基于公司战略目标、行业平均水平、常见投资机会等因素来设定该比率。当公司使用最低报酬率作为投资基准时，资本投资项目必须达到该比率目标要求。

在现金流量折现法中，最低资本回报率是决策者考虑一个项目是否值得投资的指标之一。若一项投资的回报率高于最低资本回报率，这个投资就是值得的，若低于最低资本回报率，这个项目就应放弃，因为会导致投资者亏损。通常情况下，最低资本回报率为公司的加权平均资本成本或加权平均资本成本加上风险溢价，反映被投资项目的特定风险特征。

（三）加权平均资本成本（WACC）

加权平均资本成本是企业各个融资组成部分的资本成本加权平均值。资金来源如普通股、优先股、债券和其他长期债务都包含在一个加权平均资本成本的计算中。计算步骤为：

（1）确定单个资本组成部分（例如，优先股或普通股的发行，各种形式的债务借款如贷款和债券，或留存收益）的成本。

（2）然后将每一个组成部分的成本乘以各个组成部分在企业总资本结构中的比例。

（3）加权平均资本成本的计算公式为：

WACC =（各税后债务成本 × 债务百分比）+（各权益成本 × 权益百分比）

> **【提示】**
>
> ● 企业经常用加权平均资本成本来评价与企业总体风险具有相同风险特征的资本投资的成本，例如具有企业平均风险的项目。
>
> ● 在制定资本投资决策时，资本成本可以用作估算项目现金流现值的贴现率。
>
> ● 资本成本也可以作为必要报酬率的基准和资本投资项目内含报酬率的取舍分界点。

【例题5－11】 在新经济行业中存在这样的一个公司，公司债务的市场价值为3 000 000美元，公司权益的市场价值为4 000 000美元，公司的债务资本成本为8%，公司所得税税率为35%，权益资本成本为18%。要求计算此公司的加权平均资本成本。

【解析】 此公司的加权平均资本成本（WACC）为：

WACC = 3 000 000 ÷ 7 000 000 × 8% ×（1 － 35%）+（4 000 000 ÷ 7 000 000）× 18% = 12.5%

第五章

【例题5－12】 确定投资可接受性的内含报酬率（IRR）方法的一个弱点是：

A. 不考虑金钱的时间价值

B. 不是一个直接的决定标准

C. 隐含地假设公司能够以公司的资本成本对项目现金流进行再投资

D. 隐含地假设公司能够按照项目的内含报酬率对项目现金流进行再投资

【答案】 D

【解析】 选项A不正确。内含报酬率法考虑货币的时间价值。

选项B不正确。内含报酬率提供了一个直接的决策标准。任何内含报酬率大于公司期望回报率的项目都是可以接受的。

选项C不正确。内含报酬率法隐含地假设以内含报酬率进行再投资；净现值法隐含地假设以资本成本进行再投资。

选项 D 正确。内含报酬率是折现的未来现金流等于净投资的比率（NPV = 0）。该方法的一个缺点是，假设早期流入的资金按内含报酬率进行再投资。这种假设可能并不合理，未来的投资收益可能不如目前的高。

三、净现值

净现值（net present value，NPV）等于项目未来现金流的现值减去项目的初始投资。它将所有预期现金流入和流出折现为现值。

净现值 = 未来现金流量的总现值 - 初始投资

（一）现值计算

现值（PV）是未来期间的净现金流在今天的等价货币价值。现值的计算是使用合适的贴现率（一般基于必要报酬率）将未来的现金流进行折现。折现率系数可通过如下两种方式取得：使用代数公式计算或查询相关表格。折现系数表简单地列示出了使用代数公式计算出的折现率。

（1）代数法。

$$现值 = 现金流金额/(1+r)^n$$

其中：r 为折现率；n 为期数。

（2）查询折现系数表（考试会给出此表）。

$$现值 = 现金流金额 \times 折现系数$$

（二）净现值

净现值是指一项投资的现金流入按现时的货币价值衡量，其超过成本的部分。表 5 - 10 列出了确定资本项目净现值的六个步骤：

表 5 - 10　确定资本项目净现值的步骤

确定资本项目净现值（NPV）的步骤
1. 确定每年的净现金流
2. 确认必要报酬率
3. 根据步骤 2 中必要报酬率，使用恰当的现值表，来确定每年的贴现系数
4. 确定净现金流的现值，即将第 1 步和第 3 步中的数值相乘
5. 将第 4 步中该项投资各年净现金流的现值加总
6. 减去初始投资金额

净现值法可用来评估具有均匀净现金流和非均匀净现金流这两种情形的投资。

（1）均匀现金流净现值计算。均匀现金流也称年金。年金会在特定期间内提供一系列等额现金流。计算年金的现金流入的现值，需采用年金现值系数表来确定年金现值系数。年金现值系数随着年数和预期回报率的不同而不同。

（2）非均匀净现金流的计算。若项目在投资期限内预计会产生不均匀的现金流，则先计算每年产生的净现金流入，然后再使用现值系数表对这些现金流入进行贴现，最后加总。

（三）净现值解读

可从表5-11所示理解净现值。

表5-11 净现值计算结果的含义

净现值（NPV）	含义
NPV=0	表示该投资的回报率与必要报酬率相等
NPV>0	表示该投资的回报率高于必要报酬率。净现值最大的方案为优
NPV<0	表示该投资的回报率低于必要报酬率。净现值为负的投资项目，一般不予接受

【提示】

● 净现值法的决策规则为：净现值为正的项目可以接受，因其增加了企业价值；

● 净现值为正只意味着该投资所赚得的回报率高于企业的必要报酬率；

● 如果没有净现值更高的项目，也可以接受净现值为零的项目；

● 净现值为负，表明赚取的现值低于要求，并不意味着不是企业可能选择的投资方案。

● 净现值为正并不意味着项目就是公司可能的最佳投资选择。正的净现值只是表明投资赚取了高于公司必要报酬率的回报。其他可供选择的投资机会可能会有更好的回报。当对互斥投资机会（即接受一个项目将阻止对其他备选项目的接受）进行选择时，这一事实尤为重要。

【例题5-13】 S公司正在考虑两个互斥的项目。两个项目都需要150 000美元的初始投资，并且都将运营5年。与项目相关的现金流如下表所示：

单位：美元

年度	X项目	Y项目
1	47 000	0
2	47 000	0
3	47 000	0
4	47 000	0
5	47 000	280 000
总计	235 000	280 000

如果S公司必要收益率为10%，并且使用净现值法，那么应该建议S公

司采取以下哪一种行动组合？

A. 接受 X 项目并且拒绝 Y 项目　　B. 接受 Y 项目并且拒绝 X 项目

C. 接受 X 项目和 Y 项目　　D. 拒绝 X 项目和 Y 项目

【答案】 A

【解析】 选项 A 正确。本题考查的是根据净现值法来进行项目投资判断：

查阅年金现值系数表，PVIFA(5，10%)=3.79。

查阅复利现值系数表，PVIF(5，10%)=0.62。

X 项目的净现值 =47 000×PVIFA(5，10%)-150 000=28 130（美元），Y 项目的净现值 =280 000×PVIF(5，10%)-150 000=23 600（美元）。

因为两者互斥，所以选净现值大的项目，即 X 项目。

四、内含报酬率（IRR）

内含报酬率（internal rate of return，IRR）法用来估算使现金净流入现值等于初始投资的折现率。换言之，内含报酬率是使一项投资净现值为零的折现率（如果该折现率作为必要报酬率来计算净现值）。进一步来说，内含报酬率代表的是使未来净现金流现值等于初始投资的折现率。

> **【提示】** 内含报酬率（IRR）法有两个局限性：
>
> ● IRR 法隐含再投资假设，即公司会将资本预算项目中赚得的现金流入进行再投资，再投资利率等于 IRR，但实际情况并非总是如此。
>
> ● 如果初始投资之外的某一笔现金流为负，该资本预算项目将具有多个 IRR。

（一）内含报酬率的解读

内含报酬率法通过将预计内含报酬率与预设标准进行比较来评价一项资本投资。这个标准可以是公司打算用来评价投资的任何折现率，例如必要报酬率、另一项可行备选投资的收益率或行业平均收益率。标准折现率作为取舍决策点。低于该点的项目应被拒绝，除非其为强制投资的项目。

（二）内含报酬率计算

如果手动计算内含报酬率，内含报酬率法包括两个主要步骤：

（1）确定使现金净流入现值等于初始投资金额的收益率。

（2）将预计收益率与公司必要报酬率（取舍标准）相比用以评估投资可行性。

对于均匀现金流（年金）的资本项目来讲，确定项目内含报酬率（IRR）的步骤如表 5-12 所示。

表 5－12 **内含报酬率计算步骤**

均匀现金流资本项目内含报酬率（IRR）计算的步骤
1. 确定项目的总初始投资
2. 确认预先确定的取舍标准，即临界点回报率、必要报酬率
3. 确定每年的净现金流入
4. 用第1步的初始投资除以第3步的现金流，得到IRR系数。IRR系数本质上就是年金现值系数（PVIFA）
5. 参考年金现值表，找出特定年数下与IRR系数相匹配或最贴近的贴现率
6. 比较第5步的IRR和第2步的取舍标准。如果计算出的IRR大于取舍标准即预期回报率，则该投资项目是可行的

对于不均匀现金流的资本投资项目，内含报酬率（IRR）的计算方式是试错和内插，现在一般使用计算机进行结果计算。现金流必须用各种贴现率进行贴现，直至找到可以使未来现值等于初始投资的贴现率。

【提示】 内含报酬率法的决策规则为：当内含报酬率高于资本成本时，投资项目可行。

内含报酬率计算方法：

● 当各年现金流入量均衡时，利用年金现值系数表，然后通过内插法求出内含报酬率；

● 逐步测试法，计算步骤：首先通过逐步测试找到使净现值大于0和小于0的两个折现率，然后通过内插法求出内含报酬率。

【例题5－14】 G公司拟采用净现值（NPV）、内含报酬率（IRR）等指标对投资项目进行评价，项目的基本信息如下：

初始投资	250 000美元
年度经营现金增加	70 000美元
项目年限	6年

项目采用直线法折旧，没有残值，项目的资本成本为10%。如果所得税税率由30%上升到40%，那么：

A. 拒绝该项目，因为项目的内含报酬率（IRR）下降

B. 拒绝该项目，因为项目的年度税后现金流入下降

C. 接受该项目，因为折旧的税盾增加

D. 接受该项目，因为折现的税后现金流入大于现金流出

【答案】 D

【解析】 经计算可知，所得税税率上升后的NPV依然大于零，经过查表得知，利率为10%的6年期年金现值系数为4.355。

税率为30%时，$NPV = -250\ 000 + [70\ 000 \times (1 - 30\%) + 250\ 000 \div 6 \times 30\%] \times 4.355 = 17\ 831.63$（美元）

税率为40%时，$NPV = -250\ 000 + [70\ 000 \times (1 - 40\%) + 250\ 000 \div 6 \times 40\%] \times 4.355 = 5\ 492.17$（美元），$NPV > 0$

所以选项A、B不正确，结论错误。选项C不正确，折旧税盾增加不是决定是否接受该项目的原因。选项D正确，结论正确。

【例题5－15】公司有A、B两个项目的净现值序列状况如下：

净现值单位：千美元

贴现率	A项目	B项目
0	2 220	1 240
10	681	507
12	495	411
14	335	327
16	197	252
18	77	186
20	(26)	128
22	(115)	76
24	(193)	30
26	(260)	(11)
28	(318)	(47)

那么，A、B项目的内含报酬率分别为：

A. 0%和0%　　B. 19.0%和21.5%

C. 19.5%和25.5%　　D. 20.5%和26.5%

【答案】C

【解析】选项C正确。本题考查的是内含报酬率计算。当净现值为零时，此时的折现率为内含报酬率。

A项目的IRR应介于18%～20%之间：

$$\frac{IRR_A - 18\%}{20\% - 18\%} = \frac{0 - 77}{-26 - 77},\ IRR_A = \left(\frac{0 - 77}{-26 - 77}\right) \times 2\% + 18\% = 19.50\%$$

B项目的IRR应介于24%～26%之间：

$$\frac{IRR_B - 24\%}{26\% - 24\%} = \frac{0 - 30}{-11 - 30},\ IRR_B = \left(\frac{0 - 30}{-11 - 30}\right) \times 2\% + 24\% = 25.50\%$$

五、净现值法和内含报酬率法的比较

（一）净现值法和内含报酬率法的共同点

（1）都对项目的风险和不确定性具有相同的基本假设前提。

（2）净现值法和内含报酬率法都具有现金流量折现法的优点，都考虑到了：①货币的时间价值；②初始现金投资；③初始投资后的所有现金流。

（3）在分析资本投资的各种方法中，现金流量折现法（DCF）在理论上最为可靠，只要以下几个方面相同，净现值法和内含报酬率法一般会产生相似的结果：①项目规模即初始投资额相同；②净现金流模式相同；③项目期限相同；④项目期限内的资本成本相同。

除最初投资外，如果分析中的现金流出现负值，内含报酬率法可能会产生多种结果，这些结果都正确但又都毫无意义。在这种情况下，只能使用净现值法。

（二）净现值法和内含报酬率法的区别

（1）主要区别在于净现值法的结果是货币金额，而内含报酬率法则为百分比。这是因为内含报酬率的百分比无法与不同金额的现金流作适当比较。而净现值可以求和，因为都是货币金额。

（2）净现值法与内含报酬率法相比还具有以下优点：

①净现值法用来评价在投资期内必要报酬率不断变化的项目。可以确定现金流入的现值总额，并与初始投资总额进行比较，借此评估项目的吸引力。但是，使用内含报酬率法，当项目不具吸引力时，就很难做出判断。每年必要报酬率不同，意味着没有单一的收益率或可供参考的内含报酬率。每年必要报酬率不同，会导致资本预算总额受限情况下的项目排序出现不同结果。

②当现金流入与现金流出交替出现时，净现值法比内含报酬率法更为可靠，因为其可使股东财富最大化。

（3）当净现金流入和净现金流出交替发生时，净现值法计算结果是唯一的，但内含报酬率法就会产生多种结果，这些结果都会有不合理之处。所以在这种情况下，只能使用净现值法。

【提示】无论 NPV 还是 IRR，在可靠性方面需要注意：

• NPV 的可靠性取决于所选用的贴现率，不现实的贴现率会导致接受或者拒绝项目的错误决策。

• 资本投资项目不应仅仅因为有较高的 IRR 值而被接受，对于较高的 IRR 结果应当做进一步的评估，以确定这样的现金流投资机会是否现实。

• 净现值法和内含报酬率法具有不同的再投资收益率假设。净现值法隐含地假设公司能够以必要报酬率将全部现金流入进行再投资。与之相比，内含报酬率法隐含地假设公司能够以内含报酬率将全部现金流入进行再投资。净现值法下的再投资收益率通常被认为是更为合适、保守的假设。

【例题 5－16】某公司在评估其资本投资项目时使用净现值法。该公司正在考虑购置一台新设备，该设备将耗资 100 000 美元，全部安装完毕，五年生产寿命结束时，残值为零。为了财务和税务目的，公司将按直线法对设备折旧。该公司估计每年经常性经营现金收入为70 000美元，年度经常性经营现金支出为20 000美元。该公司的预期收益率为12%，实际所得税税率为40%。这项投资的税后净现值是多少？

A. 28 840美元 B. 8 150美元 C. 36 990美元 D. 80 250美元

【答案】 C

【解析】 选项A不正确。28 840美元是折旧税节余的现值。

选项B不正确。8 150美元的数额忽略了折旧税的节省。

选项C正确。税收的年度现金流出为12 000美元｛[70 000美元流入－20 000美元现金运营费用－（100 000美元÷5）折旧]×40%｝。因此，年度净现金流入为38 000美元（70 000美元－20 000美元－12 000美元）。5年期内这些净流入的现值为136 990美元（按12%计算，5年期普通年金的现值为38 000美元×3.605），投资的净现值为36 990美元（136 990美元－100 000美元投资）。

选项D不正确。80 250美元的数额忽略了税收。

六、回收期法的使用

资本预算中使用的回收期确定了资本预算项目收回初始净投资所需年限。换言之，回收期代表了该项目投资现金流的盈亏平衡点。还可将回收期进行改良，引入折现现金流对项目进行评估。这种方法被称为折现回收期法。

（一）回收期法的计算

回收期法（PP）与净现值法和内含报酬率法类似，不区分现金流入的类型，即不论现金流入是经营的结果，还是来自设备的处置、营运资产的收回等事项。

在预期资本投资具有均匀的现金流入的情况下，回收期的计算公式为：

$$回收期=\frac{总初始投资}{预期年净现金流}$$

在年现金流入不均匀的情况下，确定回收期是一项累计计算，即累计净现金流入直到初始投资被收回。如果回收期不是完整的年数，可采用直线内插法。在现金流不均匀的情况下，回收期的计算公式为：

回收期＝初始投资全部收回前的年数＋（剩余的未收回成本/下一年的现金流）

（二）回收期法决策标准

在使用回收期法时，企业一般为项目选择一个目标回收期，或最大取舍回收期。目标回收期，代表企业可以接受的项目的最大时长。

（1）如果计算出的回收期比目标回收期短，该资本投资项目可以接受。

（2）如果计算得出回收期比目标回收期长，该资本投资项目应当拒绝。

一般来说，项目风险越高，要求目标回收期越短，这是因为人们希望更快收回风险投资，否则可能会“夜长梦多”。在比较筛选两个或两个以上投资项目时，具有较短回收期的项目应优先考虑。

（三）回收期法的优点和缺点

1. 回收期法的优点。

（1）计算简单；

（2）结果容易理解；

（3）大致衡量了流动性和风险（投资回收期越长，投资风险越高；投资回收期越短，投资风险越低）。

2. 回收期法的缺点。

（1）忽视了货币时间价值，在不考虑时间的情况下加总现金流；

（2）忽略了回收期后发生的现金流；

（3）未衡量项目的营利性；

（4）如果目标回收期太短，将促使接受短期项目。忽略了回收期内现金流时间序列对方案的影响。

【提示】

● 回收期法对流动性和风险进行快速衡量，有助于识别在高风险环境下某项资本投资失败的风险。回收期越短，项目风险越低。

● 最好将回收期法与其他资本预算方法结合使用。因为回收期法有较大的根本局限性，只能单方面衡量一项投资是否值得。

【例题 5－17】 F 是一家正在发展中的制造公司，公司正在评价一个投资项目，预期该项目将产生的现金流和净利润如下：

单位：美元

年份	税后现金流量	净利润
0	（20 000）	0
1	6 000	2 000
2	6 000	2 000
3	8 000	2 000
4	8 000	2 000

该项目的回收期为：

A. 2.5 年　B. 2.6 年　C. 3.0 年　D. 3.3 年

【答案】 C

【解析】选项 C 正确。回收期法计算项目回收期不考虑净利润，只考虑现金流。

单位：美元

年份	税后现金流	累积现金流
0	(20 000)	
1	6 000	
2	6 000	12 000
3	8 000	20 000
4	8 000	

第三年时回收初始投资，所以回收期 = 3 年。

【例题 5 - 18】尽管传统的回收期存在着缺陷，但仍然是流行的投资评价方法，部分原因是它：

A. 为人们了解项目相关的风险提供了启示
B. 忽略货币时间价值
C. 重视利润更甚于现金流量
D. 提供投资项目整个生命周期内的信息

【答案】A

【解析】选项 A 正确。本题考查的是回收期法的优缺点。缺点：不考虑回收期之后的现金流，忽略货币时间价值。优点：大致衡量项目的流动性和风险。

【例题 5 - 19】Q 公司用回收期法评价资本投资。公司的投资项目之一要求 140 000 美元的投资，预期的税前现金流量如下：

单位：美元

第 1 年	60 000
第 2 年	60 000
第 3 年	60 000
第 4 年	80 000
第 5 年	80 000

Q 公司的有效税率为 40%。基于这些数字，项目的税后回收期应该为：

A. 1.5 年　B. 2.3 年　C. 3.4 年　D. 3.7 年

【答案】D

【解析】选项 D 正确。本题考查的是计算项目回收期。

单位：美元

年份	初始投入	税前现金流	税后现金流	累积现金流
0	140 000			
1		60 000	36 000	
2		60 000	36 000	72 000
3		60 000	36 000	108 000
4		80 000	48 000	156 000
5		80 000	48 000	

回收期 = 3 + (140 000 - 108 000) ÷ 48 000 = 3.7（年）。

七、折现回收期法

折现回收期法（discounted payback period method，DPP），指从折现的净现金流量中收回原始投资额所需要的年限，该方法对期望的现金流量通过资本成本进行折现，考虑了风险因素以及货币时间价值。折现回收期法，解决了回收期计算上的一个不足，即忽略了货币的时间价值。折现回收期法使用现金净流入的现值，而非未经折现的名义金额，来确定回收期。

与净现值法相似，现金净流入的现值使用公司的期望最低收益率进行估计。折现回收期是指净现金流的累计净现值抵偿项目初始投资所需要的时间。

如果项目建成后各年的净现金流量相同，则折现投资回收期的计算公式为：

$$DPP = \frac{\text{期初投资}}{\text{各年的折现净现金流量}}$$

如果项目建成后各年的净现金流量不相同，则折现回收期可根据累计折现净现金流求得。

【例题 5-20】 某公司购买 1 000 000 美元机器，投资项目 5 年。每年税后净现金流相同，净现值为 105 656 美元，折现率为 15%，公司财务提供的回收期数据为 2.86 年。以下选项哪一个判断正确？

A. 这是一个错误的回收期，没考虑折现，正确的是 4 年

B. 考虑了折现后的回收期为 4.36 年

C. 不用考虑折现，正确的回收期是 3.5 年

D. 不考虑折现回收期是 2.86 年

【答案】 B

【解析】 净现值 = 未来现金流入的现值之和 - 投资额 = 105 656 美元

每年税后现金流 = 未来现金流入的现值之和 ÷ 期数为 5，利率为 15% 年金现值系数

= (105 656 + 1 000 000) ÷ (P/A，15%，5) = 1 105 656/3.352

= 329 850

基本回收期 = 1 000 000 ÷ 329 850 = 3.03（年）

折现回收期：

第一年 329 850 美元，现值 329 850 × 0.8696 = 286 837（美元）

第二年 329 850 美元，现值 329 850 × 0.7561 = 249 399（美元）

第三年 329 850 美元，现值 329 850 × 0.6575 = 216 876（美元）

第四年 329 850 美元，现值 329 850 × 0.5718 = 188 606（美元）

第五年 329 850 美元，现值 329 850 × 0.4972 = 164 001（美元）

考虑折现的投资回收期 = 4 +（1 000 000 - 286 837 - 249 399 - 216 763 - 188 606）÷ 16 4001 = 4.36（年）

八、资本总额约束下的资本配置

投资项目之间的关系有独立项目、互斥项目、依存项目等类型。

（一）独立项目

独立项目是指人们拒绝或接受该项目对其他项目的决策不会造成直接影响的项目。如果预备足够的资源，只要项目都符合公司的投资标准，就可以同时考虑这些项目。独立项目可以单独评价，而且人们是否拒绝或接受这些项目仅仅取决于他们是否能够给公司增加价值。

对于独立项目排序，由于作出接受或者放弃的投资决策不会受其他项目投资决策的影响，净现值（NPV）、内含报酬率（IRR）、投资回收期决策的标准是：NPV ≥ 0，IRR ≥ 必要报酬率；投资回收期 ≤ 基准回收期。

（二）互斥项目

互斥项目是指多个互相排斥、不能同时并存的方案。一般情况下，互斥项目之间都有着相同的作用，但最终只有一个项目能够被接受并使用。互斥项目导致的是一种非此即彼的关系。

互斥项目可以分别评价，然后选中对公司净现值贡献最大的那个项目。

（三）依存项目

依存项目是指一个项目的拒绝或接受必须取决于一个或多个其他项目的拒绝或接受。依存项目可能是替代性的，也可能是互补性的。替代性的依存项目的分析应该将所有项目现金流的相互作用都考虑进去。

【提示】资本限量是指企业资金有一定的限度，不能投资于所有可接受的项目。即有很多获利项目可投资，但无法筹集到足够资金。通过对选定项目的多种组合，选择既能使资金限额得到充分利用，又能使项目总净现值达到最大的项目组合。

- 计算所有投资项目的净现值，并列出所有方案的原始投资。

- 接受 NPV≥0 的项目。如果资本无限量，决策即可完成。
- 如果公司资本不能满足所有的 NPV≥0 的投资项目，则对所有项目都在资本限量内进行各种可能的组合，然后计算各种组合的净现值总和。
- 选择净现值总和最大的一组投资方案。

【例题 5-21】某上市公司，两个互斥的资本支出项目的相关信息如下：

单位：美元

	A 项目	B 项目
投资	100 000	150 000
净现金流入第 1 年	40 000	80 000
第 2 年	50 000	70 000
第 3 年	60 000	60 000

所有的现金流量在年末发生。基于以上信息，以下各项描述中哪一项不正确？

A. A 项目资本成本为 10%，其净现值为 22 720 美元

B. B 项目资本成本为 12%，其净现值为 19 950 美元

C. B 项目内含报酬率比 A 项目的高

D. A 项目的回收期比 B 项目的长

【答案】 C

【解析】 考查互斥项目的判断。

项目 A：NPV@10% =（40 000 × 0.909 + 50 000 × 0.826 + 60 000 × 0.751）- 100 000 = 22 720（美元）

NPV@12% =（40 000 × 0.893 + 50 000 × 0.797 + 60 000 × 0.712）- 100 000 = 18 290（美元）

$$回收期 = 2 + \frac{(100\ 000 - 40\ 000 - 50\ 000)}{60\ 000} = 2 + 0.167 = 2.167\ （年）$$

项目 B：NPV@10% =（80 000 × 0.909 + 70 000 × 0.826 + 60 000 × 0.751）- 150 000 = 25 600（美元）

NPV@12% =（80 000 × 0.893 + 70 000 × 0.797 + 60 000 × 0.712）- 150 000 = 19 950（美元）

回收期 = 2 + 0 = 2（年）

按照题目要求选择“不正确”的选项，即选项 C。

【例题 5-22】下面最能代表资本限额定义的陈述是：

A. 在某一特定期间对资本支出总规模进行约束的情况

B. 一种预算约束，用于限制在给定期间内与新资本相关的总折旧费

C. 一种限制，用于在给定年度内公司选择能满足最低现金流入要求的项目

D. 一种策略，用于确保选择最佳产品组合来帮助优化投资

【答案】 A

【解析】 选项 A 正确，资本限额是指某一时期内的资本支出总量必须保持在预算约束（或预算上限）内，不能超过预算约束。

【例题 5-23】 对于多个投资组合方案，当资金总量受到限制时，应在资金总量范围内选择：

A. 累计净现值最大的方案进行组合

B. 会计收益率最大的方案进行组合

C. 现值指数最大的方案进行组合

D. 内含报酬率最大的方案进行组合

【答案】 A

【解析】 选项 A 正确。在主要考虑投资效益的条件下，多方案比较决策的主要依据就是能否保证在充分利用资金的前提下，获得尽可能多的净现值总量，使公司价值达到最大。

选项 B 不正确。会计收益率只是个相对指标，会计收益率最高的项目可能未充分利用所有资金，不能实现价值最大化。

选项 C 不正确。现值指数只是个相对指标，现值指数最高的项目可能未充分利用所有资金，不能实现价值最大化。而且多个项目构成组合不能简单将现值指数加总求和确认最佳组合。

选项 D 不正确。内含报酬率只是个相对指标，内含报酬率最高的项目可能未充分利用所有资金，而且多个项目构成组合不能简单将内含报酬率加总求和确认最佳组合。

简答题出题方向分析

【出题方向 1】 资本预算的定义及其步骤。

解题思路：资本预算是指提出长期投资方案，即对回收期长于一年的方案，进行分析选择的过程。资本预算一般包括 6 大步骤：第一，识别阶段：判断哪些资本支出项目与实施组织目标和战略密切相关；第二，调查阶段：寻找那些能够实现组织目标的投资方案；第三，信息搜集阶段：考虑各个备选方案的成本和收益；第四，选择阶段：选择实施项目；第五，筹资阶段：获取项目的资金；第六，实施与控制阶段：将项目置于可控范围之内，并对其业绩实施监督。还需关注所得税与折旧等问题。

【出题方向 2】 解释投资决策为什么采用现金流而不是会计利润。

解题思路：在整个投资有效期内，利润总额与现金净流量总额是相等的，所以现金净流量可以取代利润作为评价净收益的指标。采用现金流量有利于科学地考虑资本的时间价值因素，在投资分析中现金流动状况比盈亏状况更重要。会计利润基于权责发生制，收入 - 成本 = 利润，以此衡量企业经济效益，并不考虑收付时间；现金流量基于收付实现制，现金流入 - 现金流出 = 现金净流量，以此衡量企业经济效益，与时间价值密不可分。

采用现金流量不受人为因素影响，能使投资决策更符合客观实际。利润计算在一定程度上要受存货估价、费用分配、折旧计提方法的影响以及将未实际收到的销售收入作为收益，因此具有较大的随意性和风险，容易高估投资项目的经济效益，存在不科学、不合理的成分。一个项目能否维持下去，是以其收回的资金再投资为前提，不是取决于是否有利润，而是取决于是否有现金用于所需的各种支付。

【出题方向 3】 解释敏感性分析、情景分析、蒙特卡洛模拟、实物期权、确定性等值、专门调整利率法等不同风险分析方法，根据背景信息分析实物期权采用的种类。

解题思路：

（1）敏感性分析：检测某一特定净现值计算对于特定假设条件变化的敏感度。

（2）情景模拟分析：敏感性分析的变异，考虑可能出现的不同场景，每种场景综合了各种变量的影响。

（3）蒙特卡洛方法采用计算机方法模拟每一个变量的样本概率分布，并得出成百上千个可能的结果；同时分析这些结果，给出不同结果发生的概率，分析步骤为构建基本模型、确定模型中每个变量的分布、通过计算机抽取一个结果、重复上述过程、最后计算净现值 NPV。

（4）确定性等值：风险现金流与无风险现金流转换。

（5）专门调整利率法：管理会计分析师常常在单个项目的基础上评估这些项目的相对风险，并使用新的专门调整的利率来衡量项目风险，将企业资本成本作为对所有投资项目的折现率，可能较好地拒绝好的低风险项目，或者接受差的高风险项目。

（6）实物期权：承认或有投资，即企业可以根据成功的潜力或灵活性不断调整投资的价值。其中扩张（收缩）期权：允许条件有利的时候扩张，条件不利的时候收缩；放弃期权：项目具有放弃价值；延缓期权：等待新消息以决策。

【出题方向4】根据提供信息，进行企业初始阶段、营运期间、处置期现金流估算。

解题思路：

初始期现金净流量

=固定资产投资（买价+其他费用）

+无形资产投资

+土地

+垫支净营运资金（增量流动资产-增量流动负债）

经营现金净流量

=净利润+非付现成本（折旧、摊销）

=（营业收入-营业成本）×（1-所得税税率）+非付现成本×所得税税率

=税后收入-税后成本+非付现成本抵税

营业成本或经营成本包括变动成本及固定成本，仅指付现成本。

处置期现金净流量

=终结点经营净流量

+回收垫支营运资金

+回收固定资产残值

【出题方向5】根据给出的企业信息，使用净现值法或内含报酬率法进行相关计算和投资决策并比较两种方法的优缺点。

解题思路：净现值法与内含报酬率法对比如下表：

项目	净现值法	内含报酬率法
判断规则	若项目的净现值大于等于零，则应该接受该项目；反之净现值为负值，则拒绝该投资项目	若项目的内含报酬率大于企业基于项目风险所确定的最低报酬率的话，则应该接受该项目；反之内含报酬率过低，则拒绝该投资项目

续表

项目	净现值法	内含报酬率法
优点	净现值法体现了股东价值绝对的增加幅度，考虑了项目投资规模和年限的差别。在项目的现金流符号发生变化时，仍可以使用净现值法，在项目互斥时可以作出合理的决策	考虑了投资项目的现金流和货币的时间价值，可以体现出项目的价值。内含报酬率法是相对的比率，能够告诉决策者该项目的投资回报率，便于作出决策
缺点	贴现率难以确定，且无法给出项目的投资回报率，不易于决策；在项目投资额不同的情况下，无法确定投资效率最高的项目	项目释放出的现金流的再投资回报率，因项目的不同而不同，所以在项目互斥的时候无法使用内含报酬率
主要假设	确定的环境，即现金流入和流出在指定时间内是确定发生的；资本市场是完美的，在任何时候需要现金都可以按相同利率－最低报酬率借入或借出资金	以内含报酬率为再投资假设，通常只需较少投资的短期项目，具有较高的内含报酬率。如果现金流量的符号发生多少次改变，项目的内含报酬率就会有多个，可采用修正内含报酬率

【出题方向6】根据给出的企业信息，使用回收期法进行相关计算和投资决策。

解题思路：回收期法指使得投资项目预期现金流的累加值等于其初始现金流出量所需的时间。投资决策判断规则为：若计算出的回收期小于企业设定的回收期，则可以接受此项目；反之回收期过长，则拒绝。

历年经典试题回顾

一、单选题

【经典试题1】 就资本投资项目而言，以下哪项陈述最准确地描述了资本成本与预期内含报酬率之间的关系？

A. 项目的内含报酬率必须超过资本成本方可接受

B. 如果内含报酬率超过零，则项目将是可以盈利的

C. 项目资本成本必须超过内含报酬率方可接受

D. 应比较内含报酬率与预定基准，无须考虑资本成本

【答案】 A

【解析】 选项A正确。必要报酬率是指准确反映期望未来现金流量风险的报酬，即人们愿意进行投资（购买资产）所必须赚得的最低报酬率。对于资本投资，可以接受的项目是：净现值NPV > 0，内含报酬率IRR > 资本成本（即必要报酬率）。

选项B不正确。内含报酬率超过最低报酬率才是盈利的。

选项C不正确。描述相反。

选项D不正确。需要考虑资本成本。

【经典试题2】 一家公司正在考虑一项资本项目。根据项目计划，将处置历史成本为400 000美元，当前售价为10 000美元的现有设备。旧设备已按直线法折旧，在其估计的20年使用寿命中，已累计折旧18年，折旧完毕后预计没有残值。新设备的成本为500 000美元，该公司预计，新项目将需要投资20 000美元的库存和24 000美元的应收账款。该公司的有效所得税率为40%。新项目所需的净初始投资为：

A. 498 000美元　　B. 522 000美元

C. 534 000美元　　D. 544 000美元

【答案】 B

【解析】 选项A不正确。498 000美元未考虑应收账款的额外24 000美元。

选项B正确。新项目的初始投资净额包括购买新项目的现金流出、销售旧设备的现金流入，以及销售新设备的节税设备。

（1）新项目的现金流出总额为544 000美元（设备成本500 000美元 + 存货20 000美元 + 应收账款24 000美元）。

（2）根据所提供的信息，旧设备的总现金流入为10 000美元。

（3）要查找损益对旧设备销售的税收影响，请首先查找其当前账面价值。该设备原价为400 000美元，并在20年使用寿命中的18年内使用直线法进行了折旧。年度折旧费用为20 000美元。因此，设备在出售时的账面价值为40 000美元［400 000美元－(20 000美元×18年)］。因此，设备销售的损失为30 000美元（账面价值为40 000美元－售价为10 000美元），损失的税收节省为12 000美元（30 000×40%的税率）。

该项目的初始投资净额是这三个组成部分的净额，即522 000美元(544 000美元－10 000美元－12 000美元)。

选项C不正确。534 000美元未考虑到出售旧设备的税收影响。

选项D不正确。544 000美元的数额不包括旧设备的出售。

【经典试题3】P公司的资本总额为100 000 000美元，其资本成本为12%。公司提议了一个需要增资10 000 000美元的新项目。公司估计能以10%的税前成本筹措到这笔新增资本。该公司的边际所得税税率为36%。P公司应采用何种贴现率来评估此新项目?

A. 6.40%　　B. 7.56%　　C. 10.00%　　D. 11.82%

【答案】A

【解析】选项A正确。贴现率＝10%×(1－36%)＝6.4%。选择6.4%是基于项目的融资成本，也就是该项目最低的贴现率。因为项目贴现率必须考虑项目的风险和年限，12%是公司综合的资本成本，无法体现项目的风险，所以不能作为合适的贴现率。

【经典试题4】使用内含报酬率法评估资本投资项目的主要优点在于：

A. 所做出的决定可以最大限度地增加股东财富

B. 所做出的决定可以最大限度地增加收益

C. 易于理解和传达

D. 采取保守的再投资率

【答案】C

【解析】选项C正确。内含报酬率是指能够使未来现金流入量现值等于未来现金流出量现值的折现率，或者说是使投资项目净现值为零的折现率。内含报酬率法（IRR）忽略了项目的投资规模，给出了一个易于理解的百分比，相比而言，净现值法（NPV）则是在绝对意义上评估项目可以给企业带来多少价值，以最大限度地增加股东财富。

【经典试题5】ST公司的财务分析部门已经对所提议的一项资本投资进行了分析，计算出的相应增量现金流量如下：

单位：美元

年份	现金流量
0	（100 000）流出量
1	80 000 流入量
2	80 000 流入量
3	80 000 流入量
4	（100 000）流出量

已计算出该项目的净现值（NPV）约为 25 000 美元，内含报酬率（IRR）为 -29%。该项目已提交给董事会审批。以下哪一项陈述是正确的？

A. 除了 -29% 的回报率以外，该项目还有其他内含报酬率

B. 此内含报酬率计算结果中必定包含错误

C. 在净现值计算过程中，该项目的现金流量被认为以 ST 公司的资本成本进行再投资

D. 董事会不应批准此项目

【答案】 A

【解析】 选项 A 正确。还有其他内含报酬率。内含报酬率是指能够使未来现金流入量现值等于未来现金流出量现值的折现率，或者说是使投资项目净现值为零的折现率。由于内含报酬率法以内含报酬率为再投资假设，如果除了初始投资外，在分析中有任何一笔现金流为负数，那么 IRR 法就会产生多种结果，这些结果都会有不合理之处。

选项 B 不正确。并非计算错误。

选项 C 不正确。无法确定公司要求的报酬率是资本成本。

选项 D 不正确。因为 NPV >0，因此董事会可能会批准此项目。

【经典试题 6】 ER 公司对以前采用投资回收期法作出的资本预算决策倍感失望。该公司实施了一项新要求：对于所提议的金额超过 300 000 美元的采购，需采用现金流量折现分析法来计算其净现值。ER 公司的食品加工部门正在考虑购置一台新机器，这台机器每年可以减少的人工成本的税前金额为 175 000 美元。有关这项可能的采购的其他信息如下：

（1）这台机器的成本将为 450 000 美元，此外还需支付 25 000 美元的安装费用。

（2）这台机器的使用寿命为 3 年，届时将无残值。第一年、第二年和第三年用于税务面的折旧率分别为 25%、38% 和 37%。

（3）ER 公司的资本成本 12% 被视为合适的贴现率。

（4）所得税税率为 40%。

（5）现金流量应该会在日历年末产生，日历年末与 ER 公司的财政年末重合。

请问以下哪一项最准确地指出了所提议的这项投资的净现值以及相应的采购决定？

A. 约 73 000 美元；建议进行此投资

B. 约 -73 000 美元；建议不进行此投资

C. 约 55 000 美元；建议进行此投资

D. 约 -55 000 美元；建议不进行此投资

【答案】 B

【解析】 选项 B 正确。净现值指一项投资在投资期限内每期均获得想要的预期回报，并将各项所赚得的回报贴现到这个期间所得到的现值。公式为：净现值 = 未来现金流量的总现值 - 初始投资。本题题解如下：

单位：美元

	年份			
	0	1	2	3
初始投入	-475 000			
节省的现金流		175 000	175 000	175 000
税后节省		105 000	105 000	105 000
折旧		118 750	180 500	175 750
折旧税盾		47 500	72 200	70 300
税后现金流		152 500	177 200	175 300
折现率		0.893	0.797	0.712
现值		136 183	141 228	124 814
NPV	-72 775		402 225	

其中计算结果略有误差是由于系数小数点的差异造成的。

【经典试题 7】 韦博斯特公司正在对一种新产品的资本预算分析。预期年销售量第一年 50 000 件，第二年 100 000 件，以后每年为 125 000 件。第一年的售价为 80 美元，并且估计以后每年降价 5%。预测的每年成本如下：固定成本每年 300 000 美元；单位产品人工成本第一年 20 美元，以后每年增加 5%。单位产品材料成本第一年 30 美元，以后每年增加 10%。出于财务报告和税收目的，2 000 000 美元的投资将采用直线法折旧，折旧年限为 4 年。韦博斯特的有效税率为 40%。在计算净现值（NPV）时，第 3 年的净现金流量为：

A. 558 750　　B. 858 750　　C. 1 058 750　　D. 1 070 000

【答案】 C

【解析】 计算项目期间的现金流。

期间现金流的一般公式 =（收入 - 费用）×（1 - 税率）+ 折旧税盾

$CF_3 = \{[80 \times 0.95^2 - 30 \times 1.1^2 - 20 \times 1.05^2] \times 125k - 300k\} \times (1 - 40\%) + 2\ 000k/4 \times 40\% = 1\ 058\ 750$

【经典试题 8】 一家公司正在考虑购买一台新的生产设备，但不确定该项目是否达到投资目标。公司要求所有投资必须具有正的净现值（NPV）。这台机器的价格为100 000美元，在5年的使用寿命内按直线法折旧。5年后，旧设备将被出售。该项目需要20 000美元的营运资本初始投资，每年将产生30 000美元的税前营运现金流入。公司的实际所得税税率为25%，投资项目采用10%的折现率。在下面所示的四个估计范围中，哪一个是在第5年年底必须实现的二手设备的近似最低销售价格，以实现该项目的正净现值？

A. 800～1 200美元　　B. 5 250～5 625美元

C. 7 000～7 500美元　　D. 10 000～13 500美元

【答案】 C

【解析】 选项A不正确。800～1 200美元的数额是因为没有扣除出售二手设备的所得税。

选项B不正确。5 250～5 625美元的数额忽略了二手设备销售的现值。

选项C正确。计算净现值时，初始流出额为120 000美元（100 000美元机器成本加上20 000美元的营运资本投资）。每年的现金流入将达到30 000美元，但这将减少2 500美元的所得税。因此，每年的净流入将为27 500美元{[30 000美元现金流入×（1－0.25税率）]＋（20 000美元折旧×0.25税率）}。终止合同的流入等于收回的20 000美元的营运资本，加上二手设备的销售价格，再减去已折旧设备的销售税。这些金额将按10%折现，如下所示：

27 500×3.791＝104 252.50（美元）

20 000×0.621＝12 420.00（美元）

部分现值＝116 672.50（美元）

减：初始投资＝120 000.00（美元）

销售所需金额＝3 327.50（美元）

3 327.50美元是二手机器的税后销售所需金额的现值。假设第5年年底必须实现的二手设备的近似最低销售价为S，则（S－0.25S）×0.621＝3 327.50。将等式两边除以0.621得到0.75×S＝5 358.29（美元），或S＝7 144.39（美元）。

选项D不正确。10 000～13 500美元的数额扣除回收营运资本所得税；之前营运资本的初始投资没有节税。

【经典试题9】 某公司正在计划购买一台锅炉，成本为20 000美元，每年可为公司节省的税前费用为4 000美元。锅炉的预计使用寿命为7年，没有残值。该公司将采用直线法来折旧锅炉。该公司的实际所得税税率为30%。假设营运资本不变，则该锅炉的回收期为：

A. 4.12年　　B. 5.00年　　C. 5.47年　　D. 7.14年

【答案】 C

【解析】 某公司正在计划购买一台锅炉，初始投资现金流出＝20 000美元

每年节省的税前费用为4 000美元，税后现金流入＝4 000×（1－30%）＝2 800（美元）

折旧税盾现金流入 =20 000 ÷7 ×30% =857（美元）

该锅炉的回收期为 20 000 ÷(2 800 +857) =5.47（年）

【经典试题 10】 M 公司正在考虑购买一台新的高效率包装机，价格为 300 000 美元。设备需要即时的并且完全可回收的营运资本投资 40 000 美元。M 公司计划使用该机器 5 年，所得税税率为 40%，分析资本投资所使用的资本收益率为 12%。公司使用净现值（NPV）法。营运资本投资对 M 公司的 NPV 分析的总影响为：

A.（10 392 美元）　　B.（13 040 美元）

C.（17 320 美元）　　D.（40 000 美元）

【答案】 C

【解析】 选项 C 正确。计算营运资本支出与收回对 NPV 的影响：

第 0 年，营运资本的投入 = -40 000 美元

第 5 年，营运资本收回的现值 =40 000 × PVIF(5，12%) =40 000 ×0.567 =22 680（美元）[其中 PVIF(5，12%) 是期数为 5，利率是 12% 的复利现值系数]。

两者的和 = -40 000 +22 680 = -17 320（美元）

【经典试题 11】 某公司的管理层正在考虑一项资本投资，为其制造厂购买一台机器，设备和安装的总成本为 600 000 欧元。该机器的使用寿命为 5 年，其使用寿命结束时的残值为零。该公司的管理层对其购买的所有机器都采用直线折旧法。如果该公司的所得税税率为 30%，则在购买该机器后每年节省的税款为多少？

A. 36 000 欧元　　B. 84 000 欧元

C. 120 000 欧元　　D. 180 000 欧元

【答案】 A

【解析】 购买该机器后每年节省的税款 = 年折旧额 × 税率

设备和安装的总成本为 600 000 欧元，机器的使用寿命为 5 年，其使用寿命结束时的残值为零。

采用直线折旧法年折旧额 =(600 000 -0) ÷5 ×30% =36 000(欧元)

【经典试题 12】 W 公司在一场官司中获得了赔偿，并且被告人的保险公司向其提供了四种不同的支付选择。根据历史利率，使用 8% 作为利率水平分析这种情况。不考虑税收，以下各项选择中，总会计师应该建议 W 公司的管理层选择哪一项？

A. 现在支付 135 000 美元

B. 未来 4 年每年年末支付 40 000 美元

C. 现在支付 5 000 美元，未来 10 年每年年末支付 20 000 美元

D. 现在支付 5 000 美元，未来 9 年每年年末支付 5 000 美元，加上第 10

年年末一次性支付 200 000 美元

【答案】C

【解析】选项 C 正确。计算现金流现值：

选项 A：135 000 美元。

选项 B：40 000 × PVIFA(4，8%) = 40 000 × 3.312 = 132 480（美元）。

选项 C：5 000 + 20 000 × PVIFA(10，8%) = 5 000 + 20 000 × 6.710 = 139 200（美元）。

选项 D：5 000 + 5 000 × PVIFA(9，8%) + 200 000 × PVIF(10，8%) = 5 000 + 5 000 × 6.247 + 200 000 × 0.463 = 128 835（美元）。

选项 C 收益最大。

【经典试题 13】R 公司正在进行一项市场调研，以便决定是否推出一款新产品。管理层相信，调研得出有利结果的概率为 60%，得出不利结果的概率为 40%。如果结果有利，则产品成功的概率为 70%；如果结果不利，则产品失败的概率会达到 75%。如果产品成功，R 公司预期年利润将达到 10 000 000 美元，但如果产品失败，R 公司每年将损失 4 000 000 美元。那么，这款新产品的年利润期望值为：

A. 3 000 000 美元　　B. 3 280 000 美元

C. 4 000 000 美元　　D. 5 300 000 美元

【答案】B

【解析】有利：

60% ~70% > 成功

60% ~30% > 失败

不利：

40% ~25% > 成功

40% ~75% > 失败

则成功的概率 = 60% × 70% + 40% × 25% = 0.52，则失败的概率 = 1 - 0.52 = 0.48。

所以，期望利润 = 0.52 × 10 000 000 - 0.48 × 4 000 000 = 3 280 000（美元）。

【经典试题 14】WR 公司现在考虑三个投资项目。总经理希望总会计师准备一份报告，并提出一个合适的投资建议。总会计师对 3 个项目计算的结果如下表所示：

项目	净现值（美元）	内含报酬率（%）
Ⅰ	20 680	12
Ⅱ	30 300	10
Ⅲ	15 000	13

公司期望从可接受的项目中所获得的最低净现值为 20 000 美元。项目之间互斥，WR 公司的资本成本为 8%。以下选项中，哪一项是总会计师可能提供给总经理的建议？

A. 项目Ⅲ，因为它的内含收益率（IRR）最高

B. 项目Ⅱ，因为它的净现值（NPV）最大

C. 项目Ⅰ、Ⅱ和Ⅲ，因为每个项目的 IRR 都比资本成本高

D. 项目Ⅰ和Ⅱ，因为它们都超过了预期的 NPV

【答案】 B

【解析】 选项 A、C、D 不正确，根据 NPV 进行资本预算。在互斥的情况下，选择 NPV 大于零且最大的项目。

选项 B 正确，因为项目Ⅱ的净现值最大。

【经典试题 15】 S 公司正在使用现金流量贴现方法分析一个资本投资项目。新设备将花费 250 000 美元。资本化的安装和运输成本为 25 000 美元。公司将使用以半年惯例为基础的 5 年期的 MACRS 折旧计划（20%、32%、19.2%、11.52%、11.52%、5.76%）。现有的设备账面价值为 100 000 美元，预期市场价值为 80 000 美元，在新设备安装好以后旧设备将被马上卖掉。年度新增税前现金流量将达到 75 000 美元。S 公司的有效所得税税率为 40%。该项目第一年的税后现金流量将达到：

A. 45 000 美元　B. 52 000 美元　C. 67 000 美元　D. 75 000 美元

【答案】 C

【解析】 选项 C 正确。计算项目的第一年净现金流：

$CF_1 = 75\ 000 \times (1 - 40\%) + (250\ 000 + 25\ 000) \times 20\% \times 40\% = 67\ 000$（美元）

二、简答题

S 公司是一个新能源产品研究、生产和服务的综合型公司。目前，公司正在考虑两个互相排斥的投资项目。项目 A 需要起始投资额为 2 000 000 美元，并预计在未来的 5 年内为公司每年带来 1 000 000 美元的收入增长，同时在这 5 年里，该项目预计增加 400 000 美元年度运营成本。项目 B 需要起始投资额为 5 000 000美元，并预计在未来的 5 年内为公司每年带来 2 000 000 美元的收入增长，同时在这 5 年里，该项目预计增加 800 000 美元年度运营成本。假设两个项目残值均为 0。使用直线折旧法对 1 ~ 5 年的起始投资进行折旧，假设公司有效所得税税率为 30%。

问题：

1. 请分别计算每个项目在周期内每年的税后现金流。请写明计算过程。

2. 如果折现率为 9%，那么每一个项目的净现值是多少？请写明计算过程。

3. 该公司应投资项目 A 还是项目 B，或两个项目均投资或均不投资，请提出建议并解释。

4. 请确认和阐述该公司在决策时应考虑的两个定性因素。

【解析】

1. 请分别计算每个项目在周期内每年的税后现金流。请写明计算过程。

现金流计算：

项目 A：

单位：美元

第 0 年	−2 000 000	
第 1 年至第 5 年：		
营业收入	1 000 000	
营业成本	−400 000	
折旧	−400 000	（2 000 000/5）
税前盈利	200 000	
所得税费用（税率 30%）	−60 000	
净收益	140 000	
加折旧	+400 000	
每年税后现金流量	540 000	

项目 B：

单位：美元

第 0 年	−5 000 000	
第 1 年至第 5 年：		
营业收入	2 000 000	
营业成本	−800 000	
折旧	−1 000 000	（5 000 000/5）
税前盈利	200 000	
所得税费用（税率 30%）	−60 000	
净收益	140 000	
加折旧	+1 000 000	
每年税后现金流量	1 140 000	

2. 如果折现率为 9%，那么每一个项目的净现值是多少？请写明计算过程。

项目 A 的净现值 = −2 000 000 + 540 000 × PVIFA(5，9%)(3.8897) = 100 438（美元）

项目 B 的净现值 = −5 000 000 + 1 140 000 × PVIFA(5，9%)(3.8897)

= −565 742（美元）

3. 该公司应投资项目 A 还是项目 B，或两个项目均投资或均不投资，请提出建议并解释。

只推荐项目 A。因为项目 A 具有正的净现值，所以可以增加公司价值。

4. 请确认和阐述该公司在决策时应考虑的两个定性因素。

定性因素包括是否与战略目标吻合，未来增长的可能性，预测的现金流的风险，操作任何一个方案所需要的技能等因素。

同步测试题

一、单选题

1. 某公司安装了新设备，使用寿命为 4 年，且无残值。新设备的成本为 600 000 美元，每年可以节省的税前现金为 150 000 美元。在采购新设备时，旧设备的账面价值为 50 000 美元，剩余使用寿命为 2 年，售价 20 000 美元。该公司采用直线折旧法，实际所得税税率为 40%。第二年的相关税后现金流为：

A. 150 000 美元　　B. 140 000 美元

C. 110 000 美元　　D. 90 000 美元

2. C 公司正在进行一项分析，以便决定是不是应该投资购买新设备来生产最近由本公司研发出的产品。这一决定也可能是放弃这种产品。使用净现值（NPV）法，并且使用公司的资本成本率作为贴现率。C 公司正在考虑如何处理以下的项目。

Ⅰ. 现在被另一个分部使用的仓库的账面价值。

Ⅱ. 为该设备融资产生的负债所支付的利息。

Ⅲ. 增加应付账款和存货。

Ⅳ. 前一年的研发费用，但从会计和税收目的被当作递延资产。

以上的哪些项目与 C 公司进行 NPV 计算现金流时是相关的？

A. Ⅰ、Ⅱ、Ⅲ和Ⅳ　　B. 只有Ⅲ

C. 只有Ⅳ　　D. 只有Ⅲ和Ⅳ

3. 迪金斯公司正在考虑以 180 000 美元的成本收购一台新机器。将机器运输到迪金斯工厂将花费 12 000 美元。安装这台机器将额外花费 18 000 美元。它有 10 年的寿命，预计出售价格为 10 000 美元。此外，这台机器预计每年生产 4 000 台，售价为 500 美元，综合直接材料和直接人工成本为 450 美元。联邦税收条例允许这种类型的机器在 5 年内使用直线法折旧，而没有估计的残值。迪金斯的边际税率为 40%。迪金斯在资本预算分析中应该使用的项目第十年的净现金流量是多少？

A. 200 000 美元　　B. 158 000 美元

C. 136 800 美元　　D. 126 000 美元

4. 首席投资官正在进行分析，以确定她的公司是否应该投资于新设备，以生产她的公司最近开发的产品。选择是放弃产品。她使用净现值（NPV）方法和以公司的资本成本作折扣。首席投资官正在考虑如何处理下列事项：

Ⅰ另一个部门目前使用的仓库空间的账面价值。

Ⅱ为设备融资的债务利息支付。

Ⅲ应付账款和存货的增加。

Ⅳ在前几年的研发支出，在账面及税收上以递延资产处理。

上述哪一项与首席投资干事在确定其净现值计算的现金流量时考虑有关？

A. Ⅰ、Ⅱ、Ⅲ、Ⅳ　　B. Ⅱ、Ⅲ和Ⅳ

C. 只有Ⅲ　　D. 只有Ⅲ和Ⅳ

5. 为了增加产能，甘宁实业公司正在考虑在 1 月 1 日用新的设备来替换现有的生产设备。甘宁正在考虑以下的信息：新设备的购置价格为现金 160 000 美元。运输和测试的费用为 30 000 美元。新设备预计每年能增加 20 000 单位的销量，售价为 40 美元。增加的营业成本包括：变动成本 30 美元/单位，固定成本 40 000 美元/年。新设备的投资要求增加 35 000 美元的营运资本。这笔现金流出会在第 5 年年末收回。甘宁采用直线折旧法。新设备预计的使用年限为 5 年，残值为 0。甘宁的企业所得税率 40%，甘宁使用净现值法来分析投资，折现率 10%，甘宁实业公司购置新的生产设备所能产生的贴现净边际贡献：

A. 242 624 美元　　B. 303 280 美元

C. 363 936 美元　　D. 454 920 美元

6. VL 公司正在对以下的两个方案进行评价。两个方案都在下年 1 月 1 日开始实行。

方案 1：购买一台新抛磨机：该机器的成本为 1 000 000 美元，有效使用时间为 5 年。在未来 5 年，每年因人工成本节省得到的净税前现金流为 100 000 美元。出于融资和税收目的，折旧使用直线法计算。购买机器的另一动机在于：VL 公司可以将他们现阶段已提完折旧的机器卖给新机器供应商，并因此获得 50 000 美元。

方案 2：外包抛磨工作：VL 公司可以把这项任务外包给 LM 公司，并在未来 5 年内每年支付 200 000 美元。如果他们选择外包，VL 公司可以将已提完折旧的机器抛弃。VL 公司的有效所得税税率为 40%。加权平均资本成本为 10%。

那么外包抛磨工作的净现值为：

A. 净现金流出 303 280 美元　　B. 净现金流出 404 920 美元

C. 净现金流出 454 920 美元　　D. 净现金流出 758 200 美元

7. 如果两个项目的初始投资都是 1 000 美元，而你的折现率是 14%，你会选择哪个互斥项目：项目 A，3 年现金流为 1 000 美元；项目 B，3 年零现金流，然后 3 年每年 1 500 美元。

A. 项目 A

B. 项目 B

C. 内含报酬率是相等的，所以你是不在乎的

D. NPV 是相等的，所以没有影响

8. FG 公司正在评价两个互斥的项目，其中一个需要初始投资 4 000 000 美元，另一个需要 6 000 000 美元。财务部门对每个项目都进行了广泛的分析，首席财务官曾经表示这些项目在资本分配上没有先后优劣的问题。以下各项描述哪一项是正确的？

Ⅰ. 如果两个项目的回收期都比公司的标准长，那么，两个都应该被否定。

Ⅱ. 选择内含报酬率（IRR）最高的项目（假设 IRR 都大于最低资本回报率）。

Ⅲ. 选择具有最大正净现值的项目。

Ⅳ. 不管何种评价方法，都选择初始投资额较小的项目。

A. 只有Ⅰ、Ⅱ和Ⅳ　　B. 只有Ⅰ、Ⅱ和Ⅲ

C. 只有Ⅰ和Ⅲ　　D. 只有Ⅱ和Ⅲ

9. 以下哪一项不是回收期法的缺点？

A. 它并没有考虑到回收期之后的现金流量

B. 忽略了货币的时间价值

C. 不能显示出项目的流动性

D. 鼓励选择较短的回收期的项目

10. 亨德森公司，已经购买了一个新的车队的卡车以运送其商品。这些卡车的使用寿命为 8 年，共需 500 000 美元。亨德森预计，其税后现金流量净增长第一年将在 150 000 美元，第二年为 175 000 美元，第三年为 125 000 美元，其余各年 100 000 美元。根据 6% 的年利率，亨德森卡车车队的贴现回收期是多少年？

A. 3.5 年　　B. 3.98 年　　C. 4.25 年　　D. 5.0 年

11. DS 公司正在分析一项资本投资，该投资要求 0 时刻有现金流出 2 500 000美元，5 年内每年有净现金流入 800 000 美元。贴现率为 12% 时，净现值（NPV）为 384 000 美元。由于有些经理认为这是一个有风险的项目，因此对以下 3 种情境进行了分析如下：

R 情境——年度净现金流入减少 10%。

S 情境——贴现率提高到 18%。

T 情境——第 5 年的现金流入降低到 0。

按照对 NPV 的影响，从小到大将这 3 种情况排序如下：

A. R、S、T　　B. R、T、S　　C. S、T、R　　D. T、S、R

12. 某公司在一个新项目上投入了 500 000 美元。该项目预计会连续四年产生 175 000 美元的年增量现金流量。该项目的内含报酬率大致为多少？

A. 10%　　B. 15%　　C. 35%　　D. 40%

13. 宝易公司的 CFO 要求评估购买价值为 60 000 美元的新设备的方案，相关的安装费用为 10 000 美元。该购置计划会增加 3 000 美元的营运资本。新设备的使用年限为 4 年，到期后的处置收入为 10 000 美元。预计每年能增加的营业收入和现金营业费用分别为 150 000 美元和 100 000 美元。宝易的税率为 40%，资本成本为 12%。宝易公司使用直线折旧法。第 4 年宝易公司会出手该设备，因此，该年预计的税后现金流为：

A. 34 000 美元　　B. 45 000 美元　　C. 46 000 美元　　D. 49 000 美元

14. 根据下述信息回答问题。资本投资公司对所有的资本化费用使用 12% 的最低收益率，并且对明年的 4 个项目分析如下表：

单位：美元

	项目 1	项目 2	项目 3	项目 4
初始资本支出	200 000	298 000	248 000	272 000
年净现金流入量				
第一年	65 000	100 000	80 000	95 000
第二年	70 000	135 000	95 000	125 000
第三年	80 000	90 000	90 000	90 000
第四年	40 000	65 000	80 000	60 000
净现值	(3 798)	4 276	14 064	14 662
盈利能力指数	98%	101%	106%	105%
内含报酬率	11%	13%	14%	15%

假设没有预算限制，明年资本投资公司应该实施哪个项目？

A. 所有项目　　B. 项目 1、2 和 3

C. 项目 2、3 和 4　　D. 项目 1、3 和 4

15. 克拉茨刚刚完成一项购买新的材料处理设备的资本投资分析。该设备预计花费 1 000 000 美元，可以使用 8 年。克拉茨与公司的财务副总杜兰一起进行了净现值（NPV）分析。分析表明，当最低资本回报率为 20% 时，该投资的税收节约会产生正的 NPV 200 000 美元。杜兰发现，虽然折旧年限为 8 年的直线折旧法可以达到节税目的，但是由于该设备只符合 3 年期的 MACRS 方法的要求，因此整个节税分析都需要重新考虑。所得税税率为 40%。

3 年期的 MACRS 折旧率如下：

年	比率（%）
1	33.33
2	44.45
3	14.81
4	7.41

因此，根据税收节约对 NPV 的影响为（选择最相近的千位数）：

A. 109 000 美元　　B. 192 000 美元

C. 283 000 美元　　D. 425 000 美元

16. A 公司正在分析一个 1 000 000 美元的新设备投资来生产一种单位利润为 5 美元的产品。设备使用期为 5 年，按直线法计提折旧用于申报税务，期末没有残值。销售单位的数据如下：

年销售量（件）	概率
80 000	0.10
85 000	0.20
90 000	0.30
95 000	0.20
100 000	0.10
110 000	0.10

如果公司基础资本收益率为 12%，所得税税率为 40%，项目预期的净现值应是：

A. 261 750 美元　　B. 427 580 美元

C. 297 800 美元　　D. 283 380 美元

17. 某公司正在考虑购买一台新的生产机器，但不能确定该项目是否符合其投资目标。该公司要求所有投资必须有一个正净现值（NPV）。机器的成本为 100 000 美元，在税法上，该机器将在五年的使用寿命中按照直线法进行折旧。五年之后，该使用过的设备将被出售。该项目要求初始营运资本投资为 20 000 美元，并且每年将产生 30 000 美元的税前经营现金流。该公司的有效所得税税率为 25%，并对投资项目使用 10% 的贴现率。在下面所示的 4 个估值范围内，该设备在五年后的最低销售价格必须在哪个范围内才能实现此项目的正 NPV？

A. 800 ~ 1 200 美元　　B. 5 250 ~ 5 625 美元

C. 7 000 ~ 7 500 美元　　D. 10 000 ~ 13 500 美元

18. 能源公司准备投资一个新能源项目，公司准备投资一个项目 5 年，但不准备一下投资到位，而且准备在以后 5 年中边观察边考虑投资情况，根据市场情况变化而确定投资期限和投资额，这是属于实物期权的：

A. 延迟期权　　B. 扩张期权

C. 缩减期权　　　　　　　　　　　D. 放弃期权

19. 某公司的管理层正在考虑如何将 15 000 000 美元用于投资。下列各内部投资项目具有相似风险。

项目	投资（美元）	内含报酬率（%）
P	1 000 000	7
Q	10 000 000	12
R	5 000 000	5
S	2 000 000	11

该公司还可以将最多 15 000 000 美元投资于与内部项目具有相同风险的外部项目，外部项目的回报率为 10%。为了创造最大价值，管理层应如何分配这 15 000 000 美元的资金？

A. 将 1 000 000 美元用于项目 P，5 000 000 美元用于项目 R，9 000 000 美元用于外部投资

B. 将 10 000 000 美元用于项目 Q，5 000 000 美元用于项目 R

C. 将 10 000 000 美元用于项目 Q，2 000 000 美元用于项目 S，3 000 000 美元用于外部投资

D. 将 10 000 000 美元用于项目 Q，5 000 000 美元用于外部投资

20. 一家公司的要求报酬率为 10%。公司正在评估一个价值 35 000 美元的资本预算项目。该项目的预期现金流入情况如下所示：

第 1 年　10 000 美元

第 2 年　20 000 美元

第 3 年　30 000 美元

根据折现回收期方法，该项目的贴现回收期为：

A. 2.42 年　　B. 2.31 年　　C. 2.28 年　　D. 2.17 年

二、简答题

R 公司是一家拥有 150 多家分店的家居装饰连锁店。R 公司发现了一个极具吸引力的新店位置，要求财务规划总监准备一份分析报告，并就是否开设这家新店给出建议。

在准备分析报告时，财务总监发现：拟议地点的土地成本为 500 000 美元，建设费用为 3 500 000 美元。建筑承包商要求在动工时支付全额费用，施工需要一年。R 公司将通过 40 年抵押贷款为土地和建设费用融资。抵押贷款每年年末需偿还 118 000 美元。店内设施成本预计为 100 000 美元，将被费用化。库存成本预计为 100 000 美元。考虑到价格上涨的可能，公司希望在动工时就购买店内设施和库存。开业广告需 50 000 美元，在动工时向广告公司支付定金。新店将于动工后一年开业。

R 公司将在 20 年内采用直线法对建筑进行折旧，税率为 35%。R 公司使用 12% 的预设回报率对项目进行评估。公司预计新店税后经营利润为 1 200 000美元/年。

问题：

1. R 公司初始现金流出为多少？请提供计算过程。
2. 计算新店的预计年现金流，请提供计算过程。
3. R 公司管理层 5 年对新店进行一次评估，因为他们认为 5 年后的运营存在太多的不确定性，计算新店运营前 5 年的净现值（NPV）。
4. 仅依据问题 3 的答案，您是否建议 R 公司开设这家新店？请说明原因。
5. 如何利用敏感度分析支持您的建议？

同步测试题答案及解析

一、单选题

1.【答案】 B

【解析】 第二年的相关税后现金流：每年可以节省的税后现金 = 150 000 ×（1 − 40%）= 90 000（美元）

新设备折旧带来的抵税现金流 = 600 000 ÷ 4 × 40% = 60 000（美元）

旧设备折旧带来的抵税现金流 = 50 000 ÷ 2 × 40% = 10 000（美元）

第二年的相关税后现金流 = 90 000 + 60 000 − 10 000 = 140 000（美元）

2.【答案】 B

【解析】 选项 B 正确。应付账款、存货的增加均是增量变化，都会影响未来现金流的增加，因此是与决策相关的现金流。所以Ⅲ为相关现金流。Ⅰ、Ⅳ均是沉没成本，是不相关的。资本投资决策，是基于“全投资假设”，Ⅱ的融资现金流与项目的现金流无关，只在折现率中体现。

3.【答案】 D

【解析】 选项 A 不正确。200 000 美元的数额忽略了救助收益和应缴税款。

选项 B 不正确。158 000 美元的数额等于前 5 年的每年应纳税收入。

选项 C 不正确。金额 136 800 美元为第二年至第五年的年度净现金流入。

选项 D 正确。该公司将获得每台 500 000 美元的净现金流入（500 美元销售价格 − 450 美元可变成本），每年 4 000 台共计 200 000 美元。这一数额将征税，10 000 美元的投资出售收益也将征税，产生 210 000 美元的应税收入。第十年不会扣除折旧，因为资产在 5 年后已完全折旧。按 40% 计算，210 000 美元的税款为 84 000 美元。210 000 美元流入中减去 84 000 美元税收费用后，净流入额为 126 000 美元。

4. 【答案】 C

【解析】 选项 A 不正确。目前使用的仓库空间的账面价值与已经发生的研发费用无关。考虑债务利息支付以资助设备是一个单独的融资决定，与生产决定无关。

选项 B 不正确。目前正在使用的仓库空间的账面价值是不相关的，因为无论新产品是否生产，它都保持不变。考虑债务利息支付以资助设备是一个单独的融资决定，与生产决定无关。由于公司的资本成本被用作贴现率，特定债务的利息是不相关的。已经发生的研发费用是沉没成本，因此无关紧要。

选项 C 正确。任何决定中的相关费用是根据所作选择而不同的费用。因此，增加的应付账款和库存是首席投资官应考虑的项目。

选项 D 不正确。已经发生的研发费用无关。

5. 【答案】 D

【解析】 税后年边际贡献 = 20 000 ×（40 – 30）×（1 – 40%）= 200 000 × 60% = 120 000（美元），

项目期总的边际贡献现值 = 120 000 ×（P/A，10%，5）= 454 920（美元）。

6. 【答案】 C

【解析】 选项 C 正确。计算外包抛磨工作的净现值：

–200 000 ×（1 – 40%）× PVIFA(5，10%) = –120 000 × 3. 791

= –454 920（美元）

7. 【答案】 B

【解析】 选项 A 不正确。项目 B 的净现值和内含报酬率略高。

选项 B 正确。项目 A 净现值计算如下：

1 000 美元 ×2. 322	2 322. 00 美元
–原始成本	（1 000. 00 美元）
净现值	1 322. 00 美元

项目 B 净现值计算为：

1 500 美元 ×(3. 889 –2. 322)	2 350. 50 美元
–原始成本	（1 000. 00 美元）
净现值	1 350. 50 美元

由于项目 B 的净现值略高，所以应该选择它。

选项 C 不正确。项目 B 的内含报酬率略高。

选项 D 不正确。项目 B 的净现值略高。

8. 【答案】 C

【解析】 选项 C 正确。对互斥的项目进行资本预算判断。在贴现现金流法（DCF）中，对于互斥的项目，最佳的方法是用 NPV 来判断。除了 DCF 之外，如果根据回收期法，项目的回收期大于企业的要求，就要拒绝。即使 IRR 大于最低报酬率，互斥项目也不能根据 IRR 来判断。Ⅰ和Ⅲ正确。

9. 【答案】 C

【解析】 选项 C 正确。选项 A、B、D 属于回收期法的缺点：回收期法不考虑回收期后的现金流；忽略了货币的时间价值；回收期越短越好。选项 C 不属于回收期法缺点，回收期法可以显示项目的流动性。

10. 【答案】 C

【解析】 选项 A 不正确。3.5 年是未折现的回收期。

选项 B 不正确。3.98 年是第四年现金流量不折现的结果。

选项 C 是正确的。假设有 6% 的贴现率，投资的贴现回收期可以通过积累每年的贴现净现金流量来找到，直到初始投资被收回。

150 000 × 0.94339 = 141 508.50（美元）

175 000 × 0.88999 = 155 748.25（美元）

125 000 × 0.83962 = 104 952.50（美元）

100 000 × 0.79209 = 79 209.00（美元）

合计 481 418.25 美元

因此，答案是大于四年的。四年后，还需要额外 18 581.75 美元（500 000 美元 − 481 418.25 美元）。第五年的计算是 74 726 美元（100 000 美元 × 0.74726）。因此，贴现回收期约为 4.25 年［4 年（18 581.75 美元 ÷ 74 726 美元）］。

选项 D 不正确。完整的第五年是不必要的。

11. 【答案】 A

【解析】 根据题目中所列出的变化的条件，列出下列信息：

R 情境，每年的现金流入减少 10%，因此，现金流入为 720 000 美元。

S 情境，折现率上升，因此，年金现值系数为 3.127。

T 情境，只有 4 年的现金流，因此，年金现值系数为（12%，4 年）3.037。

根据下表计算出 3 种情况的 NPV，然后进行比较，显然 R 的影响是最小，T 的影响是最大的，因此，对 NPV 影响从小到大的排序为 R、S、T。

	12%	12%	18%	12%
年	1	R	S	T
0	(2 500 000) 美元	(2 500 000) 美元	(2 500 000) 美元	(2 500 000) 美元
1	800 000 美元	720 000 美元	800 000 美元	800 000 美元
2	800 000 美元	720 000 美元	800 000 美元	800 000 美元
3	800 000 美元	720 000 美元	800 000 美元	800 000 美元
4	800 000 美元	720 000 美元	800 000 美元	800 000 美元
5	800 000 美元	720 000 美元	800 000 美元	
系数	3.605	3.605	3.127	3.037
NPV	384 000 美元	95 600 美元	1 600 美元	(70 400) 美元
		-75%	-100%	-118%

按照顺序排列，所以选项 A 正确。

12. 【答案】 B

【解析】 $500\ 000 = 175\ 000 \times PVIFA_4^i$，$PVIFA_4^i = \frac{500\ 000}{175\ 000} = 2.857$，

内含报酬率≈15%

13. 【答案】 D

【解析】 公司每年的净利润 = (150 000 - 100 000 - 15 000) × (1 - 40%) = 21 000（美元）

每年折旧费 = (60 000 + 10 000 - 10 000) ÷ 4 = 15 000（美元）

每年正常营运现金流 = 21 000 + 15 000 = 36 000（美元）

第 4 年回收营运资本 = 3 000（美元）

第 4 年处置设备现金流入 = 10 000（美元）

第 4 年总的税后现金流 = 36 000 + 3 000 + 10 000 = 49 000（美元）

14. 【答案】 C

【解析】 选项 A 不正确。项目 1 净现值为负数，不应实施。

选项 B 不正确。项目 1 净现值为负数，不应实施。

选项 C 正确。使用净现值法的公司应该实施所有净现值为正数的项目，除非有些项目是互斥的。如果项目 2、项目 3、项目 4 净现值为正数，应该实施。

选项 D 不正确。项目 1 净现值为负数，不应实施。

15. 【答案】 C

【解析】 计算折旧税盾的现值如下表所示：

年	MACRS（%）	折旧费用（美元）	税盾（美元）	PVIF，20%	合计（美元）
1	33.33	333 300	133 320	0.833	111 055.56
2	44.45	444 500	177 800	0.694	123 393.20
3	14.81	148 100	59 240	0.579	34 299.96
4	7.41	74 100	29 640	0.482	14 286.48
					283 035.20

16.【答案】 D

【解析】 为了计算项目预期的净现值，第一步要计算预计的年销售量：

预计的年销量（销量期望值）= $\sum$ 年销售量 × 概率 = 80 000 × 0.1 + 85 000 × 0.2 + 90 000 × 0.3 + 95 000 × 0.2 + 100 000 × 0.1 + 110 000 × 0.1 = 8 000 + 17 000 + 27 000 + 19 000 + 10 000 + 11 000 = 92 000（件）

利润总额 = 销售量 × 单位利润

预计年利润计算如下：

预计的年利润 = 92 000 × 5 = 460 000（美元）

项目 5 年中每年的现金流量计算如下：

每年的现金流量 =（边际贡献 − 折旧）×（1 − 税率）+ 折旧

折旧 = 1 000 000 美元 ÷ 5 年 = 每年 200 000 美元

每年的现金流量 =（460 000 − 200 000）×（1 − 0.4）+ 200 000 = 260 000 × 0.6 + 200 000 = 156 000 + 200 000 = 356 000（美元）

项目预计的净现值现在能够计算如下：

项目预计的净现值 = 初始投资 + 预计的年现金流量 ×（普通年金现值系数，i = 12，n = 5）= −1 000 000 + 356 000 × 3.605 = 283 380（美元）。

17.【答案】 C

【解析】 根据题目给出信息，计算如下：

每年税后现金流量 = 30 000 ×（1 − 25%）+（100 000 ÷ 5）× 25%

= 22 500 + 5 000 = 27 500（美元）

税后现金流量现值 = 27 500 × PVIFA(5, 10%)

= 27 500 × 3.7908 = 104 247（美元）

营运资本现值 = 20 000 × PVIFA(5, 10%) = 20 000 × 0.6209 = 12 418（美元）

若实现正净现值，则要求

NPV = −100 000 − 20 000 + 104 247 + 12 418 + 售价 ×（1 − 25%）× 0.6209 > 0

也就是要求，−3 335 + 售价 × 0.465675 > 0

得出，售价 > 7 161.6471（美元）

所以，设备在五年后的最低销售价格必须在 7 000 ~ 7 500 美元内才能实现此项目的正净现值 NPV。所以选项 C 正确。

第五章

18.【答案】 A

【解析】 考点：理解实物期权并针对不同类型的实物期权举例（不需要计算）。扩张期权，当企业外部条件对其扩大产能有利时，行使扩张期权可以获得更高的项目期权。放弃期权，在确认放弃价值大于持续经营的价值后，应选择行使放弃期权来增加企业的价值。延迟期权，在无法充分获得有效信息用于做出准确判断前，决策者选择等待，通过以逸待劳的方式来获取更多的信息来进行决策。延迟期权相当于在投资项目上拥有看涨期权。

19.【答案】 C

【解析】 选项 C 正确。根据题目给出信息，按照回报率从高到低，依次应选择的投资是：

项目 Q，12%；项目 S，11%；外部项目，10%。

所以依据收益排序，15 000 000 美元资金中，应当将 10 000 000 美元用于项目 Q，2 000 000 美元用于项目 S，剩余的 3 000 000 美元用于外部投资。

20.【答案】 A

【解析】 计算过程如下：

第 1 年贴现后现金流量 = 10 000 × PVIF(10%，1)
= 10 000 × 0.909 = 9 090（美元）

第 2 年贴现后现金流量 = 20 000 × PVIF(10%，2)
= 20 000 × 0.826 = 16 520（美元）

第 3 年贴现后现金流量 = 30 000 × PVIF(10%，3)
= 30 000 × 0.751 = 22 530（美元）

第二年累积税后现金流量 = 9 090 + 16 520 = 25 610（美元）

差额 = 35 000 − 25 610 = 9 390（美元）

折现回收期 = 2 + (9 390/22 530) = 2.4167 ≈ 2.42(年)。所以选项 A 正确。

二、简答题

【解析】

1. R 公司初始现金流出为多少？请提供计算过程。

初始现金流出 = 500 000 + 3 500 000 + 100 000 + 100 000 + 50 000
= 4 250 000（美元）

2. 计算新店的预计年现金流，请提供计算过程。

已知税后经营利润为 1 200 000 美元。我们将建筑成本除以使用寿命就得到折旧支出为：3 500 000 美元/20 年 = 175 000 美元/年。

假设我们在计算现金流贴现时未考虑抵押贷款利率，或将其计入 1 200 000 美元中，且营运资本保持不变，可以通过以下方法计算现金流：

新店的预计年现金流 = 税后经营利润 + 折旧

= 1 200 000 + 175 000 = 1 375 000（美元）

3. R 公司管理层 5 年对新店进行一次评估，因为他们认为 5 年后的运营存在太多的不确定性，计算新店运营前 5 年的净现值（NPV）。

预设回报率 12% 时 5 年年金系数为 3.6048。因为店铺在 1 年后才能开业、现金才开始流入，因此需要将 1 年后的现金流折现至初始时刻。

因此新店运营 5 年的净现值（NPV）= 期初的现金流支出 + 运营期间的现金流量净现值 = −4 250 000 + (1 375 000 × 3.6048) ÷ (1 + 12%) = 175 000（美元）。

4. 仅依据问题 3 的答案，您是否建议 R 公司开设这家新店？请说明原因。

R 公司应该新开门店。因为净现值 175 000 美元大于 0，该项目能够为这家公司增加价值。

5. 如何利用敏感度分析支持您的建议？

敏感度分析显示了输入的细微变化对决策的影响。特别当我们使用计算机时，我们会尝试对门店税后经营利润（不确定性最大的输入数据）进行不同的假设。建筑成本可能被低估，未来 5 年税率和预设回报率也可能变化，通过敏感分析，我们可以知道这些变量变化对门店净现值的影响程度，从而更好地作出投资决策。

第六章

职业道德

管理会计师和财务管理专业人士在参与企业管理中，必须遵守职业道德。首先，个人对职业道德的遵守，IMA 要求会员应按照《IMA 职业道德行为准则》履行职业道德规范，包括遵循职业道德规范实践行为的四项道德原则：诚实、公平、客观、责任；引导行为的四个标准：胜任能力、保密、正直和可信；以及职业道德冲突解决方案。其次，从组织的角度，通过将职业道德观念植入各项规章中，包含职业道德责任始于最高管理层，度量并改善对职业道德规范的遵循情况，实现自上而下建立组织良好职业道德环境的目标。最后，应用舞弊三角理论的三个组成部分和运用模型解释管理会计师和财务管理专业人员如何识别并管理舞弊风险，进而对道德问题做了全面的要求。管理会计师必须明确：良好的职业道德环境有利于企业绩效的提高。

本章考情分析

本章主要内容：商业道德的基本概念，管理会计专业人士的道德要求，以及组织的道德事项。

本章考试占比 15%。

本章近年来的主要考点：

职业道德是 CMA 重要的考点，而且基本上在简答题中都会涉及职业道德的考核。主要考点包括：

（1）理解商业道德的基础概念，能够识别主要理论以及在业务决策中的应用。

（2）理解公平、正直、尽职尽责、信托责任，以及它们对道德决策的影响。

（3）美国管理会计师协会职业道德守则公告的具体应用：围绕识别并描述四项首要道德原则，给定一个营业背景，解释并分析背景可能违反的有关具体的标准，当管理会计师或财务经理在经营环境中面对道德困境时，应该采取哪些行动。

（4）给定一个营业背景，识别舞弊三角模型的三个组成部分，运用舞弊三角模型解释管理会计师和财务管理专业人员如何识别并管理舞弊风险。

（5）识别美国《反海外腐败法》所禁止的行为。

（6）公司对道德操守应承担的责任，理解在监控价值时对价值观和职业道德的遵循情况所采用的方法：人员绩效反馈与调查工具。

（7）解释披露揭发（例如“道德热线”）对维护组织道德文化的重要性。

（8）理解可持续发展与企业社会责任的关系，区分和定义社会责任的四个层面：经济、法律、道德和慈善。

本章重点框架图

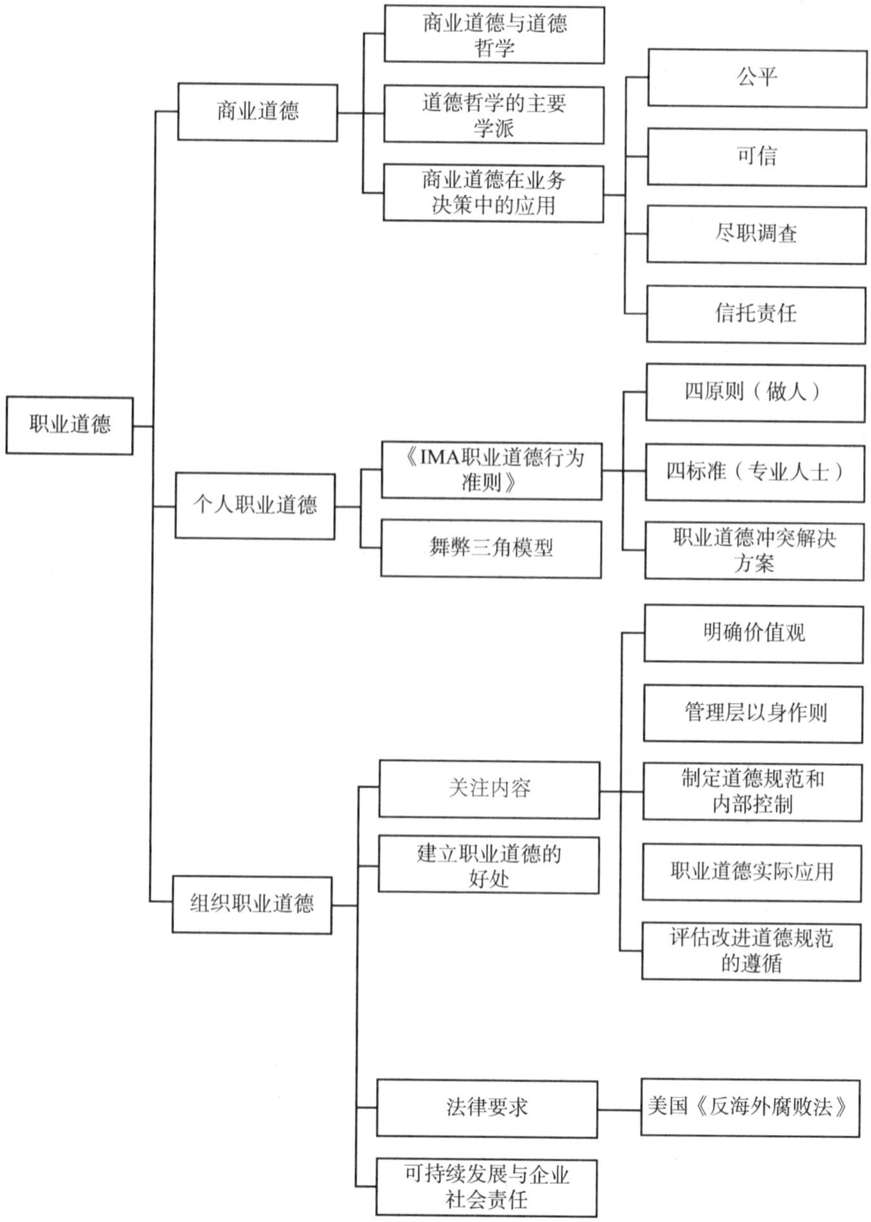

职业道德
商业道德
商业道德与道德哲学
道德哲学的主要学派
商业道德在业务决策中的应用
公平
可信
尽职调查
信托责任
个人职业道德
《IMA职业道德行为准则》
舞弊三角模型
四原则（做人）
四标准（专业人士）
职业道德冲突解决方案
组织职业道德
关注内容
建立职业道德的好处
法律要求
可持续发展与企业社会责任
明确价值观
管理层以身作则
制定道德规范和内部控制
职业道德实际应用
评估改进道德规范的遵循
美国《反海外腐败法》

本章重难点精讲

第一节　商业道德

无论是否上市、是营利组织还是非营利组织，任何规模大小的企业都需要商业道德。违反某些规则、规章，或道德或行为准则的组织在不断增加，这将迫使所有的企业领导人、中层管理人员和下属员工去寻找一个新的道德准则，要求他们做出合乎道德和伦理的行为规范。

在人类社会历史发展过程中，对商业道德（business ethics）的认识，经历了许多变化。在古代社会，侧重道德应当凌驾于经济行为之上，轻视经济中的自利行为。在近代社会，市场经济的发展一度割裂了道德与经济行为的关系，甚至否认商业道德的存在。20 世纪 80 年代之后，现代化带来的问题日趋严重，管理和会计领域也在反思，应当追求什么样的长远价值目标。市场经济的深入发展，也要求商业道德的发展。商业道德的理论与实践，也变得日益重要。

一、道德和美德

在许多方面，道德和美德是通用的。商业道德已经演变为一种发展商业战略、制定决策的道德框架的应用，以开展经营业务。这意味着商业道德就是道德标准在商业环境中的创造和应用。

组织需要建立描述可接受和不可接受的行为的政策。它们必须通过适当的培训和意识培养，进而在整个组织中沟通并推动所期望的道德目标。这些可以通过既定的人力资源政策以及本组织的内部控制制度来实现。

道德与美德概念在道德行为中起着重要的作用。一个人的道德来自他的信仰体系，是采取良好行为措施时所适用的标准和规则。组织、社会或政府将这些道德标准界定为好或坏、对或错。美德是符合道德和伦理原则的行为。

（1）道德（morality）是人类伦理世界基础。道德基础包含风俗、习惯以及内化后的品性、品德。道德是指人的行为必须如何，它构成人的行为的最低规范，最起码的要求，是人的社会行为的底线。道德源自个人的社会性需要，即功利需要。

（2）美德（virtue），又称德性，是在道德的基础上形成的。美德是道德的升华，是超越的和提高的。美德不是一种社会规范，而是一种要求，是提升了的个性方式与自主形态。美德源于个人的精神自由，即道义的需要。

一个人的道德哲学指导着他们的意图、行动的理由以及行动的结果。一般来说，道德哲学有三个分支。第一个分支是元伦理学，它主要关注“大局”问题，比如“什么是真理”；第二个分支是规范伦理学，它侧重于构建确定对或错的框架；第三个分支是应用伦理学，它关注人们日常生活中可能遇到的具体问题。

二、道德哲学和商业决策

商业道德又称商业伦理，是指在企业这一特定的社会经济组织中，依靠社会舆论、传统习惯和内心信念来维持的，以善恶评价为标准的道德原则、道德规范和道德活动的综合。

需要理解的一个重要概念就是，这些哲学是从意图和结果的角度来看待决策制定的。意图是如何做出决策的基础，而结果是决策的后果。表 6 - 1 阐述了具体的道德哲学和概念，以及它们在商业决策中的应用。

表 6 - 1　道德哲学概念及应用

哲学	描述	在商业决策中的应用
目的论——一种西方哲学	源于古希腊，它是指与目标、使命相关的，追求和实现重要价值观赋予了生命重要性的意义。目的是事物存在、发展、相互影响的根本原因	企业根据所设定的目标和对他们使命的界定或对使命的陈述来制定战略计划。公司通过提供产品或服务而变得有价值。价值也可以看作是公司的财务状况；如果是上市公司的话，就表现为公司股票的价值
功利主义——结果主义理论	人们有义务去按照合乎道德的方式行事。其目标是传递快乐、减轻痛苦、获得自由，并为人类生存和繁荣贡献一分力。结果比意图更重要	完全基于预测的结果或后果而作出决策。这意味着如何实现或达到其结果就不那么重要了
道义论——一种西方哲学	道德是建立在责任和义务基础之上的。侧重的是道德行为动机，不注重行为的后果，而诉诸一定的行为规则、规范及标准，其理论的核心是义务和责任。也就是说，一个行为的正确与否，并不由这个行为的后果来决定的，而是由这个行为的动机和标准来决定的，注重的是这个行为的动机是否是“善”的，行为的本身是否体现了预设的道德的标准，这样就突出了道义理性的地位	决策完全基于对和错的规则之上。如何达成结果是最重要的事。人们很少关注结果到底是什么
美德伦理	道德是建立在个人应用的道德规范的基础之上的。这些规则基于指导个人行为的真实、光荣和公正的美德	决策由个人作出，并以他们自己的一套规则为基础。决定以个人的幸福感以及他人的幸福感为基础

续表

哲学	描述	在商业决策中的应用
相对主义	这是一个源于道德伦理且因特定文化的价值和需求的不同，道德也会因文化而异为基础的理论。不存在评价伦理道德的普遍标准，人们不应该对行为做出判断，没有绝对对和错的划分	商业决策将根据公司所处的文化作出。这就解释了为什么处于一个国家或文化中的公司做出的决定与所处另一个国家或文化中的公司不同，甚至可能相互矛盾
正义	倡导以正义为中心的道德哲学。社会是由人类发展起来的，它是建立在以正义为中心的道德哲学基础上的社会秩序。法律是建立在一个公认的正义概念基础之上的，包括在不侵犯他人生存权的情况下人人享有自由的理念。要为弱势群体提供帮助。这里的弱势群体里涵盖种族、贫困、残疾和不平等等方面的内容。政府应该通过干预来确保这一点	商业决策是基于企业经营所处的社会法律基础之上作出的。许多人力资源政策得以实施是因政府通过干预，为那些处于最不利地位的人提供了条件。这包括但不限于平等的就业机会、最低工资要求、职业安全和健康

三、公平与正直

公平的行为应具备平等的特质。决策不存在偏见。此外，决策结果不会给一个群体带来优势，而给另外一个群体带来劣势。这样的行为就是正确或合理的行为。它表明了个人对他人的关心。当做出的决定是公平的，那么这就是一个合乎道德的决策。

个人的行为必须诚实、诚信。为了证明这一点，他们需要经常践行诚实，并坚持他们所信仰和采纳的、强有力的道德、伦理原则和价值观。个人作出决策时需要从这些信念出发，采取符合其信念的行动。这种以正直的态度作出决策被视为合乎道德的决策。

(1) 不公平竞争的成因，主要包括以权谋私、不透明规则、内部监管不足、缺乏明确职权说明、利益输送等。

(2) 解决不公平竞争的主要方法包括：公司主管建立知法守法的风范；订立员工守则；加强监管及控制；培训员工；举报贪污等。

在商业道德中，诚信（integrity）是最重要的基石。没有诚信，一切经济行为、经济交易都无从谈起。诚信，要求所有职员全面披露任何经合理判断可能导致利益冲突的情形。

四、尽职调查

尽职调查（due diligence），亦称审慎调查，是指保持必要或合理的谨慎。在企业管理与运作过程中，投资人对目标公司的资产和负债情况、经营和财务情况、法律关系以及目标企业所面临的机会与潜在的风险进行的一系列调查。它为决策提供了必要有用的信息。

【提示】尽职调查意味着合理的谨慎，而非绝对调查。

● 尽职调查是项目投资、企业公开上市 IPO、企业收购兼并等程序中最重要的环节之一，也是企业运作过程中重要的风险防范工具。

● 调查过程中通常利用管理、财务、税务方面的专业经验与专家资源，形成独立观点，用以评价并购优劣，作为管理层决策支持。

● 调查不仅限于审查历史的财务状况，更着重于协助投资方或并购方合理地预期未来。

五、受托责任

受托责任（fiduciary responsibility）是指受托人对委托人和受益人负有的、严格按委托人的意愿进行财产管理的责任。一旦委托人和受托人之间的受托关系成立，受托人就负有受托责任。受托关系由委托人、受托人、受益人三方面的权利义务构成，这种权利义务关系围绕受托财产的管理和分配而展开。

在社会关系中，例如监护人对立遗嘱人、公司管理人对公司股东、董事会对普通股东、资产管理公司以及信托公司对投资者都负有受托责任。受托责任也是一种将受托人和受托资产载体，与委托人和转移资产人，以及其指定的受益人三者联系在一起的纽带。

在上市公司中，股东、执行管理团队和董事会分别构成了受托关系的三方。在这里，受托责任是指企业管理层要全心全意为股东利益而运作企业资产的责任。而非管理层自身的利益，比如奢华办公条件、高额薪酬水平、通过安排损害企业的交易拿回扣等。受托人在受托过程中不仅应承担法律责任，而且更应承担道德责任。

企业家受托责任包括在企业经营的过程中，致力于企业资产的保值增值、保护生态环境减少污染、足额缴纳税金等。

【例题 6-1】以下所有关于正义的陈述都是正确的，除了：

A. 正义通常指公平

B. 有许多不同的司法形式

C. 为了维护法律和秩序，需要司法

D. 正义与道德是一回事

【答案】D

【解析】选项 A 错误。有许多形式的正义（社会正义、分配正义等）。所有形式的司法都以某种方式关注公平。因此，这是一个错误的答案。

选项 B 错误。司法形式的例子包括社会正义、分配正义和环境正义。因此，这是一个错误的答案。

选项 C 错误。为了在社会中拥有法律和秩序，人们必须相信社会是公平公正的。因此，这是一个错误的答案。

选项D正确。是否被认为是道德，通常取决于用于分析情况的道德理论。道德可能并不总是公正的（或公平的）。例如，根据功利主义，对最大数量产生最大利益的行为可能是道德的，但是一个或多个人可能不相信行动是公正的。因此，这是正确的答案。

【例题6－2】关于受托关系如何影响决策，所有内容都是正确的，除了：

A. 受托人必须把客户的利益放在自己的利益之上

B. 如果客户从决策中受益，受托人也可以从决策中受益，即使是对委托人不利的决策

C. 受托人必须向其客户披露所有潜在的利益冲突

D. 受托人在作出决策时必须寻找相关信息，而不仅仅依赖于现成的信息

【答案】B

【解析】选项A不正确。受托关系是一种客户由于专业知识的差异和不足而广泛依赖专业人员的关系。由于专业知识的差异和不足，法院裁定受托人必须将客户的利益置于自身利益之上。

选项B正确的。受托关系是一种客户由于专业知识的差异和不足而广泛依赖专业人员的关系。由于专业知识的差异，法院裁定受托人必须将客户的利益置于自身利益之上。因为客户可以从不利于委托人的决定中赚更多的钱，因此受托人违反了将委托人的利益放在首位的义务。

选项C不正确。受托关系是一种客户由于专业知识的巨大差异而广泛依赖专业人员的关系。由于专业知识的不同，法院裁定受托人必须诚实行事。这意味着他们需要向客户披露所有可能的利益冲突。

选项D不正确。受托关系是一种客户由于专业知识的巨大差异而广泛依赖专业人员的关系。由于专业知识的差异，法院裁定，受托人必须以合理的谨慎行事。这意味着他们在做决定时需要寻找相关信息，而不是仅仅依赖现成的信息。

【例题6－3】商业伦理道德与美德的区别在于：

A. 道德是伦理原则的应用，美德是个体道德的特征

B. 美德是伦理原则的应用，道德是个体道德的特征

C. 道德是对什么是错的理解，美德是个体道德的特征

D. 道德和美德是同义词，可以互换使用

【答案】A

【解析】选项A正确。道德是伦理原则的应用，美德是个体道德的特征。一个道德的决定可以由一个不道德但遵循道德标准的人做出。

选项B不正确。美德是个体道德的特征，道德是关于道德标准的应用。

选项C不正确。伦理学是对什么是对与错，好与坏的哲学理解。

选项D不正确。道德和美德是不同的概念。道德是伦理原则的应用，美德是个体道德的特征。

第二节　管理会计和财务管理的职业道德

美国管理会计师协会（IMA）为管理会计师制定了《IMA 职业道德行为准则》。其他主要的全球性会计组织也都制定了各自的职业道德行为规范。管理会计公告旨在让所有会计人员了解自己在组织中所担当的职责，即提供变革动力，帮助维持有效的内部控制，确保组织考虑、采纳并全面实施职业道德规范和合规方案，包括制定道德规范与开通保密热线。

《IMA 职业道德行为准则》包括基本原则、具体行为准则以及职业道德冲突解决的建议。

一、《IMA 职业道德行为准则》

IMA 成员应按职业道德要求行事。致力于职业道德的实践包括表达我们价值观的基本原则和指导我们行为的相关标准。

IMA 对道德的基本原则是诚实、公平、客观和责任。成员应按照这些原则行事，并鼓励其组织内的其他人遵守这些原则。

IMA 成员有责任：

（1）通过提高知识和技能，保持适当的专业领先和技能水平。

（2）遵照相关法律、法规和技术标准履行专业职责。

（3）提供准确、清晰、简明、及时的决策支持信息和建议。识别并帮助管理风险。

（一）诚实（honesty）

诚实，是指认真负责地完成手头的任务，同时所有评论和沟通均真实可信。包括：

（1）向外部审计师披露所有必要且相关的信息。

（2）拒绝记录任何不准确的信息。

（3）为企业决策提供可靠的信息基础。

（二）公平（fairness）

公平，要求坦诚，考虑到他人在特定情形下的需求，全面披露所有必要的背景信息。组织需要披露必要、全面的相关信息，以便各方能在合理的时间框架内采取合适的行动。包括：

（1）客观地提供信息与反馈。

（2）识别并纠正错误。

（3）在挑选供应商时做到无偏见、无歧视和不徇私。

（三）客观（objectivity）

客观是指在得出结论前，无偏、公正地评价各种相矛盾的观点。包括：
（1）给出相关财务指南和法律指南。
（2）维持信息的记录标准。
（3）尽管出于压力，不得不赞成某个方案，但只根据现有数据提出建议。

（四）责任（responsibility）

责任是指真实可靠地采取各项行动，不仅包括在短期内以客户利益至上，还应考虑到财务决策的长期影响。
（1）适时传达信息。
（2）确保报表和报告信息准确无误。
（3）收集足够的信息以制定合理的决策。

二、四项行为标准

IMA 核心的职业道德标准是职业道德原则指导行为的具体准则，包括专业胜任能力、保密、正直以及可信等标准。

（一）胜任能力（competence）

专业胜任能力要求每一位会员都有责任：
（1）通过不断地学习知识和技能，维持合适的专业水平（有知识技能，有资格，能胜任）。
（2）根据相关的法律、法规和技术标准履行专业职责（涉及照章办事一般都要回答此条）。
（3）提供准确、清晰、及时、简练的决策支持信息与建议（遇到有决策相关字眼或情形一般要回答此条）。
（4）对行业中法规的变化、新法律或标准的实施保持与时俱进至为重要。如果未能做到该点，可能会在不知不觉中导致违反职业道德的行为。

（二）保密（confidentiality）

保密要求每一位会员都有责任做到：
（1）除非经授权或法律要求，否则要对相关机密信息保密（如配方、工艺等）。
（2）告知相关各方如何正确使用保密信息，监督下属以确保遵守使用规则（如不要在公开场合大声交流机密信息、使用碎纸机、传真机资料保密等）。
（3）避免使用机密信息谋取不道德或非法的利益（如告知竞争对手或出售保密信息等）。不仅纸质和电子文件应得到妥善保护，而且所有的对话，尤其是在移动电话上的对话，都只应在私人设定下进行。如今，技术飞速进步，人们使用移动电话及设备从事相关活动，而就在几年前还需要借助日臻成熟的计算机。移动互联网将财会人员置于风险境地。无意中泄露保密信息的可能性很高。会计和金融专业人士必须设法在不违反保密原则的前提下使用移动设备开展工作。这是极其重要的一件事。

（三）正直（integrity）

正直要求每一位会员都有责任做到：

（1）减少实际的利益冲突。定期与商业伙伴沟通以避免明显的利益冲突，若有潜在的利益冲突需通知相关人员。

（2）避免从事任何不遵循职业操守以及秉公履行职责的行为。

（3）禁止从事或支持任何可能有损职业形象或声誉的行为（如做假账，发布虚假信息等让有些人可能对会计界怀疑）。

（4）为积极的道德文化做出贡献，将职业操守置于个人利益之上。

> **【提示】** 绝对的无关联有时候不容易做到，而且有关联未必会影响工作，但因为较容易出问题，所以要通告情况，要尽量避免和减少关联关系。正直包括沟通好与坏的信息，无论是新闻、分析、判断还是专业意见。

（四）可信（credibility）

可信要求每一位会员都有责任做到：

（1）公平、客观地交流信息（即不是因人而异，因利益而异）。

（2）披露所有相关信息，如果这些信息可能会影响信息使用者对报告的理解、分析或建议。

（3）根据公司政策及相关法律，需披露在信息内容、及时性、处理过程或内控方面的不足或缺陷。

（4）沟通可能会对责任判断或行为实施产生阻碍的职业局限或其他约束。

可信与胜任能力标准密切相关。一个人为了让自己可信，就必须有胜任能力。管理会计师最根本的诚信性就是其职责所在，即预先计划和评估潜在风险，收集足够的信息以充分了解所有相关事实，及时传达新信息，而无论该信息好坏与否。

三、解决职业道德问题

应用《IMA 职业道德行为准则》时，成员可能会遇到不符合职业道德要求的问题或行为。在这种情况下，成员不应对此置之不理，而应积极寻找解决问题的办法。在决定采取何种步骤时，成员应考虑所有涉及的风险，以及是否存在防止报复的保护措施。

（一）IMA 职业道德冲突解决办法

当面临不符合职业道德要求的问题时，应遵循所在组织的既定政策，包括使用匿名举报系统。

如果组织尚未建立相关政策，成员应该考虑如下做法：

（1）与直接上司讨论。如直接上司牵涉这些问题，应将问题提交给再上一个级别管理者；

（2）如果直接上司是 CEO 或同级别，可接受的核准方可能是一个团体，如审计委员会、执行委员会、董事会、理事会或企业所有者；

（3）通过与 IMA 道德顾问或其他中立顾问进行保密讨论而澄清相关道德问题；

（4）向律师咨询与冲突有关的法律义务和权利；

（5）除非该问题违反了法律，否则不宜与组织之外的人士沟通。

（二）在采取行动前应审慎考虑并遵守职业道德标准中的保密责任

（1）核对数据和原始材料。

（2）确认谣言真实与否。

（3）询问更多的细节问题。

（4）从其他人员处了解更多的信息。

（5）无视任何先入为主的想法。

【例题 6－4】ABC 公司新任命了公司的 CFO。该员工在 ABC 公司工作多年，之前的职位是财务主管。新 CFO 需要筹划公司年度的税收工作，但他之前没有相关的工作经验，所以十分担心如果 CEO 知道其缺乏相关经验后会取消对他的 CFO 的任命。于是新任命的 CFO 参考了相关资料和以前年度的相关工作内容，进行了税收筹划。基于这些信息，新任命的 CFO 的行为违反了 IMA 的哪项准则？

A. 胜任能力　　B. 保密　　C. 正直　　D. 诚信

【答案】A

【解析】选项 A 正确。IMA 核心的职业道德标准要求会员有胜任能力，每一位会员都有责任去：

（1）通过不断学习知识和提高技能，将其职业技能保持在一定水平上。

（2）按照有关的法律、规则和技术标准，履行其专业职责。

（3）按时提出准确的、清晰的和简明的用来进行支持决策的信息和建议。

（4）需要认识到可能会使判断出现偏差或所采取的行动失败的职业局限性或其他限制因素，随时沟通。而公司新任命的 CEO 在税收筹划方面缺乏知识和技能，没有做到通过不断学习将其职业技能保持在一定水平上，也没有提出准确的、清晰的和简明的用来进行支持决策的信息和建议，因此违反了胜任能力标准。

【例题6-5】员工A发现员工B不正当地更改部门记录以实现月末目标。这些记录仅供内部使用，不影响公司的财务记录。员工A将不当行为通知主管，主管通知员工A是她指示员工B更改记录，并在下个月进行调整以更正记录。员工A应该：

A. 告知主管她的行为是不道德的，并且不会将这不当行为报告

B. 遵循本组织关于解决此类冲突的既定程序

C. 既然主管批准了这种行为，就什么也不做

D. 将不道德行为传达给外部机构

【答案】B

【解析】选项A不正确。员工会考虑采取其他措施，例如与直接主管讨论。

选项B正确。要解决道德问题，第一步通常是遵循组织的既定政策。在没有既定政策的情况下，成员可以咨询其直接主管。如果涉及此人，则应将此事提交给高一级管理层。

选项C不正确。当员工遇到道德问题时，他应该遵守组织的既定政策。

选项D不正确。在与任何外部机构沟通之前，员工应遵守组织的既定政策。

四、舞弊三角形理论

舞弊就是以一种欺骗、欺诈或泄密的行为获取利润或获得一些不公平或不正当的利益。有各种类型的舞弊。针对公司的舞弊或职务舞弊，可由公司内部的员工、管理者、公司的所有者，或由外部的客户、供应商或其他方实施。

企业舞弊的产生由压力、机会和自我合理化（借口）三要素组成，缺少任何一项要素都不可能真正形成企业舞弊行为。

（一）舞弊三角形理论要素

美国最新的反舞弊准则（SAS No. 99）提醒会计师应该关注的舞弊产生的3个主要条件。

（1）压力要素是企业舞弊者的行为动机。刺激个人为其自身利益而进行企业舞弊。压力大体上可分为四类：经济压力、恶癖的压力、与工作相关的压力和其他压力。

（2）机会要素是指可进行企业舞弊而又能掩盖起来不被发现或能逃避惩罚的时机。主要有六种情况：缺乏发现企业舞弊行为的内部控制，无法判断工作的质量，缺乏惩罚措施，信息不对称，能力不足和审计制度不健全。

（3）自我合理化（借口），即企业舞弊者必须找到某个理由，使企业舞弊行为与其本人的道德观念、行为准则相吻合，无论这一解释本身是否真正合理。

企业舞弊者常用的理由有：这是公司欠我的，我只是暂时借用这笔资金、肯定会归还的，我的目的是善意的，用途是正当的，等等。

（二）评估舞弊风险

开展组织舞弊风险评估有助于管理舞弊风险。这种评估包括：

（1）识别和评价舞弊风险因素（建立不切实际的收益预期）；

（2）识别可能存在的舞弊风险、计划和情景（故意夸大销售以满足不切实际的收益预期）；

（3）对识别的舞弊风险排序并评估其可能性；

（4）评估内部控制以减少舞弊行为；

（5）记录并持续监控和更新舞弊风险评估。

【例题6－6】 员工的任务是准备银行对账，并每周向当地银行分行提供现金。如果这一行为成为不道德行为的可能诱因，应如何解决？

A. 似乎没有潜在或实际违反最佳做法的行为，也不会产生不道德行为的环境

B. 为了有效地解决这一潜在问题，至少应该对一名额外的员工进行这些任务的培训，以便他们能够在当前员工休假时执行这两项任务

C. 除了对至少一名员工进行这些角色的交叉培训外，经理或主管还应负责对相关工作文件进行额外审查

D. 这是一个问题，可以通过增加技术整合和自动化银行对账流程来解决这个问题

【答案】 C

【解析】 选项A不正确。单个员工准备银行对账和提供现金减少这一事实肯定会造成一种可能发生不道德行为的情况。

选项B不正确。培训其他员工是很好的第一步，但仅仅将当前员工替换为执行这两项任务的另一名员工并不能解决问题。

选项C正确。这是最佳的解决方案：将此角色与其他员工进行交叉培训，并进行额外的审核。

选项D不正确。这些步骤可能会有所帮助，但不会解决与只有一名员工负责这两种工作相关的基本问题。

【例题6－7】 仓库的主管决定把仓库的大门在工作时间全部打开，以优化工作流程，但之后仓库主管发现丢失了一些产品。利用舞弊三角形理论，主管的这种决定，下面哪项最准确地描述了这种风险？

A. 激励员工舞弊

B. 增加了舞弊合理化的便捷性

C. 增加了舞弊的机会

D. 使员工加强财务意识

【答案】C

【解析】选项 C 正确。舞弊三角形理论中的机会要素是指可进行企业舞弊而又能掩盖起来不被发现或能逃避惩罚的时机。主要有六种情况：缺乏发现企业舞弊行为的内部控制、无法判断工作的质量、缺乏惩罚措施、信息不对称、能力不足和审计制度不健全。仓库主管决定把仓库的大门在工作时间全部打开以优化工作流程，但是缺乏相应的内部控制，因此增加了舞弊的机会。

【例题 6－8】管理会计师如何使用舞弊三角识别和管理舞弊风险？

A. 舞弊三角提供了一种模型，用于解释影响人们实施舞弊的压力、借口和机会

B. 舞弊三角提供了一种 SOX 合规性模型，用于解释公司对舞弊风险的内部控制环境

C. 舞弊三角提供了一种模型，用于解释影响人们实施舞弊的动机、方式和机会

D. 舞弊三角提供了一种模型，用于解释劝说、胁迫和信念如何影响人们实施舞弊

【答案】A

【解析】压力、机会和借口三要素，缺少任何一项要素都不可能真正形成企业舞弊行为。

第三节　组织方面的职业道德考量

为实现对员工行为的控制，组织会明确界定希望员工遵循的行为准则，确认并正式记录组织的价值观，制定职业道德规范并实施内部控制，所有这些文件为决策制定和日常行为的选择提供了指南。根据管理会计公告《价值观与职业道德：从开始到实践》的说明，这种指南是“构建职业道德管理框架的一个关键元素”。最终，这些文件将能打造并维持一种职业道德文化，从而积极地支持组织想要的行为类型。

强有力的职业道德文化能影响到公司的利润。生产率的提高、员工之间的良好互动以及欺诈风险的降低，这些都有助于组织财务绩效的改善。

一、公司职业道德行为责任

为了在组织内有效地维护理想的职业道德氛围，管理层主要应关注 5 个方面：

（1）明确界定价值观。

（2）管理层以身作则。

（3）制定职业道德规范与内部控制。

（4）职业道德的实际应用。

（5）评估并改进对职业道德规范的遵循。

那些认真对待企业道德责任的公司会提高员工保留率和忠诚度，因为积极的道德文化可以提高员工士气、提高生产率，更换员工的成本也会降低。此外，流程效率的提高降低了为公司提供产品或服务的成本，并且公司违规风险也会降低。

（一）成功地深入实施职业道德规范的益处

（1）能为组织绩效的改善奠定良好的基础。

（2）组织的风险评估质量能得到提升。

（3）负责组织治理的相关人员的行为具有更大的透明度。

（4）避免口头承诺成为一句空谈，而是能以更大的可能性被真正地付诸行动。

（5）CEO 和 CFO 将会作出更大的努力，以确保自己的言行与组织保持一致。

（二）企业文化和群体思维

1. 每家公司都有描述自己公司特点的文化。

企业的信念和行为决定了企业管理层和员工之间的互动方式。企业文化受高层领导的态度、公司规模及其提供的产品或服务的强烈影响。它还受到民族文化、经济趋势和国际贸易的影响。重要的因素还包括公司的愿景和实现愿景所需的价值观。

企业文化对决策过程中的道德产生很大的影响。这取决于决策者认为哪些是可接受的行为，哪些是不可接受的行为。例如，安然公司的企业文化是激进、个人主义和高风险的。这导致了安然公司的领导层做出了不道德地从事高风险的活动的决策，最终导致了它的灭亡。

相比之下，当今许多企业的企业文化培养了富于创造性、团队精神和集体解决问题的技巧。

2. 任何组织中会自然地形成小团体。

这对企业来说，可能是积极的，但也可能是消极的。消极的影响就是社会心理学观察的所谓群体思想。群体思想是指团队成员为避免或尽量减少冲突而在没有评估决策的结果或考察备选观点的情况下达成一致决定。而持不同意见的其他观点将会被强烈压制。这导致避免争议和选择，但失去了个性和独立思考。团体内部的一致性会导致非理性或功能失调的决策。

在一家公司里，这种共识决策会对公司的健康状况产生不利影响，进而导致财务损失。群体思维在企业中可接受的思想多样性方面发挥着重要作用。真正的个人创造性思维将导致更好的决策结果，因为决策之前就考虑了更多的可能性。这会导致做出更合乎道德的决策。因为决策之前，会认可、讨论和评估更多那些牢牢反映公司愿景和价值观的观点。

（三）道德和法律的区别

法律条文并不能保证个人按职业道德要求行事，符合职业道德要求的行为超越了合法的标准。当个人和组织的行为与组织的核心价值观一致时，其就会遵循职业道德要求行事。对于大多数组织来说，最大的挑战是每个员工都有自己的一套预定义的价值观。为了向客户、股东、供应商、社区和所有其他利益相关者呈现统一的形象，组织必须定义其核心价值，因为这与它所涉及的业务相关。以这种方式让所有员工都能得到所需的统一指导，以做出符合公司价值观的道德选择。

对于一个社会而言，制定完善的商业法律和不断提升商业道德水平都十分重要。法律与道德二者各有各的边界，有各自发挥作用的范围，不能偏废。二者又有千丝万缕的联系，法律能够为社会道德的生成提供有益的制度框架，道德能够净化人们的内心，可以培育和激发人们的道德良知。

法律要发挥作用，也必须符合社会的道德追求。也就是说法律规则要有道德性。法律规则吸收道德理念，从而彰显一个社会的道德价值。与此同时，商业道德也要强化规则意识和契约精神，自觉遵守法律。实践中被广泛认同、操作性强的道德要求，也可能上升为法律规则。

二、职业道德始于高层

（一）榜样式领导——职业道德责任始于最高层

1. 高管的责任：以身作则。

在没有明确的行为准则或道德规范的情况下，员工要么遵循自己的信念和价值观，要么寻求领导的指导，以确定预期的行动方向。因此，管理人员必须保持自身行为标准高于那些受到监督的人所期望达到的标准。为确保行之有效，管理者将树立好榜样、遵循价值观、遵守所有承诺，营造出有利于帮助他人遵守现有道德标准的氛围。

合乎道德标准要求的领导者在制定政策和做出商业决策时会运用道德框架并尊重他人。他们在公司高层设定了基调。它始于正直和可信。合乎道德标准要求的领导者对自己和他人诚实，有自己的想法的同时，也对他人的观点和专业技能持开放包容态度。这将导致组织内的持续改进。它使得领导者得以培养管理者并制定继任计划。这意味着他们按照群体思维模式行事。

道德领袖“言行一致”是很重要的。这为他人树立了一个好榜样，将激励他们遵守公司的政策和章程。它建立起了对领导者的信任。合乎道德标准要求的领导者会为他们组织中发生的每件事承担责任。

2. 管理者在日常工作中表现出的道德行为。

（1）与各级员工沟通，包括组织内部和外部。

（2）让他人参与决策。

（3）指导和支持他人。

（4）处理员工发展、绩效考核问题。

（5）在办公场所的个人行为。

（二）在企业环境中应用职业道德

虽然职业道德准则很重要，但它终将只是一份文件。赋予准则生命和表达其内在好处的是那些使用准则的人。在创建道德文化时，公司的员工确实是最重要的资产。

如果组织想要营造出一种氛围做正确的事，除了榜样式的高管外，雇用合适的人、为他们提供足够的培训及与价值观言行相一致的实践是非常重要的。

1. 雇佣正确的员工。

组织的道德政策必须应用在招聘阶段，在面试过程中，应对应聘者从以下几个方面进行筛选。

（1）询问应聘者的个人道德规范或价值观。

（2）要求应聘者评论什么样的职场行为是不道德的。

（3）建立多项选择测试，要求应聘者说明自己对各种道德陈述赞成或反对的程度。

（4）团队面试，一个人提出道德问题，其他人提出备选方案，要求应聘者补充个人观点。

（5）发展潜力。

2. 员工培训的关键作用。

职工培训应包含特定于组织的核心价值观和现行的行为准则或道德规范。应定期向所有工作人员提供持续的培训以重申这些信念。培训计划应该是全面的，且与员工面临的现实情况相关，并提供一致的导向。

（1）岗前培训以及持续培训，从董事会逐级往下，组织的各级员工毫无例外。

（2）培训应聚焦于道德概念、组织的道德规范和遵守问题。

（3）持续培训对道德规范的期望应涵盖：①员工的一般行为和个人行为；②如何把道德规范融入工作管理方法中；③道德规范如何具体工作、流程、活动；④组织如何监督道德规范的遵守；⑤遭遇道德规范问题，可以寻求哪些途径（个人指导、建议和预警机制）；⑥发生问题或投诉时应采取什么行动；查实违反道德规范后应采取什么行动，给予什么处罚。

3. 将道德规范融入工作行为。

4. 高层级的道德准则在组织中逐级分解，以便使员工能够理解自己在日常行为中所要求的道德标准。

5. 与员工讨论具体行为。

6. 将道德规范融入工作管理方法。

7. 组织未践行道德承诺的典型案例，口头宣称“我们的员工是我们最宝贵的资产”，却未让员工参与日常工作的设计、开发或改进组织。组织言行不一致，使整个道德规范失去信誉。

8. 一个组织的文化是由其所有员工一定时期的累积行为动作所构成的。一种符合组织核心价值观和道德准则的文化将趋向于加强所期望的持续行为。

三、衡量和提升职业道德合规

正如管理会计公告（SMA）中《价值观和道德规范：从确立到实践》所述："实现职业道德合规最大的一个问题就是任何组织真正意识到日常正在发生的事情以及使职业道德合规成为其主流治理和问责框架核心要素的能力。"

（一）道德规范与内部控制

虽然管理层负责建立内部控制和支持业务透明度，但它也必须遵守法律和监管要求，这是对不道德行为的进一步威慑。道德思想与内部控制紧密相关；将道德规范化融入企业流程管理核心，有助于加强企业文化、促进员工遵循内部控制。因此，有效的内部控制制度成为组织文化的重要组成部分。

可以使用各种工具来衡量和提升对道德价值的遵从，它们包括人力绩效反馈、调查工具和举报。

（二）举报

举报为发现他人职业道德方面存在可疑行为的员工提供了一种保密的方式，他们可以通过该方式寻求建议并举报违反职业道德的行为。

员工热线是发现组织内舞弊行为的很有价值的报告机制。如果该热线真正做到匿名，并且员工可以利用它来获取有关职业道德情况的建议，那么员工就可以更自由地提出问题而不必担心遭到报复。

实施举报的另一个好处是收集、分析和总结已有和潜在道德问题的能力。这一信息对于识别改善培训和内部控制的机会至关重要。

四、组织职业道德的政府和国际影响

职业道德行为源于与核心价值观一致的行为。各国政府试图通过创建个人和组织须遵守的法规以使广泛的价值观法制化。虽然法律条文并不能保证个人按职业道德要求行事，但理解和运用适用的法律是组织职业道德的重要组成部分。

美国《反海外腐败法》（*Foreign Corrupt Practices Act*，FCPA）1977 年制定，最近一次修改在 1998 年。该法案禁止在海外开展业务的美国公司向外国政府行贿以获得合同或为业务提供保障。该法案的其他规定是解决会计核算的透明度问题。

1. 反行贿条款。

禁止美国企业和公民、在美国上市的外国企业，或美国代理人直接或间接地向外国官员、外国政党或政党官员或外国政治职务候选人，支付或提议支付金钱或任何有价值的物品，以此来达到如下目的：其职权范围内对其作为或不作为的决定施加影响，诱导其作出超越合法职责范围的事项，或是协助获取任何不正当优势，以此让行贿者获取或维持商业利益。

反行贿条款还包括了宽泛的第三方行贿条款。根据此条款，海外子公司和其他第三方（包括代理人、咨询方、分销商、合伙人等）的行为也会使其母公司或第三方涉及的企业违反美国《反海外腐败法》。

2. 账册与记录及其内部控制条款：适用于上市公司。

（1）为了能够精确和正确地体现资产交易和处置情况，账册、记录和账户必须以合理详尽的方式进行保存。

（2）应设立一套内部会计控制系统，为管理层授权的交易提供合理保证。

（3）资产的记录足以确保报表编制和资产的会计责任。

（4）资产的获取必须经管理层授权。

（5）确保在合理期间对记录的资产和实物资产进行比较，并对任何的差异采取适当的举措。

美国1988年修订的《反海外腐败法》明确了一种被称为好处费的疏通费行为。如果该付款行为只用于处理文件或签发许可证，那么这样的疏通费是合法的。该法案制定这项规定的理由是：该付款行为只是为了缩短处理时间，而不是为了影响政府行为的结果。英国《反贿赂法》认为疏通费是不合法的。疏通费等同于贿赂。不过，在通常情况下来说，支付小额款项而获得便利的做法不太可能被起诉。

《反贿赂法》适用于所有在英国以及在英国以外开展商业活动的个人和商业组织。根据本法，无论犯罪行为具体在哪发生，它允许对与英国有关的个人或公司提起诉讼。这使得该法案几乎具有普遍管辖权，并使英国的企业明显处于竞争劣势。

五、可持续发展与企业社会责任

可持续性是指保持平衡。经济的可持续发展是指产生社会和生态后果的经济活动。会计人员和财务经理负责分析利润的可持续性。

供应链管理的过程就是通过投入获得产品产出。然后将产品交付给最终用户。制造商和销售商需要可持续的投入/产出供应。他们将从环境、社会和财务方面衡量他们的盈利能力。最终用户会处置包装物，然后当不再需要产品时，产品也将被处置掉。

社会的盈利能力是通过提供有益于整个社会或社会上每个人的产品和服务而实现的。“企业公民”一词表示的是企业对所在社区的社会责任、所提供的产品和服务、对产品和服务的定价，以及对环境的总体影响。

社会责任分为四个层次。它们是：

（1）经济责任：公司必须保证经济和财务健康。它应该雇用好员工、支付公平的工资，这样员工才能保持经济上和财务上的健康。

（2）法律责任：公司应该遵守所处社会的法律法规。这包括按要求缴纳地方、州和联邦的税。

（3）道德责任：公司应该做出合乎道德的决定。遵守法律法规并不总是等同于合乎道德规范。

（4）慈善责任：公司应该回馈其所在的社区或社会。通过帮助那些不能自给自足的公民维持生计来履行这个方面的责任。许多公司和基金会在自然灾害期间提供捐赠。

【例题6－9】 一个组织实施道德行为准则，最不重要的标准是：

A. 确立组织运作的法律界限　　B. 为内部决策提供指导

C. 建立道德管理框架　　D. 为外部决策提供指导

【答案】 A

【解析】 选项A正确。道德与法律界限是分开的，因此法律界限的确立与实施道德行为准则的决定无关。

选项B不正确。为内部决策提供指导是道德行为准则的一种用途。

选项C不正确。行为准则为道德管理提供了一个框架。

选项D不正确。为外部决策提供指导是对道德行为准则的一种使用。

【例题6－10】 一个公司的内部审计师最近接到了一个项目，对公司的海外子公司进行审计，审计师发现该公司今年出现多笔大额款项通过第三方公司进行支付，那么根据美国《反海外腐败法》，审计师可以得出什么结论？

A. 违反美国《反海外腐败法》，如果该金额是支付给海外官员的

B. 违反美国《反海外腐败法》，如果款项支付给供应商

C. 违反美国《反海外腐败法》，因为该款项不正常

D. 不违反美国《反海外腐败法》

【答案】 A

【解析】 选项A正确。根据美国《反海外腐败法》的规定，"禁止美国企业和公民，在美国上市的外国企业，或在美国代理人直接或间接地向外国官员、外国政党或政党官员或外国政治职务候选人，支付或提议支付金钱或任何有价值的物件，以此来达到如下目的：其职权范围内对其作为或不作为的决定施加影响，诱导其作出超越合法职责范围的事项，或是协助获取任何不正当优势以此让行贿者获取或维持商业利益。"如果公司今年出现的多笔大额款项通过一个第三方公司支付给海外官员的，则违反了美国《反海外腐败法》。

【例题6－11】 管理团队参加了IMA年会上的道德培训课程，随后制定了加强其道德操守的计划。总裁计划主持一个由员工组成的委员会来审查公司的行为价值观，而首席财务官则打算审查适用于财务部门的道德标准。人力资源部经理将调查建立举报框架的可行性，其中包括举报违反道德规范的"热线"。这些活动是例证：

A. 组织透明度

B. 以身作则

C. 道德合规性的衡量

D. 内部控制与道德标准的一致性

【答案】 B

【解析】"高层基调"在决定组织的道德环境方面起着重要作用。为了使道德规范有效，它的应用必须由那些拥有权力和领导地位的人来展示。领导者必须被视为生活和管理的道德准则。

【例题 6－12】 哪句话最能概括会计与组织伦理之间的联系？

A. 道德和道德决策与会计无关，因为会计始终以定量信息为基础。

B. 内部控制是与道德相关的会计的唯一真实方面，因为这些与道德决策有关。

C. 会计和道德是相互关联的，因为最高层的基调和组织中的其他道德程序将影响和推动会计和其他财务决策。

D. 由于大数据的增加，大多数（如果不是全部）道德决策都是由定量信息驱动的，因此，会计和组织伦理已经联系起来。

【答案】 C

【解析】 选项 A 不正确。虽然道德规范基于定性信息，但组织实施的道德政策推动了会计决策过程。

选项 B 不正确。内部控制与道德决策相关，但它们只代表与道德决策过程相关的一个会计领域。

选项 C 正确。从表面上看，会计和道德可能看起来不太相关；然而，它们确实相辅相成，相互驱动。

选项 D 不正确。虽然大数据和定量信息的可用性的增加影响了道德决策，但道德仍然是一个由定性因素主导的领域。

【例题 6－13】 以下哪项陈述最能说明不道德行为与非法行为之间的关系？

A. 不道德的行为也总是非法的

B. 不道德的行为本质上不一定是非法的

C. 不道德行为必须违反政府规定

D. 必须审查不道德的活动，并由 PCAOB 等监管机构标记为不道德

【答案】 B

【解析】 选项 A 不正确。仅仅因为一个人以不道德的方式行事，例如窃听走廊里的私人谈话，并不是违法的。

选项 B 正确。仅仅因为一个人或公司以不道德的方式行事并不意味着这些行为也是非法的。

选项 C 不正确。由于市场垄断，一种不道德的行为可能就像从事糟糕的客户服务活动一样简单。这是不道德的，但并不违反规定。

选项 D 不正确。虽然确实发生了这种情况，但并不要求确定哪些活动本质上是不道德的。

【例题 6 – 14】 以下哪项不是一个拥有道德行为准则并由管理团队传达这些信息的组织的好处？

A. 概述核心道德价值观为管理层提供了解释和展示员工期望和鼓励的行为的基础

B. 建立道德准则反映了管理层对道德价值观的承诺，并以一种能够传达给市场的方式这样做

C. 道德准则可以而且应该包括应该纳入道德培训和教育信息的项目和概念

D. 通过制定行为准则，组织可以有效地保护自己免受基于歧视和可能出现的其他不道德问题的法律诉讼

【答案】 D

【解析】 选项 A 不正确。这是建立行为准则并向当前和未来的员工解释此类行为的明确好处。

选项 B 不正确。这是建立道德规范并将这些数据传达给市场的关键好处，这越来越成为利益相关者感兴趣的项目。

选项 C 不正确。这是一个理念和概念，应该由采用道德准则并希望宣传这些准则作为建立道德文化基础的组织实际付诸实践。

选项 D 正确。虽然制定行为准则可能有助于减少分配给公司的财务和非财务处罚，但这种策略并不能消除责任。

简答题出题方向分析

【出题方向1】根据企业财务决策分析中出现的职业道德问题，分析其道德影响或是违反了哪些职业道德标准。

解题要点：必须熟记《IMA职业道德行为准则》中每一个标准及具体规定要求。

【出题方向2】根据企业财务决策分析中出现的职业道德冲突，分析管理会计师或财务经理推荐应采取的行动。

解题要点：必须熟记《IMA职业道德行为准则》中道德冲突解决的相关规定，其中特别要注意道德冲突解决的步骤，在面临严重的道德问题时，会员应该遵守组织制定的冲突解决原则，如果无法用这些原则解决冲突，会员应该考虑采取行动时要注意直接上级是否牵扯其中，直接上级的级别是否是首席执行官或类似职务的人，还要考虑保密问题以及违法性问题处理的程序。

【出题方向3】根据企业财务决策分析中出现的舞弊行为，分析具体经济环境中造成舞弊的因素有哪些，或者经济环境存在舞弊的风险大小。

解题要点：熟悉掌握舞弊三角理论的三要素及具体内容，同时要理解舞弊三角理论中舞弊风险大中小的划分。

历年经典试题回顾

一、单选题

【经典试题 1】 最近 FC 公司向管理层递交了一份下一年度的预算。这份预算中包括开发一种新产品——可充电的电扇。和竞争对手的产品相比，这种新式电扇不仅持续时间长，而且噪声较小。虽然管理层还没有通过这份预算，但预算建议发动广告攻势以支持其销售目标，因为在电扇这个商业圈内，还没有意识到该公司快推出一种新产品了。公司一位管理会计员把这份预算给一位经销商看了，根据美国管理会计师协会（IMA）的《管理会计和财务管理专业人士的道德准则》，下列哪一项最能表述此种情况下的道德冲突？

A. 管理层还没有通过这份预算，因此不应该公开

B. 还没有制定价格，因此必须控制期望值

C. 该职员可能让公司卷入诉讼

D. 该员工不该对外披露具有保密性质的信息

【答案】 D

【解析】 选项 D 正确。根据《IMA 职业道德行为准则》，每一位会员都有责任遵守保密标准：

（1）除非得到授权或依法予以披露，否则一定要保证信息的保密。

（2）通知所有相关的机构保证信息的保密。监管下属的行为，确保他们能够遵守命令。

（3）禁止任何人利用机密信息获取不道德的利益或非法牟利。

因此，公司一位管理会计员把这份预算给一位经销商看，违反了保密标准，该员工不该对外披露具有保密性质的信息。

【经典试题 2】 查理·本沃尔是评估潜在收购案的团队成员。本沃尔的雇主和潜在目标都是上市公司。本沃尔的个人投资组合中有很大一部分是由目标公司的股票组成的，本沃尔没有披露这一点。根据《IMA 职业道德行为准则》，本沃尔将违反以下哪一项标准？

A. 能力　　B. 可信度　　C. 正直　　D. 保密

【答案】 C

【解析】 选项 A 不正确。不披露利益冲突是违反正直标准的。

选项 B 不正确。不披露利益冲突是违反正直标准的。

选项 C 正确。《IMA 职业道德行为准则》中的正直标准规定，会员有责任减轻实际的利益冲突，并定期与业务伙伴沟通，以避免明显的利益冲突。应将

任何潜在冲突告知所有各方。

选项 D 不正确。不披露利益冲突是违反正直标准的。

【经典试题 3】某公司的会计部门具有强大的内部控制结构。该部门具有高度的职责分离、定期对账、严格审查和全面内部审计。某心怀不满的固定资产会计师蓄意贪污由应收账款部门处理的现金收入。会计师计划将这些资金用于赌博。使用舞弊三角模型，哪一项是对公司舞弊风险情况的最佳评估？

A. 低，因为机会和借口不存在

B. 中，因为机会不存在

C. 中，因为借口不存在

D. 高，因为压力、机会和借口都存在

【答案】B

【解析】压力、机会和借口是舞弊三角理论的要素，只有在这三个要素同时具备的情况下才可以形成舞弊，对于公司的会计来说，明知公司有严格的内部控制，因此机会不存在，选项 B 正确。

【经典试题 4】对于美国在海外的公司，以下四个选项中哪项是美国《反海外腐败法》所允许的？

A. 向政府官员付钱，以使他们能对他们在国外的业务网开一面

B. 向政府官员付钱，以确保公司获取在国外的业务

C. 向政府官员付款，以使在当地的正常业务能快速被处理

D. 向海关官员付款，以使他们的设备等通关

【答案】C

【解析】选项 C 正确。根据美国《反海外腐败法》（FCPA）的规定，“禁止美国企业和公民、在美国上市的外国企业，或在美国代理人直接或间接地向外国官员、外国政党或政党官员或外国政治职务候选人，支付或提议支付金钱或任何有价值的物件，以此来达到如下目的：其职权范围内对其作为或不作为的决定施加影响，诱导其作出超越合法职责范围的事项，或是协助获取任何不正当优势以此让行贿者获取或维持商业利益。”但是如果付款是为了加速正常业务的处理，没有违反美国《反海外腐败法》。

【经典试题 5】一个企业职员发现他们公司的生产会给附近的小区带来危害，他告诉了上司，上司说让他不要管这些事，他就寻找了他的律师，想要把这件事报告给相关机构，下面说法哪个是正确的？

A. 他的行为是正确的，应该告知相关机构

B. 他的行为错误，应该听从上司的

C. 如果律师说企业行为违法，则告诉相关机构

D. 他的行为是错误的，违反了职业道德中的保密标准

【答案】C

【解析】选项 C 正确。《IMA 职业道德行为准则》关于道德冲突的解决中规定："3. 有关道德冲突的法律责任与权利的情况，请咨询您自己的律师。"因此，如果公司对小区的危害涉及违法行为，咨询律师后告知相关机构。

【经典试题 6】根据欺诈风险模型，以下哪一项是员工盗窃的最可能动机？

A. 赌博输了　　B. 内部控制无效

C. 相信等级是有特权　　D. 监管不力

【答案】A

【解析】选项 A 正确。员工对资产的实际或感知需求，如赌博损失，可能会产生实施欺诈的动机。

选项 B 不正确。无效的内部控制创造了实施欺诈的机会。

选项 C 不正确。相信等级是有特权，这是一些员工可能用来为欺诈辩护的理由。

选项 D 不正确。监管不力造成欺诈的机会。

【经典试题 7】以下所有内容都是关于商业道德的正确陈述，除了：

A. 商业道德是一套道德原则，用于确定开展业务时法律上可接受或不可接受的内容

B. 商业道德是用于确定在开展业务时道德上可接受或不可接受的原则、规则和标准

C. 商业道德是一套道德规则和标准，有助于确定在开展业务时对待人们的可接受或不可接受的方式

D. 商业道德是一套指导商业行为的道德原则

【答案】A

【解析】选项 A 正确。在开展业务时，可接受或不可接受的内容是基于法律而非道德原则。

选项 B 不正确。商业道德涉及道德上可接受和不可接受的商业方式。

选项 C 不正确。商业道德涉及可接受和不可接受的对待人的方式。

选项 D 不正确。商业道德涉及指导商业行为的原则。

【经典试题 8】1977 年美国《反海外腐败法》要求那些根据 1934 年证券交易法中需要提交报告的公司要维护一个令人满意的内部控制。与该法规相关的独立审计人员的角色是：

A. 向证券交易委员会汇报公司令人不满意的内部控制

B. 作为传统的审计鉴证职能的一部分向报表使用者提供保证，即公司遵守了现在的法律规定

C. 发表对公司内部控制完全满足法律要求的无保留观点

D. 鉴证财务报表

【答案】D

【解析】选项 A 不正确。不要求审计师向证券交易委员会报告违反法案，尽管审计师有义务向外界披露客户可能存在一些问题，如对于可能其必须在 8－K 表（AU317）中报告的关于没有遵守法律规定的行为，客户没有采取纠正措施。

选项 B 不正确。传统的鉴证职能不涉及合规审计。

选项 C 不正确。美国《反海外腐败法》不包括让审计师对内部控制发表意见的要求。

选项 D 正确。客户是否遵守美国《反海外腐败法》是一个法律问题。不能期望审计师向客户或财务报表使用者提供法律建议。审计师的角色是对约定的事项评价控制风险以证明公允披露财务报告。

【经典试题 9】一名会计人员意识到有一个表外银行账户，其中资金已被其直接主管批准的抵销信贷转移。他的直接上司拒绝讨论此事，并建议会计人员忘掉这件事。在这种情况下，以下哪一项应该是会计人员的下一步行动?

A. 以书面形式向直接主管提出问题，并抄送公司的独立审计师

B. 与直接主管以上的管理层讨论问题

C. 与公司的独立审计师进行秘密沟通

D. 与公司的外部法律顾问进行保密沟通

【答案】B

【解析】选项 A 不正确。当直接主管似乎牵涉其中时，不应与他或她讨论此事。

选项 B 正确。根据《IMA 职业道德行为准则》，要解决道德问题，第一步通常是遵循组织的既定政策。在没有既定政策的情况下，成员可以咨询其直接主管。如果涉及此人，则应将此事提交给上一级管理层。

选项 C 不正确。除非在直接主管以上的管理层没有达成令人满意的解决方案，否则指挥链之外的沟通是不合适的。

选项 D 不正确。公司外部法律顾问的委托人是公司，而不是会计人员。

【经典试题 10】一名新会计正在协助月末结账。他的主管告诉他应预提一大笔应收账款，并说他稍后会提供证明文件。新来的会计做了预提，账簿结账了。随后，新会计发现，如果没有该应收账款，公司将无法达到预期收益。新来的会计要求提供文件，但主管不能提供。其他同事告诉新会计，这名主管过去曾指示将无单据的分录入账，而前任会计因为对有关的入账不安心而离开了公司。为新会计推荐最好的做法。

A. 新会计应评估应收账款的重要性，以确定是否值得跟进

B. 新来的会计应该就那些看起来不准确的无单据应收账款与他的主管对质

C. 新来的会计应该把这个问题提交给主管的经理来解决

D. 新会计应该向董事会报告公司没有真正达到预期收益

【答案】C

【解析】选项 A 不正确。不考虑实质性，因为这涉及审计团队产生的道德冲突。应收款的重要性并不重要。

选项 B 不正确。新会计不应就无单据应收账款与主管对质。适当的做法是将问题提交上一级管理层。由于新会计主管卷入了冲突，他应该向主管的经理提出这个问题。

选项 C 正确。当遇到不道德的问题时，会计人员应该遵循组织关于解决这些问题的既定政策。如果这些政策不能解决不道德问题，他应首先与他或她的直接上级讨论这个问题，除非有主管参与其中。在这种情况下，他应该将问题提交给上一级管理层。由于新会计主管卷入了冲突，他应该向主管的经理提出这个问题。

选项 D 不正确。如果直接上级是首席执行官或同等级别的人，则可接受的审查机构可以是审计委员会、执行委员会、董事会、信托委员会或业主等团体。不应联系公司的独立会计师事务所，因为他们与此无关。由于新会计的上级不是首席执行官或同等职位的人，他不应该向董事会提出这个问题。

二、简答题

FR（FulRange）公司生产个人电子产品的复杂芯片，如音乐录制设备等。这些芯片基本上被销售给大型生产商，而将生产过剩的产品以优惠折扣销售给小生产商。小生产商市场领域看起来非常有利可图，因为公司的基本运营预算已经把所有的固定生产费用分摊给唯一可预测的市场，即大型生产商了。

一个普遍的产品缺陷就是在生产过程中，由于没有保持在精确的热度水平上，而发生的“漂移”现象。生产经理认为，经过100%测试系统所淘汰出来的产品，可以在返工后达到合格水平。然而，最近在对顾客投诉进行分析时，成本会计师乔治·威尔森先生和质量管理工程师发现，一般的返工芯片不能达标。取样显示，约有一半的返工芯片在长期使用后会出现故障。在1～5年使用期中，返工芯片的故障发生频率预计约有10%。

很不幸，没有什么方法能够确认哪个返工芯片会出现故障，因为测试无法检查出这个毛病。可以改进返工程序来解决这一问题，但是对所建议的返工程序改进做成本效益分析后显示，这种方法不可行。FR 公司的市场营销分析师认为，如果这一问题没有得到解决，将会对公司的声誉和消费者的满意度造成巨大的影响。因此，董事会将把这个问题视为对于公司的收益率有严重负面影响的问题。

威尔森先生在其报告中声明了这一芯片故障和返工的问题，该报告是用于即将召开的董事会季度会议。由于其潜在的负面经济影响，威尔森先生根据长期惯例强调了此信息。

在审阅了即将递交的报告后，厂长和其工人非常生气，他们对会计主管表示，他应该更好地约束自己的下属。“我们不能用这种材料让董事会感到不安。

去告诉威尔森先生将此隐瞒下来。”

会计主管给威尔森先生的办公室打电话说：“乔治，你必须将此事隐瞒下来。返工后可能会出现故障这件事情可以在口头汇报时简单地提一下，但是决不能在预先寄给董事会的书面材料中提及或者加以强调。”

威尔森先生强烈感觉到，如果他执行了会计主管的命令，那么对这件可能造成重大经济损失的事情，董事会将会得到错误信息。威尔森先生将此事告知质量管理工程师，这位工程师只说了一句：“乔治，这是你的事情。”

问题：

a. 讨论：根据《IMA 职业道德行为准则》中的有关标准，乔治·威尔森在此形势下应当参照哪些职业道德标准。

b. 在这种形势下乔治·威尔森应该怎么做？解释一下你的看法。

【解析】a. 作为一位会计师，乔治·威尔森有义务按照诚实、公允、客观和责任的道德原则行事，并且鼓励公司的其他人能够遵守这些原则。他在要递交给董事会的报告中说明并强调了返工问题，这样做是非常正确的，但是他却被告知要将这些信息从报告中删除。

《IMA 职业道德行为准则》中的如下标准是适用于 FR 公司的具体情况的：

（1）能力。

提供准确、清楚、简洁和及时的决策支持信息和建议。

（2）正直性。

禁止从事任何可能损害他们按照职业道德履行职责的能力。

禁止从事或者支持使职业声誉受损的活动。

（3）可信。

公正和客观地传递信息。

披露所有可被合理预期到的、能够影响意向使用者理解报告、评论和建议的有关信息。

b. 如果 FR 公司已经制订了解决道德冲突的政策，乔治·威尔森应遵守公司的相关规定。如果该公司没有这种规定或该规定不能解决道德冲突，他可以考虑采取以下行动：

因为威尔森的上司——会计主管是导致这个道德困局的原因，威尔森应该将此事情告知更高一级的管理人员。威尔森不需要将他的这一行动告知会计主管，因为会计主管已经卷入此事。威尔森应该找到更高一级的管理人员，如审计委员会、董事会等，直到事情得到圆满的解决。

除非是明显违反了法律，否则威尔森不能将此情况告知 FR 公司以外的任何个人或机构。

威尔森应该与一位公正的顾问明确道德问题，以便对可能采取的措施有更好的理解。

威尔森应该与他的律师谈论有关道德问题的法律权利和义务。

同步测试题

一、选择题

1. 根据《IMA 职业道德行为准则》的诚信标准，下列哪项是每一成员应有的责任？

A. 不得参与或支持可能诋毁职业的活动

B. 调和实际利益矛盾

C. 定期与商业伙伴沟通以避免明显的利益矛盾

D. 公正客观地交流信息

2. 凯特琳是一家生产成型房屋公司的财务主管。年终将至，公司预测的盈利显著低于预期，向凯特琳报告的高级管理会计师安德烈负责年终盈利预测报告。为了降低成本，安德烈和凯特琳被要求参加一个委员会来审查作业，委员会选择了几个问题来强调立即改进盈余。

安德烈已经被要求与采购部门一起工作来选择可以给予较低成本的供应商，同时保证采购质量。黑兹尔公司可以以低价提供许多关键的材料，但是公司的所有人与凯特琳有关。在进行成本节约分析后，安德烈建议选择黑兹尔公司作为新的供应商。

凯特琳被要求审查目前在产房屋的百分比的计算。凯特琳可以改变计算内容，这会直接影响公司的盈利性，凯特琳修改了计算并将修改后的补充报告递交给审计人员。

《IMA 职业道德行为准则》描述了公允的道德原则。确定一个与这个案例相关的公允例子：

A. 确保报告和报表的信息是准确的

B. 在适当的时间传递信息

C. 选择供应商没有偏见、歧视或者偏爱

D. 向外部审计师披露所有必要和相关的信息

3. 经过竞争性招标，一家公司的采购董事将一份合同授予了出价最低的投标人，这是一个她有个人利益的组织。由于中标者的价格最低，她没有透露自己与该组织的关系。事实上，她经常强调，中标人拥有最丰富的服务此类合同的经验。采购董事违反了道德决策的哪一个价值观？

A. 没有，因为采用了竞争性招标程序

B. 公平，因为她没有说出她和卖方的关系

C. 正直，因为她和竞拍者的关系可能会影响她的判断力

D. 诚实，因为她对竞拍者的经历不诚实

4. 约翰・穆尔最近被一家制造公司聘为财务主管助理。公司财务主管南茜・凯预测年度盈利增长 16%。在今年的第四季度，约翰估计该公司盈余增长为 12%。当他将这报告给南茜时，她告诉他满足这个数字将不会是问题。她解释说在生产中有几个工作将在会计年度结束之后完成，她将把相关的收入计入本会计年度。约翰・穆尔此时应该采取的第一步措施是什么？

A. 联系他的律师来确定他的权利

B. 跟随组织的既定政策来解决这类型的冲突

C. 通知审核委员会发现的问题

D. 与另一家公司的首席财务官讨论这个问题，他并不认识约翰公司的任何人

5. 举报制度对于组织道德文化建设的好处，下列哪种说法正确？

Ⅰ可以提供员工是否遵守道德的反馈。

Ⅱ能够发现改进和提高的地方。

Ⅲ能够促使管理层以身作则。

Ⅳ能够发现各层级的错误和风险。

A. Ⅰ和Ⅱ　　B. Ⅲ和Ⅳ

C. Ⅰ、Ⅲ和Ⅳ　　D. Ⅱ和Ⅳ

6. 李是 A 公司的财务分析师，正面试 B 公司的财务分析师职位，李在 A 公司做劳务成本分析报告，B 公司的经理对这份报告很感兴趣，要求李面试之后用邮件发给他。李面试后将劳务成本分析报告发给了 B 公司经理：

A. 李违反了《IMA 职业道德行为准则》的保密性原则

B. 李违反了《IMA 的职业道德行为准则》

C. B 公司经理违反了《IMA 职业道德行为准则》

D. 以上都不正确

7. 在什么情况下，一个 IMA 成员允许向该组织外的人披露保密信息？

A. 有道德冲突，并且直接主管人员拒绝采取行动

B. 有道德冲突，并且组织拒绝采取行动

C. IMA 成员退出和不再有保密义务

D. 有法律义务披露信息

8.《IMA 职业道德行为准则》的诚信标准表明每一位成员都有责任：

A. 通过不断发展知识和技能保持一个适当的专业水平

B. 提供准确的决策支持信息和建议

C. 披露所有相关的可以合理预期影响用户理解的信息

D. 避免使用机密信息非法或不道德的获利

9. 某公司管理会计人员了解公司处理有害产品，采用掩埋的方式处理会对周边居民环境带来污染，而且掩埋方式是要承担法律责任的。管理会计人员就告诉了他的上级，但是上级让他不要告诉其他人，并且让他不要再管此事。这名员工随后就和律师讨论，准备告诉相关部门。请问这名员工在什么情况下是遵守职业道德规范的？

A. 直接报告当地相关当局

B. 不要告诉其他人，因为上级不让

C. 该员工违背了职业道德规范保密原则

D. 等律师确认该公司真的是违反了相关法规，然后才告知当地相关当局

10. 斯科特·琼斯是一家公司的会计文员，该公司最近因需要削减预算而解雇了多名工人。

他无意中看到了自己上司每两周发放一次的薪金支票。由于并未意识到这张薪金支票包含年度奖金，琼斯误将此工资总额乘以 26 来计算这位上司的年收入。琼斯惊讶地发现，他上司的薪酬看起来是当地担任会计主管职位的员工的平均薪酬，琼斯与一位朋友讨论了这个情况，这位朋友就是该公司最近解雇的一名员工，现在就职于一家当地报社。因为这次讨论，这位主管“惊人的”薪水被公之于众。琼斯的行为违反了《IMA 职业道德行为准则》中的哪一项标准？

A. 专业胜任能力　　B. 保密

C. 正直　　D. 诚信

11. 当管理会计师在职业上取得进步时，他们经常有责任监督缺乏工作经验的员工。下列哪个是监管者的道德责任？

A. 部门的利润最大化或成本最小化

B. 鼓励员工发展与客户的关系

C. 确保员工正确处理保密信息

D. 雇用与现有的员工相处融洽的新员工

12. 以下哪项与道德相关的领导行为最能支持管理者和主管有效地实施道德规范？

A. 建立行为准则，开展道德培训，监督道德行为

B. 树立好的榜样，信守承诺，支持他人遵守道德规范

C. 雇用有道德的员工，找出道德行为和实际行为之间的差距，惩罚道德失范

D. 实施内部控制，建立举报人框架，开发调查工具

13. 上市公司必须遵守1977年的《反海外腐败法》。该公司的合规程序应该包括以下各项，除了：

A. 授权并正式签署的协议，声明公司将遵守该法案

B. 公司的现有内部会计控制系统文件

C. 控制风险最小化的成本/收益分析

D. 用于评估内部会计控制系统的质量核查体系

14. 为了使道德规范在实践中成为现实，公司活动的方方面面都应受到该准则的影响。道德行为不仅要关注顾客和客户，还要关注员工、整个社会、股东和供应商。从设计和开发到售后支持和服务的所有活动，在应用公司的道德原则时也应考虑在内。当关注整个社会时，道德考虑很可能包括：

A. 公允价值、周期时间、质量和服务保证

B. 声誉、风险、成本/收益和价值回报

C. 谈判、问题解决、交货和库存支持

D. 环境、资源使用、停电影响和废物/处置

15. 某会计师在其公司中发现了不道德的行为，但因为害怕打击报复而未采取任何行动。他违反了美国管理会计师协会的以下所有职业道德标准，除了：

A. 禁止参与可能影响正确履行职责的任何行为

B. 禁止使用机密信息来获得不道德或违法优势

C. 公平客观地传递信息

D. 披露在合理的预期下可能影响目标用户的所有相关信息

16. 公司的所有员工都同意，道德决策的制定主要基于自愿的界限，而非强制的界限。这表明关于道德行为的决策：

A. 主要基于公司的价值观和信念，而非法定行为

B. 超出了道德考量的范畴，还包括法律上的考量

C. 对法律要求以及道德标准的重视程度相当

D. 旨在达到最低的预期要求

17. 某制造业公司位于国内人烟稀少的地区，该公司的一项政策是让其原材料存货仓库的大门在正常营业时间打开，以优化工作流程。该公司的财务主管最近发现丢失了一些原材料存货。使用舞弊三角模型，财务主管确定该公司的政策最可能增加舞弊风险的是：

A. 激励员工实施舞弊

B. 增加舞弊行为合理化的便捷性

C. 帮助员工认识到财务需求

D. 增加实施舞弊的机会

18. 下列哪一种道德哲学认为，一种行为如果促进更大的善，在道德上是可以接受的？

A. 功利主义　　B. 道义论　　C. 目的论　　D. 相对主义

19. 一位美国管理会计师协会的会员发现一个会误导公司财务数据使用者的情况，并将此情况通知了他的直接主管。当以下哪个选项发生时，该会员才应向审计委员会和（或）董事会报告此情况？

A. 他的直接主管是公司的首席执行官，知道此情况但拒绝纠正

B. 他的直接主管向首席执行官报告，并知道此情况但拒绝纠正

C. 他的直接主管对该会员作出将解决此情况的保证

D. 他的直接主管向上一级主管报告此情况

20. 某公司的总部设在美国，并在多个国家/地区设有国际子公司。该公司的国际子公司之一创建了多个账外账户，以便向外国官员行贿。这些行贿款项在该子公司的账簿和记录中未反映出来。该子公司有一些现成的内部控制，但未使用 COSO 内部控制框架，且没有一个合规性条款。根据提供的信息，该子公司的下列所有情形都违反了美国《反海外腐败法》的内部控制规定，除了：

A. 支付行贿款项

B. 未使用 COSO 框架构建内部控制

C. 未能使用内部控制来确保准确地记录交易

D. 其内部控制系统中缺少合规性条款

二、简答题

某 A 公司制作玩具机器人，售价 210 美元/件，每年销量 5 000 件，直接材料 55 美元，直接人工 40 美元，固定费用 170 000 美元，现接到一份玩具机器人的特殊订单 400 件，报价 145 美元，该 A 公司有足够产能生产该订单。该 A 公司还需要用贴纸对玩具机器人进行装饰，外购供应商售价 10 美元，现在，A 公司正考虑自制生产贴纸，直接材料 2 美元和人工 4 美元，并产生相应的固定成本 6 000 美元，A 公司的首席财务官的一个朋友是贴纸供应商的某经理，首席财务官把 A 公司要自制的所有相关财务数据告诉了他的朋友，他朋友立马把此信息告知贴纸供应商的首席官，在 A 公司首席财务官与他朋友通话时，A 公司的某一会计员听到了此事。

要求：

1. A 公司是否接受玩具机器人的特殊订单，请写出计算过程。
2. 公司选择自制贴纸还是外购，请写出计算过程。
3. 自制和外购需考虑的两点非财务因素。
4. a. 不考虑玩具机器人特殊订单，在企业自制贴纸情况下，请计算保本

点的销售量。

b. 若考虑玩具机器人特殊订单，且企业自制贴纸情况下，请计算保本点的销售件数，设保本点销售量 $=X$。

5. a. 根据《IMA 职业道德行为准则》，讨论 A 公司会计员发现的道德问题。

b. 会计员应如何解决此道德冲突？

同步测试题答案及解析

一、选择题

1.【答案】D

【解析】选项 A 不正确。不得参与或支持可能诋毁职业的活动属于正直性标准。

选项 B 不正确。调和实际利益矛盾属于专业胜任能力标准。

选项 C 不正确。定期与商业伙伴沟通以避免明显的利益矛盾属于正直性标准。

选项 D 正确。公正客观地交流信息属于诚信标准。根据 IMA 职业道德实践声明的诚信标准，每一成员有责任：①公平、客观地交流信息（即不是因人而异，因利益而异）；②披露所有相关信息，如果这些信息可能会影响信息使用者对报告的理解、分析或建议；③根据公司政策及相关法律，需披露在信息内容、及时性、处理过程或内控方面的不足或缺陷。

公正客观地交流信息是《IMA 职业道德行为准则》的一个诚信标准。

2.【答案】C

【解析】选项 A 不正确。确保报告和报表的信息准确是专业胜任能力的要求。

选项 B 不正确。在适当的时间传递信息是专业胜任能力的要求。

选项 C 正确。选择供应商没有偏见、歧视或者偏爱。公平性需要设身处地考虑特定情况下相关人员的需要，完全地披露所有必要的信息。组织应得到充分和全面的披露，这样黑兹尔企业能以较低的成本提供高质量的产品。然而，它与财务主管的关系必须披露。

选项 D 不正确。向外部审计师披露所有必要和相关的信息是专业胜任能力的要求。

3.【答案】C

【解析】选项 A 不正确。未披露的利益冲突违反了诚信原则。

选项 B 不正确。采购董事的错不是没有说出她与供应商关系的真相。错误是在于没有充分披露。

选项 C 正确。采购董事有实际的利益冲突，但即使是明显的利益冲突也应该避免。适当的行动是将情况告知各方，以避免出现暗中获利的现象。此外，该交易并非仅仅因为利益冲突而不当。交易可能对公司公平，并在充分披露后得到相应上级的批准。

选项 D 不正确。事实并不表明关于中标人经验的陈述是错误的。

4. 【答案】 B

【解析】 选项 A 不正确。联系他的律师确定的是与冲突有关的法律义务和权力。

选项 B 正确。在采取任何行动之前，约翰穆尔应该首先去查看组织是否已经建立了有关处理这种冲突的政策。如果存在这样的政策，那么他应该遵守相关的政策。

选项 C 不正确。如果直接上司是 CEO 或同级别，可接受的核准方可能是一个团体，如审计委员会、执行委员会、董事会、理事会或企业所有者。

选项 D 不正确。除非该问题违反了法律，否则不宜与组织之外的人士沟通。

5. 【答案】 D

【解析】 反馈是通过定期地评估员工表现得出的结果，不是通过举报，举报是偶尔发生的事件，频率很低，所以 I 不正确。

管理层以身作则是对职业道德有帮助，但这与举报无关，所以Ⅲ不正确。

6. 【答案】 A

【解析】 保密性，每一位会员都有责任：

除非得到授权或依法予以披露，否则一定要保证信息的保密性。

通知所有相关的机构保证信息的保密性。监管下属的行为，确保他们能够遵守命令。

禁止任何人利用机密信息获取不道德的利益或非法牟利。

7. 【答案】 D

【解析】 选项 A 不正确。根据《IMA 职业道德行为准则》中关于职业道德冲突的解决指出，除非该问题违反了法律，否则不宜与组织之外的人士沟通。

选项 B 不正确。有道德冲突，但是除非该问题违反了法律，否则不宜与组织之外的人士沟通。

选项 C 不正确。除非该问题违反了法律，否则不宜与组织之外的人士沟通；不管是否是 IMA 成员，站在职业道德角度都应该具备保密义务。

选项 D 正确。《IMA 职业道德行为准则》遵守保密标准，每个会员都有责任：①除非经授权或法律要求，否则要对相关机密信息保密（如配方、工艺等）；②告知相关各方如何正确使用保密信息，监督下属以确保遵守使用规则（如不要在公开场合大声交流机密信息、使用碎纸机、传真机资料保密等）；③避免不道德或非法使用保密信息（如告知竞争对手或出售保密信息等）。因此，除非有法律义务披露信息，否则要对相关机密信息保密（如配方、工艺等）。

8.【答案】C

【解析】选项A不正确。通过不断发展知识和技能保持一个适当的专业水平属于专业胜任能力标准。

选项B不正确。提供准确的决策支持信息和建议属于专业胜任能力标准。

选项C正确。披露所有相关的可以合理预期影响用户理解的信息属于诚信标准的要求。《IMA职业道德行为准则》的诚信标准表明每位成员都有责任：①公平、客观地交流信息（即不是因人而异、因利益而异）；②披露所有相关信息，如果这些信息可能会影响信息使用者对报告的理解、分析或建议；③根据公司政策及相关法律，需披露在信息内容、及时性、处理过程或内控方面的不足或缺陷。

选项D不正确。避免使用机密信息非法或不道德的获利属于保密标准。

9.【答案】D

【解析】由于公司处理有害产品涉及法律问题，因此有关道德冲突的法律责任与权利的情况，需要咨询律师，等律师确认该公司真的是违反了相关法规，然后才告知当地相关当局。

10.【答案】B

【解析】选项A不正确。专业胜任能力要求每一位会员都有责任去：①通过不断地学习知识和技能，维持合适的专业水平；②根据相关的法律、法规和技术标准履行专业职责；③提供准确、清晰、及时、简练的决策支持信息与建议；④能够认识到并和相关人员沟通专业上的局限、欠缺或其他制约，如果这些专业上局限或制约可能会影响可靠的判断或成功地履行某项活动。

选项B正确。根据保密标准，要求每一位会员都有责任去：①除非经授权或法律要求，否则要对相关机密信息保密（如配方、工艺等）；②告知相关各方如何正确使用保密信息，监督下属以确保遵守使用规则；③避免不道德或非法使用保密信息。琼斯行为违反了保密标准，他不应当把公司的机密透露给非公司的人士。

选项C不正确。正直要求每一位会员都有责任去：①减少实际的利益冲突。定期与商业伙伴沟通以避免明显的利益冲突，若有潜在的利益冲突需通知相关人员；②避免从事任何不遵循职业操守以及秉公履行职责的行为；③避免从事或支持任何可能有损职业形象或声誉的行为（如做假账，发布虚假信息等让有些人可能对会计界怀疑）。

【提示】绝对的无关联有时候不容易做到，而且有关联未必会影响工作，但因为较容易出问题，所以要通告，要尽量避免和减少。

选项D不正确。诚信要求每一位会员都有责任去：①公平、客观地交流信息；②披露所有相关信息，如果这些信息可能会影响信息使用者对报告的理解、分析或建议；③根据公司政策及相关法律，需披露在信息内容、及时性、处理过程或内控方面的不足或缺陷。

11. 【答案】C

【解析】选项A不正确。部门的利润最大化或成本最小化不属于道德责任。

选项B不正确。鼓励员工发展与客户的关系也不属于监管者的道德责任。

选项C正确。根据《IMA职业道德行为准则》，管理会计师有责任遵守保密标准，每个会员有责任去：①除非经授权或法律要求，否则要对相关机密信息保密（如配方、工艺等）；②告知相关各方如何正确使用保密信息，监督下属以确保遵守使用规则（如不要在公开场合大声交流机密信息、使用碎纸机、传真机资料保密等）；③避免不道德或非法使用保密信息（如告知竞争对手或出售保密信息等）。其中就包括监控下属的活动以确保他们的遵守。

选项D不正确。雇用与现有的员工相处融洽的新员工不属于监管者的道德责任，而且雇用与现有的员工相处融洽的新员工违反内部控制制度。

12. 【答案】B

【解析】支持经理和主管有效地实施道德行动包括树立良好的榜样、遵守承诺、支持他人遵守道德标准。

13. 【答案】A

【解析】《反海外腐败法》是法律文件，其主要内容是企业财务内控要求和反贿赂条款。法律文件并不需要企业声明将遵守法案。

14. 【答案】D

【解析】选项A不正确。公允价值、周期时间、质量和服务保证的伦理考虑只集中在公司内部的生产过程。

选项B不正确。声誉、风险、成本/收益和价值回报的伦理考量仅集中在公司的投资决策上。

选项C不正确。谈判、问题解决、交付和库存支持的道德考虑并没有考虑到整个社会，而只是考虑到供应链。

选项D正确。环境、资源使用、停电影响和废物/处置的伦理考虑侧重于社会责任，以造福于整个社会。

15. 【答案】B

【解析】选项A、C、D不正确。因为选项A、C、D属于这名会计师所违反的职业道德标准。

选项B正确。因为选项B语句来源于保密标准，但并不适合此情景。

16. 【答案】A

【解析】道德决策的制定目的是让企业区分在决策过程中应遵循一定的价值观和原则，这种决策方式有利于使决策获得员工和利益相关者的认同并加快决策的实施。即其主要是基于公司的价值观和信念，非强制非法律规定。故正确答案为A选项。

17. 【答案】D

【解析】选项A不正确。并不构成正向激励。

选项B不正确。并没有增加合理化的便捷性。

选项C不正确。提高财务知识并不增加舞弊的可能性。

选项D正确。该公司的一项政策是让其原材料存货仓库的大门在正常营业时间打开，增加了原材料丢失的机会。

18. 【答案】A

【解析】选项A正确。功利主义价值观最大限度地发挥积极作用。总的原则是，对大多数人的最大好处决定了一个行动是否正确。功利主义不是说结果总体上是好的，而是幸福是否最大化。

选项B不正确。道义论认为如果它遵循道德规则或法律，不管结果如何，决定都是好的。

选项C不正确。目的论主要关注结果。如果结果是好的，那么这个决定在道德上是好的。

选项D不正确。相对主义主张不存在普遍的道德原则。如果一个决定在自己的信仰或价值体系中是正确的，那么它就是正确的。

19. 【答案】A

【解析】选项A正确。面对道德问题时，采取的措施：先遵循组织关于如何解决此类冲突的既定政策，如果既定政策无法解决道德冲突，则应该考虑以下措施：

（1）与直接上司讨论所遇到的问题，但直接上司也牵涉其中时除外。

如果牵涉直接上司，就应该向更高级别的管理人员报告。

如果直接上司是首席执行官或同等职务的人，那么可以呈报给拥有审查、复核权限的机构，即审计委员会、执行委员会、董事会、理事会或股东等。

（2）如果未得到满意的答复，则应该向更高级别的管理人员报告。

（3）与管理会计师协会的道德顾问进行秘密讨论。

（4）向自己的律师咨询与道德冲突相关的法律义务与权利。

选项 B、C、D 不正确。不符合管理会计师所应遵循的顺序。

20.【答案】 B

【解析】 选项 B 正确。美国《反海外腐败法》并未指定必须按照 COSO 框架构建内部控制。

选项 A、C、D 不正确。选项 A、C、D 内容属于美国《反海外腐败法》的内部控制规定。

二、简答题

【解析】

1. A 公司是否接受玩具机器人的特殊订单，请写出计算过程。

解答：接受玩具机器人的特殊订单增加利润 =（145 − 55 − 40）× 400 = 20 000 美元，应该接受。

2. 公司选择自制贴纸还是外购，请写出计算过程。

解答：（10 − 2 − 4）× 5 000 − 6 000 = 14 000（美元），表明外购比自制贴纸多花费 14 000 美元，选择自制。

3. 自制和外购需考虑的两点非财务因素。

解答：自制和外购需考虑的两点非财务因素就是：质量和及时性。

4. a. 不考虑玩具机器人特殊订单，在企业自制贴纸情况下，请计算保本点的销售金额。

保本点的销售金额 =（170 000 + 6 000）÷（210 − 55 − 40 − 2 − 4）
= 1 615（件）

b. 若考虑玩具机器人特殊订单，且企业自制贴纸情况下，请计算保本点的销售件数。设保本点销售量 = X。

$(210-55-40-2-4)\times X+(145-95-6)\times 400-(170\ 000+6\ 000)=0$

保本点销售量 = 1 454（件）

5. a. 根据《IMA 职业道德行为准则》，讨论 A 公司会计员发现的道德问题。

解答：公司首席财务官违反了保密标准，他没有做到：

（1）除非得到授权或依法予以披露，否则一定要保证信息的保密。

（2）通知所有相关的机构保证信息的保密。监管下属的行为，确保他们能够遵守命令。

（3）禁止任何人利用机密信息获取不道德的利益或非法牟利。

也违反了正直标准，从事了：①任何可能损害职业道德的活动。②从事或者支持使职业声誉受损的活动。

b. 会计员应如何解决此道德冲突？

在应用道德行为准则公告时，会员可能会面临在辨别不道德行为或者解决道德冲突的问题，可能会面临一些问题。在面临严重的道德问题时，会员应该遵守组织制定的冲突解决原则，如果无法用这些原则解决冲突的问题，那么会员应该考虑采取以下行动：

（1）除非是顶头上司也可能被牵扯到其中，否则应同顶头上司讨论相关问题。在这种情况下，应该直接将问题递交给上一级。如果在初次递交问题之后，问题并没有得到满意的解决，则要将问题递交给更高一级。如果顶头上司是首席执行官或类似职务的人，那么可接受问题的审查机构可以是审计委员会、执行委员会、董事会、托管人委员会或者所有权人等群体。假如顶头上司未被牵扯到这个问题中，只有在顶头上司了解情况后，才可同更高一级的上司联系。除非法律另有规定，我们认为将这些问题递交给未被该组织雇用的机构或者个人是不合适的。

（2）私下同 IMA 职业道德顾问服务或其他公正的咨询人员进行讨论，以明确有关道德问题，这样可以更好地理解可以采取哪些行动。

（3）有关道德冲突的法律责任与权利的情况，请咨询您自己的律师。

附　录

附录一　公式汇总

第一章　财务报表分析

1. 项目的年度增长率=(新的项目金额÷老的项目金额)-1
2. 营运资本净额=流动资产-流动负债
3. 流动比率=流动资产÷流动负债
4. 速动比率或酸性测试比率=(现金+有价证券+应收账款)÷流动负债
5. 现金比率=(现金+有价证券)÷流动负债
6. 现金流量比率=营业活动现金流量÷流动负债
7. 营运资本净额比率=营运资本净额÷资产总额
8. 财务杠杆系数=净利润的百分率变化÷息税前利润的百分率变化
   或者：财务杠杆系数=息税前利润（EBIT）÷税前利润（EBT）
9. 经营杠杆系数=息税前利润（EBIT）的百分率变化÷销售额的百分率变化
   或者：经营杠杆系数=边际贡献÷息税前利润（EBIT）
10. 财务杠杆比率=资产÷权益
11. 债务总额对资本总额比率=(流动负债+长期负债)÷(债务总额+权益总额)
12. 负债权益比率=债务总额÷权益
13. 长期负债与权益比=(债务总额-流动负债)÷权益
14. 债务对总资产比率（资产负债率）=债务总额÷资产总额
15. 固定费用保障倍数=扣除固定费用和税款前的利润÷固定费用
    固定费用包括利息支出、预期本金还款以及租赁费用
16. 利息保障比率（利息保障倍数）=息税前利润（EBIT）÷年利息费用
17. 现金流量对固定费用比率=(营业活动现金流量+固定费用+税款)÷固定费用
18. 应收账款周转率=赊销额÷应收账款平均额
19. 存货周转率=产品销售成本÷平均存货
20. 应付账款周转率=赊购额÷应付账款平均额
21. 应收账款周转天数=应收账款平均额÷(赊销额÷365)
    或者：应收账款周转天数=365÷应收账款周转次数
22. 存货周转天数=平均存货÷(销售成本÷365)
    或者：存货周转天数=365÷存货周转次数

23. 应付账款付款天数 = 应付账款平均额 ÷（采购额 ÷ 365）
或者：应付账款付款天数 = 365 ÷ 应付账款周转率
24. 营业周期 = 应收账款周转天数 + 存货周转天数
25. 现金周转期 = 营业周期 − 应付账款付款天数
26. 资产总额周转率 = 销售额 ÷ 平均资产总额
27. 固定资产周转率 = 销售额 ÷ 不动产、房产和设备的平均净值
28. 毛利率 = 毛利额 ÷ 销售额
29. 营业利润率 = 营业利润 ÷ 销售额
30. 净利润率 = 净利润 ÷ 销售额
31. 息税折旧摊销前获利率 = 息税折旧摊销前利润（EBITDA）÷ 销售额
32. 权益回报率（ROE）= 净利润 ÷ 平均权益额
33. 市价对账面值比率（市净率）= 股票市价 ÷ 每股账面价值
权益的账面价值 = 总资产 − 总负债 − 优先股账面价值
34. 市盈率 = 每股市价 ÷ 每股收益（EPS）
35. 每股账面价值 =（股东权益总额 − 优先股权益）÷ 发行在外的普通股股份数
36. 基本每股盈利 =（净利润 − 优先股股息）÷ 发行在外的普通股加权平均数（发行在外的股份数以发行在外的月份数加权）
37. 稀释后每股盈利 =（净利润 − 优先股股息）÷ 稀释后发行在外普通股加权平均股份数（稀释后每股盈利，是以可能因发行可转换证券和期权而增加的股份数进行调整而得的每股盈利额）
38. 收益率 = 每股收益 ÷ 普通股每股当前市场价格
39. 股利收益率 = 每股股利 ÷ 每股市价
40. 股利分发率 = 普通股股利 ÷ 可供向普通股股东分发的利润
41. 股东回报率 $R = \frac{(P_t - P_{t-1}) + D_t}{P_{t-1}}$

其中：
P_t——期末股票价格
P_{t-1}——期初股票价格
D_t——每股年度股利

42. 资产回报率（ROA）= 净利润 ÷ 资产平均总值 =（净利润 ÷ 销售额）×（销售额 ÷ 资产平均总值）= 销售利润率 × 资产周转率
43. 权益报酬率（ROE）= 净利润 ÷ 平均权益额 =（净利润 ÷ 资产平均总值）×（资产平均总值 ÷ 平均权益额）= 资产回报率（ROA）× 权益乘数
44. 普通股权益回报率 = 销售净利润率 × 资产总额周转率 × 权益乘数（杜邦体系）=（净收益 ÷ 销售额）×（销售额 ÷ 资产平均总额）×（资产平均总额 ÷ 平均权益额）
45. 营业利润率 = 营业利润 ÷ 销售额
46. 净利润率 = 净利润 ÷ 销售额
47. 可持续增长率 =（1 − 股利分发率）× 权益报酬率（ROE）

第二章　公司财务

48. 股东收益率 =（期末股票价格 − 期初股票价格 + 每股年度股利）÷ 期初股票价格

49. 期望值 $\bar{R} = \sum_{i=1}^{n}(R_i)(P_i)$

其中：

P_i——第 i 种结果出现的概率

R_i——第 i 种结果出现后的预期收益率

n——所有可能结果的数目

50. 标准差（σ）$= \sqrt{\sum_{i=1}^{n}(R_i - \bar{R})^2 \times P_i}$

其中：

n——可能概率的总个数

R_i——第 i 种可能的回报

P_i——该回报发生的概率

51. 变化系数 = 标准差 ÷ 均值

52. 投资组合的收益

$$R_p = \sum_{i=1}^{n} W_i R_i$$

其中：

R_i——第 i 种证券的预期收益率

W_i——第 i 种证券在全部投资额中的比重

n——组合中的证券种类总数

53. 投资组合收益率概率分布的标准差

$$\sigma_p = \sqrt{\sum_{j=1}^{n}\sum_{k=1}^{n} W_j W_k \sigma_{jk}}$$

其中：

n——组合内证券种类总数

W_j——第 j 种证券在投资总额中的比例

W_k——第 k 种证券在投资总额中的比例

σ_{jk}——第 j 种证券与第 k 种证券收益率的协方差

54. 相关系数：协方差除以标准差

$$Corr_{1,2} = \frac{Cov_{1,2}}{\sigma_1 \sigma_2}$$

55. 资本资产定价模型

$$E(R_i) = R_f + \beta_i[E(R_m) - R_f]$$

其中：

$E(R_i)$ ——第 i 个股票的要求收益率

R_f——无风险收益率（通常以国库券的收益率作为无风险收益率）

$E(R_m)$ ——平均股票的要求收益率（指 $\beta=1$ 的股票要求的收益率，也是指包括所有股票的组合即市场组合要求的收益率）

在均衡状态下，$[E(R_m)-R_f]$：投资者为补偿承担超过无风险收益的平均风险而要求的额外收益，即风险价格

56. 度量一项资产系统风险的指标是 β 系数，用希腊字母 β 表示。

为某个资产的收益率与市场组合之间的相关性。其计算公式如下：

$$\beta_i=\frac{COV(R_i,\ R_m)}{\sigma_m^2}=\frac{r_{im}\sigma_i\sigma_m}{\sigma_m^2}=r_m\left(\frac{\sigma_i}{\sigma_m}\right)$$

57. $$债券发行价格=\frac{债券面额}{(1+市场利率)^n}+\sum_{t=1}^{n}\frac{债券年息}{(1+市场利率)^t}$$

溢价发行：票面利率 > 市场利率

折价发行：票面利率 < 市场利率

58. 有效久期 $=(V_- - V_+)/2V_0(\Delta y)$

其中：

V_-——收益率下降时 Δy 的债券价值

V_+——收益率上升时 Δy 的债券价值

V_0——当前债券价格

Δy——为得到 V_- 和 V_+，收益率的变化量，以小数形式表示

59. 零增长普通股价值（股利固定）

$V_0=D/K_s$

其中：

D——每年固定的股利

K_s——股东的要求报酬率，或者权益成本

60. 固定股利增长率普通股价值

$P_0=D_1/(k-g)$

其中：

P_0——第 0 年股票价值

D_1——第 1 年股利

k——要求报酬率，或权益成本

g——固定的股利增长率

61. 市销率（P/S）：每股市价 ÷ 每股销售收入，权益市值 ÷ 总销售收入

62. 优先股估价（同固定股利普通股价值计算公式）

$V_0=D/K_s$

其中：

D——每年固定的股利

K_s——股东的要求报酬率，或者权益成本

63. 债务资本成本 $K_b=\dfrac{I_b(1-T)}{B(1-F_b)}$

其中：

K_b——债券资本成本

I_b——债券年利息

T——所得税税率

B——债券筹资额（借款本金）

F_b——债券筹资费用率

64. 长期借款资本成本 $K_b=\frac{I(1-T)}{L(1-F)}$

长期借款若附加“补偿性余额”条款时，应从长期借款筹资额中扣除补偿性余额，从而资本成本会提高。

其中：

L——借款本金

65. 普通股资本成本——股利折现 $K_L=\frac{I(1-T)}{B(1-F)-\text{补偿性余额}}$

$K_{nc}=\frac{D_c}{P_c(1-F_c)}+G$

发行新优先股资金成本 = 优先股股利 ÷ 优先股股价

发行新普通股资金成本 = 第一年普通股股利 ÷ 普通股发行价格 ×（1 − 发行费用率）+ 股利

66. 留存收益资本成本

$K_e=D_1/P_0+g$

67. 加权平均资本成本 $K_w=\sum_{j=1}^{n}K_jW_j$

其中：

K_j——第 j 种个别资本成本

W_j——第 j 种个别资本市场价值占全部资本市场价值的比重（权数）

68. 放弃现金折扣的年成本 $i=\frac{r}{1-r}\times\frac{360}{d}=\frac{\text{现金折扣率}}{1-\text{折扣率}}\times\frac{360}{\text{超过折扣期限付款天数}}$

69. 应收账款机会成本 = 维持赊销业务所需要的资金 × 有价证券利息率

其中，

维持赊销所需要的资金 = 应收账款平均余额 × 变动成本率

应收账款平均余额 =（期初应收账款 + 期末应收账款）÷ 2 =（赊销收入 ÷ 360）× 平均收款期

变动成本率 = 变动成本 ÷ 销售收入

70. 应收账款机会成本 $=\frac{\text{年销售收入}\times\text{平均收款期}}{360}\times$ 企业投资收益率

71. 应收账款保理取得的现金 =（应收账款面值 − 准备金金额 − 贴现手续费费用）− 收回应收账款前需要支付的利息

72. 存货经济订货批量 $EOQ=\sqrt{\frac{2DK}{C}}$

73. 存货订购点 = 存货的每天平均需要量 × 订货提前期 + 安全存量

74. 存货安全存量 =（预计每天的最大耗用量 - 每天正常的平均耗用量）× 订货提前期

75. 协同效益 = 联合企业的价值 - 两企业单一价值之和

76. 净增现金流量 = 增加的收入 - 增加的成本 - 增加的税负 - 增加的资本需求

第三章　决策分析

77. 成本/数量/利润分析

（1）单位边际贡献 = 单位单价 - 单位变动成本

（2）总边际贡献 = 单位边际贡献 × 销售量

或者：总边际贡献 = 总收入 - 总变动成本

（3）边际贡献率 = 单位边际贡献 ÷ 单价

或者：边际贡献率 = 总边际贡献 ÷ 总收入

78. 等式法

营运利润 = 总收入 - 总变动成本 - 总固定成本

= 单价 × 销售量 - 单位变动成本 × 销售量 - 总固定成本

= 销售量 ×（单价 - 单位变动成本）- 总固定成本

79. 边际贡献法

（1）按单位数计算的保本点 = 固定成本 ÷ 每单位的边际贡献

（2）按金额计算的保本点 = 固定成本 ÷（每单位的边际贡献 ÷ 销售价格）= 固定成本 ÷ 边际贡献率

（3）安全边际 = 计划销售量 - 保本销售量

安全边际率 = 安全边际 ÷ 计划销售量

销售利润 = 安全边际销售量 × 单位产品贡献毛益 = 安全边际销售额 × 产品贡献毛益率

销售利润率 = 安全边际率 × 贡献毛益率

实现目标净利润的销售量 =（目标净利润 + 固定成本）÷ 每单位的边际贡献

实现目标净利润的销售额 =（目标净利润 + 固定成本）÷（每单位的边际贡献 ÷ 销售价格）= 固定成本 ÷ 边际贡献率

目标净利润 = 营业利润 ×（1 - 税率）

80. 多产品本量利分析

单位加权边际贡献 =（产品 A 的边际贡献 × 销售量 + 产品 B 的边际贡献 × 销售量 + … + 产品 N 的边际贡献 × 销售量）÷（产品 A 销售量 + 产品 B 销售量 + … + 产品 N 销售量）

按数量计算的保本点（盈亏平衡销售量）= 固定成本 ÷ 单位加权边际贡献

81. 需求价格弹性系数 $=\frac{\text{需求变动百分比}}{\text{价格变动百分比}}=\frac{\text{需求变量/原需求量}\times 100\%}{\text{价格变量/原价格}\times 100\%}$

中点公式法：$需求价格弹性系数=\frac{(Q_2-Q_1)/[(Q_2+Q_1)/2]}{(P_2-P_1)/[(P_2+P_1)/2]}$

第五章　投资决策

82. 初始现金流量：新资产成本及额外的资本支出（运输、安装、调试）
   －或＋净营运资本的增加或减少
   －或＋旧资产出售的净收入
   －或＋旧资产出售的纳税效应
   ＝初始期现金流
83. 营业现金流量：
   年营业现金净流量＝营业收入－付现成本－所得税
   年营业现金流量＝净利润＋折旧
   年营业现金流量＝税后收入－税后成本＋税负减少＝营业收入×(1－税率)－付现成本×(1－税率)＋折旧×税率
   其中，折旧×税率被称为“折旧抵税额”或“税收挡板”
84. 终结现金流量：是指投资项目完结时所发生的现金流量。
   固定资产的残值净收入或变价净收入
   原来垫支在各种流动资产上的流动资金回收
   停止使用的土地变价收入
   ＋任何处置资产的残值
   －或＋处置资产而产生的纳税效应（税负或纳税节省）
   ＋或－净营运资本水平重新收回的增加或减少
   ＝终结期增量现金流
85. 平均报酬率或投资报酬率＝EBIT×(1－税率)÷净初始投资
   净初始投资＝(起点投资＋终点投资)÷2
86. 净现值＝未来报酬的总现值－初始投资的现值
87. 投资回收期＝初始投资额÷预期年净现金流
88. 在现金流不均匀的情况下，回收期＝初始投资全部收回前的年数＋最后一年年初时的未收回成本÷最后一年的现金流
89. 通货膨胀条件下名义利率与实际利率的关系为：
   1＋名义利率＝(1＋实际利率)×(1＋通货膨胀率)
   或者：名义利率＝(1＋实际利率)÷(1＋通货膨胀率)－1
   通货膨胀条件下的实际现金流量为：第 t 年的实际现金流量＝第 t 年的名义现金流量÷$(1+年通货膨胀率)^t$

附录二　美国注册管理会计师（CMA）学习成果说明

Certified Management Accountant
Learning Outcome Statements
(Content Specification Outline effective January 2020)
注册管理会计师
学习成果公告
（内容大纲2020年1月生效）

Part 2　Strategic Financial Management
第二部分　战略财务管理

Section A　Financial Statement Analysis（20%—Levels A，B，and C）
第A节　财务报表分析（20%——A级、B级和C级）

Part 2　Section A.1　Basic Financial Statement Analysis
第二部分　第A.1节　基本财务报表分析

The candidate should be able to:

考生应能：

a. for the balance sheet and income statement，prepare and analyze common-size financial statements；i. e. ，calculate percentage of assets and sales，respectively；also called vertical analysis 编制并分析资产负债表和利润表的同比财务报表；即分别按资产百分比和收入百分比计算；也称纵向分析

b. for the balance sheet and income statement，prepare a comparative financial statement horizontal analysis；i. e. ，calculate trend year over year for every item on the financial statement compared to a base year 编制并横向分析资产负债表和利润表的比较财务报表；即将财务报表上各科目与基年的同项数据进行比较，计算趋势

c. calculate the growth rate of individual line items on the balance sheet and income statement 计算资产负债表和利润表上各个项目的增长率

Part 2 Section A. 2 Financial Ratios
第二部分 第 A. 2 节 财务比率

The candidate should be able to:

考生应能：

Liquidity

流动性

a. calculate and interpret the current ratio, the quick (acid-test) ratio, the cash ratio, the cash flow ratio, and the net working capital ratio 计算并解释流动比率、速动（酸性测试）比率、现金比率、现金流量比率和净营运资本比率

b. explain how changes in one or more of the elements of current assets, current liabilities, and/or unit sales can change the liquidity ratios and calculate that impact 解释流动资产、流动负债，和/或单位产品销售额中的一项或多项元素的变化如何能改变流动性比率，并计算其影响

c. demonstrate an understanding of the liquidity of current liabilities 理解流动负债的流动性

Leverage

杠杆

d. define solvency 定义偿付能力

e. define operating leverage and financial leverage 定义营运杠杆和财务杠杆

f. calculate degree of operating leverage and degree of financial leverage 计算营运杠杆系数和财务杠杆系数

g. demonstrate an understanding of the effect on the capital structure and solvency of a company with a change in the composition of debt vs. equity by calculating leverage ratios 通过计算各项杠杆比率，理解一个公司负债对权益比率的变化对其资本结构和偿付能力的影响

h. calculate and interpret the financial leverage ratio, and determine the effect of a given change in capital structure on this ratio 计算并解释财务杠杆比率，并确定资本结构发生某一变化时对该比率的影响

i. calculate and interpret the following ratios: debt-to-equity, long-term debt-to-equity, and debt-to-total assets 计算并解释下列各项比率：债务对权益、长期债务对权益，以及债务对总资产

j. define, calculate, and interpret the following ratios: fixed charge coverage (earnings to fixed charges), interest coverage (times interest earned), and cash flow to fixed charges 定义、计算并解释下列各项比率：固定费用保障（利润对固定费用）、利息保障（利息保障倍数），和现金流量对固定费用

k. discuss how capital structure decisions affect the risk profile of a firm 讨论资本结构如何影响企业的整体风险状况

Activity

活动性

l. calculate and interpret accounts receivable turnover, inventory turnover and accounts payable turnover 计算并解释应收账款周转率、存货周转率和应付账款周转率

m. calculate and interpret days sales outstanding in receivables, days sales in inventory, and days purchases in accounts payable 计算并解释应收账款回收天数、存货销售天数和应付账款付款天数

n. define and calculate the operating cycle and the cash cycle of a firm 定义并计算企业的营业周期和现金周期

o. calculate and interpret total assets turnover and fixed asset turnover 计算并解释总资产周转率和固定资产周转率

Profitability

获利能力

p. calculate and interpret gross profit margin percentage, operating profit margin percentage, net profit margin percentage, and earnings before interest, taxes, depreciation, and amortization (EBITDA) margin percentage 计算并解释毛利率、营业利润率、净利润率和息税折旧摊销前利润（EBITDA）率

q. calculate and interpret return on assets (ROA) and return on equity (ROE) 计算并解释资产回报率（ROA）和权益回报率（ROE）

Market

市场

r. calculate and interpret the market/book ratio, and the price/earnings ratio 计算并解释市净率和市盈率

s. calculate and interpret book value per share 计算并解释每股账面价值

t. identify and explain the limitations of book value per share 识别并解释每股账面价值的局限性

u. calculate and interpret basic and diluted earnings per share 计算并解释基本每股收益和稀释后每股收益

v. calculate and interpret earnings yield, dividend yield, dividend payout ratio and shareholder return 计算并解释收益率、股利率、股利分发率和股东回报率

General

综合

w. identify the limitations of ratio analysis 识别比率分析的局限性

x. demonstrate a familiarity with the sources of financial information about public companies and industry ratio averages 熟悉上市公司财务信息的来源和行业平均

比率

y. evaluate the financial strength and performance of an entity based on multiple ratios 根据多项比率评估一个实体的财务实力和绩效

Part 2 Section A. 3 Profitability analysis
第二部分 第 A. 3 节 获利能力分析

The candidate should be able to:

考生应能:

a. demonstrate an understanding of the factors that contribute to inconsistent definitions of "equity," "assets," and "return" when using ROA and ROE 理解在使用资产回报率（ROA）和普通股权益回报率（ROE）时导致"权益""资产"和"回报"的定义不一致的因素

b. determine the effect on return on total assets of a change in one or more elements of the financial statements 确定财务报表一项或多项元素的变化对资产总额回报率的影响

c. identify factors to be considered in measuring income, including estimates, accounting methods, disclosure incentives, and the different needs of users 识别衡量收益时应考虑的因素，包括估计、会计方法、披露动机和使用者的不同需求

d. explain the importance of the source, stability, and trend of sales and revenue 解释销售和收入的来源、稳定性和趋势的重要性

e. demonstrate an understanding of the relationship between revenue and receivables and revenue and inventory 理解收入和应收账款以及收入和存货的关系

f. determine and analyze the effect on revenue of changes in revenue recognition and measurement methods 确定并分析收入的确认和计量方法的变化对收入的影响

g. analyze cost of sales by calculating and interpreting the gross profit margin 通过计算和解释毛利率来分析营业成本

h. distinguish between gross profit margin, operating profit margin and net profit margin and analyze the effects of changes in the components of each 区分毛利率、营业利润率和净利润率，并分析其组成部分的变化所带来的影响

i. define and perform a variation analysis (percentage change over time) 定义并进行差异分析（随时间变化的百分比）

j. calculate and interpret sustainable equity growth 计算并解释权益的可持续增长

Part 2 Section A. 4 Special issues
第二部分 第 A. 4 节 特殊问题

The candidate should be able to:

考生应能:

a. demonstrate an understanding of the impact of foreign exchange fluctuations 理解外汇波动的影响

1. identify and explain issues in the accounting for foreign operations (e. g. , historical vs. current rate and the treatment of translation gains and losses) 识别并解释国外业务在会计上所带来的问题（例如采用历史汇率还是现时汇率和如何处理换算损益）

2. define functional currency 定义功能性货币

3. calculate the financial ratio impact of a change in exchange rates 计算汇率变化对财务比率的影响

4. discuss the possible impact on management and investor behavior of volatility in reported earnings 讨论盈利的波动性给管理层和投资者的行为可能带来的影响

b. demonstrate an understanding of the impact of inflation on financial ratios and the reliability of financial ratios 理解通货膨胀对于财务比率和财务比率可靠性的影响

c. describe how to adjust financial statements for changes in accounting treatments (principles, estimates, and errors) and how these adjustments impact financial ratios 描述如何调整财务报表来应对会计处理的变更（会计政策、会计估计和会计差错），以及这些调整如何影响财务比率

d. distinguish between book value and market value; and distinguish between accounting profit and economic profit 区分账面价值和市场价值；区分会计利润和经济利润

e. identify the determinants and indicators of earnings quality, and explain why they are important 识别收益质量的决定因素和指标，并解释它们的重要性

Section B Corporate Finance (20%—Levels A, B, and C)
第 B 节 公司财务（20%——A 级、B 级和 C 级）

Part 2 Section B. 1 Risk and return
第二部分 第 B. 1 节 风险和报酬

The candidate should be able to:

考生应能：

a. calculate rates of return 计算回报率

b. identify and demonstrate an understanding of systematic (market) risk and unsystematic (company) risk 识别并理解系统性（市场）风险和非系统性（公司）风险

c. identify and demonstrate an understanding of credit risk, foreign exchange risk, interest rate risk, market risk, industry risk and political risk 识别并理解信贷风险、外汇风险、利率风险、市场风险、行业风险和政治风险

d. demonstrate an understanding of the relationship between risk and return 理

解风险与回报之间的关系

e. distinguish between individual security risk and portfolio risk 区分个别证券风险和投资组合风险

f. demonstrate an understanding of diversification 理解分散风险

g. define beta and explain how a change in beta impacts a security's price 定义 β 值并解释 β 值的变化如何影响证券的价格

h. demonstrate an understanding of the Capital Asset Pricing Model (CAPM) and calculate the expected risk-adjusted returns using CAPM 理解资本资产定价模型（CAPM），并应用 CAPM 计算风险调整后的预期回报率

Part 2 Section B. 2 Long-term financial management
第二部分 第 B. 2 节 长期财务管理

The candidate should be able to:

考生应能：

a. describe the term structure of interest rates, and explain why it changes over time 描述利率期限结构，并解释为什么它随时间而变

b. define and identify the characteristics of common stock and preferred stock 定义并识别普通股和优先股的特点

c. identify and describe the basic features of a bond such as maturity, par value, coupon rate, provisions for redeeming, conversion provisions, covenants, options granted to the issuer or investor, indentures, and restrictions 识别并描述债券的基本特征，诸如到期日、面值、票面利率、赎回条款、证券转换条款、协定条款、给予发行人或投资人的期权、契约条件和限制性条件

d. identify and evaluate debt issuance or refinancing strategies 识别和评价发行债券或再融资策略

e. value bonds, common stock, and preferred stock using discounted cash flow methods 采用现金流量折现法确定债券、普通股和优先股的价值

f. demonstrate an understanding of duration as a measure of bond interest rate sensitivity 理解存续期作为债券利率敏感性的一项指标

g. explain how income taxes impact financing decisions 解释所得税如何影响融资决策

h. define and demonstrate an understanding of derivatives and their uses 定义并理解衍生工具及其用途

i. identify and describe the basic features of futures and forwards 识别并描述期货和远期的基本特征

j. distinguish a long position from a short position 区分多头与空头

k. define options and distinguish between a call and a put by identifying the characteristics of each 定义期权，并通过识别看涨期权和看跌期权的特征区分这两种期权

l. define strike price（exercise price）, option premium, and intrinsic value 定义击发价格（行使价格），期权费和内在价值

m. demonstrate an understanding of the interrelationship of the variables that comprise the value of an option; e. g. , relationship between strike price（exercise price）and value of a call 理解组成期权价值的各项变量之间的相互关系，例如击发价格（行使价格）与看涨期权价值之间的关系

n. define interest rate and foreign currency swaps 定义利率互换和外汇互换

o. define and identify characteristics of other sources of long-term financing, such as leases, convertible securities, and warrants 定义并识别其他长期融资的特征，例如租赁，可转换证券和权证

p. demonstrate an understanding of the relationship among inflation, interest rates, and the prices of financial instruments 理解通货膨胀、利率和金融工具价格之间的关系

q. define the cost of capital and demonstrate an understanding of its applications in capital structure decisions 定义资本成本，并理解其在资本结构决策中的应用

r. determine the weighted average cost of capital and the cost of its individual components 确定加权平均资本成本和其各个组成部分的成本

s. calculate the marginal cost of capital 计算边际资本成本

t. explain the importance of using marginal cost as opposed to historical cost 解释采用边际成本而非历史成本的重要性

u. demonstrate an understanding of the use of the cost of capital in capital investment decisions 理解资本成本在资本投资决策中的运用

v. demonstrate an understanding of how income taxes impact capital structure and capital investment decisions 理解所得税如何影响资本结构和资本投资决策

w. use the constant growth dividend discount model to value stock and demonstrate an understanding of the two-stage dividend discount model 运用固定增长股利折现模型为股票估价，并理解两阶段股利折现模型

x. demonstrate an understanding of relative or comparable valuation methods, such as price/earnings（P/E）ratios, market/book ratios, and price/sales ratios 理解相关的或可比的各种估值方法，诸如市盈（P/E）率、市净率、市销率

Part 2 Section B. 3 Raising capital
第二部分 第 B. 3 节 筹集资本

The candidate should be able to:

考生应能：

a. identify the characteristics of the different types of financial markets and exchanges 识别不同类型的金融市场和交易所的特征

b. demonstrate an understanding of the concept of market efficiency, including the strong form, semi-strong form, and weak form of market efficiency 理解市场效

率的概念，包括强势、半强势和弱势市场效率

c. describe the role of the credit rating agencies 描述信用评级机构的任务

d. demonstrate an understanding of the roles of investment banks, including underwriting, advice, and trading 理解投资银行的业务，包括证券承销、咨询和交易

e. define initial public offerings (IPOs) 定义首次公开募股（IPOs）

f. define subsequent/secondary offerings 定义再次（二次）发行

g. describe lease financing, explain its benefits and disadvantages, and calculate the net advantage to leasing using discounted cash flow concepts 描述租赁融资，解释其优点与缺点，并运用现金流量折现概念计算租赁的净利益

h. define the different types of dividends, including cash dividends, stock dividends, and stock splits 定义不同类型的股利，包括现金股利、股票股利和股票分割

i. identify and discuss the factors that influence the dividend policy of a firm 识别并讨论影响一个企业股利政策的各项因素

j. demonstrate an understanding of the dividend payment process for both common and preferred stock 理解普通股和优先股的股利发放程序

k. define share repurchase and explain why a firm would repurchase its stock 定义股份回购，并解释为什么企业要回购其股票

l. define insider trading and explain why it is illegal 定义内幕交易，并解释为什么它是非法的

Part 2　Section B.4　Working capital management
第二部分　第 B.4 节　营运资本管理

The candidate should be able to:

考生应能：

Working capital

营运资本

a. define working capital and identify its components 定义营运资本并识别其组成部分

b. calculate net working capital 计算净营运资本

c. explain the benefit of short-term financial forecasts in the management of working capital 解释短期财务预测在营运资本管理中的优点

Cash

现金

d. identify and describe factors influencing the levels of cash 识别并描述影响现金水平的因素

e. identify and explain the three motives for holding cash 识别并解释持有现金

的三项动机

f. prepare forecasts of future cash flows 编制未来现金流量的预测

g. identify methods of speeding up cash collections 识别加快现金收回的方法

h. calculate the net benefit of a lockbox system 计算锁箱系统的净利益

i. define concentration banking 定义集中银行制

j. demonstrate an understanding of compensating balances 理解补偿性余额

k. identify methods of slowing down disbursements 识别延期支付的方法

l. demonstrate an understanding of disbursement float and overdraft systems 理解付款浮游量和透支制度

Marketable securities

有价证券

m. identify and describe reasons for holding marketable securities 识别和描述持有有价证券的理由

n. define the different types of marketable securities, including money market instruments, T - bills, treasury notes, treasury bonds, repurchase agreements, federal agency securities, bankers' acceptances, commercial paper, negotiable CDs, Eurodollar CDs, and other marketable securities 定义各种有价证券，包括货币市场工具、短期国库券、中期国库券、长期国库券、回购协议、联邦机构证券、银行承兑汇票、商业票据、可转让定期存单、欧洲美元定期存单和其他有价证券

o. evaluate the trade-offs among the variables in marketable security selections, including safety, marketability/liquidity, yield, maturity, and taxability 评估在选择有价证券时的各项变量包括安全性、适销性/流动性、收益率、到期日和可征税性之间的权衡

p. demonstrate an understanding of the risk and return trade-off 理解风险和回报之间的权衡

Accounts receivable

应收账款

q. identify the factors influencing the level of receivables 识别影响应收账款水平的因素

r. demonstrate an understanding of the impact of changes in credit terms or collection policies on accounts receivable, working capital and sales volume 理解信贷条件或收账政策的变化对应收账款、营运资本和销售量的影响

s. define default risk 定义违约风险

t. identify and explain the factors involved in determining an optimal credit policy 识别并解释确定最优信贷政策时所涉及的各项因素

Inventory

存货

u. define lead time and safety stock; identify reasons for carrying inventory and the factors influencing its level 定义交付周期和安全库存；识别持有存货的原因和影响存货量的各因素

v. identify and calculate the costs related to inventory, including carrying costs, ordering costs and shortage (stockout) costs 识别并计算与存货有关的各项成本，包括持有成本、订货成本、短缺（缺货）成本

w. explain how a just-in-time (JIT) inventory management system helps manage inventory 解释适时存货管理系统是如何帮助管理存货的

x. identify the interaction between high inventory turnover and high gross margin (calculation not required) 识别高存货周转率和高毛利率之间的相互影响（不要求计算）

y. demonstrate an understanding of economic order quantity (EOQ) and how a change in one variable would affect the EOQ (calculation not required) 理解经济订货量（EOQ），以及某变量的变化如何影响 EOQ（不需要作计算）

Short-term credit and working capital cost management

短期信贷和营运资本的成本管理

z. demonstrate an understanding of how risk affects a firm's approach to its current asset financing policy (aggressive, conservative, etc.) 理解风险如何影响企业流动资产融资政策的方式（激进式的、保守式的，等等）

aa. identify and describe the different types of short-term credit, including trade credit, short-term bank loans, commercial paper, lines of credit, and bankers' acceptances 识别并描述不同类型的短期信贷，包括商业信用、短期银行贷款、商业票据、信用额度和银行承兑汇票

bb. estimate the annual cost and effective annual interest rate of not taking a cash discount 估计未利用现金折扣的年化成本和实际年利率

cc. calculate the effective annual interest rate of a bank loan with a compensating balance requirement and/or a commitment fee 计算有补偿性余额要求和/或承诺费情况下的银行贷款的实际年利率

dd. demonstrate an understanding of factoring accounts receivable and calculate the cost of factoring 理解出让应收账款，并计算出让应收账款的成本

ee. explain the maturity matching or hedging approach to financing 解释资产负债的到期匹配或套期保值的融资方式

ff. demonstrate an understanding of the factors involved in managing the costs of working capital 理解与营运资本成本管理相关的因素

General

综合

gg. recommend a strategy for managing current assets that would fulfill a given objective 推荐一项管理流动资产的策略以实现某给定的目标

Part 2 Section B. 5 Corporate restructuring
第二部分 第 B. 5 节 公司重组

The candidate should be able to:

考生应能:

a. demonstrate an understanding of the following:

i. mergers and acquisitions, including horizontal, vertical, and conglomerate

ii. leveraged buyouts

理解以下概念:

i. 合并和收购，包括平行并购、垂直并购和混合并购

ii. 杠杆收购

b. identify defenses against takeovers (e. g. , golden parachute, leveraged recapitalization, poison pill (shareholders' rights plan), staggered board of directors, fair price, voting rights plan, white knight) 识别防御收购的方式（例如，黄金降落伞、杠杆资本重组、毒丸计划（股东权利计划）、交错董事会、公平议价、投票权计划、白衣骑士方案）

c. identify and describe divestiture concepts such as spin-offs, split-ups, equity carve-outs, and tracking stock 识别并描述资产剥离的各项概念，诸如分拆、分割、股权切离和追踪股

d. evaluate key factors in a company's financial situation and determine if a restructuring would be beneficial to the shareholders 评估影响一家公司财务状况的重要因素，并确定重组是否对股东有利

e. identify possible synergies in targeted mergers and acquisitions 识别目标并购可能获得的协同效应

f. value a business, a business segment, and a business combination using discounted cash flow method 运用现金流量折现法为企业、企业分部和企业合并估值

g. evaluate a proposed business combination and make a recommendation based on both quantitative and qualitative considerations 根据定量和定性因素，对所提议的企业合并作出评估和建议

Part 2 Section B. 6 International finance
第二部分 第 B. 6 节 国际金融

The candidate should be able to:

考生应能:

a. demonstrate an understanding of foreign currencies and how foreign currency affects the prices of goods and services 理解外汇，以及外汇如何影响产品与服务的价格

b. identify the variables that affect exchange rates 识别影响汇率的变量

c. calculate whether a currency has depreciated or appreciated against another currency over time, and evaluate the impact of the change 计算一种货币在一段时间内对另外一种货币是贬值还是升值，并评估该变化的影响

d. demonstrate how currency futures, currency swaps, and currency options can be used to manage exchange rate risk 理解如何使用货币期货、货币互换和货币期权管理汇率风险

e. calculate the net profit/loss of cross-border transactions, and evaluate the impact of this net profit/loss 计算跨境交易的净利润/亏损，并评估该净利润/亏损的影响

f. recommend methods of managing exchange rate risk and calculate the net profit/loss of your strategy 推荐管理汇率风险的方法，并计算在你的策略下获得的净利润/亏损

g. identify and explain the benefits of international diversification 识别并解释跨国多元化经营的优势

h. identify and explain common trade financing methods, including cross-border factoring, letters of credit, banker's acceptances, forfaiting, and countertrade 识别并解释一般贸易融资的方法，包括跨境应收账款出让、信用证、银行承兑汇票、未偿债务买卖和对销贸易

Section C　Decision Analysis (25%—Levels A, B, and C)
第 C 节　决策分析（25%——A 级、B 级和 C 级）

Part 2　Section C. 1　Cost/volume/profit analysis
第二部分　第 C. 1 节　成本/数量/利润分析

The candidate should be able to:

考生应能：

a. demonstrate an understanding of how cost/volume/profit (CVP) analysis (break-even analysis) is used to examine the behavior of total revenues, total costs, and operating income as changes occur in output levels, selling prices, variable costs per unit, or fixed costs 理解本量利（CVP）分析（保本分析）如何用于检查当产出水平、售价、单位产品变动成本，或固定成本发生变化时，对其收入总额、成本总额和营业利润习性的影响

b. calculate operating income at different operating levels 计算不同营业水平时的营业利润

c. differentiate between costs that are fixed and costs that are variable with respect to levels of output 根据对产出水平变化的反应，把成本区分为固定成本和变动成本

d. explain why the classification of fixed vs. variable costs is affected by the time-frame being considered 解释为什么对固定成本与变动成本的分类，受所考虑的时间期限的影响

e. calculate contribution margin per unit and total contribution margin 计算单位边际贡献和总边际贡献

f. calculate the breakeven point in units and dollar sales to achieve targeted operating income or targeted net income 计算为达到目标营业利润或目标净利润所需要的按单位数量计算的保本点和按金额计算的保本点

g. demonstrate an understanding of how changes in unit sales mix affect operating income in multiple-product situations 理解在多产品的情况下单位销售组合的变化如何影响营业利润

h. calculate multiple-product breakeven points given percentage share of sales and explain why there is no unique breakeven point in multiple-product situations 在给定销售组合百分比的情况下，计算多产品保本点，并解释为什么在多产品的条件下，保本点不止一个

i. define, calculate, and interpret the margin of safety and the margin of safety ratio 定义、计算并解释安全边际和安全边际比率

j. explain how sensitivity analysis can be used in CVP analysis when there is uncertainty about sales 解释当销售情况不确定时，敏感性分析如何能用于本量利分析

k. analyze and recommend a course of action using CVP analysis 运用本量利分析，分析并推荐应采取的行动

l. demonstrate an understanding of the impact of income taxes on CVP analysis 理解所得税对于本量利分析的影响

Part 2 Section C. 2 Marginal analysis
第二部分 第 C. 2 节 边际分析

The candidate should be able to:

考生应能:

a. identify and define relevant costs (incremental, marginal, or differential costs), sunk costs, avoidable costs, explicit and implicit costs, split-off point, joint production costs, separable processing costs, and relevant revenues 识别并定义相关成本（增量成本、边际成本或差量成本）、沉没成本、可避免成本、显性成本和隐性成本、分离点、联合生产成本、可分离成本，以及相关收入

b. explain why sunk costs are not relevant in the decision-making process 解释为什么沉没成本与决策过程不相关

c. demonstrate an understanding of and calculate opportunity costs 理解并计算

机会成本

d. calculate relevant costs given a numerical scenario 在给定数据的情况下，计算相关成本

e. define and calculate marginal cost and marginal revenue 定义并计算边际成本和边际收入

f. identify and calculate total cost, average fixed cost, average variable cost, and average total cost 识别并计算总成本、平均固定成本、平均变动成本和平均总成本

g. demonstrate proficiency in the use of marginal analysis for decisions such as (a) introducing a new product or changing output levels of existing products, (b) accepting or rejecting special orders, (c) making or buying a product or service, (d) selling a product or performing additional processes and selling a more value-added product, and (e) adding or dropping a segment 熟练运用边际分析做出决策，例如（a）推出一种新产品或改变现有产品的产出量，（b）接受或拒绝特殊订单，（c）自制或外购一种产品或劳务，（d）销售一种产品或对该产品作进一步加工使其更增值后再销售，（e）增设或撤销一个分部

h. calculate the effect on operating income of a decision to accept or reject a special order when there is idle capacity and the order has no long-run implications 计算当存在闲置产能，且某个特殊订单没有长期影响时，接受或拒绝该特殊订单对营业利润的影响

i. identify and describe qualitative factors in make-or-buy decisions, such as product quality and dependability of suppliers 识别并描述自制或外购决策中的各项定性因素，诸如产品的质量和供应商的可靠性

j. calculate the effect on operating income of a make-or-buy decision 计算自制或外购决策对营业利润的影响

k. calculate the effects on operating income of a decision to sell or process further or to drop or add a segment 计算出售或进一步加工的决策抑或撤销或增设一个分部的决策对营业利润的影响

l. identify the effects of changes in capacity on production decisions 识别产能变化对生产决策的影响

m. demonstrate an understanding of the impact of income taxes on marginal analysis 理解所得税对边际分析的影响

n. recommend a course of action using marginal analysis 运用边际分析提出建议

Part 2 Section C.3 Pricing
第二部分 第 C.3 节 定价

The candidate should be able to:

考生应能：

a. identify different pricing methodologies, including market comparables, cost-based, and value-based approaches 识别不同的定价方法，包括市场可比数据，以成本为基础和以价值为基础的定价法

b. differentiate between a cost-based approach (cost-plus pricing, mark-up pricing) and a market-based approach to setting prices 区分以成本为基础的定价法（成本加成定价法、成本溢价定价法）和以市场为基础的定价法

c. calculate selling price using a cost-based approach 用以成本为基础的定价法计算销售价格

d. demonstrate an understanding of how the pricing of a product or service is affected by the demand for and supply of the product or service, as well as the market structure within which it operates 理解产品或劳务的定价如何受该产品或劳务供需状况的影响，同时也受该企业经营所在的市场结构的影响

e. demonstrate an understanding of the impact of cartels on pricing 理解卡特尔对定价的影响

f. demonstrate an understanding of the short-run equilibrium price for the firm in (1) pure competition; (2) monopolistic competition; (3) oligopoly; (4) monopoly using the concepts of marginal revenue and marginal cost 应用边际收入和边际成本的概念，理解企业在完全竞争、垄断性竞争、寡头垄断，以及垄断下的短期均衡价格

g. identify techniques used to set prices based on understanding customers' perceptions of value and competitors' technologies, products, and costs 识别基于客户对价值的看法和竞争对手的技术、产品和成本的理解而制订价格所采用的定价技术

h. define and demonstrate an understanding of target pricing and target costing and identify the main steps in developing target prices and target costs 定义并理解目标定价法和目标成本法，识别确定目标价格和目标成本的主要步骤

i. define value engineering 定义价值工程

j. calculate the target operating income per unit and target cost per unit 计算单位目标营业利润和单位目标成本

k. define and distinguish between a value-added cost and a nonvalue-added cost 定义并区分增值成本和非增值成本

l. define the pricing technique of cost plus target rate of return 定义成本加目标回报率的定价方法

m. calculate the price elasticity of demand using the midpoint formula 应用中点公式计算需求的价格弹性

n. define and explain elastic and inelastic demand 定义并解释弹性需求和非弹性需求

o. estimate total revenue given changes in prices and demand as well as elasticity 根据给定的价格变化、需求变化和弹性，估计总收入

p. discuss how pricing decisions can differ in the short-run and in the long-run 讨论短期定价决策和长期定价决策如何会有所区别

q. define product life cycle; identify and explain the four stages of the product life cycle; and explain why pricing decisions might differ over the life of a product 定义产品生命周期；识别并解释产品生命周期的四个阶段；解释在不同的生命周期阶段为什么定价决策会有所不同

r. evaluate and recommend pricing strategies under specific market conditions 评估并推荐在具体的市场条件下的定价策略

Section D　Risk Management（10%—Levels A，B，and C）
第 D 节　风险管理（10%——A 级、B 级和 C 级）

Part 2　Section D. 1　Enterprise risk
第二部分　第 D. 1 节　企业风险

The candidate should be able to:

考生应能：

a. identify and explain the different types of risk, including business risk, hazard risks, financial risks, operational risks, and strategic risks 识别并解释不同类型的风险，包括商业风险、危害风险、财务风险、营运风险和战略风险

b. demonstrate an understanding of operational risk 理解营运风险

c. define legal risk, compliance risk, and political risk 定义法律风险、合规风险和政治风险

d. demonstrate an understanding of how volatility and time impact risk 理解波动性和时间如何影响风险

e. define the concept of capital adequacy; i. e., solvency, liquidity, reserves, sufficient capital, etc. 定义资本充足性概念，即偿付能力、变现能力、准备金、充足的资本等

f. explain the use of probabilities in determining exposure to risk and calculate expected loss given a set of probabilities 解释应用概率以确定风险承受程度，并计算在给定的一组概率下预期的损失

g. define the concepts of unexpected loss and maximum possible loss (extreme or catastrophic loss) 定义非预期损失和最大可能损失（极端的或灾难性的损失）

h. identify strategies for risk response (or treatment), including actions to avoid, retain, reduce (mitigate), transfer (share), and exploit (accept) risks 识别风险应对（或处理）策略，包括避免、保留、减少（缓解）、转移（分担）和利用（接受）风险的各项行动

i. define risk transfer (e. g., purchasing insurance, issuing debt) 定义风险转移（例如购买保险、发行债务）

j. demonstrate an understanding of the concept of residual risk and distinguish it from inherent risk 理解剩余风险的概念，并指出它与固有风险之间的区别

k. identify and explain the benefits of risk management 识别并解释风险管理的好处

l. identify and describe the key steps in the risk management process 识别并描述风险管理过程中的主要步骤

m. explain how attitude toward risk might affect the management of risk 解释对待风险的态度如何可能影响风险的管理

n. demonstrate a general understanding of the use of liability/hazard insurance to mitigate risk（detailed knowledge not required）理解运用负债/危害保险以减轻风险（不需要作详细说明）

o. identify methods of managing operational risk 识别管理营运风险的方法

p. identify and explain financial risk management methods 识别并解释财务风险的管理方法

q. identify and explain qualitative risk assessment tools including risk identification, risk ranking, and risk maps 识别并解释风险评估的定性工具，包括风险确认、风险分级和风险分布图

r. identify and explain quantitative risk assessment tools including cash flow at risk, earnings at risk, earnings distributions, and earnings per share（EPS）distributions 识别并解释风险评估的定量工具，包括在险现金流量、在险盈余、盈余分配和每股收益（EPS）分配

s. identify and explain Value at Risk（VaR）（calculations not required）识别并解释风险价值（VaR）（不需要计算）

t. define enterprise risk management（ERM）and identify and describe key objectives, components and benefits of an ERM program 定义企业风险管理（ERM），识别和描述 ERM 的主要目的、组成部分和优点

u. identify event identification techniques and provide examples of event identification within the context of an ERM approach 识别事件识别技术，并举出运用 ERM 识别事件的实例

v. explain how ERM practices are integrated with corporate governance, risk analytics, portfolio management, performance management, and internal control practices 解释 ERM 实践如何与公司治理、风险分析，投资组合管理，绩效管理和内控实践整合

w. evaluate scenarios and recommend risk mitigation strategies 评估不同的情景并推荐缓解风险的策略

x. prepare a cost-benefit analysis and demonstrate an understanding of its uses in risk assessment and decision making 编制成本效益分析，理解其在风险评估和决策制定中的用途

y. demonstrate an understanding of the COSO Enterprise Risk Management-Integrated Framework (2017) 理解发起组织委员会（COSO）的企业风险管理整合框架（2017）

Section E Investment Decisions (10%—Levels A, B, and C)
第E节 投资决策（10%——A级、B级和C级）

Part 2 Section E. 1 Capital budgeting process
第二部分 第E.1节 资本预算过程

The candidate should be able to:

考生应能：

a. define capital budgeting and identify the steps or stages undertaken in developing and implementing a capital budget for a project 定义资本预算编制，并识别在为某一项目制订和实施资本预算中所采取的步骤或阶段

b. identify and calculate the relevant cash flows of a capital investment project on both a pretax and after-tax basis 识别并计算资本投资项目的税前相关现金流和税后相关现金流

c. demonstrate an understanding of how income taxes affect cash flows 理解所得税如何影响现金流

d. distinguish between cash flows and accounting profits and discuss the relevance to capital budgeting of incremental cash flow, sunk cost, and opportunity cost 区分现金流量和会计利润，并讨论其与资本预算编制的增量现金流量、沉没成本和机会成本的相关性

e. explain the importance of changes in net working capital in capital budgeting 解释净营运资本变化在资本预算编制中的重要性

f. discuss how the effects of inflation are reflected in capital budgeting analysis 讨论通货膨胀的结果如何反映在资本预算分析中

g. define hurdle rate 定义最低预期回报率

h. identify alternative approaches to dealing with risk in capital budgeting 识别处理资本预算编制中的风险的替代方法

i. distinguish among sensitivity analysis, scenario analysis, and Monte Carlo simulation as risk analysis techniques 区分各风险分析技术，即敏感性分析、情境分析和蒙特卡洛模拟

j. explain why a rate specifically adjusted for risk should be used when project cash flows are more or less risky than is normal for a firm 解释为什么当项目现金流量风险高于或低于公司正常风险时，应使用专门针对风险调整的比率

k. explain how the value of a capital investment is increased if consideration is given to the possibility of adding on, speeding up, slowing up, or discontinuing early 解释在考虑增量、加速、减速或提前停止的可能性后，资本投资的价值是如何增加的

l. demonstrate an understanding of real options, including the options to abandon, delay, expand, and scale back (calculations not required) 理解实物期权，包括放弃、延迟、扩张和缩减期权（不要求计算）

m. identify and discuss qualitative considerations involved in the capital budgeting decision 识别并讨论在资本预算决策中的定性因素

n. describe the role of the post-audit in the capital budgeting process 描述事后审计在编制资本预算过程中所起的作用

Part 2 Section E. 2 Capital investment analysis methods
第二部分 第 E. 2 节 资本投资分析方法

The candidate should be able to:

考生应能：

a. demonstrate an understanding of the two main discounted cash flow (DCF) methods, net present value (NPV) and internal rate of return (IRR) 理解两种主要的现金流量折现（DCF）法，净现值（NPV）和内含报酬率（IRR）

b. calculate NPV and IRR 计算净现值和内含报酬率

c. demonstrate an understanding of the decision criteria used in NPV and IRR analyses to determine acceptable projects 理解在确定可接受的项目时，净现值和内含报酬率分析所采用的决策标准

d. compare NPV and IRR focusing on the relative advantages and disadvantages of each method, particularly with respect to independent vs. mutually exclusive projects and the "multiple IRR problem" 比较净现值和内含报酬率，着重比较各自的相对优点和缺点，尤其当这两种方法用于独立或互斥项目，以及“多个内含报酬率问题”

e. explain why NPV and IRR methods can produce conflicting rankings for capital projects if not applied properly 解释为什么如果使用不当，净现值法和内含报酬率法会对投资项目得出互相冲突的排序

f. identify assumptions of NPV and IRR 识别净现值法和内含报酬率法的假设条件

g. evaluate and recommend project investments on the basis of DCF analysis 在现金流量折现分析的基础上，评估并推荐投资项目

h. demonstrate an understanding of the payback and discounted payback methods 理解投资回收期法和折现投资回收期法

i. identify the advantages and disadvantages of the payback and discounted payback methods 识别投资回收期法和折现投资回收期法的优缺点

j. calculate payback periods and discounted payback periods 计算投资回收期和折现投资回收期

Section F Professional Ethics (15%—Levels A, B, and C)
第F节 职业道德 (15%——A级、B级和C级)

Ethics may be tested in conjunction with any topic area.
道德问题可与任何主题结合在一起测试。

Part 2 Section F. 1 Business ethics
第二部分 第F.1节 商业道德

The candidate should be able to:
考生应能:

a. define business ethics 定义商业道德

b. analyze the concepts of morality and virtue 分析伦理和美德的概念

c. define moral philosophy 定义伦理哲学

d. demonstrate an understanding of the following moral philosophies and concepts used in making business decisions: teleology, utilitarianism, deontology, relativism, virtue ethics, and justice 理解以下用于商业决策的伦理哲学和概念:目的论、功利主义、道义论、相对主义、美德伦理和正义

e. define the concepts of fairness, integrity, due diligence, and fiduciary responsibility, and how they impact ethical decision making 定义公平、正直、尽职尽责、信托责任和它们如何影响道德决策

Part 2 Section F. 2 Ethical considerations for management accounting and financial management professionals
第二部分 第F.2节 管理会计和财务管理专业人士的职业道德注意事项

Using the standards outlined in IMA's Statement of Ethical Professional Practice, the candidate should be able to:

使用美国管理会计师协会职业道德守则公告中所概括的标准,考生应能:

a. identify and describe the four overarching ethical principles and the four standards 识别并描述四项首要道德原则和四项标准

b. evaluate a given business situation for its ethical implications 评估给定商业情景的道德意蕴

c. identify and describe relevant standards that may have been violated in a given business situation and explain why the specific standards are applicable 识别并描述在某一给定的营业情况下可能违反的有关标准,并解释为什么这些具体的标准是适用的

d. recommend a course of action for management accountants to take when confronted with an ethical dilemma in the business environment 在经营环境中面对道德困境时,向管理会计师或财务经理推荐应采取的行动

e. evaluate and propose resolutions for ethical issues such as fraudulent reporting, or improper manipulation of forecasts, analyses, results, and budgets 评估并建议解决道德问题（如编制欺诈性的报表，操纵分析、结果和预算）的方法

Using the Fraud Triangle model, the candidate should be able to:

运用舞弊三角模型，考生应能：

f. identify the three components of the triangle 识别三角模型的三个组成部分

g. use the model to explain how a management accounting and financial management professional can identify and manage the risk of fraud 运用该模型解释管理会计师和财务管理专业人员如何识别并管理舞弊风险

Part 2 Section F. 3 Ethical considerations for the organization
第二部分 第 F. 3 节 组织的道德考量

The candidate should be able to:

考生应能：

a. discuss the issues organizations face in applying their values and ethical standards internationally 讨论组织在国际上应用其价值和道德标准所面临的问题

b. demonstrate an understanding of the relationship between ethics and internal controls 理解道德和内部控制之间的关系

c. define corporate culture and demonstrate an understanding of the role corporate culture plays in ethical decision making 定义企业文化并理解企业文化在道德决策制定中的角色

d. demonstrate an understanding of the importance of a code of conduct and how it contributes to an organization's ethical culture 理解行为守则的重要性和其对组织道德文化的贡献

e. demonstrate an understanding of the ways ethical values benefit an organization 理解道德价值如何给组织带来好处

f. analyze the impact of groupthink on ethical behavior 分析群体思维对道德行为的影响

g. discuss how diversity of thought can lead to good ethical decisions 讨论思想多样性如何产生好的道德决策

h. apply relevant provisions of IMA's Statement on Management Accounting, "Values and Ethics: From Inception to Practice," to a business situation 根据相关的商业情境，运用美国管理会计师协会的管理会计公告《价值观和道德规范：从确立到实践》的有关规定

i. demonstrate an understanding of the role of "leadership by example" or "tone at the top" in determining an organization's ethical environment 理解“以身作则”或“领导带头”在决定一个组织的道德环境中所起的作用

j. define ethical leadership and identify and explain the traits of ethical leaders 定义道德领导，并确定和解释道德领导者的特质

k. explain the importance of human capital to an organization in creating a climate where "doing the right thing" is expected (e. g. , hiring the right people, providing them with training, and practicing consistent values-based leadership) 解释对一个组织而言人力资本在营造"行事正当"的氛围中（即雇用所需要的人、员工培训、实施一贯以价值为基础的领导）的重要性

l. explain the importance of an organization's core values and how they promote ethical behavior and ethical decision making 解释组织的核心价值的重要性，及其如何促进道德行为和道德决策制定

m. discuss the importance of employee training to maintaining an ethical organizational culture 讨论员工培训对维护组织道德文化的重要性

n. explain the importance of a whistleblowing framework to maintain an ethical organizational culture 解释举报机制对维护组织道德文化的重要性

o. demonstrate an understanding of the differences between ethical and legal behavior 理解道德和守法行为之间的区别

p. identify the purpose of anti-bribery laws, such as the U. S. Foreign Corrupt Practices Act and the U. K. Bribery Act 识别反贿赂法案的目的，例如美国《反海外腐败法》和英国《反贿赂法》

q. define facilitating payments and why these payments create both ethical and legal issues 定义便利支付和这种支付方式产生的道德和法律问题的原因

r. discuss corporate responsibility for ethical conduct 讨论公司对道德行为的责任

s. define and demonstrate an understanding of the major issues of sustainability and social responsibility 定义并理解可持续性和社会责任的主要问题

t. identify and define the four levels of social responsibility: economic, legal, ethical, and philanthropic 识别并定义社会责任的四层次：经济、法律、道德和慈善

附录三　终值系数表（$FVIF_{i,n}$）

利率为 $i\%$，期数为 n，$FVIF_{i,n}=(1+i)^n$

期数（n）						利率（i）
	1%	2%	3%	4%	5%	6%	7%
1	1.0100	1.0200	1.0300	1.0400	1.0500	1.0600	1.0700
2	1.0201	1.0404	1.0609	1.0816	1.1025	1.1236	1.1449
3	1.0303	1.0612	1.0927	1.1249	1.1576	1.1910	1.2250
4	1.0406	1.0824	1.1255	1.1699	1.2155	1.2625	1.3108
5	1.0510	1.1041	1.1593	1.2167	1.2763	1.3382	1.4026
6	1.0615	1.1262	1.1941	1.2653	1.3401	1.4185	1.5007
7	1.0721	1.1487	1.2299	1.3159	1.4071	1.5036	1.6058
8	1.0829	1.1717	1.2668	1.3686	1.4775	1.5938	1.7182
9	1.0937	1.1951	1.3048	1.4233	1.5513	1.6895	1.8385
10	1.1046	1.2190	1.3439	1.4802	1.6289	1.7908	1.9672
11	1.1157	1.2434	1.3842	1.5395	1.7103	1.8983	2.1049
12	1.1268	1.2682	1.4258	1.6010	1.7959	2.0122	2.2522
13	1.1381	1.2936	1.4685	1.6651	1.8856	2.1329	2.4098
14	1.1495	1.3195	1.5126	1.7317	1.9799	2.2609	2.5785
15	1.1610	1.3459	1.5580	1.8009	2.0789	2.3966	2.7590
16	1.1726	1.3728	1.6047	1.8730	2.1829	2.5404	2.9522
17	1.1843	1.4002	1.6528	1.9479	2.2920	2.6928	3.1588
18	1.1961	1.4282	1.7024	2.0258	2.4066	2.8543	3.3799
19	1.2081	1.4568	1.7535	2.1068	2.5270	3.0256	3.6165
20	1.2202	1.4859	1.8061	2.1911	2.6533	3.2071	3.8697
21	1.2324	1.5157	1.8603	2.2788	2.7860	3.3996	4.1406
22	1.2447	1.5460	1.9161	2.3699	2.9253	3.6035	4.4304
23	1.2572	1.5769	1.9736	2.4647	3.0715	3.8197	4.7405
24	1.2697	1.6084	2.0328	2.5633	3.2251	4.0489	5.0724
25	1.2824	1.6406	2.0938	2.6658	3.3864	4.2919	5.4274
26	1.2953	1.6734	2.1566	2.7725	3.5557	4.5494	5.8074
27	1.3082	1.7069	2.2213	2.8834	3.7335	4.8223	6.2139
28	1.3213	1.7410	2.2879	2.9987	3.9201	5.1117	6.6488
29	1.3345	1.7758	2.3566	3.1187	4.1161	5.4184	7.1143
30	1.3478	1.8114	2.4273	3.2434	4.3219	5.7435	7.6123

8%	9%	10%	11%	12%	13%	14%	15%
1. 0800	1. 0900	1. 1000	1. 1100	1. 1200	1. 1300	1. 1400	1. 1500
1. 1664	1. 1881	1. 2100	1. 2321	1. 2544	1. 2769	1. 2996	1. 3225
1. 2597	1. 2950	1. 3310	1. 3676	1. 4049	1. 4429	1. 4815	1. 5209
1. 3605	1. 4116	1. 4641	1. 5181	1. 5735	1. 6305	1. 6890	1. 7490
1. 4693	1. 5386	1. 6105	1. 6851	1. 7623	1. 8424	1. 9254	2. 0114
1. 5869	1. 6771	1. 7716	1. 8704	1. 9738	2. 0820	2. 1950	2. 3131
1. 7138	1. 8280	1. 9487	2. 0762	2. 2107	2. 3526	2. 5023	2. 6600
1. 8509	1. 9926	2. 1436	2. 3045	2. 4760	2. 6584	2. 8526	3. 0590
1. 9990	2. 1719	2. 3579	2. 5580	2. 7731	3. 0040	3. 2519	3. 5179
2. 1589	2. 3674	2. 5937	2. 8394	3. 1058	3. 3946	3. 7072	4. 0456
2. 3316	2. 5804	2. 8531	3. 1518	3. 4786	3. 8359	4. 2262	4. 6524
2. 5182	2. 8127	3. 1384	3. 4985	3. 8960	4. 3345	4. 8179	5. 3503
2. 7196	3. 0658	3. 4523	3. 8833	4. 3635	4. 8980	5. 4924	6. 1528
2. 9372	3. 3417	3. 7975	4. 3104	4. 8871	5. 5348	6. 2613	7. 0757
3. 1722	3. 6425	4. 1772	4. 7846	5. 4736	6. 2543	7. 1379	8. 1371
3. 4259	3. 9703	4. 5950	5. 3109	6. 1304	7. 0673	8. 1372	9. 3576
3. 7000	4. 3276	5. 0545	5. 8951	6. 8660	7. 9861	9. 2765	10. 7613
3. 9960	4. 7171	5. 5599	6. 5436	7. 6900	9. 0243	10. 5752	12. 3755
4. 3157	5. 1417	6. 1159	7. 2633	8. 6128	10. 1974	12. 0557	14. 2318
4. 6610	5. 6044	6. 7275	8. 0623	9. 6463	11. 5231	13. 7435	16. 3665
5. 0338	6. 1088	7. 4002	8. 9492	10. 8038	13. 0211	15. 6676	18. 8215
5. 4365	6. 6586	8. 1403	9. 9336	12. 1003	14. 7138	17. 8610	21. 6447
5. 8715	7. 2579	8. 9543	11. 0263	13. 5523	16. 6266	20. 3616	24. 8915
6. 3412	7. 9111	9. 8497	12. 2392	15. 1786	18. 7881	23. 2122	28. 6252
6. 8485	8. 6231	10. 8347	13. 5855	17. 0001	21. 2305	26. 4619	32. 9190
7. 3964	9. 3992	11. 9182	15. 0799	19. 0401	23. 9905	30. 1666	37. 8568
7. 9881	10. 2451	13. 1100	16. 7387	21. 3249	27. 1093	34. 3899	43. 5353
8. 6271	11. 1671	14. 4210	18. 5799	23. 8839	30. 6335	39. 2045	50. 0656
9. 3173	12. 1722	15. 8631	20. 6237	26. 7499	34. 6158	44. 6931	57. 5755
10. 0627	13. 2677	17. 4494	22. 8923	29. 9599	39. 1159	50. 9502	66. 2118

期数（n）	利率（i）						
	16%	17%	18%	19%	20%	21%	22%
1	1.1600	1.1700	1.1800	1.1900	1.2000	1.2100	1.2200
2	1.3456	1.3689	1.3924	1.4161	1.4400	1.4641	1.4884
3	1.5609	1.6016	1.6430	1.6852	1.7280	1.7716	1.8158
4	1.8106	1.8739	1.9388	2.0053	2.0736	2.1436	2.2153
5	2.1003	2.1924	2.2878	2.3864	2.4883	2.5937	2.7027
6	2.4364	2.5652	2.6996	2.8398	2.9860	3.1384	3.2973
7	2.8262	3.0012	3.1855	3.3793	3.5832	3.7975	4.0227
8	3.2784	3.5115	3.7589	4.0214	4.2998	4.5950	4.9077
9	3.8030	4.1084	4.4355	4.7854	5.1598	5.5599	5.9874
10	4.4114	4.8068	5.2338	5.6947	6.1917	6.7275	7.3046
11	5.1173	5.6240	6.1759	6.7767	7.4301	8.1403	8.9117
12	5.9360	6.5801	7.2876	8.0642	8.9161	9.8497	10.8722
13	6.8858	7.6987	8.5994	9.5964	10.6993	11.9182	13.2641
14	7.9875	9.0075	10.1472	11.4198	12.8392	14.4210	16.1822
15	9.2655	10.5387	11.9737	13.5895	15.4070	17.4494	19.7423
16	10.7480	12.3303	14.1290	16.1715	18.4884	21.1138	24.0856
17	12.4677	14.4265	16.6722	19.2441	22.1861	25.5477	29.3844
18	14.4625	16.8790	19.6733	22.9005	26.6233	30.9127	35.8490
19	16.7765	19.7484	23.2144	27.2516	31.9480	37.4043	43.7358
20	19.4608	23.1056	27.3930	32.4294	38.3376	45.2593	53.3576
21	22.5745	27.0336	32.3238	38.5910	46.0051	54.7637	65.0963
22	26.1864	31.6293	38.1421	45.9233	55.2061	66.2641	79.4175
23	30.3762	37.0062	45.0076	54.6487	66.2474	80.1795	96.8894
24	35.2364	43.2973	53.1090	65.0320	79.4968	97.0172	118.2050
25	40.8742	50.6578	62.6686	77.3881	95.3962	117.3909	144.2101
26	47.4141	59.2697	73.9490	92.0918	114.4755	142.0429	175.9364
27	55.0004	69.3455	87.2598	109.5893	137.3706	171.8719	214.6424
28	63.8004	81.1342	102.9666	130.4112	164.8447	207.9651	261.8637
29	74.0085	94.9271	121.5005	155.1893	197.8136	251.6377	319.4737
30	85.8499	111.0647	143.3706	184.6753	237.3763	304.4816	389.7579

续表

23%	24%	25%	26%	27%	28%	29%	30%
1. 2300	1. 2400	1. 2500	1. 2600	1. 2700	1. 2800	1. 2900	1. 3000
1. 5129	1. 5376	1. 5625	1. 5876	1. 6129	1. 6384	1. 6641	1. 6900
1. 8609	1. 9066	1. 9531	2. 0004	2. 0484	2. 0972	2. 1467	2. 1970
2. 2889	2. 3642	2. 4414	2. 5205	2. 6014	2. 6844	2. 7692	2. 8561
2. 8153	2. 9316	3. 0518	3. 1758	3. 3038	3. 4360	3. 5723	3. 7129
3. 4628	3. 6352	3. 8147	4. 0015	4. 1959	4. 3980	4. 6083	4. 8268
4. 2593	4. 5077	4. 7684	5. 0419	5. 3288	5. 6295	5. 9447	6. 2749
5. 2389	5. 5895	5. 9605	6. 3528	6. 7675	7. 2058	7. 6686	8. 1573
6. 4439	6. 9310	7. 4506	8. 0045	8. 5948	9. 2234	9. 8925	10. 6045
7. 9259	8. 5944	9. 3132	10. 0857	10. 9153	11. 8059	12. 7614	13. 7858
9. 7489	10. 6571	11. 6415	12. 7080	13. 8625	15. 1116	16. 4622	17. 9216
11. 9912	13. 2148	14. 5519	16. 0120	17. 6053	19. 3428	21. 2362	23. 2981
14. 7491	16. 3863	18. 1899	20. 1752	22. 3588	24. 7588	27. 3947	30. 2875
18. 1414	20. 3191	22. 7374	25. 4207	28. 3957	31. 6913	35. 3391	39. 3738
22. 3140	25. 1956	28. 4217	32. 0301	36. 0625	40. 5648	45. 5875	51. 1859
27. 4462	31. 2426	35. 5271	40. 3579	45. 7994	51. 9230	58. 8079	66. 5417
33. 7588	38. 7408	44. 4089	50. 8510	58. 1652	66. 4614	75. 8621	86. 5042
41. 5233	48. 0386	55. 5112	64. 0722	73. 8698	85. 0706	97. 8622	112. 4554
51. 0737	59. 5679	69. 3889	80. 7310	93. 8147	108. 8904	126. 2422	146. 1920
62. 8206	73. 8641	86. 7362	101. 7211	119. 1446	139. 3797	162. 8524	190. 0496
77. 2694	91. 5915	108. 4202	128. 1685	151. 3137	178. 4060	210. 0796	247. 0645
95. 0413	113. 5735	135. 5253	161. 4924	192. 1683	228. 3596	271. 0027	321. 1839
116. 9008	140. 8312	169. 4066	203. 4804	244. 0538	292. 3003	349. 5935	417. 5391
143. 7880	174. 6306	211. 7582	256. 3853	309. 9483	374. 1444	450. 9756	542. 8008
176. 8593	216. 5420	264. 6978	323. 0454	393. 6344	478. 9049	581. 7585	705. 6410
217. 5369	268. 5121	330. 8722	407. 0373	499. 9157	612. 9982	750. 4685	917. 3333
267. 5704	332. 9550	413. 5903	512. 8670	634. 8929	784. 6377	968. 1044	1 192. 5333
329. 1115	412. 8642	516. 9879	646. 2124	806. 3140	1 004. 3363	1 248. 8546	1 550. 2933
404. 8072	511. 9516	646. 2349	814. 2276	1 024. 0187	1 285. 5504	1 611. 0225	2 015. 3813
497. 9129	634. 8199	807. 7936	1 025. 9267	1 300. 5038	1 645. 5046	2 078. 2190	2 619. 9956

附录四　现值系数表（$\mathbf{PVIF}_{i,n}$）

利率为 $i\%$，期数为 n，$PVIF_{i,n}=1/(1+i)^n$

期数（n）	利率（i）						
	1%	2%	3%	4%	5%	6%	7%
1	0. 9901	0. 9804	0. 9709	0. 9615	0. 9524	0. 9434	0. 9346
2	0. 9803	0. 9612	0. 9426	0. 9246	0. 9070	0. 8900	0. 8734
3	0. 9706	0. 9423	0. 9151	0. 8890	0. 8638	0. 8396	0. 8163
4	0. 9610	0. 9238	0. 8885	0. 8548	0. 8227	0. 7921	0. 7629
5	0. 9515	0. 9057	0. 8626	0. 8219	0. 7835	0. 7473	0. 7130
6	0. 9420	0. 8880	0. 8375	0. 7903	0. 7462	0. 7050	0. 6663
7	0. 9327	0. 8706	0. 8131	0. 7599	0. 7107	0. 6651	0. 6227
8	0. 9235	0. 8535	0. 7894	0. 7307	0. 6768	0. 6274	0. 5820
9	0. 9143	0. 8368	0. 7664	0. 7026	0. 6446	0. 5919	0. 5439
10	0. 9053	0. 8203	0. 7441	0. 6756	0. 6139	0. 5584	0. 5083
11	0. 8963	0. 8043	0. 7224	0. 6496	0. 5847	0. 5268	0. 4751
12	0. 8874	0. 7885	0. 7014	0. 6246	0. 5568	0. 4970	0. 4440
13	0. 8787	0. 7730	0. 6810	0. 6006	0. 5303	0. 4688	0. 4150
14	0. 8700	0. 7579	0. 6611	0. 5775	0. 5051	0. 4423	0. 3878
15	0. 8613	0. 7430	0. 6419	0. 5553	0. 4810	0. 4173	0. 3624
16	0. 8528	0. 7284	0. 6232	0. 5339	0. 4581	0. 3936	0. 3387
17	0. 8444	0. 7142	0. 6050	0. 5134	0. 4363	0. 3714	0. 3166
18	0. 8360	0. 7002	0. 5874	0. 4936	0. 4155	0. 3503	0. 2959
19	0. 8277	0. 6864	0. 5703	0. 4746	0. 3957	0. 3305	0. 2765
20	0. 8195	0. 6730	0. 5537	0. 4564	0. 3769	0. 3118	0. 2584
21	0. 8114	0. 6598	0. 5375	0. 4388	0. 3589	0. 2942	0. 2415
22	0. 8034	0. 6468	0. 5219	0. 4220	0. 3418	0. 2775	0. 2257
23	0. 7954	0. 6342	0. 5067	0. 4057	0. 3256	0. 2618	0. 2109
24	0. 7876	0. 6217	0. 4919	0. 3901	0. 3101	0. 2470	0. 1971
25	0. 7798	0. 6095	0. 4776	0. 3751	0. 2953	0. 2330	0. 1842
26	0. 7720	0. 5976	0. 4637	0. 3607	0. 2812	0. 2198	0. 1722
27	0. 7644	0. 5859	0. 4502	0. 3468	0. 2678	0. 2074	0. 1609
28	0. 7568	0. 5744	0. 4371	0. 3335	0. 2551	0. 1956	0. 1504
29	0. 7493	0. 5631	0. 4243	0. 3207	0. 2429	0. 1846	0. 1406
30	0. 7419	0. 5521	0. 4120	0. 3083	0. 2314	0. 1741	0. 1314

8%	9%	10%	11%	12%	13%	14%	15%
0. 9259	0. 9174	0. 9091	0. 9009	0. 8929	0. 8850	0. 8772	0. 8696
0. 8573	0. 8417	0. 8264	0. 8116	0. 7972	0. 7831	0. 7695	0. 7561
0. 7938	0. 7722	0. 7513	0. 7312	0. 7118	0. 6931	0. 6750	0. 6575
0. 7350	0. 7084	0. 6830	0. 6587	0. 6355	0. 6133	0. 5921	0. 5718
0. 6806	0. 6499	0. 6209	0. 5935	0. 5674	0. 5428	0. 5194	0. 4972
0. 6302	0. 5963	0. 5645	0. 5346	0. 5066	0. 4803	0. 4556	0. 4323
0. 5835	0. 5470	0. 5132	0. 4817	0. 4523	0. 4251	0. 3996	0. 3759
0. 5403	0. 5019	0. 4665	0. 4339	0. 4039	0. 3762	0. 3506	0. 3269
0. 5002	0. 4604	0. 4241	0. 3909	0. 3606	0. 3329	0. 3075	0. 2843
0. 4632	0. 4224	0. 3855	0. 3522	0. 3220	0. 2946	0. 2697	0. 2472
0. 4289	0. 3875	0. 3505	0. 3173	0. 2875	0. 2607	0. 2366	0. 2149
0. 3971	0. 3555	0. 3186	0. 2858	0. 2567	0. 2307	0. 2076	0. 1869
0. 3677	0. 3262	0. 2897	0. 2575	0. 2292	0. 2042	0. 1821	0. 1625
0. 3405	0. 2992	0. 2633	0. 2320	0. 2046	0. 1807	0. 1597	0. 1413
0. 3152	0. 2745	0. 2394	0. 2090	0. 1827	0. 1599	0. 1401	0. 1229
0. 2919	0. 2519	0. 2176	0. 1883	0. 1631	0. 1415	0. 1229	0. 1069
0. 2703	0. 2311	0. 1978	0. 1696	0. 1456	0. 1252	0. 1078	0. 0929
0. 2502	0. 2120	0. 1799	0. 1528	0. 1300	0. 1108	0. 0946	0. 0808
0. 2317	0. 1945	0. 1635	0. 1377	0. 1161	0. 0981	0. 0829	0. 0703
0. 2145	0. 1784	0. 1486	0. 1240	0. 1037	0. 0868	0. 0728	0. 0611
0. 1987	0. 1637	0. 1351	0. 1117	0. 0926	0. 0768	0. 0638	0. 0531
0. 1839	0. 1502	0. 1228	0. 1007	0. 0826	0. 0680	0. 0560	0. 0462
0. 1703	0. 1378	0. 1117	0. 0907	0. 0738	0. 0601	0. 0491	0. 0402
0. 1577	0. 1264	0. 1015	0. 0817	0. 0659	0. 0532	0. 0431	0. 0349
0. 1460	0. 1160	0. 0923	0. 0736	0. 0588	0. 0471	0. 0378	0. 0304
0. 1352	0. 1064	0. 0839	0. 0663	0. 0525	0. 0417	0. 0331	0. 0264
0. 1252	0. 0976	0. 0763	0. 0597	0. 0469	0. 0369	0. 0291	0. 0230
0. 1159	0. 0895	0. 0693	0. 0538	0. 0419	0. 0326	0. 0255	0. 0200
0. 1073	0. 0822	0. 0630	0. 0485	0. 0374	0. 0289	0. 0224	0. 0174
0. 0994	0. 0754	0. 0573	0. 0437	0. 0334	0. 0256	0. 0196	0. 0151

期数（n）	利率（i）						
	16%	17%	18%	19%	20%	21%	22%
1	0.8621	0.8547	0.8475	0.8403	0.8333	0.8264	0.8197
2	0.7432	0.7305	0.7182	0.7062	0.6944	0.6830	0.6719
3	0.6407	0.6244	0.6086	0.5934	0.5787	0.5645	0.5507
4	0.5523	0.5337	0.5158	0.4987	0.4823	0.4665	0.4514
5	0.4761	0.4561	0.4371	0.4190	0.4019	0.3855	0.3700
6	0.4104	0.3898	0.3704	0.3521	0.3349	0.3186	0.3033
7	0.3538	0.3332	0.3139	0.2959	0.2791	0.2633	0.2486
8	0.3050	0.2848	0.2660	0.2487	0.2326	0.2176	0.2038
9	0.2630	0.2434	0.2255	0.2090	0.1938	0.1799	0.1670
10	0.2267	0.2080	0.1911	0.1756	0.1615	0.1486	0.1369
11	0.1954	0.1778	0.1619	0.1476	0.1346	0.1228	0.1122
12	0.1685	0.1520	0.1372	0.1240	0.1122	0.1015	0.0920
13	0.1452	0.1299	0.1163	0.1042	0.0935	0.0839	0.0754
14	0.1252	0.1110	0.0985	0.0876	0.0779	0.0693	0.0618
15	0.1079	0.0949	0.0835	0.0736	0.0649	0.0573	0.0507
16	0.0930	0.0811	0.0708	0.0618	0.0541	0.0474	0.0415
17	0.0802	0.0693	0.0600	0.0520	0.0451	0.0391	0.0340
18	0.0691	0.0592	0.0508	0.0437	0.0376	0.0323	0.0279
19	0.0596	0.0506	0.0431	0.0367	0.0313	0.0267	0.0229
20	0.0514	0.0433	0.0365	0.0308	0.0261	0.0221	0.0187
21	0.0443	0.0370	0.0309	0.0259	0.0217	0.0183	0.0154
22	0.0382	0.0316	0.0262	0.0218	0.0181	0.0151	0.0126
23	0.0329	0.0270	0.0222	0.0183	0.0151	0.0125	0.0103
24	0.0284	0.0231	0.0188	0.0154	0.0126	0.0103	0.0085
25	0.0245	0.0197	0.0160	0.0129	0.0105	0.0085	0.0069
26	0.0211	0.0169	0.0135	0.0109	0.0087	0.0070	0.0057
27	0.0182	0.0144	0.0115	0.0091	0.0073	0.0058	0.0047
28	0.0157	0.0123	0.0097	0.0077	0.0061	0.0048	0.0038
29	0.0135	0.0105	0.0082	0.0064	0.0051	0.0040	0.0031
30	0.0116	0.0090	0.0070	0.0054	0.0042	0.0033	0.0026

续表

23%	24%	25%	26%	27%	28%	29%	30%
0. 8130	0. 8065	0. 8000	0. 7937	0. 7874	0. 7813	0. 7752	0. 7692
0. 6610	0. 6504	0. 6400	0. 6299	0. 6200	0. 6104	0. 6009	0. 5917
0. 5374	0. 5245	0. 5120	0. 4999	0. 4882	0. 4768	0. 4658	0. 4552
0. 4369	0. 4230	0. 4096	0. 3968	0. 3844	0. 3725	0. 3611	0. 3501
0. 3552	0. 3411	0. 3277	0. 3149	0. 3027	0. 2910	0. 2799	0. 2693
0. 2888	0. 2751	0. 2621	0. 2499	0. 2383	0. 2274	0. 2170	0. 2072
0. 2348	0. 2218	0. 2097	0. 1983	0. 1877	0. 1776	0. 1682	0. 1594
0. 1909	0. 1789	0. 1678	0. 1574	0. 1478	0. 1388	0. 1304	0. 1226
0. 1552	0. 1443	0. 1342	0. 1249	0. 1164	0. 1084	0. 1011	0. 0943
0. 1262	0. 1164	0. 1074	0. 0992	0. 0916	0. 0847	0. 0784	0. 0725
0. 1026	0. 0938	0. 0859	0. 0787	0. 0721	0. 0662	0. 0607	0. 0558
0. 0834	0. 0757	0. 0687	0. 0625	0. 0568	0. 0517	0. 0471	0. 0429
0. 0678	0. 0610	0. 0550	0. 0496	0. 0447	0. 0404	0. 0365	0. 0330
0. 0551	0. 0492	0. 0440	0. 0393	0. 0352	0. 0316	0. 0283	0. 0254
0. 0448	0. 0397	0. 0352	0. 0312	0. 0277	0. 0247	0. 0219	0. 0195
0. 0364	0. 0320	0. 0281	0. 0248	0. 0218	0. 0193	0. 0170	0. 0150
0. 0296	0. 0258	0. 0225	0. 0197	0. 0172	0. 0150	0. 0132	0. 0116
0. 0241	0. 0208	0. 0180	0. 0156	0. 0135	0. 0118	0. 0102	0. 0089
0. 0196	0. 0168	0. 0144	0. 0124	0. 0107	0. 0092	0. 0079	0. 0068
0. 0159	0. 0135	0. 0115	0. 0098	0. 0084	0. 0072	0. 0061	0. 0053
0. 0129	0. 0109	0. 0092	0. 0078	0. 0066	0. 0056	0. 0048	0. 0040
0. 0105	0. 0088	0. 0074	0. 0062	0. 0052	0. 0044	0. 0037	0. 0031
0. 0086	0. 0071	0. 0059	0. 0049	0. 0041	0. 0034	0. 0029	0. 0024
0. 0070	0. 0057	0. 0047	0. 0039	0. 0032	0. 0027	0. 0022	0. 0018
0. 0057	0. 0046	0. 0038	0. 0031	0. 0025	0. 0021	0. 0017	0. 0014
0. 0046	0. 0037	0. 0030	0. 0025	0. 0020	0. 0016	0. 0013	0. 0011
0. 0037	0. 0030	0. 0024	0. 0019	0. 0016	0. 0013	0. 0010	0. 0008
0. 0030	0. 0024	0. 0019	0. 0015	0. 0012	0. 0010	0. 0008	0. 0006
0. 0025	0. 0020	0. 0015	0. 0012	0. 0010	0. 0008	0. 0006	0. 0005
0. 0020	0. 0016	0. 0012	0. 0010	0. 0008	0. 0006	0. 0005	0. 0004

附录五　年金终值系数表（$FVIFA_{i,n}$）

利率为 $i\%$，期数为 n，$FVIFA_{i,n}=\sum_{t=1}^{n}(1+i)^{n-t}$

期数（n）	利率（i）						
	1%	2%	3%	4%	5%	6%	7%
1	1.0000	1.0200	1.0000	1.0000	1.0000	1.0000	1.0000
2	2.0100	2.0200	2.0300	2.0400	2.0500	2.0600	2.0700
3	3.0301	3.0604	3.0909	3.1216	3.1525	3.1836	3.2149
4	4.0604	4.1216	4.1836	4.2465	4.3101	4.3746	4.4399
5	5.1010	5.2040	5.3091	5.4163	5.5256	5.6371	5.7507
6	6.1520	6.3081	6.4684	6.6330	6.8019	6.9753	7.1533
7	7.2135	7.4343	7.6625	7.8983	8.1420	8.3938	8.6540
8	8.2857	8.5830	8.8923	9.2142	9.5491	9.8975	10.2598
9	9.3685	9.7546	10.1591	10.5828	11.0266	11.4913	11.9780
10	10.4622	10.9497	11.4639	12.0061	12.5779	13.1808	13.8164
11	11.5668	12.1687	12.8078	13.4864	14.2068	14.9716	15.7836
12	12.6825	13.4121	14.1920	15.0258	15.9171	16.8699	17.8885
13	13.8093	14.6803	15.6178	16.6268	17.7130	18.8821	20.1406
14	14.9474	15.9739	17.0863	18.2919	19.5986	21.0151	22.5505
15	16.0969	17.2934	18.5989	20.0236	21.5786	23.2760	25.1290
16	17.2579	18.6393	20.1569	21.8245	23.6575	25.6725	27.8881
17	18.4304	20.0121	21.7616	23.6975	25.8404	28.2129	30.8402
18	19.6147	21.4123	23.4144	25.6454	28.1324	30.9057	33.9990
19	20.8109	22.8406	25.1169	27.6712	30.5390	33.7600	37.3790
20	22.0190	24.2974	26.8704	29.7781	33.0660	36.7856	40.9955
21	23.2392	25.7833	28.6765	31.9692	35.7193	39.9927	44.8652
22	24.4716	27.2990	30.5368	34.2480	38.5052	43.3923	49.0057
23	25.7163	28.8450	32.4529	36.6179	41.4305	46.9958	53.4361
24	26.9735	30.4219	34.4265	39.0826	44.5020	50.8156	58.1767
25	28.2432	32.0303	36.4593	41.6459	47.7271	54.8645	63.2490
26	29.5256	33.6709	38.5530	44.3117	51.1135	59.1564	68.6765
27	30.8209	35.3443	40.7096	47.0842	54.6691	63.7058	74.4838
28	32.1291	37.0512	42.9309	49.9676	58.4026	68.5281	80.6977
29	33.4504	38.7922	45.2189	52.9663	62.3227	73.6398	87.3465
30	34.7849	40.5681	47.5754	56.0849	66.4388	79.0582	94.4608

8%	9%	10%	11%	12%	13%	14%	15%
1.0000	1.0000	1.0000	1.0000	1.0000	1.0000	1.0000	1.0000
2.0800	2.0900	2.1000	2.1100	2.1200	2.1300	2.1400	2.1500
3.2464	3.2781	3.3100	3.3421	3.3744	3.4069	3.4396	3.4725
4.5061	4.5731	4.6410	4.7097	4.7793	4.8498	4.9211	4.9934
5.8666	5.9847	6.1051	6.2278	6.3528	6.4803	6.6101	6.7424
7.3359	7.5233	7.7156	7.9129	8.1152	8.3227	8.5355	8.7537
8.9228	9.2004	9.4872	9.7833	10.0890	10.4047	10.7305	11.0668
10.6366	11.0285	11.4359	11.8594	12.2997	12.7573	13.2328	13.7268
12.4876	13.0210	13.5795	14.1640	14.7757	15.4157	16.0853	16.7858
14.4866	15.1929	15.9374	16.7220	17.5487	18.4197	19.3373	20.3037
16.6455	17.5603	18.5312	19.5614	20.6546	21.8143	23.0445	24.3493
18.9771	20.1407	21.3843	22.7132	24.1331	25.6502	27.2707	29.0017
21.4953	22.9534	24.5227	26.2116	28.0291	29.9847	32.0887	34.3519
24.2149	26.0192	27.9750	30.0949	32.3926	34.8827	37.5811	40.5047
27.1521	29.3609	31.7725	34.4054	37.2797	40.4175	43.8424	47.5804
30.3243	33.0034	35.9497	39.1899	42.7533	46.6717	50.9804	55.7175
33.7502	36.9737	40.5447	44.5008	48.8837	53.7391	59.1176	65.0751
37.4502	41.3013	45.5992	50.3959	55.7497	61.7251	68.3941	75.8364
41.4463	46.0185	51.1591	56.9395	63.4397	70.7494	78.9692	88.2118
45.7620	51.1601	57.2750	64.2028	72.0524	80.9468	91.0249	102.4436
50.4229	56.7645	64.0025	72.2651	81.6987	92.4699	104.7684	118.8101
55.4568	62.8733	71.4027	81.2143	92.5026	105.4910	120.4360	137.6316
60.8933	69.5319	79.5430	91.1479	104.6029	120.2048	138.2970	159.2764
66.7648	76.7898	88.4973	102.1742	118.1552	136.8315	158.6586	184.1678
73.1059	84.7009	98.3471	114.4133	133.3339	155.6196	181.8708	212.7930
79.9544	93.3240	109.1818	127.9988	150.3339	176.8501	208.3327	245.7120
87.3508	102.7231	121.0999	143.0786	169.3740	200.8406	238.4993	283.5688
95.3388	112.9682	134.2099	159.8173	190.6989	227.9499	272.8892	327.1041
103.9659	124.1354	148.6309	178.3972	214.5828	258.5834	312.0937	377.1697
113.2832	136.3075	164.4940	199.0209	241.3327	293.1992	356.7868	434.7451

期数（n）	利率（i）						
	16%	17%	18%	19%	20%	21%	22%
1	1. 0000	1. 0000	1. 0000	1. 0000	1. 0000	1. 0000	1. 0000
2	2. 1600	2. 1700	2. 1800	2. 1900	2. 2000	2. 2100	2. 2200
3	3. 5056	3. 5389	3. 5724	3. 6061	3. 6400	3. 6741	3. 7084
4	5. 0665	5. 1405	5. 2154	5. 2913	5. 3680	5. 4457	5. 5242
5	6. 8771	7. 0144	7. 1542	7. 2966	7. 4416	7. 5892	7. 7396
6	8. 9775	9. 2068	9. 4420	9. 6830	9. 9299	10. 1830	10. 4423
7	11. 4139	11. 7720	12. 1415	12. 5227	12. 9159	13. 3214	13. 7396
8	14. 2401	14. 7733	15. 3270	15. 9020	16. 4991	17. 1189	17. 7623
9	17. 5185	18. 2847	19. 0859	19. 9234	20. 7989	21. 7139	22. 6700
10	21. 3215	22. 3931	23. 5213	24. 7089	25. 9587	27. 2738	28. 6574
11	25. 7329	27. 1999	28. 7551	30. 4035	32. 1504	34. 0013	35. 9620
12	30. 8502	32. 8239	34. 9311	37. 1802	39. 5805	42. 1416	44. 8737
13	36. 7862	39. 4040	42. 2187	45. 2445	48. 4966	51. 9913	55. 7459
14	43. 6720	47. 1027	50. 8180	54. 8409	59. 1959	63. 9095	69. 0100
15	51. 6595	56. 1101	60. 9653	66. 2607	72. 0351	78. 3305	85. 1922
16	60. 9250	66. 6488	72. 9390	79. 8502	87. 4421	95. 7799	104. 9345
17	71. 6730	78. 9792	87. 0680	96. 0218	105. 9306	116. 8937	129. 0201
18	84. 1407	93. 4056	103. 7403	115. 2659	128. 1167	142. 4413	158. 4045
19	98. 6032	110. 2846	123. 4135	138. 1664	154. 7400	173. 3540	194. 2535
20	115. 3797	130. 0329	146. 6280	165. 4180	186. 6880	210. 7584	237. 9893
21	134. 8405	153. 1385	174. 0210	197. 8474	225. 0256	256. 0176	291. 3469
22	157. 4150	180. 1721	206. 3448	236. 4385	271. 0307	310. 7813	356. 4432
23	183. 6014	211. 8013	244. 4868	282. 3618	326. 2369	377. 0454	435. 8607
24	213. 9776	248. 8076	289. 4945	337. 0105	392. 4842	457. 2249	532. 7501
25	249. 2140	292. 1049	342. 6035	402. 0425	471. 9811	554. 2422	650. 9551
26	290. 0883	342. 7627	405. 2721	479. 4306	567. 3773	671. 6330	795. 1653
27	337. 5024	402. 0323	479. 2211	571. 5224	681. 8528	813. 6759	971. 1016
28	392. 5028	471. 3778	566. 4809	681. 1116	819. 2233	985. 5479	1 185. 7440
29	456. 3032	552. 5121	669. 4475	811. 5228	984. 0680	1 193. 5129	1 447. 6077
30	530. 3117	647. 4391	790. 9480	966. 7122	1 181. 8816	1 445. 1507	1 767. 0813

续表

23%	24%	25%	26%	27%	28%	29%	30%
1. 0000	1. 0000	1. 0000	1. 0000	1. 0000	1. 0000	1. 0000	1. 0000
2. 2300	2. 2400	2. 2500	2. 2600	2. 2700	2. 2800	2. 2900	2. 3000
3. 7429	3. 7776	3. 8125	3. 8476	3. 8829	3. 9184	3. 9541	3. 9900
5. 6038	5. 6842	5. 7656	5. 8480	5. 9313	6. 0156	6. 1008	6. 1870
7. 8926	8. 0484	8. 2070	8. 3684	8. 5327	8. 6999	8. 8700	9. 0431
10. 7079	10. 9801	11. 2588	11. 5442	11. 8366	12. 1359	12. 4423	12. 7560
14. 1708	14. 6153	15. 0735	15. 5458	16. 0324	16. 5339	17. 0506	17. 5828
18. 4300	19. 1229	19. 8419	20. 5876	21. 3612	22. 1634	22. 9953	23. 8577
23. 6690	24. 7125	25. 8023	26. 9404	28. 1287	29. 3692	30. 6639	32. 0150
30. 1128	31. 6434	33. 2529	34. 9449	36. 7235	38. 5926	40. 5564	42. 6195
38. 0388	40. 2379	42. 5661	45. 0306	47. 6388	50. 3985	53. 3178	56. 4053
47. 7877	50. 8950	54. 2077	57. 7386	61. 5013	65. 5100	69. 7800	74. 3270
59. 7788	64. 1097	68. 7596	73. 7506	79. 1066	84. 8529	91. 0161	97. 6250
74. 5280	80. 4961	86. 9495	93. 9258	101. 4654	109. 6117	118. 4108	127. 9125
92. 6694	100. 8151	109. 6868	119. 3465	129. 8611	141. 3029	153. 7500	167. 2863
114. 9834	126. 0108	138. 1085	151. 3766	165. 9236	181. 8677	199. 3374	218. 4722
142. 4295	157. 2534	173. 6357	191. 7345	211. 7230	233. 7907	258. 1453	285. 0139
176. 1883	195. 9942	218. 0446	242. 5855	269. 8882	300. 2521	334. 0074	371. 5180
217. 7116	244. 0328	273. 5558	306. 6577	343. 7580	385. 3227	431. 8696	483. 9734
268. 7853	303. 6006	342. 9447	387. 3887	437. 5726	494. 2131	558. 1118	630. 1655
331. 6059	377. 4648	429. 6809	489. 1098	556. 7173	633. 5927	720. 9642	820. 2151
408. 8753	469. 0563	538. 1011	617. 2783	708. 0309	811. 9987	931. 0438	1 067. 2796
503. 9166	582. 6298	673. 6264	778. 7707	900. 1993	1 040. 3583	1 202. 0465	1 388. 4635
620. 8174	723. 4610	843. 0329	982. 2511	1 144. 2531	1 332. 6586	1 551. 6400	1 806. 0026
764. 6054	898. 0916	1 054. 7912	1 238. 6363	1 454. 2014	1 706. 8031	2 002. 6156	2 348. 8033
941. 4647	1 114. 6336	1 319. 4890	1 561. 6818	1 847. 8358	2 185. 7079	2 584. 3741	3 054. 4443
1 159. 0016	1 383. 1457	1 650. 3612	1 968. 7191	2 347. 7515	2 798. 7061	3 334. 8426	3 971. 7776
1 426. 5719	1 716. 1007	2 063. 9515	2 481. 5860	2 982. 6444	3 583. 3438	4 302. 9470	5 164. 3109
1 755. 6835	2 128. 9648	2 580. 9394	3 127. 7984	3 788. 9583	4 587. 6801	5 551. 8016	6 714. 6042
2 160. 4907	2 640. 9164	3 227. 1743	3 942. 0260	4 812. 9771	5 873. 2306	7 162. 8241	8 729. 9855

附录六　年金现值系数表（$PVIFA_{i,n}$）

利率为 $i\%$，期数为 n，$PVIFA_{i,n}=\sum_{t=1}^{w}1/(1+i)^{t}$

期数（n）	利率（i）						
	1%	2%	3%	4%	5%	6%	7%
1	0.9901	0.9804	0.9709	0.9615	0.9524	0.9434	0.9346
2	1.9704	1.9416	1.9135	1.8861	1.8594	1.8334	1.8080
3	2.9410	2.8839	2.8286	2.7751	2.7232	2.6730	2.6243
4	3.9020	3.8077	3.7171	3.6299	3.5460	3.4651	3.3872
5	4.8534	4.7135	4.5797	4.4518	4.3295	4.2124	4.1002
6	5.7955	5.6014	5.4172	5.2421	5.0757	4.9173	4.7665
7	6.7282	6.4720	6.2303	6.0021	5.7864	5.5824	5.3893
8	7.6517	7.3255	7.0197	6.7327	6.4632	6.2098	5.9713
9	8.5660	8.1622	7.7861	7.4353	7.1078	6.8017	6.5152
10	9.4713	8.9826	8.5302	8.1109	7.7217	7.3601	7.0236
11	10.3676	9.7868	9.2526	8.7605	8.3064	7.8869	7.4987
12	11.2551	10.5753	9.9540	9.3851	8.8633	8.3838	7.9427
13	12.1337	11.3484	10.6350	9.9856	9.3936	8.8527	8.3577
14	13.0037	12.1062	11.2961	10.5631	9.8986	9.2950	8.7455
15	13.8651	12.8493	11.9379	11.1184	10.3797	9.7122	9.1079
16	14.7179	13.5777	12.5611	11.6523	10.8378	10.1059	9.4466
17	15.5623	14.2919	13.1661	12.1657	11.2741	10.4773	9.7632
18	16.3983	14.9920	13.7535	12.6593	11.6896	10.8276	10.0591
19	17.2260	15.6785	14.3238	13.1339	12.0853	11.1581	10.3356
20	18.0456	16.3514	14.8775	13.5903	12.4622	11.4699	10.5940
21	18.8570	17.0112	15.4150	14.0292	12.8212	11.7641	10.8355
22	19.6604	17.6580	15.9369	14.4511	13.1630	12.0416	11.0612
23	20.4558	18.2922	16.4436	14.8568	13.4886	12.3034	11.2722
24	21.2434	18.9139	16.9355	15.2470	13.7986	12.5504	11.4693
25	22.0232	19.5235	17.4131	15.6221	14.0939	12.7834	11.6536
26	22.7952	20.1210	17.8768	15.9828	14.3752	13.0032	11.8258
27	23.5596	20.7069	18.3270	16.3296	14.6430	13.2105	11.9867
28	24.3164	21.2813	18.7641	16.6631	14.8981	13.4062	12.1371
29	25.0658	21.8444	19.1885	16.9837	15.1411	13.5907	12.2777
30	25.8077	22.3965	19.6004	17.2920	15.3725	13.7648	12.4090

8%	9%	10%	11%	12%	13%	14%	15%
0. 9259	0. 9174	0. 9091	0. 9009	0. 8929	0. 8850	0. 8772	0. 8696
1. 7833	1. 7591	1. 7355	1. 7125	1. 6901	1. 6681	1. 6467	1. 6257
2. 5771	2. 5313	2. 4869	2. 4437	2. 4018	2. 3612	2. 3216	2. 2832
3. 3121	3. 2397	3. 1699	3. 1024	3. 0373	2. 9745	2. 9137	2. 8550
3. 9927	3. 8897	3. 7908	3. 6959	3. 6048	3. 5172	3. 4331	3. 3522
4. 6229	4. 4859	4. 3553	4. 2305	4. 1114	3. 9975	3. 8887	3. 7845
5. 2064	5. 0330	4. 8684	4. 7122	4. 5638	4. 4226	4. 2883	4. 1604
5. 7466	5. 5348	5. 3349	5. 1461	4. 9676	4. 7988	4. 6389	4. 4873
6. 2469	5. 9952	5. 7590	5. 5370	5. 3282	5. 1317	4. 9464	4. 7716
6. 7101	6. 4177	6. 1446	5. 8892	5. 6502	5. 4262	5. 2161	5. 0188
7. 1390	6. 8052	6. 4951	6. 2065	5. 9377	5. 6869	5. 4527	5. 2337
7. 5361	7. 1607	6. 8137	6. 4924	6. 1944	5. 9176	5. 6603	5. 4206
7. 9038	7. 4869	7. 1034	6. 7499	6. 4235	6. 1218	5. 8424	5. 5831
8. 2442	7. 7862	7. 3667	6. 9819	6. 6282	6. 3025	6. 0021	5. 7245
8. 5595	8. 0607	7. 6061	7. 1909	6. 8109	6. 4624	6. 1422	5. 8474
8. 8514	8. 3126	7. 8237	7. 3792	6. 9740	6. 6039	6. 2651	5. 9542
9. 1216	8. 5436	8. 0216	7. 5488	7. 1196	6. 7291	6. 3729	6. 0472
9. 3719	8. 7556	8. 2014	7. 7016	7. 2497	6. 8399	6. 4674	6. 1280
9. 6036	8. 9501	8. 3649	7. 8393	7. 3658	6. 9380	6. 5504	6. 1982
9. 8181	9. 1285	8. 5136	7. 9633	7. 4694	7. 0248	6. 6231	6. 2593
10. 0168	9. 2922	8. 6487	8. 0751	7. 5620	7. 1016	6. 6870	6. 3125
10. 2007	9. 4424	8. 7715	8. 1757	7. 6446	7. 1695	6. 7429	6. 3587
10. 3711	9. 5802	8. 8832	8. 2664	7. 7184	7. 2297	6. 7921	6. 3988
10. 5288	9. 7066	8. 9847	8. 3481	7. 7843	7. 2829	6. 8351	6. 4338
10. 6748	9. 8226	9. 0770	8. 4217	7. 8431	7. 3300	6. 8729	6. 4641
10. 8100	9. 9290	9. 1609	8. 4881	7. 8957	7. 3717	6. 9061	6. 4906
10. 9352	10. 0266	9. 2372	8. 5478	7. 9426	7. 4086	6. 9352	6. 5135
11. 0511	10. 1161	9. 3066	8. 6016	7. 9844	7. 4412	6. 9607	6. 5335
11. 1584	10. 1983	9. 3696	8. 6501	8. 0218	7. 4701	6. 9830	6. 5509
11. 2578	10. 2737	9. 4269	8. 6938	8. 0552	7. 4957	7. 0027	6. 5660

期数（n）	利率（i）						
	16%	17%	18%	19%	20%	21%	22%
1	0. 8621	0. 8547	0. 8475	0. 8403	0. 8333	0. 8264	0. 8197
2	1. 6052	1. 5852	1. 5656	1. 5465	1. 5278	1. 5095	1. 4915
3	2. 2459	2. 2096	2. 1743	2. 1399	2. 1065	2. 0739	2. 0422
4	2. 7982	2. 7432	2. 6901	2. 6386	2. 5887	2. 5404	2. 4936
5	3. 2743	3. 1993	3. 1272	3. 0576	2. 9906	2. 926	2. 8636
6	3. 6847	3. 5892	3. 4976	3. 4098	3. 3255	3. 2446	3. 1669
7	4. 0386	3. 9224	3. 8115	3. 7057	3. 6046	3. 5079	3. 4155
8	4. 3436	4. 2072	4. 0776	3. 9544	3. 8372	3. 7256	3. 6193
9	4. 6065	4. 4506	4. 3030	4. 1633	4. 0310	3. 9054	3. 7863
10	4. 8332	4. 6586	4. 4941	4. 3389	4. 1925	4. 0541	3. 9232
11	5. 0286	4. 8364	4. 6560	4. 4865	4. 3271	4. 1769	4. 0354
12	5. 1971	4. 9884	4. 7932	4. 6105	4. 4392	4. 2784	4. 1274
13	5. 3423	5. 1183	4. 9095	4. 7147	4. 5327	4. 3624	4. 2028
14	5. 4675	5. 2293	5. 0081	4. 8023	4. 6106	4. 4317	4. 2646
15	5. 5755	5. 3242	5. 0916	4. 8759	4. 6755	4. 4890	4. 3152
16	5. 6685	5. 4053	5. 1624	4. 9377	4. 7296	4. 5364	4. 3567
17	5. 7487	5. 4746	5. 2223	4. 9897	4. 7746	4. 5755	4. 3908
18	5. 8178	5. 5339	5. 2732	5. 0333	4. 8122	4. 6079	4. 4187
19	5. 8775	5. 5845	5. 3162	5. 0700	4. 8435	4. 6346	4. 4415
20	5. 9288	5. 6278	5. 3527	5. 1009	4. 8696	4. 6567	4. 4603
21	5. 9731	5. 6648	5. 3837	5. 1268	4. 8913	4. 6750	4. 4756
22	6. 0113	5. 6964	5. 4099	5. 1486	4. 9094	4. 6900	4. 4882
23	6. 0442	5. 7234	5. 4321	5. 1668	4. 9245	4. 7025	4. 4985
24	6. 0726	5. 7465	5. 4509	5. 1822	4. 9371	4. 7128	4. 5070
25	6. 0971	5. 7662	5. 4669	5. 1951	4. 9476	4. 7213	4. 5139
26	6. 1182	5. 7831	5. 4804	5. 2060	4. 9563	4. 7284	4. 5196
27	6. 1364	5. 7975	5. 4919	5. 2151	4. 9636	4. 7342	4. 5243
28	6. 1520	5. 8099	5. 5016	5. 2228	4. 9697	4. 7390	4. 5281
29	6. 1656	5. 8204	5. 5098	5. 2292	4. 9747	4. 7430	4. 5312
30	6. 1772	5. 8294	5. 5168	5. 2347	4. 9789	4. 7463	4. 5338

续表

23%	24%	25%	26%	27%	28%	29%	30%
0. 813	0. 8065	0. 8000	0. 7937	0. 7874	0. 7813	0. 7752	0. 7692
1. 4740	1. 4568	1. 4400	1. 4235	1. 4074	1. 3916	1. 3761	1. 3609
2. 0114	1. 9813	1. 9520	1. 9234	1. 8956	1. 8684	1. 8420	1. 8161
2. 4483	2. 4043	2. 3616	2. 3202	2. 2800	2. 2410	2. 2031	2. 1662
2. 8035	2. 7454	2. 6893	2. 6351	2. 5827	2. 5320	2. 4830	2. 4356
3. 0923	3. 0205	2. 9514	2. 8850	2. 8210	2. 7594	2. 7000	2. 6427
3. 3270	3. 2423	3. 1611	3. 0833	3. 0087	2. 9370	2. 8682	2. 8021
3. 5179	3. 4212	3. 3289	3. 2407	3. 1564	3. 0758	2. 9986	2. 9247
3. 6731	3. 5655	3. 4631	3. 3657	3. 2728	3. 1842	3. 0997	3. 0190
3. 7993	3. 6819	3. 5705	3. 4648	3. 3644	3. 2689	3. 1781	3. 0915
3. 9018	3. 7757	3. 6564	3. 5435	3. 4365	3. 3351	3. 2388	3. 1473
3. 9852	3. 8514	3. 7251	3. 6059	3. 4933	3. 3868	3. 2859	3. 1903
4. 0530	3. 9124	3. 7801	3. 6555	3. 5381	3. 4272	3. 3224	3. 2233
4. 1082	3. 9616	3. 8241	3. 6949	3. 5733	3. 4587	3. 3507	3. 2487
4. 1530	4. 0013	3. 8593	3. 7261	3. 6010	3. 4834	3. 3726	3. 2682
4. 1894	4. 0333	3. 8874	3. 7509	3. 6228	3. 5026	3. 3896	3. 2832
4. 2190	4. 0591	3. 9099	3. 7705	3. 6400	3. 5177	3. 4028	3. 2948
4. 2431	4. 0799	3. 9279	3. 7861	3. 6536	3. 5294	3. 4130	3. 3037
4. 2627	4. 0967	3. 9424	3. 7985	3. 6642	3. 5386	3. 4210	3. 3105
4. 2786	4. 1103	3. 9539	3. 8083	3. 6726	3. 5458	3. 4271	3. 3158
4. 2916	4. 1212	3. 9631	3. 8161	3. 6792	3. 5514	3. 4319	3. 3198
4. 3021	4. 1300	3. 9705	3. 8223	3. 6844	3. 5558	3. 4356	3. 3230
4. 3106	4. 1371	3. 9764	3. 8273	3. 6885	3. 5592	3. 4384	3. 3254
4. 3176	4. 1428	3. 9811	3. 8312	3. 6918	3. 5619	3. 4406	3. 3272
4. 3232	4. 1474	3. 9849	3. 8342	3. 6943	3. 5640	3. 4423	3. 3286
4. 3278	4. 1511	3. 9879	3. 8367	3. 6963	3. 5656	3. 4437	3. 3297
4. 3316	4. 1542	3. 9903	3. 8387	3. 6979	3. 5669	3. 4447	3. 3305
4. 3346	4. 1566	3. 9923	3. 8402	3. 6991	3. 5679	3. 4455	3. 3312
4. 3371	4. 1585	3. 9938	3. 8414	3. 7001	3. 5687	3. 4461	3. 3317
4. 3391	4. 1601	3. 9950	3. 8424	3. 7009	3. 5693	3. 4466	3. 3321

参考文献

［1］艾伦·C. 夏皮罗．跨国公司财务管理（原书第7版）［M］．蒋屏，等译．北京：中国人民大学出版社，2005.

［2］财政部，等．企业内部控制规范：2010［M］．北京：中国财政经济出版社，2010.

［3］查尔斯·T. 亨格瑞，等．成本与管理会计（第13版）［M］．王立彦，等译．北京：中国人民大学出版社，2018.

［4］劳拉·哈特曼，等．企业伦理学（原书第3版）［M］．北京：机械工业出版社，2018.

［5］理查德·A. 布雷利，等．公司财务原理（原书第八版）［M］．方曙红，等译．北京：机械工业出版社，2008.

［6］曼纽尔·G. 贝拉斯克斯．商业伦理：概念与案例（第7版）［M］．刘刚，程熙镕，译．北京：中国人民大学出版社，2018.

［7］毛新述，杨有红．内部控制与风险管理：中国会计学会2009内部控制专题学术研讨会综述［J］．会计研究，2009（5）：93－95.

［8］斯蒂芬·A. 罗斯，等．公司理财（原书第九版）［M］．吴世龙，等译．北京：机械工业出版社，2012.

［9］唐纳德·E. 基索．中级会计学［M］．杜兴强，等译．北京：中国人民大学出版社，2008.

［10］王清刚，林小飞．内部控制与风险管理［M］．北京：北京大学出版社，2016.

［11］Benninga S Z，Sarig O H. Corporate Finance：A Valuation Approach［M］. New York：McGraw-Hill Publishing，1997.

［12］Brooks L J，Dunn P. Business and Professional Ethics：For Director，Executives & Accountants［M］. 8 edition. Boston，MA：Cengage Learning，2018.

［13］COSO. Enterprise Risk Management-Integrated Framework［R］. 2017.

［14］COSO. Enterprise Risk Management-Integrated Framework Application Techniques［R］. 2004.

［15］COSO. Internal Control-Integrated Framework［R］. 2004.

［16］COSO. Internal Control-Integrated Framework［R］. 2013.

［17］Gleim I N，Flesher D L. CMA Review-Part 2：Strategic Financial Management［M］. 2020 edition. University Station Gainesville，FL：Gleim Publications，Inc.，2019.

［18］IMA. CMA Learning Outcome Statements［EB/OL］. 2020 edition. www.

imachina. org. cn , 2019.

[19] IMA. Content Specification Outlines CMA Examinations [EB/OL]. 2020 edition. www. imachina. org. cn , 2019.

[20] IMA. Enterprise Risk Management: Frameworks, Elements, and Integration [R/OL]. www. imanet. org, 2018.

[21] IMA. Enterprise Risk Management: Tools and Techniques for Effective Implementation [R/OL]. www. imanet. org, 2018.

[22] IMA. Part 2-Strategic Financial Management [M]. 2020 edition. Hoboken, New Jersey: John Wiley & Sons, Inc. , 2019.

[23] van Greuning H. International Financial Reporting Standards—A Practical Guide [R]. Washington, DC: World Bank, 2006.

优财-CMA管理会计培训专家简介

优财-CMA管理会计培训专家（简称“优财”）由知名企业行动学习专家、投资专家、战略定位专家、企业管理专家等上百人的管理会计团队发起成立。

优财专注CMA管理会计培训13年，坚持以学员为核心、以质量为本、以助推财务人价值创造为使命、以打造中国管理会计人才培养基地为愿景的经营理念，集合上百位业界管理会计名师，开设有中文CMA、英文CMA、CMA企业内训、管理会计实战课、管理会计实操课、管理会计专项训练营等六大类系统完整的管理会计课程体系，采取线上线下相结合的案例式教学模式，以其独特的“能考会用”的价值优势，助推中国企业管理会计的广泛应用，助推财务会计向管理会计转型。

自2009年至今，优财与全球影响力巨大的美国管理会计师协会（IMA）达成战略合作并成为国内首家授权机构。截至目前，已与清华大学、北京大学、香港大学、中央财经大学、亚太财务策划联会等展开相关合作，开展管理会计培训领域的合作研究以及课程研发，推动管理会计在中国的大幅应用和发展。为中国船舶集团、中国电子信息产业集团、中国航天科工集团、中国兵器装备集团、中国化工集团、中国农业发展银行、西安杨森、威高集团、浪潮集团、民族证券、东风汽车、海尔集团、万科集团等上百家知名企业提供了CMA中、英文企业内训及管理会计人才培养。助力每一个学员成为懂财务、会管理、精业务、能决策的价值创造者，从而推动企业效益提升、促进国家经济发展。

优财在北京、广州、上海、深圳、成都、南京等多地举办过数百场线下课程及大型活动，包括CMA面授班、管理会计公开课、实战沙龙、大型峰会论坛等。优财网校采用云端技术和国际化先进运营模式对传统教育模式进行创新改革的在线智能学习平台，集高清网课、直播课堂、智能题库、一键答疑、模考测评、考前冲刺、图书资料、社群圈子、终身后续教育于一体，不断带领行业升级。截至目前，优财培养出了占国内半数的CMA持证者，并为职场人士打造了一个管理会计证书考试培训、管理会计实操、社群圈子、图书资料、终身后续教育的学习生态闭环。

优财的愿景是让每一位会计都能成为管理会计。助推中国企业管理会计的广泛应用，推动更多的财务会计向管理会计转型，为中国从“会计大国”变成“会计强国”尽一分力量。